TU LE SAIS BIEN, LE TEMPS PASSE

DU MÊME AUTEUR

La Double Méprise, Grasset, 1980

Le Noir et le Rouge, ou l'Histoire d'une ambition, Grasset, 1984

Les Sept Mitterrand, ou les Métamorphoses d'un septennat, Grasset, 1987

Le Dauphin et le Régent, Grasset, 1994

Un pouvoir nommé désir, Grasset, 2007

L'Impétueux : Tourments, tourmentes, crises et tempêtes, Grasset, 2012

Souvenirs, souvenirs... t. 1, Robert Laffont, 2019

CATHERINE NAY

TU LE SAIS BIEN, LE TEMPS PASSE

Souvenirs, souvenirs 2

BOUQUINS

mémoires

92, avenue de France 75013 Paris
ISBN : 978-2-38292-104-3
Dépôt légal : novembre 2021

À Albin

PREMIÈRE PARTIE

1

UNE AFFAIRE DE FAMILLE

Pour Bernadette Chirac, le septennat a commencé par un faux pas.

17 mai 1995, jour de la cérémonie d'investiture. À Paris, le ciel était maussade et le vent frisquet. Dans la cour de l'Élysée, on avait déroulé le tapis rouge. Les télévisions du monde entier guettaient les invités qui n'allaient pas tarder.

Bernadette était arrivée la première. Quelques minutes avant son mari qui, tôt le matin, était allé se recueillir sur la tombe du général de Gaulle à Colombey. François Mitterrand attendait son successeur en haut du perron, sourire bienveillant plaqué sur un visage de cire. Leur tête-à-tête allait durer près d'une heure. Après quoi, le nouvel élu avait raccompagné, avec une courtoisie remarquée, celui qui s'en allait jusqu'à sa voiture.

La première dame, cheveux courts coiffés en bandeaux, portait un ensemble en soie bleu ciel. Dior ou Chanel ? Veste longue et jupe droite, un intemporel que l'on garde des années dans ses placards pour les grandes occasions : baptêmes, mariages…

Je ne l'avais pas vue depuis longtemps. Sa silhouette s'était pas mal alourdie. Son petit sac à la main, elle s'avançait d'un pas lent, précautionneux. Et soudain, clac ! elle s'était tordu la cheville. Pas très glamour, son entrée en scène. Dans les rédactions, on l'avait moquée. Un incident anecdotique? Voire! En termes de communication, la chose était fâcheuse. Claude, sa fille, avait tout de suite percuté. *Le Figaro magazine* venait justement de titrer à la une «La France prend un coup de jeune». Sa mère prenait un air de publicité mensongère. L'intérêt supérieur du chef de l'État imposait la marginalisation de la première dame. «Maman a beaucoup forci», répétait-elle devant les journalistes. Le prétexte idéal pour décréter qu'elle n'avait pas sa place dans le dispositif élyséen. Qu'elle s'occupe donc avec son rôle de maîtresse de maison du Palais : l'embellissement des jardins – ce qu'elle allait faire avec un goût très sûr –, la décoration florale à grands frais des salons et des bureaux du premier étage, dont celui du président – les bouquets y étaient renouvelés chaque jour –, la composition au quotidien des menus, l'agencement des tables, la vaisselle et l'argenterie, l'organisation des dîners officiels. On ne lui en demanderait pas plus et c'était déjà beaucoup.

Avec la maladie de François Mitterrand, une atmosphère sépulcrale s'était infiltrée dans le Palais et même au-delà des murs. Lugubre. Les Français voulaient tourner la page. Ils avaient élu un président juste sexagénaire qui se tenait droit. Un beau gaillard ingambe, fringant, qui allumait toujours le regard des dames. Moderne!

Un adjectif que Claude adorait pour qualifier son père. À rebours de l'image de sa mère qu'elle jugeait ringarde. Parce qu'elle se disait de droite, affichait un catholicisme fervent, montrant volontiers son chapelet offert par le pape Jean-Paul II, qui voisinait toujours dans son sac avec son bâton de rouge à lèvres. Pour Claude, Bernadette était la parfaite incarnation du milieu dont elle était issue : les Chodron de Courcel, «une noblesse en peau de lapin», avait moqué Jacques Chirac devant Jean-Luc Barré, son biographe. Claude n'avait aucun atome crochu avec ces gens-là. Elle ne les fréquentait pas. Trop tradis, trop coincés, trop rallyes. Assommants! Ça n'était pas son monde. « Ma fille est une Chirac », constatait Bernadette. Claude était de gauche, ne fréquentait que des gens de gauche, détestait la droite en général, et bien plus encore ceux qui avaient trahi son père : les Balladur, Sarkozy et Pasqua, qu'elle avait pourtant aimés. Elle les avait bannis, rayés de sa vie. Reconduits à la frontière.

Pour cantonner sa mère en quarantaine longue durée, l'exiler dans son bureau, Claude pouvait compter sur le soutien intéressé de Dominique de Villepin, secrétaire général de l'Élysée. Énarque (promotion Voltaire, celle de François Hollande), diplomate, écrivain, poète, il avait été directeur de cabinet d'Alain Juppé, ministre des Affaires étrangères. Quand les sondages étaient au plus bas, il était le seul à claironner, péremptoire et emphatique, qu'il y voyait la preuve irréfragable de la victoire future de Jacques Chirac. Usant volontiers d'un vocabulaire égrillard, pimenté de commentaires salaces, il faisait s'esclaffer les journalistes sans les convaincre. Son optimisme revigorait le candidat dont il avait été une sorte de coach. Et il le bousculait. « Voilà ce que vous devez faire, monsieur le maire, voilà ce que vous devez dire. » Peut-être même que s'il n'avait pas été là, Jacques Chirac aurait renoncé. Il avait joué un grand rôle durant la campagne. Bernadette le détestait car « trop fantasque, fou, dangereux », me disait-elle. Après le désastre de la dissolution, dont elle faisait de Villepin le grand responsable, elle ne l'appelait plus que « Néron ». Le secrétaire général de l'Élysée lui rendait la pareille, en étant désinvolte, parfois même discourtois avec elle. Une façon peu diplomatique de lui faire savoir qu'il la tenait pour quantité négligeable dans le dispositif élyséen.

Claude pouvait aussi compter sur Jacques Pilhan. On avait appris sa nomination auprès d'elle deux jours après l'entrée en fonctions de son père. J'avoue être tombée de l'armoire. Était-ce le président socialiste qui l'avait recommandé à son successeur lors de leur tête-à-tête ? Que non ! Michel Charasse, que j'avais interrogé, m'avait confié qu'il en avait été très choqué. « Il a fait ça pour l'argent », avait-il lâché d'un ton pincé. Ah oui, Pilhan l'avait déçu. Il ne l'avait jamais revu. Au moment du décès de l'ex-président en janvier 1996, on lui avait fait comprendre qu'on ne l'attendait pas aux obsèques, ni à Jarnac, ni à la messe à Notre-Dame.

Un drôle de personnage, ce Jacques Pilhan. Au premier abord, il n'en imposait pas… Petit homme fluet au front dégarni, au poil roux, une frimousse chiffonnée avec une mine d'adolescent convalescent. On avait envie de lui prescrire des vitamines. Sa singularité se logeait dans son regard clair, d'une rare intensité, à la fois triste, enfantin et retors.

Avec Jacques Séguéla, le toujours bronzé patron de l'agence RSCG que l'on ne présente plus, et Gérard Colé, son complice et coauteur inspiré, il faisait partie du trio qui allait lancer la mode des communicants. En 1981, ils pouvaient se targuer d'avoir fait élire François Mitterrand. Six mois plus tôt, personne n'aurait misé un kopeck sur le candidat de la gauche unie tant l'affaire était entendue : Giscard serait réélu.

François Mitterrand était impressionné par la précision de ses notes pour améliorer son image. Ses défauts supposés devaient devenir ses atouts. Ainsi son âge rimerait-il avec expérience, son habileté avec courage et persévérance. Il fallait positiver. Il serait « la force tranquille ». Mais ce qui avait le plus séduit le candidat était sa discrétion. Pilhan ne s'épanchait pas auprès des journalistes, ne la ramenait jamais dans les réunions, il lui inspirait confiance. Jacques Séguéla ayant trop vanté dans les médias son rôle décisif dans la victoire, Mitterrand agacé le lui avait fait sentir en installant de la distance comme il savait si bien le faire avec tant d'autres. Un moment propice que Jacques Pilhan, petit malin, avait saisi pour faire ses offres de service au monarque, qui avait acquiescé justement parce qu'il était l'anti-Séguéla. Bien joué ! Colé faisait partie du dispositif. Dans le landerneau politique, la réputation de ce gourou de l'ombre n'allait cesser de croître sans qu'il ait besoin de passer à la lumière. Son chef-d'œuvre serait la réélection de François Mitterrand en 1988, après deux ans de cohabitation avec Jacques Chirac. Il y avait gagné une réputation de faiseur de rois. Une estampille flatteuse.

Tous les journalistes avaient envie de le rencontrer. J'avais maintes fois tenté de le joindre, toujours en vain. Après l'élection de Jacques Chirac, j'avais pu déjeuner avec lui, grâce à Jean-Pierre Elkabbach, et constaté leur grande complicité. Un moment agréable. Pilhan vantait les mérites de Claude, « une grande professionnelle », « une très bonne élève ». Ils s'envoyaient des fleurs puisqu'il était son professeur. « Il m'a tout appris », disait-elle de lui en écho. Du métier, elle en avait acquis, c'est sûr. Il fallait la voir dans les meetings indiquer avec autorité aux cameramen l'angle à choisir pour capter la meilleure image de son père. On la craignait, on la respectait. C'est elle qui l'avait amené trois jours à New York, pour étudier les meilleures recettes de la communication politique. Un voyage en Concorde (avec achat des billets d'avion en liquide qui intéresserait plus tard les juges). Ils étaient partis tous les deux. « Vous croyez, vous, que c'est normal, ma fille est partie aux États-Unis avec son père, sans moi ? J'ai été écartée du voyage ! » avait ronchonné Bernadette devant moi.

Le père et la fille avaient ramené de leur escapade américaine l'usage des prompteurs, ces écrans invisibles pour le public, placés des deux côtés du podium où l'orateur peut lire son discours en balançant son regard de droite à gauche, comme s'il improvisait. La première fois que Jacques Chirac les avait utilisés, son ton était devenu si fluide, si naturel. J'étais ébahie par ses progrès.

Claude, une drôle de fille, d'un abord rêche avec les journalistes. Un joli visage, sans apprêt, comme si elle était allergique à la coquetterie. Pourtant, une photo d'elle dans le bureau du président à l'Élysée la montrait maquillée et ravissante. Un jour que je déjeunais avec elle, où elle était arrivée pâlichonne, je lui avais demandé pourquoi elle ne se maquillait pas. Elle m'avait répondu : « Moi, on ne m'a pas appris à séduire. » Nous étions passées à un autre sujet. Claude n'avait qu'un but, protéger son père, ainsi donnait-elle un sens à sa vie. Et son père ne jurait plus que par elle. « Il n'aime qu'elle, elle n'aime que lui », me disait Nicolas Sarkozy. Dans les rencontres avec les journalistes, elle ne le lâchait pas du regard. Avant de répondre aux questions, il guettait son approbation. Si elle mettait un doigt sur la bouche, chut ! il obtempérait. Motus. On percevait son emprise croissante sur lui.

Jacques Pilhan nous confiait combien il était facile de travailler pour le président Chirac. Chaleureux, d'humeur égale. Simple ? « Il est beaucoup plus complexe qu'on le croit, insaisissable au fond. » Il avait découvert, ébloui, son immense culture anthropologique de l'Afrique. « C'est le berceau de la civilisation, l'homme est parti de là », lui avait-il expliqué. « Pour Jacques Chirac, un masque du pays dogon valait bien un Rembrandt ou un Nicolas Poussin », me disait sa plume Christine Albanel. Jean-Pierre Elkabbach nous racontait que lors de vacances à l'île Maurice, il s'était trouvé dans le même hôtel que Jacques et Bernadette Chirac. Dans le bungalow à côté du leur, il y avait Jacques Kerchache, le grand spécialiste des arts premiers, qui était venu saluer le maire de Paris pour lui dire sa satisfaction d'avoir vu dans *Le Figaro magazine* une photo de son livre sur son bureau. « Mais je ne lis jamais de romans », avait rétorqué Jacques Chirac. « Je m'appelle Jacques Kerchache. » Les deux hommes avaient décidé sur-le-champ de dîner ensemble le soir même.

Jean-Pierre, qui avait été invité, était au spectacle, émerveillé, fasciné par l'érudition phénoménale de Jacques Chirac, tout à coup volubile, passionné donc passionnant. Il avait épaté le grand expert, il en savait au moins autant que lui, sinon plus. Ce soir-là, il avait ouvert grand les portes de son jardin secret. Il en savait autant sur la culture chinoise ou japonaise. Fabien Chalandon, mon beau-fils, me racontait avoir amené l'une de ses filles visiter le musée Guimet un dimanche, vers 14 heures, un moment où, en général, il y a peu de visiteurs. Jacques Chirac était là, poussé dans sa petite voiture (c'était trois ou quatre ans avant son décès). Il s'y promenait, s'arrêtant longuement devant les bustes et les statues, expliquant sur un ton de patiente autorité l'histoire de ces merveilles à une femme qui l'accompagnait. Des cultures qu'il connaissait mieux que l'histoire de France. Les Capétiens, les Valois, les Bourbons, il s'en souciait comme d'une guigne. Seuls ces horizons lointains, les civilisations non occidentales, enfiévraient son imaginaire, emportaient ses rêves depuis l'adolescence. D'instinct, sa vision du monde était multipolaire.

Jacques Pilhan, lui aussi, aimait l'Afrique, moins pour son passé que pour sa beauté sauvage, la chaleur, les couleurs, les odeurs, les gens. Il avait acheté une maison et des terres en Sierra Leone et s'y rendait le plus souvent possible pour s'y ressourcer. Il en parlait de façon enamourée. Vu le contexte politique incertain et violent du pays, c'était pour moi un investissement bien risqué, mais qui en disait long sur le côté aventureux ou inconscient du personnage. Deux années plus tard, des troupes rebelles au pouvoir en place avaient pillé et détruit ses biens. C'était quelques mois avant son décès. Jacques Pilhan est mort d'un cancer du poumon au printemps 1998. Il avait 55 ans.

Après l'élection, je voyais souvent Bernadette ; pour être plus précise, je la croisais. Elle venait, comme moi, se faire coiffer chez Louis G., rue de Bourgogne, à côté de l'Assemblée nationale. Un petit salon hélas fermé aujourd'hui. On se parlait toujours au pied de l'escalier. Quand elle partait et que j'arrivais, ou l'inverse. J'aimais beaucoup ces rencontres. Précision : dans ses bons jours ! Car c'était une drôle de cyclothymique, Bernadette. Une vraie lunatique. Tantôt très aimable, drôle, caustique, talentueuse, quand elle avait envie de parler. Tantôt mutique, rêche, ne répondant pas à mon bonjour. Je n'insistais pas.

Des années plus tôt, j'avais demandé à la secrétaire particulière de Jacques Chirac, l'impressionnante Mme Esnous, qui avait été aussi celle de Georges Pompidou, pourquoi Mme Chirac que je venais de croiser dans les couloirs de la mairie m'avait fait la tête. Elle m'avait répondu en levant les yeux au ciel : « C'est pas grave, elle est comme ça, ça va passer. » Des collaborateurs du maire racontaient ses bouderies qui pouvaient durer plusieurs mois et puis un jour, allez savoir pourquoi, elle reprenait le contact, comme si elle leur avait parlé la veille. Maryvonne Pinault m'avait confié elle aussi avoir été très mal traitée par Bernadette. Un temps elle s'était éloignée, et pourtant Dieu sait si le couple Pinault fut pour les Chirac un constant bienfaiteur. En 2010, François Pinault avait même jugé qu'elle dépassait les bornes. Les Chirac étaient invités pour Pâques à Saint-Tropez, et Bernadette avait lancé à table : « Bernard Arnault veut me nommer au conseil d'administration de LVMH. » Connaissant la rivalité entre ces deux grands du luxe, ce n'était pas du meilleur goût. D'autant que Claude, après l'Élysée, avait été embauchée comme directrice de la communication du groupe PPR, où elle n'avait d'ailleurs jamais trouvé sa place. Vexé, François Pinault, qui me l'a raconté, avait rétorqué à Bernadette : « C'est bizarre de vous faire entrer dans un conseil à un âge où en général on en sort. »

Quelques jours plus tard, une dépêche de l'AFP révélait en effet sa nomination. Sans s'annoncer, Jacques Chirac s'était précipité au bureau de François Pinault. Il était bouleversé, tremblant, les larmes aux yeux. Lui aussi venait d'apprendre la nouvelle. Il craignait que cette mauvaise manière de Bernadette lui fasse perdre l'amitié d'un homme qui lui était si cher. « Je ne l'avais jamais vu comme ça », m'a confié Pinault.

Geneviève, la directrice du salon de coiffure, me racontait que Mme Chirac pouvait rester trente minutes au téléphone pour fixer l'heure du rendez-vous, le plus souvent pour en changer au dernier moment. Une cliente difficile. Je comprenais pourquoi son mari l'appelait « la tortue ». Quand les racines avaient plusieurs centimètres, Geneviève n'osait pas lui demander si elle voulait faire sa couleur. Pour le lui faire comprendre, elle l'interrogeait : « Juste un shampoing, madame Chirac ? » Laquelle lui répondait, agacée : « Mais enfin Geneviève, vous n'allez pas me laisser sortir la tête mouillée ! » Et puis, il y avait ses mauvais côtés, comme ce 24 décembre où elle avait pris rendez-vous à 15 heures, pour un brushing et la manucure. Elle était arrivée quatre heures plus tard, sans explications ni prévenir, l'air mauvais, le journal *Point de vue* sous le bras. Elle avait refusé les soins de la manucure qui l'avait pourtant attendue tout l'après-midi au détriment d'autres clientes. Pas vraiment sympa un soir de Noël, quand il faut prendre le train pour rejoindre les siens. Jamais Chirac ne se serait comporté comme cela.

Comment interpréter cette attitude ? Mépris de classe. Elle savait aussi être attentive aux malheurs des autres. Seulement voilà, elle oscillait toujours entre humour (vache) et humeur (peccante). Un sacré caractère.

Dans ses bons jours, il y en avait aussi, elle était très distrayante.

Une fois où j'arrivais chez notre coiffeur, elle avait failli tomber en ratant la dernière marche de l'escalier. Je l'avais retenue. Elle m'avait remerciée, me confiant que chuter était sa hantise : « Je visite beaucoup d'hôpitaux, et je l'ai constaté : les femmes partent toujours par les jambes. Elles tombent et clac ! trois jours après c'est fini. »

Après l'entrée en fonctions de son mari, elle m'avait interrogée : « Vous en pensez quoi, de ce M. Pilhan [que Philippe

Séguin appelait "la cartomancienne"] ? Les Français ont voté pour la droite, ils voulaient tourner la page de quatorze ans de socialisme, et ma fille qui le fait entrer à l'Élysée… Vous trouvez ça moral qu'il ait accepté alors qu'il vient de quitter Mitterrand ? Et vous appelez ça avoir du sens politique, que de le solliciter ? » Je m'étais bien gardée d'abonder dans son sens ou de lui donner un avis. Si je lui avais donné raison, elle m'aurait, féroce, envoyée sur les roses et aurait pris la défense de sa fille. Allez comprendre ! Elle seule s'arrogeait le droit de dire pis que pendre des siens. Et elle ne se gênait pas. Les mystères insondables du fonctionnement de la famille Chirac, trio infernal. Pour moi, des trois, elle était la personnalité la plus originale.

Un autre jour, toujours en bas de l'escalier, elle évoquait les infidélités de son mari, son éternelle ritournelle : « Jacques me trompe » ; mais cette fois, elle allait plus loin : « Toutes ces femmes qui ont couru après mon mari, je les connais toutes, mais je n'en veux qu'à trois d'entre elles. Et vous savez ce qui me fait plaisir ? Quand je les vois aujourd'hui, elles sont devenues aussi laides que moi… » La dérision pour masquer le chagrin, l'humiliation. Elle ne m'avait pas donné leurs noms.

Une autre fois, on était en juillet, toujours chez le coiffeur, je lui avais demandé si elle serait intéressée par mon projet d'interview qui passerait au mois d'août, chaque matin en semaine, à 8 h 15. J'avais sélectionné plus de vingt femmes hors du commun. Entre autres, l'Italienne Rita Levi-Montalcini, Prix Nobel de physiologie et de biologie cellulaire pour sa découverte du facteur de croissance nerveuse des cellules dans le développement des cancers. J'étais allée la voir à Rome. Une minuscule dame âgée de 95 ans, regard aigu, élocution vive, au chignon immaculé, qui manifestait un incroyable appétit de vivre et de goût des autres. Pour moi, une géante. Nous avions beaucoup parlé de Primo Levi, auteur de l'inoubliable *Si c'est un homme*, son témoignage de déporté dans le camp d'Auschwitz, une douleur dont il ne s'était jamais guéri. Son très cher ami s'était suicidé en 1987 en se jetant dans l'escalier intérieur de son immeuble.

« Mais oui, ça m'intéresse ! Venez me voir à l'Élysée », m'avait répondu Bernadette. Elle m'avait sur-le-champ fixé un rendez-vous.

Ce jour-là, j'arrive au poste d'entrée du Palais, montre ma carte de presse, ma carte d'identité :

— J'ai rendez-vous avec Mme Chirac.

— On va vous conduire à son bureau. »

Le gendarme de faction me précède dans des couloirs sans fin. Arrivée à destination, je m'aperçois qu'il m'avait conduite chez Claude Chirac.

« Non, non, monsieur, j'ai rendez-vous avec Mme Chirac, pas avec sa fille !

— Ah, pardon ! »

Il était confus de sa méprise, et nous avions rebroussé chemin. Nouveau dédale de couloirs. J'étais arrivée avec cinq minutes de retard et m'en excusais auprès de Mme Chirac en lui en expliquant les raisons.

Commentaire de Bernadette : « Mais comment, vous ne saviez pas que le président était veuf ? » Nous avions préparé l'interview. Elle avait des messages à faire passer à son mari car il lui était difficile de se faire entendre. Sa fenêtre de tir, m'apprenait-elle, était le matin dans la salle de bains, où elle pouvait tenter le coup, mais chaque fois pour s'entendre dire qu'elle était la « mouche du coche » et « qu'elle avait bien de la chance de l'avoir épousé ». Bref, il l'envoyait balader. « Mon mari n'est pas un spécialiste de la félicitation conjugale… », s'amusait-elle, satisfaite de sa formule.

Élue conseillère générale de Corrèze en 1979, Bernadette y avait pris goût. C'était son mari qui l'y avait poussée, sûrement pour se donner un peu d'oxygène à Paris. Elle était devenue une vraie femme politique. Circulant au volant de sa Peugeot rouge, elle labourait le terrain, y avait ses antennes.

Les gens venaient lui parler, lui racontaient leurs soucis, leurs attentes, elle les écoutait, jugeant que son mari ne pourrait que se louer de ses conseils. « J'en sais plus que lui sur les Français », me disait-elle. Espoir toujours vain, jamais un compliment. La première fois que Jacques Chirac a consenti à louer publiquement son épouse, ce serait sur le plateau de Michel Drucker, trois ans après avoir quitté l'Élysée. « Sans elle, je n'aurais rien pu faire dans ma vie publique et privée… », et il l'avait remerciée. Il fêtait ses 78 ans, entouré de sa famille, sa femme, leurs deux filles, Laurence que l'on n'avait pratiquement jamais vue, Martin, le fils que Claude avait eu avec le judoka Thierry Rey. Bernadette n'avait pu contenir ses larmes. Une image qui avait été, à sa demande, coupée au montage. Pas question pour elle d'afficher une faiblesse intime.

Durant notre entretien, elle me confiait beaucoup souffrir d'être reléguée par sa fille à un rôle de figurante. J'étais restée une heure avec elle. Trois fois le téléphone avait sonné : c'était toujours le président au bout du fil.

Première fois : « Jaaacques, je ne peux pas vous parler, je suis en rendez-vous ! » Et clac ! Elle lui raccrochait au nez.

Deuxième fois : « Jaaacques, je vous l'ai dit, je suis toujours en rendez-vous. » Re-clac !

Troisième fois : « Jaaacques, vous m'importunez… C'est du harcèlement. Arrêtez de m'appeler tout le temps ! » Re-re-clac !

« C'est toute la journée comme ça. Il veut toujours savoir où je suis, ce que je fais. » Son exaspération était feinte, je sentais combien au contraire elle était heureuse de pouvoir me dire : « Je suis son point fixe, il ne peut pas se passer de moi. »

Quelques jours plus tard, je l'avais revue, elle était venue à Europe 1 pour enregistrer l'émission. Elle m'avait raconté, rageuse, les mauvaises manières qui lui avaient été infligées le 14 juillet. Pour montrer que le président était en phase avec la nouvelle génération, des milliers de jeunes avaient été invités à la garden-party. Une idée du tandem Claude-Pilhan. Il avait été convenu que Jacques Chirac déjeunerait avec une vingtaine d'entre eux, représentant les régions de France. Seul avec eux ! Bernadette, qui avait toujours l'œil sur les plans de table, avait pu vérifier qu'elle était exclue du repas et s'était regimbée. Elle avait dit à son mari son désir d'y participer. Il n'avait pas osé lui dire non : « Mais bien sûr, venez Bernadette. » Elle avait donc fait ajouter un couvert. Pour s'entendre dire par Jacques Pilhan, à quelques minutes de passer à table, que son couvert avait été retiré. « Pour l'image, cela aurait fait papa et maman reçoivent les petits-enfants, ce qui aurait donné un coup de vieux au président. » Bernadette avait vécu cette exclusion comme un outrage : « Vous vous rendez compte : quel toupet ce M. Pilhan ! Vous voyez comment ils me traitent tous ! » Dans ce « ils », elle incluait son mari. Le plus navrant pour elle était qu'il se laisse manipuler par ces deux-là qui l'avaient convaincu que sa mise à l'écart était indispensable pour la bonne image du président.

Surtout, elle s'étonnait de l'emprise si rapide du communicant sur Claude. « Comment est-ce possible ? » Elle ignorait, comme nous tous à l'époque, que le gourou de François Mitterrand travaillait pour son mari et sa fille à leur demande… depuis deux ans déjà ! Il y avait eu un premier déjeuner avec Claude en 1992 par l'entremise de Jean-Michel Goudard, ancien de RSCG, un ami de son père qui l'avait accompagnée. Connaissant sa réputation, elle voulait lui demander des conseils. Ils s'étaient bien plu. Elle l'avait trouvé intéressant, subtil, drôle, et lui, constatant qu'elle n'était pas vraiment de droite, l'avait appréciée.

En 1993, c'est Jacques Chirac en personne qui l'avait appelé au secours. Son ami de trente ans, Édouard Balladur, installé à Matignon, auréolé de sondages au zénith, avait pris ses distances et ne lui répondait même plus au téléphone.

Il lui avait piqué ses copains en les faisant ministres. Il se sentait trahi, abandonné. Claude l'en avait convaincu : seul Pilhan pourrait faire des miracles. « Voulez-vous travailler pour moi ? » Jacques Pilhan n'avait pas rejeté la proposition. À une condition : que cela demeure entre eux un secret absolu. Personne ne devait le savoir. Les rendez-vous auraient lieu dans son agence Temps Public, sise cours Albert-Ier. Le père et la fille, grisés comme des conjurés qui préparent un coup d'État, y arrivaient le soir tard, en passant par le parking, et c'est Claude qui conduisait. Jacques Pilhan n'entendait pas en référer à François Mitterrand. Travailler à faire élire un de ses plus vieux adversaires était sûrement pour lui le comble de la transgression, stimulant comme un péché. Était-ce une trahison ? Jacques Pilhan s'en était absous. « Le roi est mort, vive le roi ! » L'aventure Mitterrand touchait à sa fin, et sa mission aussi. Si Jacques Chirac gagnait, pari jouable à ses yeux, son avenir matériel et celui de son agence seraient assurés.

Dans ce scénario rocambolesque, frappé du sceau de la déloyauté, le plus étonnant est que François Mitterrand lui aussi avait choisi Jacques Chirac. Si Jacques Pilhan avait pris le soin de l'informer, le monarque lui aurait sans doute délivré son feu vert, mais cela lui aurait ôté alors le goût du fruit défendu.

Pour le président, la bascule s'était faite en juillet 1994. Il venait de se faire opérer à l'hôpital Cochin d'un cancer de la prostate. Il était devenu le sphinx malade. Les ministres qui le voyaient le mercredi parlaient de sa pâleur qui les impressionnait. Une rumeur circulait en ville : il ne terminerait pas son mandat. François Mitterrand était encore convalescent quand Édouard Balladur publiait dans *Le Figaro* un article intitulé « Notre politique étrangère », mais ça n'est pas lui qui en avait choisi le titre. C'était Franz-Olivier Giesbert, patron du journal. Édouard Balladur y avait décelé une mauvaise manière qui allait beaucoup lui nuire. Le président, peu disposé à abandonner une once de son pouvoir, suspectait le Premier ministre de vouloir empiéter sur son domaine réservé. C'en était fini de la cohabitation de velours, comme on l'écrivait dans les magazines.

Depuis quelques mois, les choses s'étaient gâtées. Mitterrand s'agaçait de la trop bonne santé politique du Premier ministre, pourtant toujours si révérencieux. Mais, grand classique en politique, le prédécesseur est toujours un incapable et le successeur, un imposteur. Avec ce papier dans *Le Figaro*, Édouard Balladur venait de se faire un ennemi acharné à sa perte. On s'en apercevrait le 25 août, lors des traditionnelles cérémonies d'anniversaire de la Libération de Paris. Ce jour-là, sur le parvis de la mairie, tout le gratin politique se trouvait rassemblé. Autour du président, le Premier ministre Édouard Balladur bien sûr, et aussi Jacques Chirac, auquel l'Élysée avait fait savoir, quelques jours plus tôt, que le président aimerait lui parler en tête à tête au cours de la cérémonie. Une mise en scène soigneusement élaborée à l'Élysée par Jacques Pilhan. On prétexterait que le président voulait signer le livre d'or de la mairie. Claude Chirac avait rameuté les chaînes de télévision en leur vantant l'intérêt de la cérémonie. Les deux hommes s'étaient éclipsés. Leur entretien s'éternisant, les caméras s'étaient attardées sur le visage d'Édouard Balladur qui peinait à cacher son courroux. L'œil noir, le regard mauvais, il faisait presque peur. De retour sur le parvis, on avait remarqué l'air guilleret de Jacques Chirac.

Jacques Chirac connaissait les bonnes dispositions du président à son égard : il en avait été prévenu par Alain Juppé, le ministre des Affaires étrangères d'Édouard Balladur et de François Mitterrand. Quelques jours plus tôt, Juppé, qui me l'avait raconté, était en vacances chez lui, à Hossegor, quand le président, qui se trouvait à Latche, lui avait fait dire qu'il voulait lui parler. Il lui avait fixé rendez-vous pour un déjeuner chez des amis. Son message : Jacques Delors, dont les socialistes espéraient la candidature, n'irait pas à l'élection. «Vous verrez, il calera au dernier moment, c'est un couard.» Et le PS était devenu une pétaudière. Rocard c'était fini, *idem* pour Fabius empêtré dans l'affaire du sang contaminé. Il n'y avait plus de leader. Après quatorze ans de socialisme, il fallait une alternance, Mitterrand le souhaitait. Après moi le déluge? C'était donc le tour de Jacques Chirac. «Vous verrez, il sera élu, je l'y aiderai.»

Mitterrand n'était pas le seul à jouer contre Édouard Balladur. En septembre, *Le Nouvel Obs* publiait une enquête intitulée «Ceux qui trichent», illustrée d'une photo de Jacques Chirac sautant par-dessus une barrière à l'entrée d'un quai de métro. Bien sûr, il ne s'agissait pas d'une resquille ou d'un geste pour pousser à la fraude. Cette photo avait été prise lors d'une inauguration où les guichets étaient malencontreusement restés coincés. Le maire de Paris avait chargé Patrick Devedjian, son avocat (malgré son balladurisme revendiqué), de poursuivre l'hebdomadaire. Après plusieurs jours de tractations, le journal acceptait de présenter ses excuses dans un encadré entouré de rouge figurant sur la page du sommaire. L'affaire était close. Mais le plus important était ailleurs.

L'avocat du *Nouvel Obs*, Me Couturon, confiait à son confrère que Claude Perdriel, propriétaire et patron du journal, l'avait chargé d'un message : «Dites à Jacques Chirac que *Le Nouvel Obs* ne se trompera pas quand il faudra choisir entre Chirac et Balladur.» Et Devedjian de me confesser : «Ça, je ne l'ai pas dit à Balladur.» Quelque temps après, Pierre Bergé, ami intime de François Mitterrand, avait fait paraître dans *Le Monde*, le 11 mars 1995, une tribune pour apporter son soutien à Jacques Chirac, fustigeant au passage le timide programme de Jospin. «Ceux qui ont cessé de croire au "grand soir" ne sont même plus capables d'inventer des petits matins blêmes et paisibles.» Depuis le congrès de Rennes, on connaissait l'aversion de Bergé (grand soutien de Fabius) pour Jospin. Dans les colonnes de *Globe*, il avait raillé ses « grimaces de tribun, son menton à la Mussolini ». À Europe 1, j'avais fait un édito intitulé le « méchant bâton de Berger ».

Après lui, Frédéric Mitterrand, neveu du président, apportait lui aussi son soutien au candidat Chirac. Presque une affaire de famille là aussi.

2

LE SOUVERAIN CAPTIF

Fin juin 1995, Jacques Chirac nous avait invités à déjeuner à l'Élysée, Jean-Pierre Joulin, Jean-Pierre Elkabbach, Alain Duhamel et moi-même. J'avais encore en tête les images du soir de la victoire devant son QG de campagne, avenue d'Iéna, où une foule hystérisée et compacte manquait de l'écraser. Il affichait un sourire radieux. De cette cohue militante et fervente émergeait une belle gueule qui renvoyait une image de félicité. Après avoir frôlé la mort politique face à Édouard Balladur, il se hissait au faîte du pouvoir. L'accomplissement d'une vie, enfin ?

Nous attendions dans un salon quand un huissier avait ouvert les portes : « Monsieur le président de la République. »

Nous nous étions levés. De ma place, j'apercevais l'enfilade des salons. J'imaginais voir arriver d'un pas alerte un président rayonnant, l'air épanoui, en costume strict bleu marine. Au lieu de cela, je le voyais cheminer les épaules voûtées, l'air accablé, les deux mains dans les poches de son pantalon de flanelle grise, veste de sport ouverte. L'image m'avait frappée.

D'emblée, il se montra très aimable avec nous, prenant des nouvelles de chacun, se disant comblé, heureux, que les Français lui aient fait le grand honneur de lui confier leur destin. Mais pour moi ce couplet sonnait faux, car son visage ne reflétait pas ce que disaient ses mots. Je percevais une lassitude, un désappointement.

Après une campagne si longue, et jusqu'au bout si difficile et aléatoire, on pouvait penser qu'il était encore en phase de décompression. Quoi de plus normal ? Mais je sentais qu'il y avait bien plus. Il n'était pas encore remis de ces sept années écoulées où il avait eu son lot de malheurs. D'abord, l'échec à la présidentielle de 1988. Après deux ans de cohabitation où il avait déployé tant d'efforts, les Français ne lui avaient accordé que 19,9 % de leurs suffrages, pas même 20 %, alors que le plein des voix du RPR était estimé à 22 %. Le choc avait été terrible : physique d'abord, et moral surtout. La lueur d'espérance qui, la veille, brillait encore dans le regard de ses proches se métamorphosait en commisération. Leurs compliments de consolation n'en étaient que plus blessants car transparaissait l'évidente vérité. Leur foi vacillait, ils ne croyaient plus en lui. Un charme s'était rompu. Une telle défaite s'apparente toujours à une petite mort. C'est l'ego qu'on assassine. Jacques Chirac, qui ne s'est jamais aimé, se déprisait plus encore.

Au second tour, il n'avait même pas atteint les 46 % de suffrages alors qu'il en espérait 48. Mitterrand était réélu avec 54 %, deux points de mieux que sept ans plus tôt. C'était trop injuste. Ce soir-là, Bernadette, qui a toujours eu le chic de dire à chaud ce qu'il n'avait pas envie d'entendre, avait tranché : « Les Français n'aiment pas mon mari. » Jacques Chirac comprenait surtout qu'il s'était bien fait avoir. Il en voulait à François Mitterrand de lui avoir aussi effrontément menti, lors du débat télévisé entre les deux tours, à propos de l'affaire Gordji, et en le regardant droit dans les yeux. Quel culot ! Peut-être prenait-il conscience que Mitterrand s'était joué de lui. Édouard Balladur n'avait cessé de lui recommander de se méfier de ce président qui pendant deux ans n'avait cessé de leur tendre des chausse-trappes et de leur glisser des peaux de banane.

« Comment s'est passé votre entretien aujourd'hui ? » l'interrogeait Balladur chaque mercredi après leur tête à tête précédant le Conseil des ministres. « Très bien, très bonne relation, très courtois », répondait chaque fois Jacques Chirac sans lui en dire davantage. Édouard Balladur se demandait : Jacques est-il trop naïf ou trop cachottier ? Fait-il son Pompidou, Premier ministre, qui ne révélait jamais rien de ses entretiens avec le Général ? Ce mutisme chiraquien l'agaçait parce qu'il l'inquiétait, m'avait-il confié.

Oui, cette défaite avait été un choc énorme. Pendant deux ans, Jacques Chirac était une sorte de présent absent, au bord du renoncement. Seule consolation : en 1989, il remportait le grand chelem à Paris, comme six ans plus tôt, balayant comme un insecte importun Pierre Joxe, le ministre de l'Intérieur qui l'avait affronté.

Qui sème la défaite récolte la tempête. Philippe Séguin déclarait au *Nouvel Obs* que le RPR avait « autre chose à dire et à faire que de soutenir les candidatures de Jacques Chirac ». On ne fait pas plus aimable. Jacques Chirac n'imaginait pas que le pire de ses soucis viendrait non de ses cadets, les réformateurs, qui allaient secouer le cocotier, mais de ses deux barons, Charles Pasqua et Édouard Balladur, en qui il avait confiance.

En manifestant trop peu de considération à l'un et trop de déférence à l'autre, Jacques Chirac allait faire de Charles un adversaire et d'Édouard, un rival.

Peu à peu, tout de même, il était remonté sur sa bête, se jurant de ne plus être le Premier ministre d'une nouvelle cohabitation avec François Mitterrand. Il avait déjà donné, merci. Édouard en rêvait, il l'encourageait, malgré les avertissements de Juppé : « Attention, quand il sera Premier ministre, Édouard pensera à la présidentielle ». L'idée n'effleurait pas le maire de Paris. « Vous n'y pensez pas, Alain. Édouard ne sera jamais populaire, il est trop coincé. Vous vous souvenez de la chaise à porteurs, c'est comme cela que

Le Monde le caricaturait quand il était ministre d'État. Aucun souci, il fera le travail à Matignon, et moi je me préparerai pour la présidentielle. »

Et puis, il y avait eu tous ses malheurs familiaux. Le 13 avril 1990, Laurence, sa douleur permanente dont il ne parlait jamais, qui souffrait d'anorexie depuis longtemps sans espoir de guérison malgré toutes les tentatives, s'était jetée du quatrième étage où elle habitait pour en finir avec la vie. Les Chirac venaient juste d'arriver en Thaïlande. Ils étaient repartis aussitôt. Charles Pasqua s'était précipité à l'hôpital. Des milliers de gens avaient envoyé des lettres de condoléances à la mairie de Paris. Une horreur !

Et puis, il y avait eu en septembre 1992 le mariage de Claude avec le politologue Philippe Habert, maître de conférences à Sciences Po, spécialiste de l'opinion et des sondages, directeur des études politiques au *Figaro* – il remplaçait Jérôme Jaffré, jugé trop balladurien. Lui, son idole s'appelait Jacques Chirac. Le couple avait surpris… Rien qu'à les regarder, on percevait que quelque chose n'allait pas. Je les trouvais mal assortis. Mais c'était un mariage d'amour, puisque les mariés aimaient le même homme. La cérémonie religieuse avait eu lieu en Corrèze, avec deux mille invités. Patrick Sébastien en était l'animateur. Aux dires de tous, une ambiance surréaliste. « Ces pauvres Chirac, ils ont bien le droit d'avoir un peu de bonheur enfin », m'avait dit Édouard Balladur sur un ton apitoyé. Bonheur de courte durée. De retour de voyage de noces à Venise, le couple avait déjà explosé, Claude était revenue vivre à la mairie de Paris. Les cadeaux venus du monde entier offerts aux mariés n'avaient pas été ouverts. Ils sont longtemps restés dans une pièce fermée à clé à la mairie de Paris. « Jacques savait que le mariage ne durerait pas », m'avait confié François Pinault. Et puis, stupeur, le jour même où le Premier ministre Édouard Balladur prononçait son discours de politique générale, on enterrait le gendre. La messe avait lieu en fin de matinée.

Les ministres n'avaient pas pu attendre la fin de la cérémonie, il leur fallait rejoindre l'Assemblée nationale. Dans les couloirs, tout le monde ne parlait que du suicide de Philippe Habert.

Jusqu'en février 1995, *Le Monde* annonçait la victoire d'Édouard Balladur. Mis à part le noyau des très proches qui se comptaient sur les doigts des deux mains, qui croyait encore en Jacques Chirac ? Plus grand monde.

François Baroin, fidèle entre les fidèles, me l'a confirmé : « Jacques Chirac est arrivé à l'Élysée complètement lessivé, rincé, une usure psychique terrible. Les douleurs familiales, les trahisons l'avaient miné. Il ne le montrait pas, mais son élection, c'était le bout de ses souffrances, la fin de l'héroïsme obscur. Il était KO. »

Même version de François Pinault : « Il était comme un coureur de marathon qui s'effondre. »

En juin 1995, encore estourbi par toutes ces épreuves, Jacques Chirac prenait conscience qu'il n'était pas au bout de ses peines. L'essentiel était peut-être ailleurs. À l'Élysée, il se découvrait prisonnier, pris au piège : fini le bon temps de la mairie de Paris, quand il pouvait aller et venir à sa guise. « Je file », disait-il à Bernadette, sans plus lui donner d'explications. Il partait, revenait, il était libre. L'Association internationale des maires francophones dont il était le président tenait congrès chaque année, l'occasion idéale pour lui de courir le monde et de s'échapper. C'était sa respiration.

À l'Élysée, il se sentait cerné de toutes parts. D'abord par son service de protection policière rapprochée, le GSPR, créé en 1983 par le colonel Christian Prouteau pour protéger Anne Pingeot et sa fille Mazarine à la demande de François Mitterrand. C'est à eux qu'il devait tout dire de ses déplacements. Mais il se sentait aussi surveillé comme le lait sur le feu par Claude, qui avait la mainmise sur son agenda et son emploi du temps. Par Bernadette, encore, toujours fureteuse, curieuse, et qui se renseignait pour savoir où il était, ce qu'il faisait.

J'appris que le premier samedi après son entrée en fonction, tôt dans la matinée, Jacques Chirac avait organisé avec l'aide de son ami François Pinault une évasion de quelques heures. Claude menait sa vie, Bernadette se trouvait à l'Hôtel de Ville, où le couple Chirac habitait toujours en attendant la fin des travaux d'aménagement de son appartement à l'Élysée. Qui allaient durer plus d'une année, au grand courroux de Xavière Tiberi, l'épouse de Jean Tiberi qui avait succédé à Jacques Chirac à la mairie. « Mais quand est-ce qu'ils vont partir ? » Elle s'impatientait, et s'en plaignait devant tous les journalistes.

François Pinault, au volant d'une petite Clio verte, était venu le chercher en passant par la grille du Coq au fond du parc de l'Élysée pour le conduire là où il voulait, et le ramener deux ou trois heures plus tard. Panique à l'Élysée ! Le président avait disparu ! Les policiers étaient sur les dents. Non, il ne pourrait pas recommencer toutes les semaines. À l'évidence, c'est cette privation de liberté dont il souffrait le plus, comme un asthmatique en manque d'oxygène.

J'en avais parlé quelques semaines plus tard à ce cher et regretté Denis Tillinac, son ami journaliste et corrézien, un familier qui le connaissait si bien et lui avait consacré plusieurs livres. Il m'avait conforté dans le sentiment que quelque chose ne tournait plus rond : « Oui, Jacques a beaucoup changé. En quelques semaines, le bel alezan piaffant s'est métamorphosé en veau aux hormones », m'avait-il dit, ajoutant : « J'en veux beaucoup à Claude et à Bernadette qui l'enferment et l'abrutissent. »

« Il s'est cadenassé lui-même et je n'ai jamais compris pourquoi, déplore aujourd'hui son ami François Pinault. Je lui disais : "Dimanche venez à la campagne, on va marcher. Ou alors venez dîner un soir !" Il me répondait chaque fois : "Non, je reste à l'Élysée, j'ai du travail !" » Comme s'il voulait se punir. Mais de quoi ?

« Une fois élu, il s'interdisait de faire des trucs sympas. Alors comme il s'ennuyait, il organisait des réunions le dimanche – ses collaborateurs n'en pouvaient mais –, passait des coups de fil à des gens sans intérêt, demandait des conseils à tout le monde pour finalement n'écouter personne », me racontait aussi Christine Albanel.

François Mitterrand s'était beaucoup mieux organisé. Il avait une double vie, et même à l'occasion plurielle. Un jour, on lui avait demandé : « Que faites-vous le matin ? » Il avait répondu : « Je me lève, je m'habille et je rentre chez moi. »

Lors de ce déjeuner, nous avions interrogé Jacques Chirac : comptait-il beaucoup communiquer durant son septennat ? Il venait d'essuyer sa première tempête médiatique et même mondiale, en annonçant une reprise des essais nucléaires « conformes à l'intérêt national », selon les experts et militaires consultés, afin de garantir la fiabilité de notre force de dissuasion. La gauche s'était déchaînée. Voilà qui rompait avec l'euphorie des débuts. Bill Clinton regrettait la décision française et rappelait que Jacques Chirac avait promis de signer trois mois plus tard le traité de non-prolifération nucléaire, ce qu'il allait faire bien sûr. Mais les plus vexés de tous étaient les Japonais, ses amis, le premier tir ayant été fixé malencontreusement le 6 août, jour anniversaire du bombardement atomique américain à Hiroshima. Il avait été reporté au 5 septembre. Mais le mal était fait. Au Japon on boycottait les produits français. Jacques Chirac n'avait pas mesuré l'ampleur des réactions. Après ce tohubohu mondial, il confirmait vouloir une « présidence modeste », formule qu'il avait déjà employée pendant sa campagne – sous-entendu seule la rareté fait le prix des interventions présidentielles. Il ne comptait donc pas abuser de sa parole, suivant ainsi les conseils de Jacques Pilhan. Il entendait laisser à Alain Juppé, son Premier ministre, le soin d'expliquer, parler, agir, réagir, car nous jurait-il, c'est lui qui interprétait toujours au mieux ses pensées. En était-il si sûr ?

3

LE FILS PRÉFÉRÉ

Philippe Séguin ? C'est bien simple, Bernadette Chirac n'aimait que lui au RPR. Depuis toujours elle admirait l'orateur, qui l'avait encore plus bluffée le 5 mai 1992. À la tribune de l'Assemblée nationale, le député-maire d'Épinal s'était fait ce jour-là le porte-parole de la conception gaullienne de l'Europe : celle des nations. Servi par un timbre de baryton basse, il avait parlé pendant plus de deux heures, sans même boire une gorgée d'eau, plaidant qu'il fallait dire non au référendum sur le traité de Maastricht (qu'il prononçait « Mastrique ») car il violait de façon flagrante notre souveraineté nationale. Les députés l'écoutaient presque envoûtés : « La nation, ce n'est pas un clan, ce n'est pas une race, ce n'est pas une tribu. La nation, c'est plus fort encore que l'idée de patrie, plus fort que le patriotisme. » Quel souffle !

Très applaudi, mais pas du tout suivi : le projet de loi constitutionnelle avait recueilli trois cent soixante-dix-huit voix pour et soixante-dix-sept contre[1]. Qu'importe, sa réputation était faite ! Ce discours lui avait valu d'être choisi, quatre mois plus tard, par François Mitterrand pour débattre avec lui

1. Le traité de Maastricht avait été adopté par les Français le 20 septembre à une courte majorité : 51,04 % de oui. Bernadette m'avait glissé qu'elle avait voté non au référendum.

sur le traité dont il était un avocat ardent. Un grand show organisé à la Sorbonne, retransmis par TF1, animé par Guillaume Durand. Le président était déjà très malade. Le débat avait dû être interrompu pendant de longues minutes. Il avait fallu lui administrer une piqûre, renforcer son maquillage : « J'ai cru qu'il allait mourir en scène », me raconterait plus tard le présentateur de l'émission, qui ne savait pas qu'une antenne médicale était installée dans les coulisses. Philippe Séguin avait retenu ses coups, parlant doucement, comme on s'adresse à un mourant. Pour les téléspectateurs qui ignoraient le contexte, il avait abdiqué ses convictions en se montrant presque obséquieux avec François Mitterrand. On s'attendait à mieux.

Outre son indéniable talent, Bernadette appréciait la grande courtoisie dont il faisait toujours preuve à son égard. Elle vantait son charme, et le regard oriental de ce natif de Tunis. Beaucoup de dames partageaient cet avis. Il était un grand séducteur. « C'est lui que vous devez choisir comme Premier ministre, avait-elle plaidé auprès de son mari. Il a fait campagne pour vous, il a la fibre sociale, et puis c'est un personnage. »

Philippe Séguin, Premier ministre ? Il en aurait eu tous les dons : grande culture, épaisseur intellectuelle, autorité naturelle, convictions fortes. Mais pour Jacques Chirac, c'était une option inenvisageable. Parce qu'il en avait peur : trop caractériel, trop instable, pénible. Lorsqu'il était son ministre des Affaires sociales entre 1986 et 1988, il menaçait de démissionner chaque semaine. « Si tu le nommes à Matignon, tu verras, au bout de trois semaines, il ne te prendra plus au téléphone », avait prévenu Charles Pasqua qui appréciait pourtant beaucoup Philippe Séguin. Ensemble, en 1990, ils avaient même tenté un putsch sur le RPR qui avait raté. Pasqua-Séguin, c'était la conjonction de deux jalousies. Pasqua ne pardonnait pas à Jacques Chirac de ne pas lui avoir offert les rênes du parti en 1988, et d'avoir songé à y placer

Édouard Balladur qui, pour les militants, n'était pas quelqu'un de la famille, et Philippe Séguin ne supportait pas qu'Alain Juppé soit toujours la préférence de Jacques Chirac. Mais voilà, en même temps qu'il le pourfendait, multipliant les griefs contre celui qu'il appelait «le grand con» – je peux en témoigner –, il allait en douce le samedi matin visiter le maire de Paris, comme me le racontait alors Pierre Charon, très au fait de leurs rendez-vous secrets.

Mû par une affectivité trop demandeuse, l'imprécateur ne se résignait pas à couper le lien avec sa victime. Je me demandais ce qu'ils pouvaient bien se dire quand ils se voyaient. Séguin repartait souvent avec une valise de pin's, dont sa fille faisait collection. Parfois, dans les couloirs de l'Assemblée, il me hélait pour savoir si je n'avais pas de pin's d'Europe 1 dans la poche. Quand il fallait être là pour Chirac, il était là, Séguin. «Moi j'ai fait le boulot, pendant la campagne. J'ai tué Balladur ! Le thème de la fracture sociale c'est moi, et voilà ma récompense ! Chirac ne veut pas de moi comme Premier ministre.» En avril 1989, douze députés, six RPR et six UDF, dont Michel Barnier, Michel Noir, Philippe de Villiers, Alain Carignon, François Fillon, François Bayrou, Dominique Baudis, avaient fait cause commune pour se débarrasser des anciens. Séguin avait fini par se porter à son secours. Je me souviens de l'incroyable insolence de Dominique Baudis, un soir sur TF1, à leur encontre. Sur le thème : «Dégagez et vite !» Au départ, Philippe Séguin était un peu leur mentor. Il leur dictait ses consignes *via* François Fillon depuis Marrakech au bord de la piscine, où il prenait quelques jours de vacances. On le surnommait le «grand mamamouchi de la Mamounia». Mais c'est Séguin qui avait mis fin à cette fronde. «Arrêtez vos conneries, ça ne mène à rien !» Je me souviens d'un Michel Noir furieux qui éructait contre son double jeu. Deux mois plus tard, Valéry Giscard d'Estaing prenait la tête de la liste UDF-RPR pour les élections européennes. Fin de la partie.

Philippe Séguin détestait Alain Juppé (et réciproquement). Mais en vérité, Jacques Chirac n'avait pas d'autre choix que ce dernier pour Matignon. Pour l'avoir éprouvé, il était certain de sa loyauté, de son calme, de sa docilité. Juppé le rassurait, il ne faisait jamais de scènes, ne le brutalisait pas, et il l'avait testé. Pour les législatives de 1981, après l'élection de François Mitterrand, Jacques Chirac lui avait offert une circonscription en or à Paris, le 17e arrondissement, mais quelques jours plus tard, il l'appelait pour lui dire : « Bernard Pons [secrétaire général du RPR] ne peut être battu, j'ai besoin de lui. Il lui faut une circonscription sûre. Acceptez-vous, cher Alain, de lui laisser la place ? » Alain Juppé s'était incliné, forcément. Que pouvait-il faire d'autre ? Rebelote en 1992 : contre l'avis de Jacques Chirac, Alain Juppé voulait tenter sa chance à la présidence du conseil régional d'Île-de-France. Prétextant des sondages loin de lui être favorables, Jacques Chirac lui avait demandé de jeter l'éponge, de laisser la place à Michel Giraud : « Il ne faut pas humilier ce vieux compagnon. » Et Giraud l'avait emporté. Nouveau renoncement. « Quand Chirac m'a annoncé que je lui succéderais à Paris, la moutarde m'est montée au nez, me confiera Alain Juppé. Je me suis dit qu'au dernier moment il me dirait : “Il ne faut pas humilier Tiberi.” » Voilà pourquoi il avait accepté la proposition de Chaban de lui succéder à Bordeaux. Sa première et unique rébellion. Alain Juppé a été un grand maire qui a embelli et modernisé la ville. Cette première marque d'indépendance avait déplu à Chirac.

En 1995, Jacques Chirac donc ne voyait pas qui d'autre que lui pouvait faire l'affaire à Matignon. Philippe Séguin avait un autre handicap, et celui-là très rédhibitoire : il était contre le traité de Maastricht. À défaut de Matignon, il restait président de l'Assemblée nationale, mais avait négocié une révision de la Constitution, votée à Versailles dès le 31 juillet, pour instaurer une session unique de neuf mois (que les députés jugent beaucoup trop longue), afin d'améliorer leur rythme de travail, et une journée par mois consacrée à l'ordre du jour de l'Assemblée, façon de donner la parole à des élus qui n'appartiennent pas à la majorité.

« Juppé, c'est un raisin sec ! Vous n'en tirerez rien de bon », prophétisait Bernadette. Cause toujours…

Bien sûr, le président connaissait ses défauts. Trop cassant, trop distant, mais sur le plan intellectuel, il l'épatait : agrégé de lettres classiques, il ponctuait souvent ses conversations de citations latines ; l'une revenait dans sa bouche comme un tic : *nihil novi sub sole* (« rien de nouveau sous le soleil »). Ajoutons Normale Sup, Sciences Po, l'ENA… Un sacré cerveau, sûr qu'il allait faire des étincelles ! Il l'avait donc choisi comme Premier ministre et, cerise sur le gâteau, il lui confiait aussi la présidence du RPR comme on gâte un héritier.

C'est dire si l'on attendait avec impatience celui auquel 65 % des Français accordaient d'emblée leur confiance.

Las, à peine était-il arrivé à Matignon qu'une déception s'installait. « Je n'étais pas préparé, j'étais fatigué », me dira-t-il plus tard. Ministre des Affaires étrangères d'Édouard Balladur et de François Mitterrand, poste où il avait très bien réussi, il n'avait pas eu le temps de réfléchir à la composition de son équipe ni même au programme. Il se plierait aux volontés du président, forcément. Il m'avait téléphoné pour que je lui suggère des noms. « Je voudrais nommer douze femmes ministres. Je veux que mon gouvernement soit le plus féministe de tous. » Prise de court, je lui avais répondu qu'il valait mieux n'avoir que trois ou quatre femmes à des postes significatifs, plutôt qu'une douzaine avec des attributions secondaires. Jacques Chirac lui avait dit : « Allez voir René Monory, il vous donnera des idées. »

« Des femmes, des femmes, vous voulez des femmes ? » Le président du Sénat avait interrogé son directeur de cabinet Jean-Dominique Giuliani. « Si vous avez des copines à caser, c'est le moment. »

En définitive, les chiraquiens pur jus se taillaient la part du lion, les grands postes revenaient aux fidèles : Debré à l'Intérieur, Toubon à la Justice, Millon à la Défense, Pons à l'Aménagement du territoire, Madelin, la « boîte à outils » du candidat Chirac, héritait du ministère de l'Économie. Une équipe de premier tour de la présidentielle. Philippe Séguin avait imposé son ami François Fillon, balladurien, que Jacques Chirac n'appréciait guère : « Pas franc du collier, celui-là », disait-il. Alain Juppé sauvait François Bayrou, une solidarité du Sud-Ouest. Lequel voulait les Affaires étrangères : « Tu gardes l'Éducation, sinon, ce sera rien », lui avait répondu le Premier ministre. Et François Bayrou avait rempilé à contrecœur.

Six mois plus tôt, un million de laïcs avaient défilé à Paris contre sa réforme de la loi Falloux qui autorisait l'État et les collectivités locales à financer davantage l'enseignement privé. La FEN avait appelé à la grève et lancé une grande manif pour le 16 janvier 1994. Saisi par les socialistes, le Conseil constitutionnel, présidé par Robert Badinter, avait annulé la loi au motif que les collectivités territoriales n'offraient pas de garanties d'égalité pour financer ces projets. François Bayrou s'était juré de ne plus avoir d'ennuis de ce genre au ministère, d'où ses excellentes relations avec la belle Monique Vuaillat, la patronne du SNES. Surtout pas de vagues. Agrégé de lettres classiques, il avait été prof de français et de latin pendant dix ans. « Il est sorti du ventre de la bête », me disait son directeur de cabinet. Il savait mieux qu'un autre combien l'Éducation nationale est le creuset de toutes les insatisfactions. On ne peut pas réformer à la machette.

Alain Juppé me racontait que lorsqu'il demandait à François Bayrou : "Alors elle vient, ta réforme ?", il lui répondait : "J'avance, je consulte, fais-moi confiance. Il y a trop de photocopieuses au ministère. Dès qu'il y a une trace écrite, ça fuite dans la presse et ça peut tout faire capoter."

Résultat, me disait-il, je n'ai jamais rien reçu de Bayrou.» De son côté, Jacque Chirac pestait: «Bayrou ne fout rien!» Laure Darcos, qui s'occupait de la communication du ministre, ne dit pas autre chose : «Pendant deux ans, on a fait du vélo d'appartement». François Bayrou amusait la galerie avec les États généraux de l'université. Il avait lancé une concertation avec les universitaires qui colloquaient. Ce qui avait le plus choqué, c'est qu'il avait viré son directeur de cabinet, Francis Delon, un conseiller d'État, pour le remplacer par Marielle de Sarnez, une autodidacte proclamée qui tenait réunion avec les recteurs, pleine d'assurance. Une femme, un peu son double, qui le rassurait, le conseillait, et l'avait conforté dans l'idée qu'il était prédestiné : il serait un jour président de la République.

L'équipe gouvernementale comportait quarante-deux ministres et secrétaires d'État! Une armée mexicaine difficile à piloter. Les balladuriens se sentaient lésés : aucune voix de leur candidat n'avait manqué à Jacques Chirac. Pourquoi les écarter du gouvernement? Il était temps de passer l'éponge, par exemple de donner la mairie de Paris à Balladur plutôt qu'à Tiberi. Voilà qui aurait eu de la gueule. Alain Juppé était pour, mais le président s'était cabré et avait dit niet sur Balladur, niet sur Sarkozy, niet sur Pasqua.

Et puis il y avait eu le discours de politique générale, le 23 mai. Les tribunes du public étaient combles à l'Assemblée nationale, celles de la presse aussi. On était venu avec gourmandise écouter le meilleur d'entre nous, qui fut hélas à son pire : trop long, une heure trente, sur un ton monocorde, une juxtaposition de notes que lui avaient adressées son cabinet et ses ministres, un patchwork exempt de formules pimentées. Il était question d'emploi, de rigueur, de gestion. Il manquait l'essentiel : un récit national, un élan. Bref, la marque d'un Premier ministre. Personnellement, j'étais déçue.

Cela partait mal et n'allait qu'empirer. Alain Juppé avait débarqué à Matignon en héritant d'une situation économique

« calamiteuse », selon ses dires. Un tacle aux balladuriens qui l'avaient très mal pris. Le trou de la Sécurité sociale était abyssal : deux cent cinquante mille milliards de francs (soit quarante milliards d'euros). Une remise en ordre des finances publiques s'imposait.

Alain Juppé était allé consulter René Monory, ex-ministre des Finances.

— Il n'y a plus d'argent dans les caisses ! Je vais être obligé d'augmenter le taux de TVA de deux points.

— Tu ferais mieux de le baisser de deux points. Ça ferait entrer de l'argent dans les caisses !, lui avait répondu Monory.

Mais il fallait réduire les déficits publics pour respecter les critères de Maastricht afin que la France se qualifie en 1999 pour la monnaie unique, qui ne s'appelait pas encore l'euro. Une politique de rigueur qui, malgré ses engagements, avait l'assentiment de Jacques Chirac. Cinq mois plus tard, le 26 octobre, dans un entretien télévisé, le président avouait à Alain Duhamel « avoir sous-estimé pendant sa campagne l'ampleur des déficits », regrettant que des mesures rigoureuses n'aient pas été prises au début 1993. Les commentateurs, le journal *Le Monde* parlaient d'un tournant politique, celui de la rigueur, et de la négation de ses promesses sur la fracture sociale, chère à Philippe Séguin.

En réalité, ce choix de la rigueur était implicite dès le 18 mai, lendemain de sa prise de fonction. Pour pérenniser l'axe franco-allemand, Jacques Chirac avait invité à dîner le chancelier Helmut Kohl à Strasbourg, dans la célèbre winstub Chez Yvonne, avec un menu qui n'était pas fait pour des mauviettes : escargots, fromage de tête, cervelas, tête de veau, foie gras et pour finir, tarte aux quetsches, le tout arrosé de bière, de vin blanc et de pinot noir. « Ils ont pris tout le menu », avait confié un maître d'hôtel aux journalistes. À ce concours d'appétit, ils étaient arrivés ex æquo, ce qui crée un lien ! Au dessert, Jacques Chirac avait juré à son ami Helmut – ils se connaissaient depuis longtemps – que la

France honorerait les engagements européens pris par François Mitterrand.

Pour redresser les comptes, Alain Juppé n'y était pas allé de main morte. Matignon devenait le quartier général de la rigueur. Les recettes fiscales étant décevantes, il fallait faire entrer de l'argent, cent milliards d'impôts nouveaux : réduction des dépenses militaires, augmentation de 2% de la TVA, réduction des aides aux entreprises, augmentation de l'impôt sur les sociétés et, pour faire bon poids, de l'impôt sur la fortune dit de solidarité. Mais le Smic était augmenté de 4% et le minimum vieillesse de 2,8%.

Créé en 1981 par la gauche, avec un plafond à 85%, supprimé par Édouard Balladur en 1986, l'impôt sur la fortune avait été rétabli par Michel Rocard en 1988, avec un plafonnement à 70%. Ainsi l'État ne pourrait pas prendre aux riches plus de 70% de leurs revenus. En 1981, des milliers de Français avaient quitté leur pays pour s'établir à Genève, Londres ou Bruxelles, où la fiscalité est plus clémente. Ils ne sont jamais revenus. Les Suisses, les Belges, les Anglais s'étaient réjouis de l'aubaine. Ces gens aisés faisaient marcher les commerces et créaient des emplois. Mal conseillé par Bercy, Alain Juppé allait faire encore plus fort que les socialistes en faisant sauter le plafonnement. Conséquence : des contribuables se voyaient taxer à plus de 200% de leurs revenus. Cela s'appelle de la spoliation. Vendre leur patrimoine, souvent dans les plus mauvaises conditions, ou partir ? Le dilemme avait été vite tranché, il n'y avait pas d'autre choix que l'exil fiscal, faisant ainsi la fortune de leurs conseillers financiers.

Ambroise Roux, le patron de l'AFEP (Association française des entreprises privées, qui regroupait les soixante groupes français les plus importants), un homme très influent, s'en était inquiété auprès de son ami François Pinault :

— Il faudrait que vous en parliez au président. Je suis sûr qu'il n'a pas saisi les méfaits de ce déplafonnement pour l'économie française.

— Faites-moi une note en cinq à dix points et j'irai le voir.

Un samedi matin, François Pinault se rendit à l'Élysée avec la note. « Ambroise Roux me dit que les gens vont partir comme des moineaux », avait-il dit en tendant le document au président qui, après l'avoir lu, suggéra : « On va appeler Juppé. » Le Premier ministre au bout du fil, le président avait mis le haut-parleur pour que son ami entende la conversation, ce qu'Alain Juppé ignorait bien sûr. Et de lui lire la note d'Ambroise Roux en égrenant une à une ses réserves. Chaque fois, en réponse, Alain Juppé émettait une sorte de grognement dubitatif pour conclure, à la fin de la lecture : « Des Pinault, il n'y en a pas plus de dix en France. Eh bien, ils partiront, tant pis ! » La légende raconte qu'il aurait même dit : « Dix connards. » On imagine la réaction de Pinault.

Les dégâts n'allaient pas tarder à se faire sentir. Trois milliards de francs quittaient le territoire, plus qu'en 1981. Des centaines de millionnaires s'étaient fait la malle. Au même moment, l'Allemagne supprimait l'impôt sur le patrimoine, avec l'accord de tous les grands partis. Alain Juppé en avait vite pris conscience et entendait réparer sa funeste erreur. En octobre 1996, dans une interview à *Valeurs actuelles*, Jacques Chirac annonçait ne pas exclure de réformer l'impôt de solidarité sur la fortune, le déplafonnement ayant trop d'effets pervers préjudiciables pour l'économie de la France. Aussitôt, le PS dénonçait la maladresse insigne d'une droite pour qui « le sort des pauvres semble dépendre du bonheur des riches ». Alain Juppé répliquait qu'il n'était pas question de supprimer l'impôt, mais juste d'en modifier certaines modalités techniques.

En décembre 1996, le rapporteur général du budget au Sénat, le centriste Alain Lambert, déposait un amendement pour rétablir un plafonnement afin de freiner les délocalisations et la fuite des capitaux. Les sénateurs l'avaient suivi, mais, surprise, à l'Assemblée nationale, des députés RPR, retournés par Philippe Séguin très actif sur le sujet, protestaient contre cette initiative. Le bateau majoritaire tanguait. Devenu trop impopulaire pour risquer d'imposer ses vues, Alain Juppé avait reculé. L'amendement était retiré. Pas glorieux !

« J'ai eu l'idée funeste de supprimer le plafonnement, c'était une bêtise », voudra bien reconnaître le maire de Bordeaux, candidat à la primaire de la droite à l'automne 2016... vingt ans plus tard.

La droite, la gauche... Qui a dit « Ce sont des épiciers concurrents qui se fournissent chez le même grossiste » ?

De fait, le 13 juillet 1995, Jacques Chirac faisait une visite surprise dans une usine du Maine-et-Loire, chez le numéro un de la viennoiserie préemballée, Brioche Pasquier. Pour éviter les licenciements et inverser la courbe du chômage, l'entreprise s'était lancée dans la réduction du temps de travail. 70 % des salariés avaient donné leur accord. Ils acceptaient de travailler trente semaines de quatre jours avec une perte de salaire de 2 à 3 %. L'entreprise avait ainsi créé plus de deux cents emplois. Jacques Chirac s'était montré enthousiaste ; il avait visité l'usine, serré la main à tout le monde. « Je suis à l'affût de tout effort d'imagination qui se traduit concrètement par une augmentation de l'embauche. » Il ajoutait que ces mesures ne pourraient pas être adoptées par l'ensemble des entreprises et seraient facultatives. Il s'interrogeait tout haut : « Faudra-t-il légiférer ? Je n'y suis pas hostile. » Il était reparti sous les applaudissements en lançant : « La France doit vivre à l'heure des brioches Pasquier ! »

La crise de l'emploi s'aggravant, le Parlement adoptait, en mai 1996, la proposition de loi du député-maire UDF d'Amiens Gilles de Robien, dont le concepteur était l'économiste Pierre Larrouturou. Entre 1993 et 1995, les deux hommes avaient sillonné le pays pour prêcher leur foi commune en la réduction du temps de travail pour sauver l'économie. La loi instituait une baisse des charges patronales pendant sept ans (la durée du septennat Chirac) : moins 40 % la première année si en contrepartie il y avait 10 % d'embauches supplémentaires, et moins 30 % pendant les années suivantes. Le patronat ayant rejeté catégoriquement toute réduction autoritaire généralisée, la loi était donc facultative. Nicolas Sarkozy, député de Neuilly, était intervenu pour dire que cela allait coûter trop cher.

Alain Juppé aimait s'en vanter : la mairie de Bordeaux allait être la première à mettre en place les trente-cinq heures, sans diminutions de salaire mais avec un réaménagement des horaires, qui permettrait l'ouverture des services le samedi matin. Il titularisait trente-sept emplois précaires. Il voulait donner l'exemple, sauf qu'une mairie ne peut en aucun cas servir d'exemple à des entreprises. Les enfants du personnel municipal avaient priorité sur les emplois saisonniers, ce qui avait hérissé les syndicats de fonctionnaires dont les nerfs étaient déjà à vif. Le Premier ministre n'avait-il pas expliqué à la tribune de l'Assemblée nationale qu'il préférait « une fonction publique moins nombreuse, plus efficace, mieux à l'aise, à une fonction publique qui fait de la mauvaise graisse » ? La CGT avait dénoncé « une insulte à tous les fonctionnaires », la CFDT « une provocation pure ».

Albin m'avait dit : « C'est fou ce que Juppé peut être maladroit ! » Il lui en voulait toujours un peu. Lorsqu'il était garde des Sceaux et avait lancé la construction de quinze mille places de prison, estimant que des hommes qui se retrouvent à sept ou huit dans une cellule avec les latrines au milieu ne peuvent sortir de prison qu'enragés, irrécupérables, Alain Juppé, alors ministre du Budget, l'avait tancé, très arrogant : « Alors Albin, tu veux construire des cinq-étoiles pour des voyous ? » De retour à la maison, Albin pestait : « Juppé ne comprend rien ! » Il s'étonnait que Jacques Chirac n'ait pas remis en place le chouchou quand il disait des bêtises.

La droite ayant instauré les trente-cinq heures facultatives, un an plus tard, le gouvernement Jospin, avec Martine Aubry à la manœuvre, n'avait plus qu'à instituer les trente-cinq heures obligatoires. Une catastrophe pour l'industrie française.

Tandis qu'Alain Juppé concoctait ses impôts nouveaux, *Le Canard enchaîné* révélait, le 28 juin, que sa famille et son fils Laurent étaient locataires d'appartements du domaine privé de la Ville de Paris dans le très chic 6e arrondissement, et à un tarif qui n'était pas, selon le journal satirique, celui du marché. Alain Juppé, alors adjoint aux finances de Jacques Chirac, serait intervenu en 1993 pour ajuster le montant du loyer de son fils.

La semaine suivante, *Le Canard* revenait à la charge : la fille, le demi-frère et l'ex-épouse d'Alain Juppé étaient également locataires d'appartements à Paris, dans les 4e et 6e arrondissements. Du népotisme ?

« Je n'ai commis aucune irrégularité. Je n'ai pas l'intention de me laisser mettre à la porte par les campagnes du *Canard enchaîné* », s'était indigné Alain Juppé.

Tollé général ! Le procureur de la République de Paris était saisi par Me Arnaud Montebourg, un jeune avocat qui faisait parler de lui pour la première fois. Il intervenait au nom d'une Association pour la défense des contribuables parisiens. Il réclamait l'ouverture d'une information judiciaire pour délit d'ingérence. J'étais allée le voir, dans ses bureaux rue de Tournon, près du Sénat. Un beau garçon exalté, aux cheveux bouclés et aux lunettes rondes, qui avouait en s'esclaffant vouloir « pourrir le septennat de Jacques Chirac ». Au moins, c'était clair. Alain Juppé devait selon lui payer pour son immoralité et démissionner. Le trublion était enchanté du coup terrible qu'il portait au Premier ministre, lequel, faute d'avoir bien mesuré la gravité de la situation, allait mettre plusieurs mois à s'en relever.

Deux jours après la sortie du *Canard*, il était venu au journal de 20 heures de TF1, pour tenter de se justifier, documents à l'appui. « Je reste droit dans mes bottes », avait-il asséné la tête haute, une expression inappropriée. Il voulait plaider sa bonne foi, les Français décelaient une arrogance malvenue, et lui ne comprenait pas pourquoi il était la cible de telles attaques. « Quand j'étais ministre des Affaires étrangères, je pouvais être logé au Quai d'Orsay, ce qui m'aurait permis d'économiser deux ans de loyer. » C'était confondre combattre et se braquer.

Le 14 juillet, Jacques Chirac soutenait sans réserve son Premier ministre, se disant profondément choqué par l'acharnement de la presse contre Alain Juppé : « Voilà quelqu'un qui paie son loyer quinze mille francs par mois. Et vous avez des dizaines et des dizaines de milliers de gens en France qui bénéficient de logements de fonction et qui rendent infiniment moins de services à la collectivité que ne pouvait rendre l'adjoint au maire de Paris. »

À son tour, Jacques Chirac avait tout faux. Un tel loyer était hors de portée pour nombre de Français. Non, le président n'aurait pas dû dire cela.

En octobre, le délit d'ingérence était constitué, mais le procureur renonçait aux poursuites à une condition : que le Premier ministre déménage au plus vite. L'image du nouveau pouvoir était percutée de plein fouet. Alain Juppé et sa famille s'installaient donc à Matignon. Clara, sa fille, venait de naître. « Je n'ai volé personne », répétait Alain Juppé, il était très affecté. Traumatisé au point, m'avait-il dit, de refuser d'entreprendre des travaux à Matignon, alors que la salle de bains de l'appartement de fonction avait grand besoin d'être rénovée. Les grands travaux seraient engagés par Lionel Jospin, son successeur deux ans plus tard.

Pour le Premier ministre, la curée avait commencé. Seule consolation : le soutien indéfectible de Jacques Chirac. Il savait qu'il ne le laisserait jamais tomber. Comme un père, le président s'inquiétait de sa mauvaise mine, le jugeait trop maigre, trop efflanqué, il lui téléphonait chaque soir pour savoir s'il avait suffisamment dîné, « sinon vous ne tiendrez pas le coup, Alain ! », comme si trois ou quatre kilos en plus empêcheraient son protégé de faire des boulettes. Jacques Chirac téléphonait aussi à la mère d'Alain Juppé pour lui conseiller d'encourager son fils à prendre du poids.

On peut s'interroger sur le mystère Juppé. D'où lui vient cette rigidité qui lui aura causé tant de tort ? De son enfance ? Il me l'avait raconté, sa mère qui l'adorait (et que lui vénérait) l'avait élevé à la baguette. Au sens strict du terme. S'il n'était pas toujours et partout le premier de la classe, elle lui fouettait les mollets avec un martinet. « Parce que tu es le meilleur », lui répétait-elle. Et le petit Alain était toujours premier. Enfin presque… Lorsqu'il était second, il avait peur de rentrer à la maison. Une ancienne institutrice venait le faire travailler et elle trépignait à ses côtés : « Mon Dieu, que cet enfant est intelligent ! » Ce qui n'est pas donné à tout le monde, convenons-en. Une éducation qui ne porte pas à douter de soi. Pour sa mère, Alain était un dieu qu'elle plaçait au-dessus de tout et de tous dans la famille, loin devant son demi-frère et sa demi-sœur. Il était une sorte de cygne qui avait éclos dans une couvée de canards. Cette adoration maternelle a sûrement forgé chez lui le sentiment qu'il suffit d'avoir raison pour être convaincant. Pire, l'empêcher d'admettre que l'on veuille intervenir après lui lorsqu'il a déjà parlé. Un trait de caractère qui lui serait fatal.

Fin août : Alain Madelin est l'invité de la matinale d'Europe 1. Ce ministre de l'Économie est un iconoclaste, non conformiste, volontiers provocateur, désinvolte aussi. Que dit-il, ce matin-là ? Que dans le cadre de l'assainissement des finances publiques engagé par le gouvernement, il allait falloir étudier la raison d'être de certains avantages acquis. Comme les revenus minimums d'insertion qui permettaient à certains chômeurs d'atteindre un niveau de ressources supérieur au Smic. Le ministre mettait ainsi en cause ce qui est considéré par les syndicats comme intouchable. Bref, une bombe qui risquait d'enflammer la gauche. Alain Juppé était fou de rage ! La veille, devant plusieurs ministres, dont Alain

Madelin, il avait évoqué ces problèmes en se réservant la primeur de la communication gouvernementale sur ces sujets sensibles auxquels il faudrait bien s'attaquer. Et il leur recommandait de tenir cette discussion secrète, car c'était de la dynamite. Le lendemain, Alain Madelin vendait la mèche et faisait craquer l'allumette. Impardonnable. Il fallait vite éteindre le feu qui couvait. Madelin était démissionné! «"Tant que vous n'aurez pas viré un ministre, il y aura des couacs." C'est ce que m'a dit Chirac à Brégançon. Eh bien voilà : je l'ai fait! », se félicitait devant moi Alain Juppé.

En juin, le Premier ministre était crédité de 65 % de cote de confiance; en octobre, elle avait chuté à 39 %. Une sacrée dégringolade. À Matignon, on expliquait qu'elle était due aux dissensions au sein de la majorité. Alain Juppé avait tancé «ces quelques aigris et quelques frustrés qui trépignent».

Lui en était convaincu, il aurait fallu dissoudre après la présidentielle, mais Jacques Chirac avait refusé, et cette majorité n'était pas vraiment la sienne. Lors de la formation de son équipe, Alain Juppé s'était montré très ouvert à la nomination de balladuriens. Mais Jacques Chirac ne voulait rien entendre jusqu'en octobre, où les tiraillements dans la majorité l'incitaient à fléchir. Seulement, problème : il y avait déjà quarante-deux ministres, un chiffre maximum. Si l'on donnait des postes à quelques balladuriens, il fallait bien que d'autres quittent le gouvernement, mais qui?

Le 7 novembre, le couperet tombait sur une majorité de «Juppettes». Venues pour la plupart de la société civile, elles avaient été affectées à des tâches secondaires, et leurs attributions étaient bien mal définies. Sur douze femmes, il n'en resterait que quatre : quelle charrette! Alain Juppé s'y taillait une réputation de machiste. Une erreur psychologique qui allait lui coûter forcément le soutien des femmes. Le 19 novembre, il aggravait son cas sur TF1, en expliquant «avoir besoin de ministres d'un certain professionnalisme, et que les femmes limogées n'avaient pas assez d'expérience».

Qu'en termes galants ces choses-là étaient dites ! Pourquoi alors nommer douze femmes ?

Six mois plus tard, Alain Juppé se déclarait favorable à la parité. Était-il le mieux placé pour dire cela ? Alors qu'avec 5,5 % de femmes élues, la France détenait en 1996 un triste record.

J'avais remarqué que les hommes politiques avaient très peu réagi à l'éviction des « Juppettes », comme s'ils n'étaient pas concernés, comme s'ils laissaient passer l'orage. Et si polémique il y eut, c'est bizarrement entre deux femmes, dans les colonnes du *Monde*. Toutes deux professeures de philosophie et épouses de dignitaires socialistes. La première, Élisabeth Badinter, disait non aux quotas de femmes, qui engendreraient selon elle des « dérives mortelles », des « revendications paritaires de la part d'autres communautés, raciales, religieuses, voire culturelles ou sexuelles ». J'étais assez sensible à ses arguments. Mais au PS, les femmes n'avaient pas apprécié du tout. Et ce d'autant moins – et là, Élisabeth Badinter n'y était pour rien – que son mari, Robert Badinter, s'était fait élire au Sénat, à cinq minutes de marche de son domicile, ce qui était pratique, en prenant la place d'une des rares sénatrices socialistes, Françoise Seligmann. Pas très délicat.

Deux jours plus tard, Sylviane Jospin lui avait répondu, et assez vertement, que cette question n'était pas un débat droite-gauche. Elle affirmait que sans politique volontariste, la cause des femmes n'avancerait pas. Et, vous allez voir mon manque de personnalité, j'avais été assez convaincue par ce qu'elle disait elle aussi.

Le lendemain de leur éviction, les huit « Juppettes » déjeunaient chez Edgard. C'est Françoise de Panafieu, ex-ministre du Tourisme, qui avait organisé l'événement, en précisant que le vin de Bordeaux avait été exclu du menu, « parce qu'il me donne des aigreurs d'estomac », disait-elle. Les clients les avaient applaudies. En sortant, des passants venaient leur serrer la main. À la fin du mois, la cote de confiance du Premier ministre tombait à 33 %. « À force de descendre, Juppé va finir par trouver du pétrole ! » moquait André Santini, le député-maire UDF d'Issy-les-Moulineaux, jamais à court de bons mots.

Il y avait aussi trois hommes dans la charrette : Claude Goasguen, député de Paris, grand ami de Jacques Chirac et souvent son compagnon de voyage lorsqu'il était maire de Paris – il était ministre de la Réforme de l'État ; Jean Puech, le ministre de la Fonction publique, et François Baroin, le benjamin du gouvernement – il avait 29 ans, et l'air d'en avoir 25. Ses petites lunettes cerclées de métal et son air sérieux lui avaient valu le surnom de Harry Potter. Porte-parole du gouvernement, je jugeais qu'il se débrouillait très bien. Je n'avais pas compris que Chirac le laisse tomber alors qu'il était en quelque sorte son protégé – un peu son père de substitution. Et il m'avait expliqué comment les choses s'étaient passées : « Chirac m'a appelé pour me dire : "Juppé veut un remaniement, je ne peux pas le lui refuser." » François avait quitté le journalisme, en l'occurrence Europe 1 où il appartenait au service politique. Car Jacques Chirac était venu le chercher pour lui demander de se présenter dans la troisième circonscription de l'Aube. Mission accomplie. Il avait été élu député en 1993, à 27 ans ! C'est peu dire qu'il était révolté contre Alain Juppé, car il lui infligeait une double peine. Non seulement il le virait du gouvernement, mais il l'empêchait de reprendre son siège de député. La démission du suppléant n'étant pas alors automatique, il fallait passer par une élection partielle. Alain Juppé craignait qu'il soit battu. Il y avait un risque, le climat politique était très incandescent.

« Juppé, je ne lui ai plus jamais parlé pendant sept ans ! » me confierait François Baroin.

Dans *Le Monde*, Plantu avait caricaturé drôlement l'éviction des « Juppettes » et de François Baroin. Huit femmes se jetaient à l'eau depuis un bateau, accompagnées d'un bébé en barboteuse, avec cette légende : « Juppé : les femmes et les enfants d'abord ! »

Le 15 novembre, soit une semaine après le remaniement, on avait pu croire, le temps d'un discours, à une remontada du Premier ministre lorsque, à la tribune de l'Assemblée nationale, il annonçait sa grande réforme de la Sécurité sociale. « Soyons audacieux, les Français le veulent, j'y suis prêt ! » Une réforme systémique, comme on dit aujourd'hui, une refonte complète pour apurer la dette et rechercher une maîtrise des coûts en évaluant la pertinence des soins. Les députés debout l'avaient ovationné. Lors de sa nomination au ministère de la Santé, Olivier Véran rendra hommage à Alain Juppé pour cette réforme. Le lendemain, les éditorialistes étaient dithyrambiques. J'ai encore en mémoire l'article élogieux de Claude Imbert dans *Le Point*. Alain Juppé pouvait croire qu'il tenait sa revanche sur son discours raté de politique générale de mai.

Comme quoi, Juppé a toujours le chic pour se créer des ennuis. Quelques jours avant de prononcer son discours, il avait envoyé sa copie à André Bergeron, qui allait quitter la direction de FO où il allait être remplacé par le tonitruant Marc Blondel, un autre style, et à Nicole Notat, patronne de la CFDT, qui approuvait sa réforme.

En retour, les deux l'avaient averti : « Le projet est bon, mais surtout oubliez les régimes spéciaux des retraites. Ne vous y avancez pas, le terrain n'est pas déminé, c'est trop dangereux. »

Chirac lui-même avait émis des doutes : « À votre place, je n'irais pas.

— Je prends le risque », lui avait répondu Juppé, bravache.

Il n'avait pas suivi leurs conseils. On connaît la suite. Une grève massive qui allait durer jusqu'à Noël. Les grévistes annonçant qu'ils ne reprendraient pas le travail tant que Juppé maintiendrait son projet de réforme. Les trains étaient à l'arrêt, la distribution du courrier interrompue, on découvrait le covoiturage. À Paris, il faisait un froid de gueux. Il y avait des embouteillages monstres, je voyais des gens abandonner leur voiture place de la Concorde. 53 % des Français étaient favorables aux grévistes. Tout se conjuguait pour qu'Alain Juppé soit maudit. Le 12 décembre, *L'Humanité* relevait le chiffre de deux millions trois cent mille manifestants dans quatre-vingt-neuf villes. Des cheminots brûlaient son effigie à Bordeaux où il avait été élu maire pour la première fois, six mois plus tôt, ric-rac, 51/49. Pour faire bon poids, il s'était mis les médecins à dos en les menaçant de sanctions financières s'ils dépassaient des objectifs chiffrés par la loi des dépenses de la Sécu. Certains médecins affichaient dans leur cabinet le nom des députés qui avaient voté le plan Juppé. Ils étaient hors d'eux !

À l'approche de Noël, les Français n'auraient pas admis d'être privés de vacances ni de ne pas recevoir leurs colis. Alain Juppé proposait une négociation. Comme prévisible, la réforme des régimes spéciaux était retirée. Vingt-cinq ans après, elle n'est toujours pas tout à fait réalisée.

Dans son livre *Mon Chirac*, Juppé raconte : « Jacques Chirac m'avait envoyé Jacques Pilhan pour qu'il me prodigue des conseils. Il m'incitait à plus d'empathie avec les gens, à moins de raideur technocratique, toutes recommandations qui avaient le don de m'horripiler, sans doute parce que je les sentais en grande partie justifiées. [...] L'ai-je écouté ? Je n'en suis pas sûr. [...] Ma courbe de popularité ne s'est pas redressée. » Incorrigible, donc.

Lors des journées parlementaires RPR qui se tenaient au Havre en septembre 1996, le drôlissime Étienne Garnier, député de Saint-Nazaire, un ami avec lequel nous partions souvent en vacances, avait eu cette formule assassine : « Juppé est un Premier ministre irréparable. » Jacques Chirac avait envoyé un message pour s'indigner des écarts de langage de certains parlementaires.

À plusieurs reprises, Alain Juppé avait eu la tentation de démissionner. Chaque fois, Jacques Chirac rejetait cette éventualité avec véhémence. « Je veux que vous restiez le plus longtemps possible. L'idéal pour moi serait que vous m'accompagniez tout au long de mon mandat. » Il était sincère. Mais en l'occurrence difficile à comprendre.

4

LE BON PLAISIR

Le 8 janvier 1996, François Mitterrand décédait des suites d'un cancer de la prostate longtemps tenu secret. Les brumes des premiers doutes sur sa mort n'étaient pas encore levées que France 2 en faisait l'annonce. La nouvelle était confirmée par l'AFP quelques minutes plus tard, à 10 h 55.

Prévenu à 6 heures du matin par André Rousselet, l'ami intime, l'exécuteur testamentaire, Jacques Chirac était parti très vite rue Frédéric-Le-Play, dernière demeure du défunt. Il reposait sur un lit dans une petite chambre aux murs blancs, une cellule monacale juste ornée d'un portrait de saint François d'Assise. Couvert d'un drap blanc, vêtu d'un costume sombre, les mains jointes sur la poitrine, un masque marmoréen plaqué sur le visage.

Informé par Jacques Chirac, René Monory, président du Sénat, était arrivé à 7 heures pile, accompagné de son directeur de cabinet, Jean-Dominique Giuliani.

7 heures. L'horaire où il arrivait tous les jours au Sénat. «Moi j'embauche tôt!» disait-il à ses collaborateurs. Une habitude prise lorsqu'il dirigeait un garage à Loudun. Il n'en avait pas changé lorsqu'il était devenu ministre des Finances, puis de l'Éducation nationale.

Deux policiers étaient postés devant l'immeuble. À l'étage, un homme leur avait ouvert la porte de l'appartement et les avait fait entrer dans la chambre mortuaire. Cet ultime tête-à-tête avait beaucoup remué et impressionné les deux visiteurs. Le corps semblait si frêle. Jusqu'à son départ de l'Élysée, au moins une fois par mois, René Monory rencontrait François Mitterrand. Ils parlaient de tout, en confiance. Sur la fin de sa vie, le président se montrait particulièrement courtois avec ses opposants d'hier. Il s'intéressait beaucoup au Futuroscope.

Une fois par an, René Monory se rendait aux États-Unis pour se renseigner sur les nouvelles technologies. Il rendait visite à Bill Gates dans sa maison de Seattle. Il m'avait raconté que la première fois où il y était allé, elle n'était pas terminée. Des artisans venus du sud de la France peignaient les murs couleur terre de Sienne, avec une patine à l'éponge dont ils étaient spécialistes. L'année suivante, René Monory était ébahi de contempler les murs immenses, tous ornés de tableaux prestigieux des plus grands maîtres. Une profusion, comme dans un musée. Des tableaux numériques projetés sur les murs. Un leurre ! Le créateur de Microsoft lui avait montré toute une série de dessins de Léonard de Vinci, et ceux-là authentiques, qu'il avait achetés. Ils avaient été exposés au Sénat grâce à la bonne entente entre les deux hommes.

Tout cela passionnait François Mitterrand. La première fois que Bill Gates était venu en France, René Monory aurait voulu qu'il rencontre Jacques Chirac, mais avait essuyé un refus. Pourquoi ? « Parce qu'il est trop riche, je ne veux pas le voir », lui avait expliqué le maire de Paris.

Lorsqu'ils étaient repartis de la rue Frédéric-Le-Play, l'appartement, comme la rue, était vide. Ainsi, deux hommes de droite – comme c'est étrange – le président de la République et celui du Sénat, avaient ouvert la marche du défilé des visiteurs qui suivit deux jours durant. Une longue procession. La famille, les parents, alliés, des socialistes de toute tendance, gauche, droite, quelques journalistes triés sur le volet. Les badauds avaient envahi les trottoirs, y déposaient des fleurs.

Pendant deux jours, ce fut le lieu où il fallait être pour voir et être vu.

J'avais écrit deux livres sur Mitterrand. Pendant quatorze ans, je ne l'avais rencontré qu'une seule fois, à sa demande, lorsque j'écrivais le premier, *Le Noir et le Rouge*. Le second, *Les Sept Mitterrand*, était plus polémique. Gérard Colé me l'avait révélé, chaque fois qu'avec Pilhan il avait glissé mon nom sur la liste des journalistes susceptibles de l'interviewer, Mitterrand l'avait biffé.

Du jour de ses obsèques, je garde le souvenir des images retransmises depuis un hélicoptère. Pendant une heure, je suivis le trajet du convoi funéraire depuis la rue Frédéric-Le-Play jusqu'au Bourget, où un avion avait été affrété pour Jarnac. J'étais restée devant la télévision, émue. C'était son dernier voyage.

Ce 8 janvier, Christine Albanel était arrivée à l'Élysée à 9 heures, comme d'habitude. Étonnée de voir que Jacques Chirac, « très tendu », l'attendait : « Je veux un hommage pour midi », avait-il lancé à celle qui était sa plume depuis plus de dix ans. À l'Hôtel de Ville d'abord, puis à Matignon pendant la première cohabitation, à l'Élysée enfin.

Agrégée de lettres, auteure de pièces de théâtre, de romans, Christine Albanel était une jolie brune, vive, subtile, dont j'aimais beaucoup la liberté de ton. Elle parlait cash et sophistiqué, en employant de jolis mots, précieux souvent. Caustique et bienveillante, lucide toujours, courtisane jamais. Un style à elle, inimitable. Fidèle entre les fidèles, elle savait mieux que personne traduire en mots la pensée de Jacques Chirac, dont les consignes étaient pourtant toujours très brèves, pour ne pas dire succinctes. Deux mois après son installation à l'Élysée, le 16 juillet 1995, il voulait intervenir pour le cinquante-troisième anniversaire de la rafle du Vél d'Hiv. Treize mille juifs, hommes, femmes et enfants, avaient été arrêtés à leur domicile au petit matin par la police française. Ils y avaient été parqués avant d'être envoyés dans les camps de la mort. J'avais découvert, bouleversée, cet épisode si honteux de notre histoire en arrivant à Paris, comme je l'ai déjà raconté.

— Fais-moi quelque chose de vraiment bien, lui avait-il juste demandé.

— N'est-ce pas le moment venu de dire les choses telles que vous les pensez ?, l'avait-elle interrogé en retour.

Elle me le confierait : « Nous avions échangé sur le sujet, il y a longtemps ; il ne m'en avait plus jamais reparlé. »

Ce jour-là, Jacques Chirac allait prononcer un discours qui ferait date. En reconnaissant pour la première fois une faute collective. Un discours de rupture avec la doctrine de tous ses prédécesseurs, pour qui le régime de Vichy n'était pas la République, n'était pas la France.

François Mitterrand lui avait fait savoir qu'il n'appréciait pas du tout son propos. En réalité, le général de Gaulle et après lui Georges Pompidou, Valéry Giscard d'Estaing, François Mitterrand avaient tous perpétué l'image d'une France résistante qui n'aurait pas été complice des crimes de l'occupant. À la Libération, cette version s'était imposée au mépris de la vérité pour favoriser la réconciliation nationale. Depuis longtemps, la communauté juive réclamait en vain la reconnaissance de la responsabilité de l'État français. Trop jeune pour avoir été un acteur de ces années-là, Jacques Chirac pouvait rompre avec l'historiographie officielle. Sa prise de position allait susciter pas mal de polémiques, aussi bien chez les gaullistes qu'à gauche, les plus enragés étant au Front national, dont le président avait dans son discours condamné l'idéologie raciste et antisémite. Lionel Jospin, premier secrétaire du PS, qui, un an plus tôt, exigeait un droit d'inventaire sur le bilan de François Mitterrand, notamment dans ces années-là, avait apprécié que Jacques Chirac ose évoquer « la tache sombre que la France devait reconnaître ». Une nouvelle prise de distance avec l'ex-président.

Personnellement, j'adhérais à ce discours de rupture du chef de l'État.

La mort de François Mitterrand ne laissait pas Jacques Chirac indifférent (il était plus ému que Jospin), mais il n'était pas effondré comme lors de la disparition de Georges Pompidou. Le 4 avril 1974, une messe avait réuni en l'église Saint-Louis-en-l'Île le gouvernement au grand complet. Courbé sur son prie-Dieu, il était secoué de sanglots, « comme une bête blessée », m'avait raconté Michel Jobert.

« Tu sais, j'ai eu avec lui une relation très singulière », avait lancé Chirac à celle qui allait écrire son discours. De Mitterrand, il ne voulait retenir que le meilleur, les souvenirs les plus récents, quand ce président qui luttait contre la maladie et si proche de la mort lui avait apporté soutien, réconfort, et cru en lui, alors que les siens le trahissaient et l'abandonnaient. Cela ne s'oublie pas. Mais oui, il lui en était reconnaissant.

À midi, Christine avait porté son texte, auquel le président et Jacques Pilhan n'avaient apporté aucune retouche. L'enregistrement pour les journaux télévisés du soir avait eu lieu vers 16 heures. Jacques Chirac avait su trouver le ton qui s'accordait bien avec la sobriété du message. On le sentait sincère, attristé, et il l'était : « Ma situation est singulière, car j'ai été l'adversaire du président François Mitterrand, mais j'ai été aussi son Premier ministre et je suis aujourd'hui son successeur. Tout cela tisse un lien particulier où il entre du respect pour l'homme d'État et de l'admiration pour l'homme privé. [...] De cette relation avec lui, contrastée mais ancienne, je retiens la force du courage quand il est soutenu par une volonté, la nécessité de replacer l'homme au cœur de tout projet. [...] À l'heure où François Mitterrand entre dans l'histoire, je souhaite que nous méditions son message. »

En comparaison, Lionel Jospin s'était rendu à 11 heures rue de Solférino pour délivrer un message si impersonnel, si mécanique, si froid, que les militants sur place en avaient été choqués. Pour eux, Jospin la pudeur avait raté la mort du père. Mais il n'était pas homme à faire semblant. La famille ne l'avait pas invité aux obsèques.

En revanche, la gauche reconnaissante remerciait Jacques Chirac d'avoir su dépasser les antagonismes politiques. Certains commentateurs allaient jusqu'à dire qu'il venait d'endosser le costume présidentiel. Huit jours plus tard, une embellie des sondages traduisait la satisfaction des Français : « Il fallait que ce soit un moment de réconciliation », me disait Christine Albanel, qui regrettait néanmoins sa dernière phrase, « Je souhaite que nous méditions son message », comme s'il était un exemple à suivre… « Je n'aurais peut-être pas dû écrire cela », m'avouait-elle.

Jacques Chirac avait conduit le deuil national. L'hommage de la nation à Notre-Dame, une grande messe solennelle en présence des grands de ce monde. Plus d'une centaine de dirigeants étrangers : le Russe Boris Eltsine, le vice-président américain Al Gore, Fidel Castro, le prince Charles, le roi Juan Carlos, l'Égyptien Hosni Moubarak, le Gabonais Omar Bongo, le Sénégalais Abdou Diouf. Les caméras de télévision s'attardaient sur le visage d'un Helmut Kohl visiblement très affecté. De grosses larmes qui embuaient ses lunettes roulaient sur ses joues. C'est qu'ils avaient partagé tant de souvenirs pendant treize ans !

Tous deux avaient fait la guerre, compté leurs morts. Ils étaient mus par le même idéal : faire grandir l'Europe pour lui assurer la paix. On se souvient de leur photo prise, le 22 septembre 1984, dans le cimetière de Verdun, lors d'une cérémonie pour les victimes de la guerre dans ce lieu, si juste incarnation de ce désastre partagé. Et ils s'étaient donné la main ! Un geste pas calculé, spontané, pour sceller à jamais la réconciliation franco-allemande. Une image forte que la presse européenne avait saluée. Le symbole était puissant. Bien sûr, il me touchait au plus profond. Mon grand-père maternel est mort à Verdun, le 16 mars 1916. Toute sa vie ma mère en a porté le chagrin. Il n'empêche que cette image me gênait. Le différentiel de corpulence entre le chancelier si massif, haut de taille, et le président plus bref, à la silhouette plus étriquée, illustrait trop bien nos différences économiques, l'infériorité de la France par rapport à l'Allemagne. Pour moi, c'était aussi une image humiliante. Je l'avais dit sur Europe 1. On m'avait fait savoir qu'à l'Élysée, mon commentaire avait été jugé « déplacé ».

Une autre messe avait lieu au même moment, à Jarnac en Charente, ville natale du président où se déroulaient ses obsèques. Il voulait reposer auprès de ses parents. Les Français stupéfaits découvraient pour la première fois les deux familles réunies devant le cercueil recouvert du drapeau. L'officielle, avec Danielle l'épouse, leurs deux fils, Jean-Christophe et Gilbert, les petits-enfants; l'officieuse, avec Anne Pingeot, l'amante-compagne qui entourait de ses bras leur fille Mazarine, dont *Paris Match* avait révélé l'existence deux ans plus tôt. Une image qui frappait les esprits. Les deux femmes très dignes étaient aussi blêmes l'une que l'autre. On devinait chez les deux tant de souffrance accumulée.

Une image que Bernadette avait commentée pour moi chez le coiffeur : « Je peux vous dire qu'on ne sera pas deux à l'enterrement de mon mari, je serai toute seule. » Le sort voudra que ce jour-là, le 19 octobre 2019, on ne la voit pas, car déjà trop fatiguée pour se montrer en public. La famille ferait savoir qu'elle avait assisté à une messe, celle-là privée, avant la grande messe solennelle, où la France entière suivait la cérémonie à la télévision. Et Claude mènerait le deuil, incarnant à elle seule, pour la circonstance, la veuve et la fille…

Retour à Jarnac. Ah, c'était donc elle, Anne Pingeot? Silhouette longiligne et altière, visage douloureux, aux traits pincés, coiffée d'un petit bibi à voilette mouchetée, comme il s'en vendait sûrement aux Dames de France de Clermont-Ferrand, sa ville natale. On devinait un caractère trempé. Une apparition d'un jour. Et puis on ne l'avait plus revue.

Discrète jusqu'au bout. Plus tard, je la croisais parfois rue Jacob, son vélo à la main, cheveux longs et grisés, visage sans maquillage, portant toujours des robes longues de couleur sombre telle une nonne en civil entrée en religion pour toujours au service exclusif de François Mitterrand, son homme, son Dieu ! Une janséniste de l'amour.

Vingt ans plus tard, en octobre 2016, on célébrait le centenaire de la naissance de François Mitterrand. Danielle était morte en 2011. Le temps ayant fait son œuvre, Anne la discrète avait choisi de sortir de l'ombre, non pour parader sur les plateaux de télévision, mais, bien plus fort, pour publier les trésors qu'elle conservait dans des boîtes à chaussures – les lettres, les poèmes, les cartes postales, le journal que l'être aimé lui avait adressés pendant trente-trois ans (*Lettres à Anne*, chez Gallimard). Un ouvrage gros comme un bottin, le témoignage de son amour-passion longue durée pour elle : « Tu as été ma chance de vie, comment ne pas t'aimer davantage ? » lui écrit-il quatre mois avant sa mort. Un livre intime, qui retrace toute leur histoire.

À 46 ans, Machiavel est tombé amoureux d'une enfant de 19 ans, sa « merveilleuse fille », comme il l'appelle alors (pourrait-il écrire cela aujourd'hui sans risquer la potence de l'opinion ?) : « Vous êtes ma lumière, ma part de dignité et de pureté. » Il l'invite, ils se voient, il lui offre des livres, il lui écrit beaucoup, elle lui répond un peu. Patient, le prédateur attend son heure. Le 13 mai 1964, elle a 21 ans – la majorité à l'époque –, il fête en tête à tête avec elle cet anniversaire et l'on comprend à sa lettre du lendemain qu'elle est devenue sa maîtresse. Il la tutoie alors qu'il la vouvoyait encore la veille. Depuis plus de six mois, il préparait le terrain, sa prose se faisait plus ardente, insinuante même, messagère du désir qu'elle lui inspirait. Vingt et un ans ! L'amant a donc respecté les convenances ? Façon de parler ! Le père d'Anne, Pierre Pingeot, un industriel auvergnat apparenté aux Michelin, avec lequel François Mitterrand jouait au golf à

Hossegor, lui avait demandé de veiller sur sa fille qui partait faire ses études à Paris. Cet innocent venait d'introduire le loup dans la bergerie.

Anne Pingeot avait publié ses lettres après avoir obtenu le feu vert des deux fils de François Mitterrand, ses héritiers. Aussitôt la presse s'emballait, louait le style de l'épistolier, comme s'il s'agissait d'un grand événement littéraire. N'exagérons rien ! Bien plus intéressantes étaient les raisons de cette publication. Avec ces lettres, la femme si longtemps cachée révélait avoir été la préférence du grand homme qui s'était tant éparpillé. Accédant, ainsi, au rang de grand amour du personnage historique qui aura marqué cinquante années de notre vie politique. Pour elle, un sacre. Mieux, un triomphe ! L'irrégulière prenait sa revanche, enfin.

Une belle histoire d'amour romantique ? Certes ! Mais avec beaucoup de bémols. François et Anne ont partagé des moments magiques de plénitude physique, comme l'attestent ces lettres, communiant dans un même goût pour les voyages à travers la France, tous deux éblouis par la beauté des paysages, des églises. Seulement, très vite, la jeune femme s'accommode mal d'être une clandestine : alors, de temps en temps, elle s'agace, ne lui répond plus au téléphone, lui pose des lapins. « Ton intérêt le plus évident, c'est de me quitter, mais tu n'es pas une Anne d'intérêt », lui écrit-il en mai 1968. Pas mal culotté et un rien affecté, le monsieur ! Elle a 25 ans et lui 52. Pendant des années, la crise est récurrente. Elle tempête, fait des scènes, mais l'amoureux demeure imperturbable : « Je ne crois pas à ton éloignement, non par vanité, mais par certitude. » Ou encore : « Je te fais trop souffrir en ne vivant pas avec toi et tu ne le supportes pas. »

Ce constat fait, l'amoureux ne change rien à ses habitudes, continue de mener sa vie à sa guise. Il est devenu le leader de la gauche, part en tournée dans le pays, est submergé d'occupations. Il est le plus souvent absent, mais écrit beaucoup et ne varie pas. « Je te rends malheureuse, mais je t'aime. »

Il la prévient aussi : « Il n'y a d'amour éternel que contrarié. » Superbe phrase d'un immense égoïste ! Anne a 30 ans ; elle a réussi le concours des conservateurs de musée et mène sa carrière, d'abord au Louvre, puis au musée d'Orsay où ses compétences sont indiscutées. Il l'admire. Elle lui ouvre des horizons, l'intéresse. Des années plus tard, elle jouera un rôle décisif dans le choix de construire la pyramide du Louvre de l'architecte chinois Pei. Elle s'était intéressée de très près au chantier en y multipliant les visites. Elle a son indépendance financière, un appartement rue Jacob sous les toits. Maintenant, elle veut un enfant et s'il refuse, elle pourrait le quitter. Cette fois, elle ne plaisante plus, c'est un ultimatum ! Il hésite : est-ce bien raisonnable de devenir père à 57 ans ? Elle persiste. Mais n'est-ce pas téméraire de choisir d'être mère célibataire dans les années 1970, dans son milieu social, conservateur, catholique et provincial ? Sa famille est bien sûr horrifiée. Qu'importe ? Anne impose sa volonté et tombe enceinte (elle le révèle dans les lettres), dix jours avant la mort de Pompidou. Mazarine a été conçue sur un fond de musique : la *Symphonie du Nouveau Monde*, de Dvořák. Ça ne s'invente pas ! Mitterrand voulait une fille. Le voilà exaucé.

Mazarine naît le 18 décembre 1974 à Avignon. Le père est absent, Anne accouche seule. « C'est le seul vrai cadeau qu'il m'a jamais fait ! » dira-t-elle plus tard. Et Mitterrand est bientôt fou d'amour pour la petite fille, cette « vendange tardive », comme on dit en Charente. Après la naissance, et plus encore après son élection à la tête de l'État, les lettres se font plus rares. François Mitterrand passe de plus en plus de temps avec sa deuxième famille, ce qui ne l'empêche pas de fréquenter, de courtiser d'autres jeunes femmes. Mais Anne s'est résignée. Pour elle, le temps de la révolte est passé. Et elle aura accompagné François Mitterrand durant sa maladie. Toujours là, jusqu'au bout. Elle fut la première informée du mal découvert à l'automne 1981, six mois après son élection

– quel cauchemar ! –, et qui aura raison de lui quinze ans plus tard, en 1996.

Danielle, Anne… François Mitterrand leur a toujours imposé sa loi. Il n'a jamais divorcé. Pour ne pas compromettre sa carrière politique à une époque où la chose aurait été mal vue, ou tout simplement pour garder sa liberté ? Pour ces deux raisons, bien sûr. Danielle, il l'avait d'emblée mise au pas. Jeune mariée, elle s'était habituée à vivre seule : il n'était jamais là. Quand elle l'interrogeait : « Qu'avez-vous fait aujourd'hui ? » (ils se sont vouvoyés pendant un an), il répondait : « Je ne suis pas marié sous le régime de l'Inquisition. »

« Alors, petit à petit, j'ai appris à ne plus poser de questions. Cela m'a obligée à être une autre », avait-elle confié au journaliste anglais Philip Short[1].

François Mitterrand était un mari impossible exigeant une liberté absolue, jugeant intolérable la moindre contrainte, raison pour laquelle il ne portait jamais de montre. Il détestait être à l'heure et se faisait attendre sans vergogne de ses pairs, lors des grandes réunions internationales, comme s'il voulait toujours avoir le dernier mot. Ses collaborateurs paniqués en éprouvaient parfois de la gêne. Lui, pas le moins du monde ! Bon gré mal gré, Danielle avait fini par accepter ses infidélités, lui faisant juste promettre qu'à l'avenir il lui réserverait toujours la dernière semaine d'octobre, celle de leurs anniversaires respectifs et aussi de leur mariage. Une semaine rien que pour eux. Une promesse jamais tenue.

Vivant comme une recluse, lassée de souffrir, pour combler le vide de sa vie privée, elle avait pris un amant en 1958. Un professeur d'éducation physique, Jean Banci : il avait 19 ans, et elle 31. François avait accepté cette relation, expliquant à ses amis : « Je ne me reconnais pas le droit de refuser

1. *François Mitterrand. Portrait d'un ambigu*, Nouveau Monde Éditions, 2015.

à ma femme ce que je m'autorise». Une grandeur d'âme qui en avait choqué plus d'un. Famille singulière, donc! Jean-Christophe, 12 ans, et Gilbert, 9 ans, appréciaient ce jeune homme qui leur apprenait à jouer au tennis, et qui compensait un peu les absences de leur père, et ce, d'autant mieux que l'amant a vécu au domicile conjugal jusqu'en 1981. Il prenait, lorsqu'il était là, son petit déjeuner avec François Mitterrand qui parfois l'utilisait comme chauffeur. Grâce à lui, le leader de la gauche pouvait vivre libre, à sa guise, collectionner les conquêtes. On se les racontait avec gourmandise au PS et dans les rédactions.

Mais Danielle elle aussi aura eu sa revanche, en s'autorisant ce qu'aucune autre première dame n'aurait jamais osé faire. Éternelle indignée, tiers-mondiste, altermondialiste, avec sa fondation France Libertés, elle menait sa politique étrangère à elle. Elle était devenue la bête noire du Quai d'Orsay. La cause des Kurdes fut sa grande affaire. Je reconnais avoir découvert la complexité de la situation de ce peuple grâce à elle. En visite dans le Kurdistan irakien, accompagnée de Bernard Kouchner, elle avait échappé de peu à un attentat à la voiture piégée. Les Kurdes étaient même devenus son obsession : «V'là les Kurdes!» moquait parfois François Mitterrand devant Michel Charasse, lorsque Danielle rentrait de voyage. Dans le couple, elle avait réparti les rôles : à François, la realpolitik; à elle, le militantisme, les nobles causes. Elle avait refusé par exemple de l'accompagner en visite officielle à Rabat. Elle soutenait le Front Polisario du peuple sahraoui qui se battait contre l'occupant marocain. Hassan II était devenu son meilleur ennemi. Interrogé sur TF1, il l'avait traitée d'«épouse morganatique», façon de lui dire son royal mépris. Définition : épouse roturière d'un rang inférieur au souverain qui doit être exclue des dignités nobiliaires.

Elle admirait Fidel Castro et aussi le sous-commandant Marcos, leader des insurgés zapatistes, qui avaient tous deux pour caractéristique d'être de beaux garçons à défaut d'être de grands démocrates. Pour cela on se moquait pas mal d'elle aussi. Les Chinois s'irritaient de son amitié avec le dalaï-lama. Ayant mené contre son gré une vie privée parallèle, elle exigeait de son mari de mener une vie publique elle aussi parallèle. Parfois elle le gênait : tant pis. Il lui arrivait même, quel culot ! de se mêler de politique intérieure.

Pendant la première cohabitation, en décembre 1986, après les grandes grèves de la SNCF, elle déclarait au *Journal du dimanche* : « Le gouvernement fait n'importe quoi. François, lui, a une politique. » Émoi dans le microcosme. Lors de la cérémonie des vœux des journalistes, ceux-ci, entre rafraîchissements et petits-fours, avaient interrogé le président. Que pensait-il de la déclaration de son épouse ? L'air renfrogné, il avait répondu : « À chacun son métier. Ce sont des choses qu'il ne faut pas renouveler », ce qui n'était guère aimable pour Danielle. Dès le lendemain, un conseiller de l'Élysée appelait les rédactions pour leur demander si elles souhaitaient de plus amples informations ; le président était prêt à intervenir à nouveau sur le sujet. À Europe 1, Philippe Périer s'était précipité pour tendre son micro. François Mitterrand expliquait qu'il n'avait pas voulu désavouer son épouse : « Je l'approuve, j'admire son action, je dirais qu'elle est plutôt un exemple à suivre. » Quant à moi, je comprenais que la coexistence conjugale était pour lui moins aisée que la cohabitation politique. Et que Danielle avait dû lui faire une sacrée scène. En 1993, pendant la deuxième cohabitation, elle avait critiqué la politique d'immigration de Charles Pasqua, défendu le port du voile à l'école. François Mitterrand n'avait pas bronché. Plusieurs députés RPR signaient une tribune dans *Le Figaro*, intitulée : « Qui peut faire taire Danielle Mitterrand ? » Réponse : personne.

Danielle est enterrée à Cluny, auprès de ses parents. Il n'y avait pas de place pour elle à Jarnac. Elle aurait aimé reposer aux côtés de son mari. En mai 1995, ils avaient acheté un terrain de dix mètres sur dix au mont Beuvray, là où Vercingétorix fut élu chef des Gaulois. Le projet ayant été éventé, le président n'y avait pas donné suite. Ce serait donc, pour l'éternité, chacun de son côté. Mais au moins, grâce à sa fondation, ses prises de position, ses engagements, Danielle avait su attirer vers elle la lumière et donner du relief à son existence. Faute de mieux ?

« Il faut savoir donner du temps au temps », répétait inlassablement François Mitterrand. Il lui avait fallu bien du talent pour réaliser en une journée ce que d'autres ne peuvent faire en une semaine. Président de la République, il gouvernait tout en organisant chaque jour ses loisirs, ses bons plaisirs : promenades dans Paris, partie de golf, déjeuner en bonne compagnie, visite d'un artiste, etc.

Mais cette vie privée et publique sans entrave qu'il s'était choisie nous parle d'un monde englouti. François Mitterrand est mort au siècle dernier, quand les portables n'existaient pas, ni Internet, ni les réseaux sociaux. Quand le secret était encore possible. Ce temps est révolu. Les *Lettres à Anne* révèlent toutefois que cet homme d'un cynisme absolu, volage, « cette bête à chagrin » comme aurait dit ma grand-mère, était aussi capable d'aimer. À défaut d'être fidèle à Anne, il lui fut au moins constant.

Mais de là à méditer son message… Comme le reconnaît elle-même Christine Albanel, « Je n'aurais peut-être pas dû écrire cela »…

5

UNE IDÉE DE GÉNIE

Qui lui a mis cette idée en tête?

Quand Jacques Chirac s'est-il décidé à renvoyer les députés issus de la vague bleue de 1993? Et pourquoi?

Le 14 juillet 1996, lors de la rituelle interview présidentielle, la question lui avait été posée. Il l'avait écartée avec fermeté. «La dissolution n'a jamais été faite dans notre Constitution pour la convenance du président de la République. Elle a été faite pour trancher une crise politique. Il n'y a pas aujourd'hui, il n'y avait pas au lendemain de mon élection, une crise politique. Donc une dissolution aurait été – permettez-moi le terme – une sorte de combine tout à fait contraire à l'esprit de nos institutions.» Voilà qui était net! Du moins à ce moment-là…

Qui pouvait imaginer un passage à l'acte moins d'un an plus tard? Si la question lui avait été posée, c'est bien que l'idée était dans l'air. Il n'y avait certes pas de crise politique, la droite détenait tous les leviers, elle contrôlait le Sénat, l'Assemblée nationale, les conseils régionaux, les conseils généraux, les grandes villes. Aucun souci à se faire. Mais il y avait tout de même un sacré grain de sable dans les rouages. Malmené par une majorité grincheuse, rebelle, Alain Juppé n'avait plus l'autorité nécessaire pour imposer ses décisions. Sa crédibilité déjà pas mal entamée par les grèves de décembre 1995 avait encore dégringolé après ses reculades successives. Or le calendrier de l'euro, la croissance qui tardait à repartir imposaient des mesures que seul un chef de gouvernement incontesté pourrait faire admettre aux Français.

Il n'est pas besoin d'avoir fait Sciences Po pour en déduire qu'une solution et une seule s'imposait : changer de Premier ministre. Une éventualité qui braquait le président. L'idée le révulsait. « On ne pouvait même pas parler devant lui de cette hypothèse », me confiait Christine Albanel. Non, c'était non ! Il ne voulait pas se séparer de Juppé, car il n'avait personne d'autre que lui en magasin.

Alors, que faire ? Un remaniement ? On venait d'en faire un ! Un référendum ? Trop dangereux ! Ces solutions ayant été écartées, il n'en restait qu'une : la dissolution. En quelques mois, Jacques Chirac, son secrétaire général Dominique de Villepin, Alain Juppé et son directeur de cabinet, le diplomate Maurice Gourdault-Montagne, le quatuor qui gouvernait en réalité la France, s'étaient autopersuadés que ce serait la seule façon de créer les conditions d'un nouveau départ, de s'offrir un grand bol d'air jusqu'à la fin du septennat. Des quatre, Dominique de Villepin était le plus convaincu, exalté par ce coup fumant, cette idée de génie. On allait convoquer l'Histoire avec un grand H. La dissolution était sa campagne napoléonienne. Il fallait donner la parole au peuple. Et celui-ci dans sa grande sagesse, croyait-il, renverrait une majorité peut-être un peu resserrée, en tout cas ressoudée autour du Premier ministre Alain Juppé, dont pourtant la plupart souhaitaient le départ. La seule vraie raison de dissoudre, c'était donc de garder Juppé. Parce que Jacques Chirac le voulait.

Le plus extraordinaire est que bientôt, cette idée saugrenue allait être jugée, en effet, « géniale ». À l'Élysée, Claude, Jacques Pilhan, tout le monde se congratulait, mis à part une brochette de réfractaires qui mettaient en garde la présidence : Bernard Pons, Pierre Messmer, Pierre Mazeaud, René Monory,

Philippe Séguin. « Les vieux de la vieille », moquait Villepin. En réalité, la dissolution ne faisait peur à personne ; mieux, elle était souhaitée. Tout le monde s'était pris à rêver ! Les balladuriens se voyaient sortir du purgatoire ; les chiraquiens escomptaient de réduire le nombre des balladuriens. L'UDF espérait un rééquilibrage de la majorité à son profit. L'Élysée faisait le pari qu'avec une campagne éclair, la gauche n'aurait pas le temps de s'organiser. « On prenait Jospin pour un charlot », m'avouerait Maurice Gourdault-Montagne.

Les Renseignements généraux, grandes oreilles sur le terrain, ramenaient cette belle promesse : la majorité n'avait rien à craindre. « Ces gens ont du pif », clamait Jacques Chirac. Certitude confortée par Jean-Louis Debré, le ministre de l'Intérieur, qui livrait lui aussi au président une flopée de sondages tous rassurants au départ. Et qui faisaient l'impasse sur l'éventualité d'une victoire du PS, et sur un score élevé du Front national, qui risquait de maintenir ses candidats au second tour dans beaucoup de circonscriptions, favorisant ainsi les candidats de gauche. Des hypothèses dont on ne discutait même pas.

À la maison, Albin me disait qu'une dissolution à froid réserverait à coup sûr une très mauvaise surprise. C'était pour lui une folie.

Mais il y avait eu cette note de Bercy sur l'évolution des finances du pays, un document très confidentiel et alarmiste, qui pronostiquait des heures sombres. Les déficits allaient déraper, pour atteindre peut-être 4,5 % du PIB. On serait très loin des critères de convergence à 3 %. « Si rien ne change, la France ne s'inscrira pas dans la première vague de l'euro. » Une analyse qui confortait le quatuor dans sa résolution. Il fallait dissoudre aussi pour des motifs européens.

Et il n'est pire sourd que celui qui ne veut pas entendre. Yves-Thibault de Silguy, commissaire européen chargé de l'euro, m'avait raconté : « En mars 1997, je suis allé voir Chirac à l'Élysée avec une note des économistes de la

Commission. Et celle-là était très optimiste. La croissance allait rebondir très vite en Europe. Sans avoir besoin de prendre des mesures drastiques forcément impopulaires, la France serait dans les clous pour se qualifier à l'euro.» Yves-Thibault de Silguy était un ami politique de Jacques Chirac. Il était son conseiller pour les affaires européennes. À Matignon, il avait conseillé Édouard Balladur lors de la deuxième cohabitation. C'est lui qui participait aux négociations pour les accords du GATT, auxquels je ne comprenais que pouic... Je l'appelais souvent; il était un pédagogue extraordinaire ! Grâce à lui, j'étais presque devenue une spécialiste. Je plaisante un peu.

«Chirac a lu ma note, puis il m'a toisé avec un sourire, a pris à l'intérieur de sa veste un papier, en me disant : "Yves, moi aussi j'ai une note, mais qui me dit le contraire."»

Chirac croyait plus les analyses économiques de Bercy que celles des économistes de Bruxelles. «Je suis allé voir Juppé, et aussi Alain Lamassoure, le ministre du Budget, poursuit Silguy. Ils m'ont écouté poliment, mais ne m'ont pas entendu.»

Un mois plus tôt, lors d'un déjeuner à Matignon, Alain Juppé avait vendu la mèche devant quelques ministres : «J'ai une note de Bercy : on explose les critères de Maastricht. La seule solution, c'est la dissolution.»

Comme l'annonçait la note de la Commission européenne, la croissance allait repartir partout en Europe quelques semaines plus tard. Les socialistes en seraient les bénéficiaires, en expliquant au pays être les acteurs exclusifs de cette embellie, les Français ne demandant qu'à les croire.

Au début de l'année 1997, la presse ne cessait d'évoquer l'hypothèse, toujours démentie (mollement) par le quatuor au pouvoir. Incroyable mais vrai, le président semblait déterminé à hésiter, mais de plus en plus d'élus de la droite le poussaient à dissoudre «dans l'intérêt du pays, pour que le gouvernement puisse reprendre les réformes à un rythme soutenu».

Lionel Jospin, anticipant une victoire de la droite, dénonçait ce qu'il en coûterait au pays : «une politique ultracapitaliste dure», et lui affirmait être opposé à une cure d'austérité.

Et ce qui devait arriver s'est produit le 21 avril (une date à retenir, on verra qu'elle porte malheur). À 20 heures, Jacques Chirac annonçait la dissolution. Sur un ton manquant singulièrement de combativité, il énonçait que l'intérêt du pays commandait d'anticiper d'un an les élections législatives. «J'ai acquis la conviction qu'il faut redonner la parole à notre peuple afin qu'il se prononce clairement sur le rythme et l'ampleur des changements à conduire pendant les cinq prochaines années. Pour aborder cette nouvelle étape, nous avons besoin d'une majorité ressourcée et disposant du temps nécessaire à l'action. [...] Pour réussir, la France a besoin d'un nouvel élan.» Ah, le nouvel élan ! Les Français étaient restés cois, et moi-même je l'avais reçu avec un encéphalogramme plat. C'est peu dire que Jacques Chirac n'avait pas fait un tabac avec son nouvel élan. Cette annonce avait été rédigée conjointement par Christine Albanel et Jean-Pierre Denis, chargé des questions économiques et sociales à l'Élysée. Leur rédaction terminée, ils avaient apporté leur texte au président.

«Après l'avoir lu, me raconterait Christine Albanel, le président s'était tourné vers moi pour me dire avec le plus grand sérieux : "Tu vois, je lis votre papier et je ne comprends pas pourquoi je dissous."» Et la plume de répondre sans se démonter : «C'est tout le problème, monsieur ! Nous non plus, on ne comprend pas.»

La dissolution ? Autant utiliser une grue de chantier pour casser une noix. On déclenchait des élections pour sortir d'une crise dont on n'avait pas le droit de désigner la véritable cause : l'impopularité du Premier ministre, que l'on voulait néanmoins garder.

Le lendemain de l'annonce présidentielle, avec mon ami Paul Guilbert, nous avions invité à déjeuner Dominique de Villepin et Maurice Gourdault-Montagne. Ils étaient arrivés avec près d'une heure de retard, hilares comme je ne les avais jamais vus. Dominique de Villepin avait l'air de marcher sur un coussin d'air. La dissolution ? Pour lui c'était le miracle annoncé : « On les encule tous ! Les balladuriens, les socialistes », exultait-il dans le langage peu châtié dont il était coutumier. Certain que les électeurs allaient trier le bon grain de l'ivraie comme il l'appelait de ses vœux. Le déjeuner avait été très plaisant, mais complètement surréaliste. On avait beaucoup ri, Villepin planait.

Quelques jours plus tard, les élus de la majorité sortante s'étaient réunis au Palais des Congrès. L'ambiance était fraternelle, optimiste. Aucun d'eux n'imaginait que le président les envoyait à l'abattoir. Ils partaient au combat la fleur au fusil. Sûrs de se retrouver dans l'hémicycle. Maurice Ulrich, le directeur de cabinet de Jacques Chirac, homme réfléchi, pondéré s'il en fut, me disait son entière confiance en les résultats. Contaminé lui aussi par cette euphorie générale. Pour montrer que ces élections ne seraient qu'une formalité, Jacques Chirac prévenait qu'il s'en tiendrait au service minimum. Pas question pour lui de faire campagne et de dramatiser l'enjeu. Il faisait confiance au pays.

Pour le deuxième anniversaire de son élection, il publiait, le 7 mai (c'est-à-dire dix-huit jours avant le premier tour), une tribune dans quatorze quotidiens régionaux où il demandait aux Français leur soutien pour « un élan partagé ».

Mine de rien, je notais ce glissement sémantique. On passait du nouvel élan à un élan partagé. Ce partage insinuait-il déjà celui du pouvoir ? « Pas du tout. Jusqu'au bout Chirac a cru que c'était gagnable et que ça allait passer », m'assurait Christine Albanel. Pas inquiet, donc, le président. Quelques jours plus tard, comme si de rien n'était, il était même parti pour une visite en Chine prévue depuis longtemps. Et pourtant, très vite, l'idée d'une cohabitation possible avait été évoquée dans les médias. Les sondages qui, longtemps, avaient donné une centaine de sièges d'avance à la droite n'écartaient plus une victoire de la gauche. Tandis qu'Alain Juppé annonçait un gel des dépenses publiques pendant deux ans et un gouvernement réduit à quinze ministres – rien pour faire saliver les électeurs, j'imagine –, la gauche martelait : « Si vous votez pour la droite, vous reprenez Juppé. » Lionel Jospin, lui, promettait les trente-cinq heures sans diminution de salaire. Un fumet autrement plus alléchant. Son slogan : « Changeons d'avenir, changeons de majorité ! » De son côté, Jean-Marie Le Pen annonçait qu'il n'y aurait aucune alliance avec la droite parlementaire. Il était bien là le danger.

Le décor était planté pour la bérézina politique du 1er juin. Le premier tour fut désastreux. La gauche arrivait en tête avec 43 % des voix, la droite en recueillait 36 % et le Front national, 15 %. Alain Juppé savait que son temps à Matignon était terminé. Après avoir été reçu par Jacques Chirac, il se retirait dans la douleur : « Il faut une équipe nouvelle, animée par un nouveau Premier ministre. » « Une annonce indispensable », avait commenté François Baroin. Oui, mais trop tard. Exit la droite, exit Juppé. La gauche s'installait au pouvoir pour une cohabitation longue durée de cinq ans. Trois jours avant le second tour, Lionel Jospin s'y voyait déjà. « Nous sommes au bord d'un événement qui va stupéfier l'Europe, mais qui, en même temps, va lever un espoir magnifique ! »

Morale de l'histoire : Chirac ayant refusé de divorcer d'avec Juppé, les Français avaient divorcé avec lui. C'est encore Pierre Mazeaud qui était le plus drôle : « Jacques Chirac a inventé le septennat qui dure deux ans. »

Quelques jours plus tard, je croisai Bernadette chez le coiffeur. Plus furibarde que jamais : elle renvoyait la faute de la défaite sur ces « gens si intelligents » – les Juppé, Gourdault-Montagne, et surtout Villepin-Néron. « Si Jacques m'avait écoutée, s'il avait pris Séguin comme Premier ministre, il n'y aurait pas eu de dissolution, on n'en serait pas là. »

Après tout, qui sait ?

6

CELUI QU'ON N'ATTENDAIT PAS

« Le président de la République m'a proposé de me nommer Premier ministre et j'ai accepté. »

Lundi 2 juin, après plus d'une heure d'entretien en tête à tête avec Jacques Chirac, Lionel Jospin, raccompagné par Dominique de Villepin jusqu'en haut des marches du perron, se dirigeait vers sa voiture. Il était hélé par les journalistes : « On peut vous appeler "Monsieur le Premier ministre" ? » Il revenait vers eux pour leur lâcher, tout sourire, sa petite phrase. Devançant le communiqué officiel de l'Élysée, il s'autodésignait Premier ministre. Du jamais vu ! Encore trop sonné par les résultats, Jacques Chirac ne s'en était pas offusqué.

Improvisée ou programmée, cette sortie illustrait la lecture que Lionel Jospin faisait des institutions. Article 20, la France se dirige depuis Matignon. Avec lui, le pouvoir traversait la Seine. Il respecterait bien sûr les prérogatives présidentielles : respect de la fonction, respect de la bête politique inoxydable, mais distance avec l'homme qui, à en croire Mitterrand, un connaisseur, « mentait comme un arracheur de dents ». Et condescendance peut-être ? Jospin, qui a une haute idée de lui-même, sous-estimait Jacques Chirac, le jugeant politiquement pas très « balaise ». Pour preuve, il venait de se guillotiner lui-même. Il moquerait cette «expérimentation hasardeuse» dont il était pourtant le grand bénéficiaire.

Ce 2 juin, quelle revanche ! Il revenait de loin. Quatre ans plus tôt, aux législatives de mars 1993, il était écrasé dans son fief de Cintegabelle, en Haute-Garonne, et les socialistes laminés ne comptaient plus que cinquante-sept députés. Avec François Mitterrand les liens s'étaient distendus. Jospin se retrouvait seul ; il voulait changer de vie. Énarque, ancien du Quai d'Orsay, qu'il avait quitté en 1970 pour devenir prof d'économie à l'IUT de Sceaux, il avait obtenu entre-temps le grade de ministre plénipotentiaire. Quelques jours après sa défaite, il avait donc pris rendez-vous avec Alain Juppé, le nouveau ministre des Affaires étrangères. Il venait le solliciter non pas pour une ambassade – il ne souhaitait pas quitter Paris, pour des raisons familiales –, mais pour un poste dans l'administration centrale. «Je vais réfléchir», lui avait répondu le ministre, qui le rappela quelque temps plus tard. «Je vous ai trouvé une mission : la préparation du sommet social de Copenhague sous l'égide de l'ONU qui se tiendra dans deux ans.» Il devrait voyager à New York et dans la capitale danoise. Sa base resterait à Paris.

Le projet intéressait fort Lionel Jospin. Pour le nommer, Alain Juppé devait avoir le feu vert du Premier ministre Édouard Balladur, qui avait déjà promis la mission à son ami Yvon Chotard, ex-patron du CNPF (le patronat). Et puis, il n'entendait pas faire de cadeaux aux socialistes, que les Français venaient de renvoyer chez eux. C'était non. Jospin en avait été très déçu. Comme il arrive à tous les hommes hyperactifs qui s'arrêtent brutalement, il était libre comme l'air, mais assommé par la peur du vide, donc très vite déprimé. Quelques semaines après, le stress avait réveillé l'hyperthyroïdie qui sommeillait en lui. Il avait beaucoup maigri, arborait une sale mine, ses yeux étaient exorbités. Je l'avais croisé, il faisait peur. On craignait même pour sa vie.

Il avait été hospitalisé pour n'émerger qu'après plusieurs semaines de convalescence. Politiquement, il était hors jeu.

Impliqué injustement dans le scandale du sang contaminé, Fabius l'était aussi. Jean-Pierre Chevènement demeurait un marginal. Un seul surnageait, Michel Rocard, le premier secrétaire du PS. À un an de la présidentielle, la presse le disait bien placé. Une perspective qui révulsait Mitterrand. Alors que la vie s'échappait de lui chaque jour davantage, imaginer «ce boyscout parpaillot» après lui à l'Élysée lui redonnait goût au combat et un sursaut d'adrénaline. Comment lui barrer la route? En annonçant, en octobre 1993, qu'il serait tête de liste aux européennes de juin 1994, Michel Rocard allait se piéger lui-même. Jospin le lui avait pourtant déconseillé. «Tu es premier secrétaire : tu ne pourras pas à la fois mener campagne pour les européennes et te lancer dans la foulée dans celle de la présidentielle.» Logique. Mais Rocard ne l'avait pas écouté. À l'Élysée, Mitterrand se frottait les mains. Contre Rocard, il avait un missile : Bernard Tapie, qu'il avait convaincu de partir à l'assaut. Un choix qui révulsait Jospin. Nanard allait rentrer dans le lard de Rocard. Sa campagne européenne serait financée par les fonds secrets de l'Élysée. Tapie galvanisait les foules. Le 12 juin 1994, Michel Rocard recueillait un peu plus de 14 % des suffrages, un désastre pour lui et le PS, et Bernard Tapie un peu plus de 12 %. Avec ce score, le premier secrétaire ne pouvait plus figurer dans la course élyséenne. Exit Rocard, Mitterrand avait réussi son coup.

Restait Jacques Delors, adoubé par les sondages, chéri des médias, désiré par le peuple de gauche. Le président de la Commission européenne, dont le mandat s'achevait, laissait planer le doute, faisait durer le plaisir. En réalité, il n'avait jamais eu de goût pour les joutes électorales. Et il était fatigué. Bien avant l'été 1994, Pascal Lamy, son plus proche collaborateur, avait averti Jospin : Delors n'ira pas, parce que sa femme ne le veut pas. « Pour ne pas gêner la carrière de Martine [Martine Aubry, leur fille] », disait-elle.

La route se dégageait pour lui.

Un bonheur n'arrivant jamais seul, son divorce d'avec Élisabeth ayant été prononcé, le 30 juin 1994, Lionel épousait Sylviane Agacinski, avec qui il vivait depuis quatre ans. Une belle femme, allurée, discrète, amoureuse, philosophe, professeure. Il avait adopté son fils Daniel, qui avait 4 ans lorsqu'il avait connu Sylviane, après quoi il parlait toujours de ses « trois enfants ». Je trouvais cela émouvant. D'un abord glacial, cet homme cachait des réserves de tendresse enfouies. Sylviane lui apportait cette touche glamour qui lui manquait tant. Elle l'humanisait. Avec elle, cela se voyait, il était un homme heureux.

Et ce qui était inenvisageable deux ans plus tôt devenait réalité. Porté par le vote des militants socialistes (65 % de leurs suffrages), il triomphait d'Henri Emmanuelli (soutenu en douce par François Mitterrand).

Jospin serait donc candidat du PS à la présidentielle.

Personne ne croyait en ses chances. En réclamant un droit d'inventaire sur son bilan, il avait pris ses distances avec Mitterrand, ce qui lui avait valu mille flèches blessantes des mitterrandiens. Les Français, eux, se passionnaient beaucoup plus pour le match Chirac-Balladur : lequel des deux allait se qualifier pour le second tour ?

Sa campagne, je la suivais de loin. « Jospin, c'est clair. » Ses communicants ne s'étaient pas creusé la tête pour trouver son slogan. Bertrand Delanoë, son ami et responsable de campagne, lui avait fait acheter « en soldes » un grand manteau blanc ou en tout cas très clair, « genre fausse fourrure », dixit Jean-Christophe Cambadélis, pas vraiment une tenue de campagne adéquate. Les semaines passant, le manteau virait au gris crasse. Les femmes savent mieux que les hommes que le blanc est très salissant. Des amis lui avaient offert un labrador beige, panoplie de tout futur président qui se respecte à l'époque : un adorable chiot pas encore dressé qu'il avait rendu quinze jours plus tard. Pas question pour lui ou Sylviane de le sortir le soir. Les militants distribuaient des casquettes. Nous en avions reçu quelques-unes à Europe 1. « Lionel devant, l'autre pomme derrière » – l'autre pomme étant Chirac. La couverture du livre de campagne de ce dernier représentait un pommier. On lui avait demandé : « Pourquoi un pommier ? – Parce que j'aime les pommes », avait-il répondu, d'où son slogan « Mangez des pommes ». C'étaient les seules anecdotes un peu farces de la campagne !

Le 23 avril, Lionel Jospin, avec 23,3 % des voix, arrivait en tête. Jacques Chirac se classait deuxième trois points derrière, avec 20,84 % des suffrages. Édouard Balladur, en troisième position, appelait le soir même à voter pour son ex-ami de trente ans.

Deux miraculés s'affronteraient donc pour le second tour.

Jospin savait qu'il ne pouvait gagner. Mais avec ce score, et dans l'état où se trouvait le PS, lui seul désormais était légitime pour reprendre le flambeau.

Jacques Chirac était convaincu qu'il l'emporterait. Après quatorze ans de socialisme, les Français ne voudraient pas élire un président de gauche. Mais sa piètre performance du premier tour l'avait meurtri. Il espérait mieux, bien mieux.

Le 2 mai, Alain Duhamel dirigeait le débat entre les deux tours. Il m'avait raconté qu'avant d'entrer en scène, chacun des candidats était enfermé avec son staff. On riait beaucoup côté Jospin car au moment d'enfiler le costume qu'il devait mettre pour l'émission, il s'était aperçu que le pantalon n'allait pas avec la veste. Pas de la même couleur. Serge Moati, le réalisateur, avait promis que cela ne se verrait pas à l'image. Côté Chirac, l'ambiance était sinistre : le candidat semblait cafardeux.

Pour la première fois, le débat débutait par une déclaration de respect mutuel, façon d'exclure d'emblée les petites phrases vachardes pour la postérité. Pendant plus d'une heure, les échanges furent courtois. Un duel à fleurets mouchetés plutôt ennuyeux, qui n'est pas resté dans les annales. L'exercice fini, Lionel Jospin et Jacques Chirac s'étaient serré la main. Les projecteurs éteints, ils avaient même poursuivi la conversation de manière décontractée, comme s'ils n'avaient pas envie de se quitter.

Comme prévu, Jacques Chirac l'emportait. La droite exultait. Dans le camp du perdant, c'était quasi l'euphorie. Sa défaite sonnait comme une promesse de victoire future. Avec Jospin s'ouvrait l'ère de l'après-Mitterrand. Le PS avait un patron. Personne n'imaginait qu'il s'installerait à Matignon deux ans plus tard.

Cinq ans ! La cohabitation allait durer cinq ans. Quel tunnel ! Les deux acteurs ne se connaissaient pas, n'avaient jamais eu affaire l'un à l'autre. Comment le couple allait-il fonctionner ? Je savais d'avance qu'ils finiraient par se détester. Logique de la cohabitation.

Lionel Jospin. Mes premiers souvenirs remontaient à la fin des années 1970. Le dimanche matin, je rejoignais mon amie Nicole Le Bot, journaliste à l'AFP, pour prendre un café aux Deux Magots ou bien un peu plus loin, rue de Buci, où il y avait le marché. Chaque fois, nous le croisions, tenant d'un bras un gros panier rempli de légumes et de victuailles et de l'autre, un gros carton de chez le pâtissier. On se saluait de loin. Les badauds regardaient ce grand type athlétique, le nez chaussé de lunettes qui lui mangeaient les joues, la nuque raide, l'air toujours préoccupé voire contrarié, reconnaissable de loin grâce à sa tignasse grisonnante, bouclée, ébouriffée, genre afro-cubaine, une abondance capillaire qui risquait d'éloigner de lui bien des électeurs jaloux : les chauves ! Il faisait les courses. Aimait-il vraiment cela ? Était-ce pour le contact avec les gens, le b.a.-ba du métier politique ? Mais Jospin n'était pas du genre à faire la conversation avec la crémière ou le boucher.

Mon étonnement peut sembler bizarre, voire répréhensible car pas très féministe. Mais voilà : dans mon enfance, je n'ai jamais vu mon père partir avec un cabas faire le marché. Et depuis que nous vivions ensemble, Albin me laissait toute latitude pour gérer l'intendance : les emplettes du quotidien n'étaient pas son fort et je ne voulais surtout pas qu'il en soit autrement. Pour être juste, je dois néanmoins signaler qu'une fois, Albin s'y est risqué : un samedi où j'étais clouée au lit par une mauvaise angine. Muni de la liste que je lui avais donnée (courte), il s'était rendu dans les commerces près de chez nous et en était revenu enchanté. « Comme c'est amusant ! La bouchère est charmante ! » J'imaginais qu'il avait dû faire ses civilités partout où il était passé. Le samedi suivant, comme il ne s'était pas porté volontaire pour réitérer l'exploit, je ne l'avais pas sollicité. Nous en sommes restés là.

À l'orée des années 1980, les hommes n'étaient pas comme aujourd'hui à parité sur les marchés, ce que je trouve, je tiens à le préciser, normal et très bien. Lionel faisait sans doute les courses par goût – des témoins me disent qu'il continue aujourd'hui dans son quartier –, mais c'était aussi parce qu'Élisabeth, sa première femme, l'exigeait. Cette psychosociologue, soixante-huitarde avant Mai 68, militait pour le partage des tâches. Alors Lionel faisait les courses, la vaisselle, accompagnait leurs deux enfants à l'école, et quand les copains arrivaient au débotté le soir, il préparait des omelettes à la bonne franquette. Marie-France Lavarini, sa collaboratrice la plus proche, subtile et espiègle, celle qui le connaissait le mieux, me racontait qu'Élisabeth pouvait téléphoner en plein bureau politique, lorsqu'il était premier secrétaire, pour lui faire passer le message : « Il n'y a rien dans le frigidaire, pour dîner ce soir… » À la fin de la réunion, Lionel partait ventre à terre s'approvisionner chez l'épicier du coin.

Pourtant Lionel Jospin n'était pas homme à se laisser marcher sur les pieds. Avec Mitterrand, il n'était pas un courtisan. Hissé numéro deux du parti après le congrès de Metz, il était le seul à le contrer au bureau national quand il n'était pas d'accord avec lui, sans subir ces admonestations glaciales qui décourageaient les contradicteurs.

Nous, les journalistes, attendions souvent sur le trottoir, place du Palais-Bourbon, où se trouvait alors le siège du Parti socialiste. Je l'avais remarqué : lorsque Jospin arrivait en compagnie de Mitterrand, il marchait toujours droit comme un soldat à ses côtés, à la différence de Fabius, toujours courbé en dévotion ; *idem* pour Jacques Attali qui lui susurrait toujours des secrets à l'oreille avec ses airs de petite chouette dévote, au risque de se déclencher une scoliose… Nous étions au théâtre ! C'était la Cour.

François Mitterrand installé à l'Élysée, Lionel Jospin devenait premier secrétaire de la formation politique dominante et triomphante dans le pays. De quoi rendre un homme heureux ? Mais lui arborait un masque de prof pète-sec. Qu'est-ce qui n'allait pas ? Je l'avais interviewé pour *Jours de France* pour essayer de comprendre ; il m'avait reçue dans les nouveaux et somptueux locaux rue de Solférino du PS, le parti désormais le plus richement doté de France. Petite concession à la courtisanerie : son vaste bureau était orné d'une photo agrandie de la bergerie de Latche, propriété du président dans les Landes où, sur invitation, des socialistes se rendaient l'été comme d'autres vont en pèlerinage à Lourdes… Il m'avait reçue, très courtois, avec un sourire presque fraternel ; on le sentait intéressé par les femmes, mais dans le genre timide et coincé.

Avant le 10 mai, Jospin était un homme à la mode au PS. Un an plus tôt, on l'avait admiré lors de son débat aux *Dossiers de l'écran* face à Georges Marchais. Mitterrand lui avait dit : « Vous êtes le seul à pouvoir le mettre par terre. » Et de fait, pour fustiger les errements du Parti communiste, Jospin brandissait des textes de Maurice Thorez qu'il avait l'air de connaître comme la Bible. Quelle culture ! Je comprendrais plus tard qu'elle lui venait de sa formation trotskiste : il avait été nourri de la haine anticommuniste, l'ennemi héréditaire. Il était donc arrivé avec de sacrés biscuits en poche. Le clou de la soirée étant ce dialogue :

« Marchais : Au Parti socialiste, vous n'avez pas un seul ouvrier.

— Jospin : Moi, aujourd'hui, j'ai donné des cours. Vous, Georges Marchais, ça fait trente ans que vous n'avez pas été à l'usine. »

Marchais en était resté coi plusieurs secondes, ce qui pourtant n'était pas son genre. Ce soir-là, la vedette s'appelait Jospin. On découvrait un puncheur qui avait du répondant. Mitterrand était aux anges !

Qu'est-ce qui n'allait pas cependant ? En le rencontrant, je constatais que les roses les plus fraîches ont aussi leurs épines.

Depuis la victoire, on le sentait désappointé. D'abord parce que le PS était devenu une coquille vide. Les cadres qu'il avait formés à la demande de François Mitterrand étaient tous partis dans les cabinets ministériels. Bien sûr, il voyait deux fois par semaine le président de la République, dont une fois en tête à tête, au petit déjeuner du mardi. Il demeurait à l'écoute des militants, recevait les syndicats, répondait aux journalistes, bref avait du grain à moudre. Mais au lieu d'apparaître décontracté, épanoui comme un socialiste au pouvoir, il se montrait le plus souvent cassant, rude, le regard un peu trop fixe, avec quelques poussées d'intolérance de-ci de-là. Exemple : quand en novembre 1981, Jacques Delors, ministre de l'Économie, demandait une pause dans l'annonce des réformes pour cause de dérapage budgétaire préoccupant, le premier secrétaire lui avait répondu sur France Inter : « S'il y a un problème d'interprétation, le président de la République peut éventuellement dire son mot. S'il y a un vrai débat, c'est au PS de trancher. » Sous-entendu, c'est à moi ! Non mais, pour qui se prenait-il ? François Mitterrand s'était chargé de tacler fraîchement « M. Delors ». Autre chose :

quand le Conseil constitutionnel avait obligé le gouvernement à refaire sa copie sur l'indemnisation des actionnaires des entreprises nationalisées, Jospin s'était exclamé : « Jamais les réformes ne se sont laissé arrêter par les cours suprêmes ! » Pas très rassurant !

Quand je l'interrogeais sur la politique étrangère, les malheurs de la Pologne et la malencontreuse et exorbitante signature du contrat de gaz avec l'URSS (la France passant de 15 à 38 % de son approvisionnement), il m'avait répondu : « Nous ne prendrons jamais de sanctions économiques contre l'URSS car ce serait le début de l'utilisation des armes. » Bigre ! La vérité est qu'il admettait mal les décisions économiques qui ne correspondaient pas au programme présidentiel. Pour l'expliquer aux militants déjà déçus et aux électeurs dépités, il avait inventé la formule « parenthèse de la rigueur », comme si le retour aux jours heureux était programmé pour bientôt. Mais surtout, après avoir été, du temps de l'opposition, une sorte de *primus inter pares*, il se retrouvait au rang de simple musicien, dans cet ensemble symphonique du pouvoir où chacun tentait d'exister en soliste sans lui en référer. En plus, il n'avait jamais fait partie des *happy few* invités à dîner rue de Bièvre le dimanche soir. Il n'avait jamais convié non plus Mitterrand chez lui, rue Servandoni, « parce qu'il n'y avait pas trois assiettes pareilles », ironisait Marie-France Lavarini. Il n'avait jamais fait le pèlerinage de Solutré. Surtout, il commençait à s'ennuyer rue de Solférino, il aurait bien aimé succéder à Pierre Mauroy à Matignon, en 1984. Il l'avait fait savoir à qui de droit. Mais pour mieux surprendre, Mitterrand remplaçait Mauroy par son contraire. Par le plus diplômé, le plus patricien, le plus introverti, le moins socialiste, Laurent Fabius, le chouchou. Nouveau très gros coup de mou pour Jospin.

En juin 1985, Laurent Fabius, à l'invitation de Gaston Defferre, tenait un meeting à Marseille, avec écrit sur les banderoles « Moderniser et rassembler », et le Premier ministre d'annoncer qu'il conduirait la campagne législative de 1986 puisqu'il était le chef de la majorité (réduite aux seuls socialistes depuis que les quatre ministres communistes ne faisaient plus partie du gouvernement). Il prônait sa stratégie électorale : le rassemblement de personnalités autour du PS, un grand front républicain. En l'entendant, Lionel Jospin avait suffoqué de rage et protesté : « Est-ce que j'empiète, moi, sur l'espace gouvernemental ? Qu'on me laisse exister ! C'est au premier secrétaire que revient la responsabilité de mener le combat électoral des socialistes, et sur des thèmes de gauche. » Et Jospin de demander illico à François Mitterrand d'arbitrer. Lequel, sur l'instant, s'était bien gardé de trancher entre le Premier ministre et le premier secrétaire, pour finir par donner raison au second, mais du bout des lèvres.

Une question taraudait Jospin. Auréolé de sondages au zénith tandis que Mitterrand avait chuté au nadir, Fabius songeait-il déjà à la présidentielle ? « Le meilleur présidentiable en 1988, c'est François Mitterrand », avait tranché le premier secrétaire, bien décidé à monter la garde. Pas question pour lui que ce soit Fabius le candidat.

À peine nommé à Matignon, ce dernier avait pris ses distances avec l'Élysée. Avec son fameux « Lui c'est lui, et moi c'est moi ».

Il avait fait un pas de plus au congrès du PS de Toulouse, en octobre 1985. La presse était venue pour le sacre de Rocard. N'ayant pas supporté que Mitterrand change la loi électorale, ce qui allait faire entrer le Front national dans l'hémicycle aux législatives un an plus tard, il avait démissionné du gouvernement, une nuit en avril. Un geste qui lui avait valu de recueillir 30 % des mandats dans les fédérations socialistes. On misait sur lui. Mais son discours fut un désastre. Je couvrais le meeting pour Europe 1. Il faisait ce jour-là une chaleur de bête sous les verrières du palais des congrès de Toulouse. Tout le monde transpirait à grosses gouttes. Incroyable mais vrai, Rocard avait oublié que pour être entendu d'un si vaste auditoire, il fallait parler devant le micro. Et quand ses mouvements oratoires l'y ramenaient, le chantre courageux du parler vrai administrait une magistrale démonstration de parler obscur. Ratage complet ! Le lendemain matin, Laurent Fabius ramassait la mise en flattant son public. Sur un ton moelleux et anesthésiant de prédicateur de la chapelle du Saint-Sépulcre, il ouvrait grand les bras : « Dans la bataille qui vient, nous avons besoin d'unité. Nous avons besoin de toi Lionel, de toi Michel, de toi Pierre… » Les congressistes avaient la larme à l'œil. Les rocardiens s'indignaient : « Fabius est un tueur », venaient-ils dire aux journalistes.

Quelques grognards mitterrandistes enregistraient sans plaisir excessif cette mise en orbite si personnelle du Premier ministre. « Le congrès des héritiers », titrait *Le Monde* le lendemain.

Façon de couper le cordon ombilical, le Premier ministre allait plus loin avec les journalistes de *L'Express*. « Quel est votre maître à penser en politique ? » lui avaient-ils demandé. Il avait répondu : « Je n'aime pas les maîtres à penser, ils sont souvent des maîtres à dispenser de penser, mais j'aime beaucoup Pierre Mendès France. »

Pas un mot pour Mitterrand qui l'avait tant choyé, couvé, promu. En plus, Fabius ne l'ignorait pas : Mendès et Mitterrand n'avaient jamais été des âmes qui vibrent à l'unisson. Pire, ils s'étaient méprisés l'un l'autre, ce qui est une variante de la haine en politique.

Et ça n'est pas tout : deux mois plus tard, François Mitterrand recevait à l'Élysée le général Jaruzelski, dernier dirigeant du régime communiste polonais. On l'avait fait entrer à l'Élysée par une porte dérobée. Interrogé lors des questions d'actualité, Laurent Fabius avouait son « trouble » sans complexes excessifs, rappelant que cette décision relevait du président de la République et de lui seul, pour bien souligner que s'il y avait faute, il n'y était pour rien. Tandis qu'il faisait cette déclaration à l'Assemblée nationale, François Mitterrand était dans le Concorde pour une visite aux Antilles. Il s'était assoupi. Un aide de camp apporta le message urgent, il le tendit à Pierre Joxe, qui lut la réponse du Premier ministre et son trouble. Lorsque François Mitterrand s'est réveillé, prenant connaissance de la dépêche, il est devenu blême, racontera Joxe. C'était rare de le voir ému à ce point. "Pourquoi a-t-il fait cela ? Comment l'expliquez-vous après tout ce que j'ai fait pour lui ? Comment peut-il me tirer ainsi dans le dos ?" Ses mots et ses questions trahissaient comme un amour paternel déçu. »

À son arrivée, des journalistes interrogèrent François Mitterrand, qui leur répondit en forme de parabole, à l'usage de son Premier ministre et autres jeunes gens à destin. Une histoire de singe : un vieux et un jeune. Le premier reçoit des charges électriques toutes les cinq minutes. Le second de façon irrégulière, sans savoir à quel moment elles vont se reproduire. Eh bien le premier vit très longtemps, et le second meurt très vite. Sous-entendu, les vieux singes perclus de douleurs et d'expérience sont plus résistants que les jeunes.

C'était le premier accroc public entre François Mitterrand et son dauphin.

À l'époque, la France était derrière Solidarność et son leader Lech Wałęsa, que Jaruzelski avait mis en prison pendant plus d'un an et qui était son opposant numéro un. Face à l'ambassade de Pologne à Paris, un petit jardin sur l'esplanade des Invalides était décoré de fleurs renouvelées chaque jour.

Jaruzelski était venu dîner chez Lipp. J'y étais ce soir-là. Il était entré en uniforme, les yeux cachés par ses lunettes teintées, entouré par une demi-douzaine de sbires à la mine patibulaire. Son arrivée avait fait passer un souffle glacial sur l'assistance médusée. Quelques minutes plus tard, attablé avec les siens, ce type qui avait une tête de cauchemar riait grassement, mangeait glouton, comme un brave homme ordinaire… Je n'en croyais pas mes yeux !

Le dessinateur Faizant, dans *Le Figaro*, avait trouvé l'anagramme de Laurent Fabius : « Naturel abusif ». Souvent je trouvais que Fabius abusait vraiment, en effet.

Jamais Alain Juppé, favori de Jacques Chirac, ne se serait laissé aller à pareille désinvolture. Je ne sais plus qui a dit : « Il y a des services si grands qu'on ne peut les payer que par l'ingratitude. » Jusque-là, Mitterrand pardonnait tout à ce garçon si personnel. Mais était-il dupe ? L'avait-il jamais été ?

Pendant ses deux septennats, ses rapports avec Jospin avaient été tout différents : des moments de froid, souvent longs, alternaient avec des réchauffements toujours plus courts. L'acmé du ressentiment fut le congrès de Rennes, où la mitterrandie s'était liguée pour empêcher l'alliance Jospin-Mauroy en vue d'introniser Fabius.

Jamais Lionel Jospin n'aura réussi à se hisser au rang de fils préféré. Une déception, une blessure, qui en rappelle une autre : celle d'un Philippe Séguin qui n'a jamais pu admettre que Jacques Chirac lui ait toujours préféré Alain Juppé.

7

JACQUES, LIONEL, BERNADETTE ET LES AUTRES

Le gouvernement Jospin avait fière allure. Sondages à l'appui, les gens se montraient ravis du changement et de la cohabitation. Comme en 1986, lorsque Jacques Chirac était devenu le Premier ministre de François Mitterrand : ils rêvaient de concorde. Les Gaulois batailleurs adorent les trêves illusoires. L'équipe comptait vingt-six ministres, dont quatorze à part entière.

Pour ne citer que les vedettes : l'impérieuse Martine Aubry, numéro deux dans l'ordre protocolaire, ministre de l'Emploi et de la Solidarité, régnait sur le champ social. À la tête d'un mégaministère de l'Économie, des Finances et de l'Industrie, Dominique Strauss-Kahn faisait presque figure de vice-Premier ministre. On lui avait adjoint quatre secrétaires d'État, c'est dire ! Démarche chaloupée, sourire engageant du monsieur toujours libre de cinq à sept. Un ami de Lionel Jospin. « Il est aussi socialiste que je suis archevêque », raillait Jacques Chirac. À l'Intérieur, Jean-Pierre Chevènement, déjà plusieurs fois ministre : à l'Industrie en 1981, à l'Éducation nationale en 1984, à la Défense en 1988. Il avait démissionné deux fois, au motif qu'un ministre « ça ferme sa gueule ou ça s'en va ». Jamais deux sans trois ? Je m'interrogeais forcément. Ses ruptures d'honneur, qui forçaient le respect, n'étaient-elles pas aussi le reflet d'une intransigeance excessive? Beauvau allait comme un gant à cet homme d'ordre républicain qui réunissait dans son blason Jaurès et le général de Gaulle.

À la Justice et troisième dans le rang protocolaire, la belle Élisabeth Guigou, à la froideur hitchcockienne. Albin, qui l'avait croisée à l'Élysée lorsque, président d'Elf Aquitaine, il rendait visite à Mitterrand, l'admirait beaucoup. Lors du débat sur le Pacs qui préfigurait sans l'avouer le mariage homosexuel – suscitant autant de réticences dans la majorité qu'à droite –, elle affirmait, dans une interview au *Monde*, que ce contrat pourrait intéresser « deux veuves qui vivent ensemble ». Y avait-il urgence à légiférer pour un cœur de cible aussi réduit? Roselyne Bachelot était venue à sa rescousse pour suggérer que des fratries pourraient elles aussi en bénéficier. À moi qui l'interrogeais pour le *Figaro magazine*, elle avait confié qu'elle s'engageait en mémoire d'un ami très cher mort du sida.

Hubert Védrine, ex-secrétaire général de l'Élysée de Mitterrand et aussi son sherpa, se voyait doté des Affaires étrangères. Bien à sa place dans cette fonction, il dominait son sujet, parlait docte, sans jamais se départir d'un air de contentement de soi qui n'était pas injustifié.

Avec deux cent cinquante députés socialistes, Lionel Jospin ne bénéficiait pas de la majorité absolue. Son gouvernement était un savant dosage entre les différentes forces de gauche, sous une appellation nouvelle : la majorité plurielle. Le Parti communiste, comptant trente-six députés, était le mieux doté : trois ministères dont celui de l'Équipement, des Transports et du Logement pour le jovial Jean-Claude Gayssot. On sentait Jospin tellement fier de ramener les communistes au gouvernement. Les Verts qui espéraient deux ministères n'en obtenaient qu'un seul : l'Aménagement du territoire et l'Environnement, pour leur porte-parole, brillamment élue dans le Jura, Dominique Voynet. Une femme médecin, sympathique, bavarde, que j'avais toujours du mal à reconnaître lorsqu'elle passait à la télévision. Elle changeait sans arrêt de couleur de cheveux : tantôt blond clair ou foncé, tantôt rousse, la coupe toujours courte tantôt frisée, tantôt lisse. J'en concluais que sur un plan privé elle ne s'était pas encore trouvée. Récemment, pendant la crise du covid, j'ai découvert qu'elle était directrice de l'ARS à Mayotte. Elle portait cette fois les cheveux longs et très bruns. S'il n'y avait pas eu son nom en bas de l'écran, je ne l'aurais à nouveau pas reconnue.

Les rocardiens étaient représentés avec Catherine Trautmann à la Culture, Alain Richard à la Défense, l'aimable Louis Le Pinsec à l'Agriculture et la Pêche. Le Parti radical-socialiste comptait trois promus, dont Émile Zuccarelli, ministre de la Fonction publique et de la Réforme de l'État, Bernard Kouchner, secrétaire d'État à la Santé.

Il y avait aussi les amis personnels de Lionel : Claude Allègre, à l'Éducation nationale. Ils s'étaient connus à la cité universitaire. Ce scientifique, géochimiste, spécialiste de la croûte terrestre, médaille d'or du CNRS, était un peu sa boîte à idées. Un personnage : silhouette confortable, cheveux coupés en brosse, visage rond, animé de petits yeux pétillants et espiègles couleur myosotis, surmonté de deux gros sourcils grisonnants, toujours en broussaille. Une personnalité iconoclaste qui parlait dru et avait le chic pour se faire des ennemis. D'ailleurs les syndicats de l'Éducation nationale allaient vite demander sa démission. Pour avoir douté de l'origine anthropique du réchauffement climatique, un point de vue que l'Académie des sciences réfuta sur-le-champ, une avalanche de critiques s'était abattue sur lui. Daniel Vaillant, élu du 18e arrondissement de Paris, comme l'avait été le Premier ministre, obtenait les Relations avec le Parlement, et Pierre Moscovici devenait ministre délégué aux Affaires européennes. Ce jeune énarque que l'on pouvait rencontrer au quotidien au Café de Flore assumait son image de dilettante.

Au total, un assemblage de personnalités assez typées que la presse qualifiait de *dream team*. « Lors du premier Conseil des ministres, avec Maurice Ulrich, le directeur de cabinet de Jacques Chirac, nous les avions regardés arriver groupés depuis le premier étage de l'Élysée. L'ensemble avait du panache », me dira Christine Albanel. Ce que Jacques Chirac lui-même concédait volontiers : « C'est une belle équipe. »

En 1986, lors de la première cohabitation, Mitterrand avait refusé de figurer sur la photo de famille. Jacques Chirac fit de même, avec cette différence notoire ; il demandait à Lionel Jospin de lui présenter chaque ministre individuellement, chacun ayant eu droit à une amabilité. Le style Chirac.

Ainsi vont les tourbillons de la vie politique. Le pouvoir avait traversé la Seine, un nouvel ordre s'installait. Pendant quelques semaines, l'Élysée prenait des allures de château hanté. Les occupants portant la honte du désastre électoral se claquemuraient : deux cent vingt-deux députés avaient été battus. La droite ressemblait à un champ de bataille où l'on compte les cadavres. Jacques Chirac avait décidé de les recevoir tous un par un, ce qui n'était pas une partie de plaisir. Les battus lui en voulaient personnellement bien sûr, et certains ne se gênaient pas pour lui exprimer tout de go et sans aménité leur colère. Mais leur rage visait surtout Dominique de Villepin, qualifié de mauvais génie – « l'idée de la dissolution venait de lui, n'est-ce pas ? »

Chirac avait joué, il avait perdu. Des plumes étaient tombées du chapeau.

C'est dans les dîners en ville qu'on l'accablait le plus. Il était l'objet de tous les quolibets. On le méprisait, on le traitait de nul. On décrétait que sa carrière était finie. Curieusement, il conservait un capital de sympathie dans les sondages. « Les Français sont un peuple sans mémoire », disait souvent François Mitterrand. Jacques Pilhan, qui n'avait plus qu'un an à vivre, lui expliquait que rien n'était perdu, qu'il avait la durée pour lui : cinq ans pour se refaire dans l'opinion, prendre sa revanche, comme Mitterrand, réélu en 1988. Il lui suffirait d'intervenir ponctuellement à bon escient.

Pendant plusieurs semaines, le président était resté muet. Quand allait-il sortir du bois ? La rituelle interview du 14 juillet lui en donnait l'occasion.

Après le défilé, Bernadette Chirac avait fait les honneurs de la garden-party au Premier ministre et à son épouse Sylviane, avec une effusion qui n'était pas son genre. Je l'avais remarqué : elle ne les quittait pas. « Jospin est beaucoup plus aimable avec moi que ne l'était Juppé, ça me change ! » m'avait-elle lancé sur un ton enjoué. Elle les avait aussi conviés à venir écouter dans un salon l'interview du président. Tout en la remerciant, les Jospin avaient préféré s'esquiver.

Aux journalistes qui l'interrogeaient sur la cohabitation, Jacques Chirac répondait qu'il ne regrettait rien : « Je ne me dis pas du tout que je n'aurais pas dû le faire, même si naturellement, j'aurais préféré un résultat différent. Mais c'était indispensable pour remédier à une sorte de blocage. » Faute d'être absous par son camp, il se faisait à lui-même don de son pardon. À quoi cela servirait-il de s'autoflageller ?

Et la cohabitation ?

« Cela se passe entre gens de bonne compagnie [...] cela n'enlève rien aux convictions de chacun. » Et de poursuivre l'entretien avec une salve de critiques sur la politique du gouvernement : la régularisation massive d'étrangers sans papiers ne lui semblait pas être une bonne idée. Cela « encourage la xénophobie ». La mise sous conditions de ressources des allocations familiales ? Pas mieux ! Des femmes qui travaillent peuvent être sanctionnées. Le rétablissement de l'autorisation administrative de licenciement ? Une mesure « d'un autre temps ».

C'est sur la répartition des pouvoirs entre les deux têtes de l'exécutif que Jacques Chirac innovait le plus en lançant l'idée de la prééminence du président dans «tout ce qui touche à la place de la France dans le monde», «l'acquis européen», la modernisation et l'équilibre de la société. Une vision extensive de ses prérogatives. Quant à l'instauration d'un quinquennat, qui agitait le landerneau politique, Jacques Chirac l'écartait d'un geste de la main : il n'en voulait pas.

Ses propos en avaient réjoui plus d'un dans son camp. Le président demeurait combatif. Pour lui répondre – preuve qu'il ne voulait pas en faire un premier accroc de la cohabitation –, Lionel Jospin avait attendu le Conseil des ministres deux jours plus tard. En s'appuyant sur les articles 5 et 20 de la Constitution, il contestait explicitement que le chef de l'État puisse avoir le dernier mot sur certains sujets.

Après quoi, Catherine Colonna, porte-parole de l'Élysée, rapportait que le chef de l'État souhaitait «une cohabitation constructive et, parce que c'est son devoir, il continuera de dire aux Français, quand il le juge utile, ce qu'il pense des grandes questions qui intéressent l'avenir de la France». L'affaire était close.

En réalité, ce qui agaçait le plus Lionel Jospin, c'est de constater que plusieurs de ses ministres entretenaient avec le président des rapports très ou plutôt trop cordiaux.

À commencer par Pierre Moscovici. Mais il était le ministre qui le voyait le plus en tête à tête, comme il me l'a raconté. «Je passais beaucoup de temps avec lui. Nous avons couvert ensemble seize Conseils européens et toutes sortes de conférences internationales. On discutait toujours sur un pied d'égalité. D'emblée, il mettait à l'aise. Il ne faisait pas comme Mitterrand en 1986, qui cherchait à séduire les ministres de Chirac en les épatant par ses connaissances littéraires, façon d'avoir une emprise sur eux. Je me souviens de mon premier Conseil européen avec lui en juin 1997, à Amsterdam. Ne souffrant pas d'un amour-propre démesuré, il m'avait laissé parler. Le matin sur Europe 1, j'avais dit au micro de Jean-Pierre Elkabbach qu'il faudrait apprécier l'euro en tendance, le moment venu. Patatras ! Dans la journée les marchés s'affolaient. En quelques heures, des millions de francs quittaient la France. À Paris, mes amis socialistes me savonnaient la planche. Manuel Valls, porte-parole de Matignon, déclarait qu'il fallait mettre cette annonce sur le compte de mon inexpérience. Jospin ne m'avait pas téléphoné. Et Védrine non plus, qui ne s'intéressait pas aux affaires européennes. À 3 heures du matin, nous marchions côte à côte avec Jacques Chirac, pour nous rendre à la conférence de presse à l'issue du sommet. » Et Moscovici d'imiter la voix de Chirac : « Ah, vous êtes emmerdé parce que vous avez fait une connerie ! Et vos amis ne sont pas très sympas avec vous ? C'est pas grave, ne vous en faites pas... Des conneries, j'en ai fait moi aussi, et trente ans après, je suis toujours là. »

« Nous n'avions pas de discussions de fond poursuit Moscovici. Dans l'avion, Chirac sortait de sa serviette des revues d'art japonais et s'y plongeait pendant tout le trajet. Il lisait aussi le résultat des matchs de sumo, qui le passionnaient. On riait souvent. Un jour, à propos d'une directive européenne sur le chocolat, il m'avait dit : "Monsieur le ministre, vous savez que le chocolat, c'est bon pour le moral et pour le sexe. Moi à mon âge, c'est surtout pour le moral, mais vous, vous êtes jeune encore !" »

À moi aussi, Jacques Chirac m'avait parlé du chocolat. Tous les matins, au petit déjeuner, me disait-il, il se faisait servir, entre autres, une tarte au chocolat, mais sans évoquer devant moi les bénéfices qu'il en espérait.

Ah, l'appétit de Jacques Chirac ! Tous ses soucis de santé ultérieurs sont venus de là.

« Un matin, nous partions en Macédoine, se souvient encore Moscovici. Jacques Chirac s'était fait servir une "collation" avec charcuterie, fromage, baguette, le tout arrosé de Corona. Pantagruélique ! Je lui avais fait remarquer que nous étions attendus à déjeuner pour 13 heures. Il m'avait répondu : "Justement, j'ai regardé le menu. On va nous servir une moussaka dégueulasse, un chiche-kebab dégueulasse, un gâteau à la crème dégueulasse ! Je prends de l'avance…" »

Arrivé à Skopje, Jacques Chirac avait fait honneur au repas officiel en reprenant de tout deux fois.

Au retour des vacances, en 2000, il avait énormément grossi. Lors d'une conférence de presse, un journaliste l'avait interrogé sur sa prise de poids (tout le monde se demandait s'il ne prenait pas de la cortisone). « Au moins vous n'êtes pas courtisan », avait rétorqué Chirac.

« À moi il expliquait, me racontera Pierre Moscovici : "J'ai pris vingt-cinq kilos, tout sur le bide." Et il joignait le geste à la parole. "J'étais en vacances avec Bernadette. Je m'emmerdais. Alors je prenais des ti-punchs toutes les demi-heures. C'est très sucré. J'ai grossi à cause de ma femme." » Il m'avait aussi parlé de la mort : « Pour moi, ça se passera comme pour mon père. Il a bu, il a fumé, il a vécu comme il voulait et à 70 ans, il est mort d'un coup. Un AVC. Je partirai comme lui. Poum ! D'un coup ! Je vais bientôt avoir 69 ans. »

Justement, le 28 novembre 2001, le président allait fêter son soixante-neuvième anniversaire. Moscovici était sur un plateau télé. « Les journalistes me demandaient si je voulais former des vœux pour le président. J'avais dit que je lui souhaitais un bon anniversaire, c'est un homme extrêmement sympathique. Le lendemain, à la une du *Monde*, un papier titré « le cadeau d'anniversaire de Moscovici à Chirac ». Je me retrouve aux questions d'actualité, derrière Jospin qui vient de lire le papier. Furibard, il se retourne vers moi : "Pourquoi tu as dit ça ? Chirac est tout sauf sympathique…" Une vraie engueulade, comme si j'étais coupable d'intelligence avec l'ennemi. Le soir même, j'ai envoyé une lettre à Jospin pour lui dire : "Tu m'as très mal parlé. Je ne veux pas être traité comme cela." Il m'a répondu une lettre gentille, s'excusant presque : oui, il s'était emporté. Quelque temps plus tard, on était à Berlin avec Chirac, Jospin, Ripert, et Jacques Chirac nous avait proposé : "Je vais vous amener déjeuner dans la plus vieille auberge de la ville, Napoléon y venait déjà. La Zur letzten Instanz [“À la dernière instance”]. Vous allez goûter le jarret de porc et vous m’en donnerez des nouvelles.” Je me souviens d’un déjeuner très joyeux : Chirac était très disert, racontait ses souvenirs. Tous les quarts d’heure, il hélait la serveuse : “Ein Bier, bitte.” À la fin du déjeuner, nous avions fait une marche pour mieux digérer avant la réunion, et Jospin m’avait avoué en aparté : “C’est vrai qu’il est difficile de ne pas le trouver sympathique, Chirac.”»

«Parfois, Bernadette était du voyage. C’était toujours un grand moment. Le couple s’envoyait des vannes, j’étais au spectacle, ajoute Moscovici. Elle aussi cherchait à séduire. Lors d’un voyage à Saint-Pétersbourg, elle me disait admirer la *dream team* de Jospin. Elle m’interrogeait : “Ça fait longtemps que vous êtes ami avec le Premier ministre ?

— Dix-sept ans.

— Ouh, c’est beaucoup ! Et avec M. Allègre et lui, ça fait combien d’années ?

— Quarante ans.

— Ouh, c’est beaucoup ! Moi j’aime beaucoup M. Allègre. Et DSK ? Ça fait longtemps aussi ?

— Au moins vingt ans.

— Je vois que M. Jospin a beaucoup d’amis. Mon mari, lui, n’en a pas.

— Il a tout de même Alain Juppé.

— Alain Juppé ? Un ami ? Mais si on en est là, c’est de sa faute !”»

Quand je rendais visite à Claude Allègre, il me parlait toujours des Chirac, «si ouverts, si chaleureux», et lui aussi avait un gros faible pour Bernadette, qu’il couvrait de compliments : une femme de caractère, très agréable, très fine politique. Façon d’amener la conversation sur Ségolène Royal, ministre de l’Enseignement scolaire, qu’il ne supportait pas.

« Vous savez ce qu'elle m'a fait ? J'avais prévu une conférence de presse pour annoncer une réforme (je ne me souviens plus laquelle). Trois jours avant, Ségolène m'appelle pour me dire : "J'aimerais bien prendre connaissance du texte de ta réforme." Je le lui fais parvenir, et le lendemain, elle convoque les journalistes pour leur vendre ma réforme comme si elle en était l'auteur. Un culot d'enfer ! »

Je me souviens d'un déjeuner avec Paul Guilbert où nous avions invité le couple Hollande-Royal. Leurs patronymes me laissaient songeuse : s'ils montent en grade en politique, comment appeler leurs partisans ? Des hollandais, ça ne fait pas français ! Des royalistes ? Ça ne fait pas très républicain… Plus tard candidate, Ségolène se hasardera à évoquer un mouvement, le ségolisme, qui rimait avec gaullisme. Revenons au déjeuner. François Hollande était en retard, « comme d'habitude » disait Ségolène en riant. En l'attendant, elle était très enjouée, volubile, intéressante. Et puis, son compagnon est arrivé, s'excusant d'une pirouette. C'était la première fois que je le rencontrais et d'emblée j'ai eu l'impression de parler à un confrère : inégalable dans le commentaire, montrant une connaissance rare du personnel politique et de la presse, avec un avis sur tout le monde, plein d'humour, éblouissant même. Ségolène le badait, pouffait, l'admirait sans l'interrompre jamais : une vraie geisha. Lui, élu de Corrèze, elle des Deux-Sèvres, devenue ambassadrice du chabichou, le fromage local. Elle savait communiquer. Un dimanche soir à Europe, je ne sais plus à propos de quel événement, nous voulions les joindre. J'avais appelé à leur domicile : « Allô ? » Au bout du fil, un enfant.

« Pourrais-je parler à François Hollande ?

— Il n'est pas là…

— Alors, à Ségolène Royal ? »

Et la même petite voix agacée de me dire : « Mais tu sais bien qu'ils ne sont jamais là ! »

À l'époque, la mère de François Hollande suppléait leurs absences.

Le couple Chirac s'était beaucoup entiché aussi du ministre communiste Jean-Claude Gayssot, que le président saluait d'un «Bonjour camarade!». Christinc Albanel se souvient d'un voyage en Amérique latine auquel il participait. Xavier Emmanuelli les accompagnait. Bernadette s'était montrée délicieuse, créant une atmosphère de complicité implicite. Ils étaient allés dans une boîte de mariachis.

Son mari pataugeant encore dans la mare de la dissolution, Bernadette prenait des initiatives pour attirer les lumières vers elle, montrer de quoi elle était capable. Non, elle n'était pas une potiche. Elle avait invité son amie Hillary Clinton à venir voir la démocratie locale «en action» dans son fief de Corrèze.

Le 12 mai 1998, la First Lady, lui ayant répondu favorablement, inaugurait la liaison Washington-Limoges, qui n'a pas beaucoup servi depuis. On avait dû refaire à la hâte des toilettes dignes d'elle dans l'aéroport. Quelques jours avant, un avion-cargo de l'US Air Force avait livré deux Cadillac blindées aux dimensions trop vastes pour certaines routes de Corrèze. Il avait fallu abattre quelques arbres. Une vingtaine de *bodyguards* avaient débarqué. Ils rejoignaient la cinquantaine de représentants du Secret Service dépêchés sur place pour s'assurer de la sécurité de l'épouse du président. Des Corréziens étaient flattés, d'autres agacés par cet incroyable tohu-bohu qui tranchait avec l'ordinaire de Bernadette, qui avait l'habitude de sillonner sa circonscription comme Mme Tout-le-Monde au volant de sa 205 rouge.

Mais quel spectacle! Je le suivais à la télé : l'arrivée d'Hillary à Sarran, village dont Mme Chirac était maire adjointe. C'était Hollywood au pays du *Bonheur est dans le pré* : brushing parfait, sourire de star ultrabright, des gestes de vainqueur aux Oscars. La First Lady portait un tailleur couleur bouton d'or, assorti aux fleurs des prairies. Rien n'était choisi au hasard. Une grande professionnelle. Mme Chirac lui avait présenté la Corrèze, son agriculture, ses paysages, ses rivières, sa cuisine : « C'est à la France profonde que vous rendez visite, madame. » Elle lui annonçait aussi le passage du Tour de France deux mois plus tard dans son canton (l'apothéose viendrait en 2001, où le Tour de France ferait étape à Sarran, avec un arrêt devant le musée Chirac, initiative de Bernadette à un an de la présidentielle. Bien joué !).

Dans l'après-midi, Hillary Clinton fut accueillie au conseil général, où les élus étaient au grand complet. Elle répondit aux mots de bienvenue. Un représentant des élus communistes, socialistes, RPR prit la parole. Ils étaient tous honorés, bluffés ! En retour, Hillary avait cité Tocqueville : « Une nation peut s'accorder un gouvernement libre, mais sans les institutions locales, elle ne peut avoir un esprit de liberté. » Elle avait été très applaudie et s'en montrait ravie (« I had a wonderful time ! »), remerciant « Mme Chiuroac », son amie. « Nous n'avons pas parlé de nos maris », tint à préciser Bernadette. Vraiment ?

La visite d'Hillary en mai 1998 n'avait pas été choisie au hasard par Bernadette. En janvier, le couple Clinton avait frôlé le divorce avec l'affaire Monica Lewinsky, la liaison supposée du président avec une jeune stagiaire de la Maison-Blanche. On se souvient de sa confession mensongère : « Je n'ai pas eu de relations sexuelles avec Mrs Lewinsky », avait-il dit sur un ton tellement penaud alors qu'une robe tachée maintenait la suspicion. Une humiliation planétaire pour Hillary. L'invitation de Mme Chirac était une forme de consolation. C'était la rencontre de deux femmes trompées, bafouées par leurs maris, ce qui créait entre elles une forme de sororité.

Pour Bernadette, la dernière crise conjugale remontait au mois d'août précédent. La nuit de l'accident de Lady Di, Matignon avait pu joindre Lionel Jospin qui se trouvait à La Rochelle, où il participait aux Journées de rentrée des parlementaires socialistes. Averti vers 5 heures du matin, il avait eu le temps de remonter à Paris pour s'incliner sur la dépouille de la princesse. Matignon avait bien sûr prévenu l'Élysée, et le fonctionnaire de garde avait répondu que le président dormait et ne pouvait être dérangé. Plus tard, il n'était toujours pas joignable, dit-on. Bernadette était allée se recueillir à l'hôpital. Où était donc passé le président ? Jean-Claude Laumond, son chauffeur au service du président depuis vingt-cinq ans, un homme qui savait beaucoup de choses et sans doute trop, n'avait rien voulu lui dire pour ne pas trahir son maître. Mais cette fois, l'humiliation était trop forte. Il fallait un coupable, le chauffeur était tout désigné. Bernadette exigea qu'il se sépare de lui.

En décembre, comme par hasard, j'appris que Jean-Claude Laumond et son épouse étaient envoyés en Nouvelle-Calédonie. En exil ! Un pot de départ avait eu lieu dans le bureau où François de Grossouvre, l'ami de François Mitterrand, s'était suicidé. Le président n'était pas venu passer une tête pour lui dire au revoir. Aucun représentant de la famille Chirac ne s'était déplacé. Les Laumond étaient bannis ; c'était la vengeance de Bernadette. Et puis Jean-Claude Laumond a écrit un livre, où il ne révèle pas avec qui Jacques Chirac avait passé la nuit de ce tragique 30 août 1998 ; mais il ne l'aurait sûrement pas publié s'il avait été bien traité. Le couple déprimant en Nouvelle-Calédonie, Laumond avait appelé l'Élysée. Ils étaient rentrés à Paris. « C'était la mairie qui le payait depuis vingt-cinq ans. Comme il travaillait jour et nuit, cela coûtait cher en heures supplémentaires », me racontera Bernard Bled, directeur de cabinet de Jean Tiberi. « Le préfet Landrieu m'avait téléphoné : “Il faut lui trouver quelque chose, un emploi.” Et Laumond s'était retrouvé au Père-Lachaise. Enterré, si j'ose dire. »

La loi du clan.

DEUXIÈME PARTIE

8

EUROPE 1, UNE FAMILLE ÉBRANLÉE

En 1995, Europe 1 n'avait plus « la pêche ». Pour la première fois, la station n'était plus deuxième derrière RTL. NRJ nous passait devant. Notre slogan tournait au mensonge publicitaire. La station avait perdu un million d'auditeurs en un an, une hémorragie pour nous incompréhensible. On s'interrogeait tous : pourquoi cette chute ? Qu'est-ce qui ne va pas à Europe ?

Pour moi, cela venait des programmes. Arthur animait l'après-midi une émission de divertissement : *Arthur et les pirates*. Et j'enrageais d'entendre celui qui s'était lui-même désigné comme l'animateur « le plus con de la bande FM », lorsqu'il sévissait sur Fun Radio, déverser pendant deux heures des tombereaux de vulgarité, jamais drôles, insupportables. Je m'en inquiétais auprès de Jean-Pierre Joulin qui dirigeait la rédaction depuis 1988 : « Pourquoi le laissez-vous faire ? » Beaucoup d'amis, choqués, m'appelaient pour me dire qu'ils avaient changé de chaîne. Réponse de Jacques Lehn, patron de la station : la rupture de son contrat nous coûterait trop cher. Arthur est resté, les auditeurs sont partis.

Je me souviens d'un samedi où Jacques Lehn nous avait fait venir, quelques-uns, pour poser un diagnostic sur la maladie d'Europe 1. Et il avait convié un sociologue à la mode, Alain Etchegoyen, à venir nous administrer son ordonnance, comme si la radio était sa spécialité. Un samedi où j'aurais préféré faire du vélo dans la forêt de Rambouillet.

L'audience plongeant, il fallait un coupable, un changement de tête. Jean-Pierre Joulin, qui n'était pour rien dans le recrutement de l'animateur, quittait son poste. Pour moi, un regret. J'appréciais sa bienveillance. Son management était singulier : il avait des sautes d'humeur, pouvait faire preuve d'une mauvaise foi crasse envers un journaliste. Mais, pétri de remords, il le convoquait le lendemain pour le réconforter, avec parfois une prime à la clé. C'est rare, un patron qui s'excuse ! Son bon cœur lui jouait parfois des tours. Un exemple parmi d'autres : l'un des animateurs de la tranche du matin, Stéphane Paoli, lui avait demandé quinze jours d'arrêt, un laps de temps que nécessitaient, disait-il, de lourds soins dentaires. Comme il avait eu des pépins de santé, Jean-Pierre les lui avait volontiers accordés. Un mois plus tard, il recevait un bulletin professionnel des agents de voyages. En le feuilletant, il apprenait que ceux-ci avaient tenu un séminaire à Lisbonne pendant plusieurs jours, qui avait été animé par… Stéphane. « Je me suis fait avoir », ronchonnait-il. Il en avait gardé une dent contre lui ! À l'époque, les journalistes étaient très sollicités par les entreprises et les sociétés. Pour ce qu'on appelait « faire des ménages ». Toujours un bon complément de salaire.

Jean-Pierre aimait faire plaisir : pendant toute une saison, tous les lundis matin, il nous conviait pour un petit déjeuner à 8 h 30, pas au bistro du coin, mais dans la vaste salle à manger de l'hôtel Plazza, avenue Montaigne. Nous étions cinq autour de lui : Jean-Pierre Elkabbach, Alain Duhamel, Serge July, Franz-Olivier Giesbert et moi-même. Nous refaisions le monde. Nous côtoyions alors les tables où les grands noms du CAC 40 traitaient des clients entourés de leurs collaborateurs. À l'époque, Europe 1 avait les moyens. Je me souviens de ce lundi où Jean-Pierre Elkabbach nous annonça qu'il allait quitter la station pour la direction de France 2.

Ses bonnes relations patiemment entretenues et conjuguées avec François Mitterrand à l'Élysée, Édouard Balladur, le Premier ministre (nous étions en cohabitation), ainsi que son amitié avec Jacques Pilhan n'y étaient pas pour rien. Nous l'avions félicité. Et Jean-Pierre de nous prendre à témoin : « Vous vous rendez compte, je vais avoir un budget à gérer de… », et il nous avait donné un chiffre qui était sans rapport avec la réalité… Honnêtement, un montant dont je n'avais aucune idée. Alain Duhamel le lui avait fait remarquer en lui conseillant de s'adjoindre les services d'un bon comptable. Jean-Pierre reconnaissait être fâché avec les chiffres. « À la maison, c'est Nicole qui s'occupe de tout. » Un rapport du député Alain Griotteray, spécialiste de l'audiovisuel, ayant mis en exergue le montant par trop astronomique que Jean-Pierre avait accordé à certains animateurs, parmi eux Jean-Luc Delarue, il démissionnerait deux ans plus tard de France 2.

Ami personnel de Jean-Luc Lagardère, Jean-Pierre Joulin quittait Europe 1, mais pas le groupe. Il devenait conseiller du président. Longtemps correspondant à Washington, il avait été une mine de renseignements pour notre patron. À Europe, sur son bureau, était placée bien en évidence une photo de lui, rayonnant, aux côtés de Ronald Reagan, prise dans le Bureau ovale de la Maison-Blanche, qui impressionnait les visiteurs. Revenu à Paris après sept ans d'absence, il lui fallait retrouver ses marques. Un jour que nous allions déjeuner avec un politique, il m'avait dit : « Va l'attendre au restaurant, pendant que je vais me garer. » Deux minutes plus tard, il arrivait tout sourire, en se réjouissant d'avoir trouvé si facilement une place. Et pour cause, c'était dans le couloir du bus. Il n'y avait pas prêté attention ! Bien sûr, la voiture n'y était plus à la fin de notre repas…

En poste au Caire pour l'AFP au début de sa carrière, il s'était constitué un réseau dans les pays arabes. « Il avait rendu des services », me confiait mon ami Patrick Déchin, le chef de cabinet de Jean-Luc Lagardère. Il se murmurait qu'il faisait partie des services secrets. Vrai ou faux, cela lui conférait un prestige équivalent à la méfiance qu'il pouvait inspirer à certains dans la rédaction.

Denis Jeambar lui succéda en septembre 1995. Pour la profession, il était le dauphin désigné de Claude Imbert, le directeur du *Point* peu décidé à lui céder la place. Lassé d'attendre, dans un mouvement d'humeur, Jeambar avait claqué la porte. Depuis des années, je le croisais dans les congrès politiques, toujours flanqué de Catherine Pégard, excellente plume politique de l'hebdomadaire. Le couple se mélangeait peu à la cohorte journalistique ; lui se montrait aimable toujours, mais sans dégager ce brin de chaleur qui aimante les autres vers soi. Jacques Pilhan, dont Jeambar était l'ami, l'aurait poussé à faire ce choix. Jean-Luc Lagardère lui avait ouvert grand les bras : « Si vous venez dans le groupe, c'est pour la vie. » Une promesse de Gascon qui avait le mérite d'être sincère. Tope là !

Il amenait avec lui Jean-Marie Pontaut, enquêteur magistral sur les affaires police-justice, une spécialité qui nécessitait un long travail de recherche et s'accommodait mal du rythme trépidant d'une radio. Christophe Barbier, qui ne portait pas encore l'écharpe rouge dont il a fait sa marque sur les plateaux télé. Normalien, fou de théâtre, original, sympathique. Un esprit brillant. Mais que venait faire ce trio dans cette galère ? « Europe 1 est un robinet d'eau chaude qui ne s'arrête jamais », pestait Pontaut, que l'on réveillait parfois avant 6 heures du matin, après un événement de la nuit. « Arrive d'urgence ! Tu feras une minute quinze dans le journal de 7 heures ! » À Noël, il n'en pouvait mais.

Jeambar, je le sentais embarrassé, ne sachant comment prendre les choses. La radio et l'hebdo sont deux mondes aux rythmes antinomiques. Il évitait les contacts dans la rédaction. Lorsqu'il y venait, en trombe, c'était toujours pour se diriger vers Christophe Barbier, le seul avec lequel il avait, semble-t-il, envie de parler. Personnellement, je n'avais pas eu à m'en plaindre : il m'avait confié un édito quotidien le matin, ce que j'allais faire dix ans de suite. Un grand bonheur, un honneur, autant qu'une charge. Lourde.

Dix mois plus tard, le trio pliait bagage pour *L'Express*. Denis Jeambar venait d'en être nommé patron. Il succédait à Christine Ockrent. Pour nous à Europe, Jeambar, Pontaut et Barbier avaient été des intermittents du spectacle. En juillet 1996, Jérôme Bellay prenait la suite. Jean-Luc Lagardère était venu nous annoncer son arrivée : « Europe 1 n'a pas besoin d'une star. Europe 1 a besoin d'un tsar. » Fallait-il entendre un homme à poigne, nous allions être servis !

Bellay était auréolé d'un prestige certain. Inventeur et concepteur de France Info avec Roland Faure, c'est lui qui en avait été le mécanicien. Il avait aussi redressé LCI. Pour Jean-Luc Lagardère, il était un héros des médias, un génie dans son domaine, un grand professionnel. Bonne pioche donc, de quoi nous réjouir tous ? Je ne l'avais jamais vu, ni rencontré. Mais une de ses ex-femmes (il a été marié quatre fois) m'avait parlé de son caractère très ombrageux. Avec lui, ça n'était pas tous les soirs au logis l'ambiance cotillons, me confiait-elle, et il l'avait larguée d'un claquement de doigts. *Adios !* Il arrivait à Europe avec son équipe. Tous des inconnus pour moi : Hugues Durocher, Daniel Alberici, que j'appelais « les adjudants » ; Philippe Besse, Yves Calvi, Muriel Hees, la directrice des programmes. Au moment où je partais en vacances, je l'avais croisé et salué. Grand de taille, massif, le front serré, cigare au bec en permanence, il promenait sur les gens un air bourru qui n'engageait guère à la conversation. Cette première impression ne m'avait pas tranquillisée.

À la rentrée, je comprenais vite à quel genre de patron nous aurions affaire. « Je vais vous apprendre à faire de la radio », nous avait-il lancé en venant au milieu de la rédaction. Déjà nous nous sentions fautifs. Le lendemain, il tenait une conférence de presse pour annoncer un changement de grille. Fini la radio généraliste. Il offrait aux auditeurs d'Europe 1 son nouveau concept « news and talk » : des faits d'actualité et de l'interactivité avec les auditeurs. Les divertissements et les jeux étaient supprimés des programmes. Le ton du carillon d'Europe 1 était modifié. La pêche cédait la place à un nouveau slogan : « À quoi sert l'info si on ne s'en parle pas ? » Ça n'était plus l'Europe 1 d'avant. Un journaliste l'avait interrogé : que deviennent Elkabbach, Duhamel et Nay ? Réponse de Bellay où je ne détectais aucune empathie ni une once de considération : « Oh, ils font partie des meubles ! » Vexée d'être reléguée au rang de commode, j'avais quitté la salle. Cela commençait mal…

Je me demandais pourquoi Jérôme Bellay avait quitté LCI, où il réussissait si bien, pour Europe. Charles Villeneuve me l'avait expliqué. Fort de ses résultats, il avait proposé à Patrick Le Lay, le PDG de TF1, de fusionner les rédactions de la maison mère et de LCI. Ce qui aurait fait faire de grosses économies au groupe et affaibli Étienne Mougeotte, vice-président et directeur général de la maison, patron de la rédaction de la chaîne et responsable des réussites des programmes. Il était le « superamiral ». Ses rapports avec Patrick Le Lay étaient du genre fiel-miel. Le président de TF1 était très jaloux de son influence et de son savoir-faire. La proposition de Bellay lui allait comme un gant : un séminaire de l'état-major du groupe fut organisé à Deauville pour entériner ce changement. Bellay y était arrivé, paraît-il, en roi du pétrole, sûr de remporter le marché. Mais Mougeotte avait averti Le Lay : « Si Bellay arrive, je m'en vais. » Et il avait rameuté sa garde prétorienne : Poivre d'Arvor, Pernaut, Chazal, Villeneuve, Dassier, qui eux aussi se cabraient à l'idée que Bellay vienne mettre son nez dans leurs affaires. Pour les journalistes de TF1, il n'y avait qu'un seul boss : Étienne Mougeotte. Le projet d'OPA de Bellay avait capoté car Le Lay avait calé devant la fronde, d'où sa méfiance à l'égard des journalistes qui avaient un nom dans la station. Voir des complots partout était aussi dans son caractère.

À Europe 1, Jérôme Bellay n'avait pas l'âme d'un repreneur, il entendait faire table rase du passé. Il ne supportait pas ceux qui existaient avant lui et qui avaient un nom : Elkabbach, Duhamel et moi-même en faisions partie. Il ne tolérait que ceux qu'il engageait, il voulait des gens à sa main. Et beaucoup n'ont eu qu'à se féliciter de lui. Ainsi Caroline Roux, Alba Ventura, Céline Pigalle, Laurent Guimier, Nicolas Charbonneau, Axel de Tarlé, Christophe Charles, Marc Messier, Donat Vidal-Revel. Tous le disent encore aujourd'hui : « Je lui dois beaucoup. »

N'ayant pu avoir notre peau – Jean-Luc Lagardère s'y opposait –, il nous considérait comme ses ennemis, des gens dangereux qui pourraient lui nuire car nous n'appartenions pas à son camp. « Il faut casser les baronnies », disait-il souvent à Muriel Hees, sa directrice des programmes, rieuse, enjouée, pleine de vivacité, avec qui j'avais noué très vite une relation amicale. À mes yeux, le seul rayon de soleil dans toute cette eau froide. À la rédaction, les nouveaux arrivants m'ignoraient. Lorsque Daniel Alberici arrivait le matin, jamais un bonjour. De mon édito quotidien, je n'avais aucun retour, ni « c'est bien » ni « c'est mal ». Rien. J'avais un petit bureau au milieu de la rédaction. Quand ceux d'avant, qui étaient toujours mes amis, venaient discuter avec moi, Durocher leur faisait comprendre qu'ils feraient mieux de s'abstenir et il se précipitait chez Bellay pour l'en avertir comme si je préparais un coup d'État contre lui.

En quelques semaines, un rideau de fer était tombé sur la rédaction. En réaction, j'avais institué en arrivant le matin le bonjour obligatoire. « Bonjour, bonjour, et on répond. »

Un jour que nous discutions avec Muriel Hees sur le trottoir, rue François-Ier, à l'entrée d'Europe, Durocher qui arrivait nous vit en train de rire. À peine arrivée dans son bureau, au deuxième étage, Muriel fut convoquée par Bellay qui la tança méchamment : « Vous me trahissez, vous n'êtes pas dans mon camp. » Muriel qui l'aimait bien – « Il a fait ma carrière», dit-elle aujourd'hui encore, reconnaissante – tenta de le raisonner. Mais même pour elle, la vie avec lui était compliquée : jamais un compliment, jamais content. «Un jour où je le lui faisais remarquer, me racontait-elle, il m'avait répondu : "Je vous fous la paix, que voulez-vous de plus ?"»

Tout le monde ou presque était terrorisé et il en jouait. Une fois, alors qu'il insultait méchamment un confrère dans les couloirs devant beaucoup de monde, Muriel lui avait demandé : «Mais pourquoi l'humiliez-vous devant les autres?» Il avait répondu : «C'est pour faire peur aux autres.» J'avoue que ce climat nouveau, aux antipodes de ce que j'avais connu, me perturbait beaucoup. J'en souffrais. Tous les soirs, je racontais mes malheurs à Albin qui n'en pouvait plus d'entendre parler de Bellay. «Écoute : tu ne vas pas te rendre malade, me disait-il, cherche autre chose.» Et moi je lui répondais : «Mais non, c'est lui qui partira, pas moi !»

C'est avec Alain Duhamel que Bellay s'était montré le plus cruel, en décidant qu'il n'aurait plus d'édito au quotidien. Il jugeait que deux dans la tranche 7 heures – 8 heures, le sien et le mien, c'était trop. À lui de proposer un thème au rédacteur en chef de la matinale, qui achèterait ou pas. Donc, chaque soir, Alain téléphonait à Marc Tronchot. Certaines semaines, il avait droit à deux éditos, d'autres un seul. La semaine suivante, trois… Un traitement qui le blessait. Pendant plus de deux ans il avait mâché du fer. Un soir où Tronchot lui avait dit non, le lendemain aux aurores, la rédaction le réveillait pour lui demander de venir. On avait changé d'avis en haut lieu. Alain s'était exécuté, mais s'en était plaint à Tronchot, qui lui avait répondu d'un air supérieur : «C'est à prendre ou à laisser.» Une humiliation, la coupe était pleine. Alain Duhamel avait appelé Philippe Labro, le patron de la rédaction de RTL, qui l'avait d'autant mieux accueilli que Michèle Cotta quittait la station et abandonnait l'édito quotidien. «L'époque Bellay? Ce sont les plus mauvaises années professionnelles de ma vie, le climat le plus désagréable », me dit encore aujourd'hui Alain Duhamel, qui impute à ces mauvais traitements qui lui avaient miné le moral ses ennuis cardiaques ultérieurs, l'opération de pontage qu'il avait dû subir quelques semaines après avoir quitté Europe. « Tu souffres d'une bellayite aiguë », lui disais-je.

Le même Marc Tronchot montait tous les jours au deuxième étage pour signaler à Bellay qu'Elkabbach, qui faisait l'interview du matin, avait une fois de plus dépassé son temps dc parole. « Il a fait trois minutes de plus », pestait-il. Mais Jean-Pierre, quel que soit l'invité et quelle que soit la direction, a toujours pensé que sa dernière question en appelait une ultime, et pourquoi pas encore une autre qui serait forcément essentielle à son chef-d'œuvre quotidien, seul élément selon lui digne d'intérêt de toute la matinale. Bref, il se souciait comme d'une guigne que son dépassement rompe un contrat avec les annonceurs qui avaient payé pour une publicité diffusée à une heure dite, à la minute près. Jean-Pierre tel qu'en lui-même !

À la rédaction, le management était pyramidal. On consultait beaucoup les auditeurs, on faisait parler l'homme de la rue, mais plus du tout les journalistes. Jérôme Bellay avait supprimé les conférences de rédaction où chacun venait proposer un sujet – un lieu d'échanges où l'on pouvait donner son avis, se nourrir des autres. Du temps perdu, croyait-il. Les services avaient disparu. Les reporters traitaient de tous les thèmes comme s'ils étaient experts en tout ; leur travail consistait surtout à aller recueillir les opinions sur le terrain, à faire parler les autres. Il avait aussi interdit aux présentateurs de la matinale de dire bonjour aux auditeurs, une civilité inutile à ses yeux.

Le matin, Alberici arrivait avec *Le Parisien* sous le bras, le lisait, entourait des articles avec un trait de Stabilo Boss, appelait ensuite les journalistes un par un pour leur ordonner : « Tu me feras ça à midi. Trouve le type qui a parlé.

Il faut qu'il te dise dans les mêmes termes ce qu'il a dit là.» Un reportage qui ne coûtait pas cher à la station. Pour la matinale, Philippe Besse, rédacteur en chef du matin, préparait une liste de sujets. Je me souviens d'un garçon exalté, sympathique, brillant, bruyant, fatigant pour tout dire. Aux manettes jusqu'à pas d'heure, la nuit il débarquait vers 4 heures du matin, le jour, il était encore là. Quand dormait-il? Comment tenait-il? Un jour, nous l'avons appris, il était mort, tombé d'un balcon. Un accident? Une triste histoire. Je l'aimais bien.

L'après-midi, vers 17 heures, il montait chez Bellay avec ses propositions, et c'est le patron qui décidait des sujets pour le lendemain. Et Besse revenait dans la rédaction une heure, voire deux heures plus tard, pour distribuer le travail aux journalistes qui attendaient les ordres du Très-Haut, «comme des poussins attendent la becquée», ironise encore aujourd'hui Olivier Samain, une autre bête noire de Bellay. Olivier, qui avait remonté le Syndicat national des journalistes, bien décidé à jouer son rôle, asticotait la direction, ce qui faisait enrager Bellay, qui le maudissait dans les couloirs.

Donat Vidal-Revel se souvient du rythme de travail : «Les journées commençaient souvent à 19 heures. On avait attendu tout l'après-midi. Pas facile.»

Au début, lorsque Jean-Luc Lagardère venait à la rédaction et m'interrogeait, je lui faisais part de mon désarroi, de l'atmosphère pénible. Il me répondait : «Ma petite Catherine, dans six mois, Bellay ne sera plus là...» La vérité, c'est qu'il n'entendait pas du tout le remplacer, car il ne savait pas par qui. La nouvelle grille de *news and talk* n'avait pas séduit les auditeurs. Pendant trois saisons de suite, Europe 1 plafonnait à quatre millions d'auditeurs, soit 8,6% de l'audience. Le grand bond en avant, le tournant s'est produit dans les années 1999-2000, avec l'arrivée de Laurent Ruquier l'après-midi, entouré d'une équipe drôlissime, dont le regretté Pierre Bénichou. Au moment même où RTL se séparait de Philippe

Bouvard, le roi des *Grosses Têtes*. C'était tout bénéfice pour Europe. En 2001, on avait gagné trois points d'audience par rapport à 1996. On était passé de 8,6 à 11,5. En septembre, Jérôme Bellay avait fait paraître dans *Le Figaro* deux grandes pages de pub couleur bleue tout à sa gloire. En page numéro un les vedettes, l'équipe de choc du matin, avec les photos de Vincent Parizot, aujourd'hui à RTL, Christophe Delay, aujourd'hui à BFM, Christophe Charles, toujours à Europe 1, et Donat Vidal-Revel qui dirige la rédaction. Yves Calvi, autre vedette de la matinale, qui entre 8 h 55 et 10 h 30 drainait plus d'un million d'auditeurs ! Et évidemment Laurent Ruquier. En deuxième page, j'avais eu droit à quatre lignes pour mon édito, mais sans photo…

Bellay pensait qu'on ne pouvait rien contre lui. Il se vivait un peu comme le propriétaire de la station. Autre singularité pour un patron d'Europe 1 : il détestait la publicité, les annonceurs qui pourtant nous faisaient vivre… Il venait du service public et ne trouvait qu'un seul agrément à la radio privée, il me l'avait avoué, c'est que les syndicats étaient moins agressifs, n'organisaient pas de grèves, ne venaient pas lui faire des scènes comme lorsqu'il était à France Inter, ce qui ne l'empêchait pas de maudire Samain.

Les mois passant, on s'habitue à tout, même au plus désagréable. Mais j'avais trouvé un guide pour m'aider : un livre du psychiatre Christophe André, *Comment gérer les personnes difficiles*. J'avais regardé à « parano ». Il conseillait de se tenir éloigné le plus possible de ce genre de personnages, de ne jamais chercher à les provoquer, ce que j'avais fait pourtant une fois. J'étais montée au deuxième étage pour dire à Bellay que lorsque je parlais à des journalistes dans la rédaction, nous traitions de l'actualité, jamais de lui, pour la bonne raison que moi je n'avais rien à dire sur lui. Il n'avait pas réagi, nous en étions restés là. Je savais aussi que je ne risquais rien : Jean-Luc me protégeait. Mais je me souviens d'un jour où je me dirigeais vers Europe. Jérôme Bellay descendait la rue François-Ier, j'allais en sens inverse, en calculant que nous arriverions ensemble à la porte de la station. Pour l'éviter, j'étais entrée dans le Café Mode pour boire un verre d'eau : surtout pas de collision !

Jérôme Bellay est resté neuf ans à Europe 1, jusqu'en 2005. Avec le temps, nos rapports se sont pacifiés. Plus tard, devenu patron du *JDD* et l'inventeur de la magnifique émission *C dans l'air*, il m'a souvent conviée sur le plateau, et c'était un bonheur d'y participer avec Yves Calvi qui savait comme personne faire parler ses invités. Il venait me chercher avec son œil futé et canaille ; je ne résistais pas ! Peu à peu, avec Jérôme Bellay, les rencontres sont presque devenues affectueuses. Et j'ai découvert, sous ses airs bourrus, qu'il cachait une certaine sensibilité. Isabelle Morizet, sa femme depuis vingt ans, excellente intervieweuse le week-end sur Europe 1, que j'aime beaucoup, me l'a rendu plus humain. Souvent, elle et moi nous avons parlé de la vie, comme on dit. Elle, de son homme, de son « gladiateur solitaire », comme elle l'appelle. Elle l'admire et son amour pour lui m'a touchée.

Jean-Luc Lagardère est mort en mars 2003. Quelques jours avant son opération, il était venu nous rendre visite à Europe 1, en pleine forme, plein de projets. Nous l'entourions. Un moment agréable où il avait évoqué son intervention à la hanche « pour pouvoir continuer à jouer au tennis et battre les petits jeunes, hein ! » nous disait-il, presque fanfaron. S'il avait besoin d'une transfusion, ce serait avec son sang. Il avait pris toutes ses précautions, prévenait-il. Un geste qui pourtant allait lui être fatal, une drôle d'histoire qui a alimenté bien des théories : il aurait été assassiné, victime d'un complot, ce que soutenait Jean-Louis Gergorin, l'un de ses collaborateurs, directeur de la stratégie du groupe, sans en apporter jamais aucune preuve.

Peut-être un pressentiment, sachant qu'il allait subir cette intervention, j'avais acheté en sortant de chez le coiffeur, place du Palais-Bourbon, un porte-clés, un ange gardien en métal argenté agrémenté d'un pompon. J'avais fait part de mon intention à Constance Benqué, la patronne de la pub, qui m'avait répondu : « Mais tu ne peux pas faire ça, tu ne peux pas le donner à Jean-Luc ! » Alors je le lui avais offert à elle. Et elle me jure qu'il lui a porté bonheur.

Patrick Déchin, qui fut son chef de cabinet, puis son directeur de cabinet pendant quinze ans, et auquel il m'arrive souvent de parler pour évoquer le passé, m'a raconté ses derniers contacts avec Jean-Luc : « La veille de l'opération, avant de le quitter, je lui ai dit : "Bonne chance !" Il m'a regardé longuement, a enlevé ses lunettes, les a fait tourner autour de sa main, un geste qui lui était familier, pour me lâcher : "Vous me connaissez mon petit Patrick, je suis fataliste." » Comme si les dés avaient déjà roulé. L'opération s'était bien passée. Jean-Luc était rentré chez lui. Au matin, son majordome, inquiet de voir qu'il n'appelait pas pour son petit déjeuner, était entré dans sa chambre et l'avait trouvé inanimé. Il n'a jamais repris connaissance. Il est mort deux heures après avoir reçu la visite du cardinal Lustiger, archevêque de Paris, son voisin de la rue Barbet-de-Jouy. Un décès qui avait beaucoup marqué les esprits. J'étais infiniment triste.

Avec la mort de Jean-Luc, c'était tout un pan de ma vie de journaliste qui disparaissait. J'ai beaucoup aimé et admiré cet homme. Trois mois plus tôt, Françoise Giroud nous avait quittés elle aussi. Je me souviens de la foule devant le crématorium du Père-Lachaise où elle avait choisi de se faire incinérer. Jean-Jacques Servan-Schreiber était arrivé avec Sabine, sa femme, qui le surveillait de près. Il était déjà très touché par la maladie d'Alzheimer. Vêtu d'un survêtement, le teint hâve, il frappait les chaises avec sa canne, parlait fort. « Pourquoi tous ces gens font une tête d'enterrement ? » criait-il. Pour moi une scène doublement tragique : je gardais en mémoire l'homme charismatique, étincelant, qu'il avait été, et le couple moteur qu'il avait formé avec Françoise. Le fruit de leur amour s'appelait *L'Express* et j'avais eu la chance inouïe d'y faire mes débuts, d'apprendre avec eux le métier. Jean-Jacques faisait tant de bruit que Sabine avait préféré quitter la cérémonie. Des discours interminables se succédaient. On n'entendait pas grand-chose, les voix étant couvertes par des bruits énormes, des ronflements de chaudière qui me labouraient les entrailles. J'étais partie avant la fin. Il faisait froid, le ciel était gris, la nuit tombait. Je m'étais retournée, une petite fumée blanche s'échappait de la cheminée. Par réflexe, je m'étais inclinée, je disais adieu à Françoise.

9

LES ÂMES QUI MONTENT AU CIEL

Au printemps 1997, mon père déclinait. C'est la tête qui n'allait plus. L'actualité, qui l'exaltait tant, le laissait de marbre. Sa capacité d'indignation s'était, d'un coup, tarie. Il vivait dans son monde. Chaque nuit vers 4 heures, il réclamait haut et fort un chocolat chaud. Et ma mère se levait pour aller le lui préparer. Je tremblais à l'idée qu'elle fasse une chute dans l'escalier qui était raide.

Chaque jour, je l'appelais vers 17 heures. Toujours pour l'entendre en préambule se plaindre d'une voix lasse de ce rituel nocturne qui hachait son sommeil et que la sieste ne compensait plus. « Je suis épuisée », me disait-elle. Je lui suggérais avec insistance de faire venir quelqu'un la nuit. L'idée même la révulsait.

Pour la première fois de leur vie, mes parents n'iraient pas passer le mois d'août en Touraine. Depuis dix années déjà, mes frères se chargeaient de leur transhumance, partaient avec deux voitures pour laisser sur place celle de mon père pour leurs promenades sur de petits trajets. Je m'en inquiétais : papa n'a jamais été un as du volant.

Lorsqu'il m'était arrivé de faire un déplacement en voiture avec mes parents, je n'en menais pas large, je l'avoue. « Georges, tu vas trop vite ! » s'exclamait, toujours sur le qui-vive, ma pauvre mère assise à la place du mort. Ses mises en garde déclenchant illico le courroux paternel, ce qui ne contribuait pas à améliorer sa conduite, il me prenait à témoin : « Tu vois comme ta mère est agaçante ! » La conduite de mon père au volant était leur seul sujet de désaccord.

L'accident redouté est arrivé le 25 avril 1985 : dans le long virage de plus d'un kilomètre qui mène à Brantôme – la Venise verte du Périgord, à vingt-cinq kilomètres de Périgueux, où mes parents aimaient se rendre. Mon père, excédé par la lenteur d'une caravane de gens du voyage, avait décidé, téméraire, de doubler. Las, il n'avait pas vu qu'elle était la dernière d'un long convoi qui avançait serré comme une procession de chenilles. N'ayant pu se rabattre, il était entré de plein fouet dans la voiture qui arrivait en sens inverse. Le choc avait été violent. Les pompiers étaient venus désincarcérer maman, qui s'en tirait avec quelques fractures aux côtes, et une autre plus sévère au bras, qui nécessitait une opération. On lui avait posé une plaque en métal. Mon père souffrait de contusions diverses. Plus de peur que de mal. Mon frère Dominique m'avait amenée voir l'épave de la voiture – un tas de ferraille en accordéon ! Je remerciais la Providence.

Cet accident avait fait la une de la *Dordogne libre*. Et *Sud-Ouest* lui avait consacré une page. C'est que mon cher père avait frappé fort. Dans la voiture qu'il était venu percuter, le conducteur s'appelait Michel Suchod, député socialiste de Bergerac et vice-président de l'Assemblée nationale. À ses côtés, Bernard Bioulac, président socialiste du conseil général de la Dordogne, professeur agrégé de médecine et grand spécialiste du cerveau ; lui souffrait d'une fêlure du sternum, qui ne nécessitait pas d'intervention chirurgicale. Mais il avait dû porter une minerve pendant plusieurs jours. À l'arrière, son épouse, Paulette Bioulac, agrégée de médecine, spécialiste mondiale du cancer du foie, qui, par bonheur, était indemne.

Le trio se rendait à Périgueux pour la Journée annuelle du souvenir des victimes de la déportation. Ils apportaient une gerbe de fleurs. Rangée dans le coffre, elle n'avait pas été abîmée par le choc.

Quelle histoire ! De ces choses inouïes de la vie qui se terminent bien. Je moquais mon père : « Tu te rends compte, s'il y avait eu un mort, les journaux auraient titré : "Le père de Catherine Nay a tué un élu socialiste. C'est un complot familial." » Ce qui ne l'avait pas fait rire. Un an plus tôt, j'avais publié *Le Noir et le Rouge*, une biographie de François Mitterrand, qui m'avait valu, dans le landerneau socialiste, une réputation de journaliste hostile au président. À tort. Mon propos était juste de retracer l'itinéraire politique sinueux d'un homme ambitieux, madré et hors du commun.

Après l'accident, Michel Suchod avait rendu visite à mes parents à l'hôpital. Il était diplomate de carrière, chevènementiste. Je le croisais à Orly où nous prenions le même avion. Des moments qui m'avaient permis de faire plus ample connaissance avec cet homme affable et plein d'humour. Mon père avait apprécié son geste de courtoisie, mais peu goûté son conseil : « Monsieur Nay, à votre âge, vous ne devriez plus conduire. Il faut arrêter. » Papa en était même très vexé : « Non mais de quoi se mêle-t-il ? » Remis sur pied, il avait racheté une voiture, une Peugeot rouge vif, plus petite. La précédente était noire, bizarre. J'avais interrogé mon frère François : « Pourquoi rouge ? » Il m'avait répondu, poète : « Parce que papa ne veut plus être confondu sur la route avec les fraises des bois ! »

En 1997, mon père ne conduisait plus du tout depuis longtemps. Sans Viviane qui venait tous les jours, mais serait en vacances en août, ma mère n'était plus en mesure d'assumer leur quotidien. Que faire ? À leur âge, un suivi médical s'imposait. Seule une maison de retraite pouvait le leur dispenser. D'abord réticente, maman s'y était résolue : « Juste pour l'été ; ensuite, vous reviendrez à la maison », lui avais-je promis sans trop savoir quelle organisation nous pourrions alors mettre sur pied. Mon frère aîné était venu à Périgueux.

Ensemble, nous avions pris rendez-vous avec la directrice d'une maison de retraite à la sortie de la ville.

C'était un dimanche matin, il faisait grand soleil, pas un nuage dans le ciel, une petite brise me caressait le visage. Une lumière glorieuse, qui embellissait tout, portait à l'euphorie. Nous étions arrivés devant une grosse bâtisse rose pivoine qui avait l'air sortie d'un tableau naïf ou d'un livre d'enfant où figurent les maisons du bonheur. Une bonne impression contrariée dès l'ouverture de la porte. Une forte odeur de javel avait empli nos narines, nous nous étions trouvés face à une bonne douzaine de pensionnaires alignés en arc de cercle, qui attendaient là sans doute leur déjeuner. La plupart assis dans des fauteuils roulants, tous bien tenus. Certains, assez mal en point, dardaient sur nous leur regard à moitié éteint. Nous les avions salués avec le sourire. Deux ou trois nous avaient répondu, pas plus. Un choc ! La directrice nous avait fait visiter la chambre, vaste et claire, qu'elle destinait à nos parents, au premier étage, et qui nous avait paru très convenable. Ensuite la salle à manger qui ouvrait sur une terrasse dans un petit parc empli de fleurs, un décor chatoyant. Mon frère s'était engagé pour nos parents.

J'étais revenue à Périgueux afin de les accompagner à ce qui allait être leur résidence d'été. Le samedi, j'avais aidé maman à faire les valises et les dernières emplettes. Après le déjeuner dominical chez mon frère Dominique, nous étions tous partis pour les installer.

Je me souviens du recul de mon père, pour ne pas dire son effroi à la vue des pensionnaires avec qui il allait devoir partager son quotidien. Nous étions montés dans la chambre ; j'avais défait les valises, rangé leurs effets dans l'armoire, posé les affaires de toilette dans la salle de bains. Ma mère me laissait faire, jouant les indifférentes. Mon père s'était assis sur une chaise, avait baissé la tête et ne disait plus rien. Il était prostré. Je me sentais vraiment mal. Une jolie femme est arrivée pour leur souhaiter la bienvenue avec un grand sourire, ce qui sortit papa de sa torpeur. Elle nous invitait à venir prendre le thé dans le jardin. Nous y sommes allés. Maman cajolait mon neveu Arthur ; on nous proposait des gâteaux, nous simulions tous la gaieté. Et puis, vers 17 h 30, je me suis levée, je devais rentrer à Paris. Je leur promis de revenir vite et les embrassai fort.

En me dirigeant vers la sortie, je sentais le regard de maman posé sur moi. Je m'étais retournée ; elle me fixait en effet et m'avait fait un petit signe de la main. Son sourire était pâle. Je lui envoyais des baisers. J'étais montée dans la voiture pour rejoindre l'aéroport, envahie par un terrible sentiment de culpabilité et une tristesse infinie. À cet instant, je mesurais peut-être pour la première fois combien mes parents étaient devenus fragiles.

Chaque soir, j'appelais maman. Les nouvelles étaient bonnes : papa s'habituait à sa nouvelle vie. Le personnel était à la hauteur. De beaux brins de fille faisaient le service à table, ce qui l'émoustillait – il ne ménageait pas ses compliments envers elle. Maman s'était fait des relations parmi les pensionnaires, « des femmes très agréables », me disait-elle, avec lesquelles elle bavardait.

J'étais revenue les voir avant de partir en vacances avec Albin. Nous avions dîné tous les trois dans le jardin de la maison de retraite. Il faisait beau. Je sentais mes parents à l'aise, mon père était presque disert et maman, adorable comme toujours. Je me souviens de ce moment très doux, léger, suspendu, fugace, resté imprimé dans mon cœur. C'est la dernière fois que j'ai parlé à mon père.

Début août, la canicule s'était abattue sur Périgueux. La maison de retraite devenant une étuve, mes parents ne dormaient plus. Mon frère Dominique avait décidé de les déménager pour une autre maison, plus aérée dans la campagne, avec une chambre au rez-de-chaussée qui donnait sur un jardin ombragé. Ce que tous deux avaient beaucoup apprécié. Ils ne suffoquaient plus ! Après une première journée où il était un peu désorienté, papa avait vite pris ses marques. Mes frères venaient les voir à tour de rôle. Pour constater qu'ils ne s'ennuyaient pas. Il y avait de l'animation presque chaque soir pour distraire les pensionnaires. Fin août, c'était un orchestre. Parmi les musiciens, jouaient des anciens de la SNCF. Ils avaient reconnu mon père qui avait été leur patron, étaient venus le saluer, très déférents tous, évoquant les années heureuses qu'ils avaient vécues sous sa direction. «Sévère, mais juste et humain, hein, monsieur Nay», disaient-ils.

«Ton père était bouleversé; il en avait les larmes aux yeux», me dira maman. Ces témoignages le ramenaient dans sa vie d'avant la retraite. Un temps oublié parce que si loin déjà. Et voilà que ce passé lui revenait comme un ouragan dans la tête, l'extirpant de ce couloir terrible de l'anonymat où vous plonge la retraite, où l'on doit s'habituer à n'être plus rien dans le regard des autres, à devenir invisible. Après quoi mes parents avaient regagné leur chambre. Papa, comme estourbi, encore choqué, s'était assis sur le bord du lit pour s'écrouler d'un coup, victime d'un AVC. Il sombra dans un coma dont il ne s'est plus jamais réveillé. C'était deux jours avant la mort de Lady Di à Paris.

Après un court séjour à l'hôpital de Périgueux, où l'on ne pouvait rien faire pour améliorer son état, on l'avait transféré au centre médical où mon frère François, médecin, exerçait. Ma mère avait pu bénéficier d'une chambre comme accompagnante. Papa, ne souffrant pas de troubles de la déglutition, pouvait s'alimenter. On le faisait manger comme un bébé. Il avait un visage reposé, en apparence exempt de souffrance. Quand je venais le voir, je lui caressais le crâne, lui murmurais des mots doux à l'oreille, espérant qu'il les recevrait.

Un soir, après s'être assurée que tout était normal, ma mère était partie dîner. Au retour, elle était passée le voir avant d'aller se coucher, pour constater qu'il avait cessé de respirer.

C'était le 8 novembre 1997. Une mort douce : il avait 91 ans. Son coma nous avait préparés à la grande séparation.

Huit jours plus tôt, aux vacances de la Toussaint, j'avais amené Arthur, mon neveu, au cimetière de Montfort-l'Amaury. Un moment de l'année où les tombes rehaussées de chrysanthèmes multicolores créent une atmosphère de fête belle et sereine. En prévision de l'enterrement de son grand-père, je tentais de lui expliquer : « Les morts, tu vois, leur corps est là dans la tombe, mais leur âme est ailleurs, partie vers Dieu : elle est montée au ciel. » En réponse, Arthur m'avait lâché, sceptique : « Mais comment veux-tu que leur âme soulève la dalle de pierre pour monter au ciel ? » La logique imparable d'un petit garçon de 5 ans. J'étais restée sans voix.

La dépouille de mon père se trouvait dans la chapelle de l'hôpital. Je n'avais jamais vu de morts, je redoutais ce face-à-face. J'avais demandé à mon frère aîné de m'accompagner. Papa reposait en costume sombre, chemise blanche, cravaté de noir. C'était lui et ça n'était plus lui. Il était autre, figé, minéralisé, devenu presque un étranger pour moi. La vie l'avait quitté. Je comprenais soudain ce que voulait dire « rendre son dernier souffle ». Mon plus grand trouble venait de ce que, complètement tétanisée, je ne ressentais aucune émotion, alors que mon frère avait les yeux embués de larmes : « Pauvre papa ! » répétait-il…

Nous nous étions donné la main. Comment aurais-je pu deviner en cet instant que mon frère mourrait un an plus tard, quasi jour pour jour, le 6 novembre 1998 ?

Nous nous étions retrouvés pour le premier de l'an, un rituel familial bien établi depuis que j'avais une maison de campagne dans les Yvelines. Mon frère aîné venait en compagnie de sa femme, ses enfants et petits-enfants. Dominique, avec sa femme et Arthur. François restait à Périgueux aux côtés de maman. Mon frère aîné que nous appelions Nono toussait beaucoup. « J'ai pris froid à l'église pendant la messe d'enterrement de papa. J'avais oublié mon écharpe, il faisait très humide et depuis, je ne me sors pas de cette bronchite. »

Pourquoi s'inquiéter ? J'avais signalé cette toux à François, qui m'avait rassurée : il fallait souvent plusieurs mois pour s'en débarrasser. Au printemps, nous avions déjeuné une ou deux fois tous les deux, il toussait encore. Je trouvais qu'il avait mauvaise mine. Mais il travaillait beaucoup, avait monté sa société de conseil. Des contrats arrivaient, il était content.

Pour le 15 août, j'étais allée chercher maman à Périgueux. Elle allait passer une dizaine de jours avec nous. Albin l'adorait. Pour la première fois, elle avait pris l'avion. Même pas peur ! Elle était enchantée, la famille allait être réunie. Nono toussait moins, mais se plaignait du dos. Il souffrait beaucoup, surtout le matin en sortant du lit, nous disait-il. Il voulait se faire opérer et avait pris rendez-vous fin août, chez un rhumatologue réputé. Lors de la visite, le praticien avait appuyé sur une vertèbre. La douleur était si vive que mon frère s'était évanoui et avait été transporté à l'hôpital pour faire une batterie d'examens. On attendait les résultats. Je l'avais eu au téléphone. Il était de très bonne humeur, confiant. Il se sentait mieux depuis qu'il se reposait à l'hôpital, me disait-il.

Et puis le diagnostic est tombé : je m'en souviens, j'étais en voiture sur l'autoroute. À l'approche du tunnel de Saint-Cloud, j'y pense toujours depuis, mon téléphone portable a sonné. C'était Dany, ma belle-sœur. Je décrochai : « Nono a un cancer du poumon. » Quelques jours plus tôt, Albin avait déjeuné chez son ami Michel Bokanowski, et parmi les invités il y avait un professeur de cancérologie connu dont il m'avait rapporté les propos qui l'avaient intéressé. Il évoquait les nouveaux traitements contre le cancer du poumon justement, et avait précisé qu'en cas de cancer « à petites cellules », on ne pouvait rien faire. J'avais retenu ces deux mots,

« petites cellules », et après le coup de fil de ma belle-sœur, ils trottaient dans ma tête comme une obsession.

J'appelai l'hôpital pour tenter d'avoir des informations. Je me heurtai à un mur. Ma belle-sœur n'en savait pas plus que moi. J'avais demandé à un ami, professeur en urologie, de se renseigner. Il m'avait rappelée deux jours plus tard. Un samedi soir, j'étais à la campagne, et il m'avait asséné la vérité sans chercher à me ménager : « Votre frère en a pour deux ou trois mois maximum. Il a des métastases partout : c'est un cancer à petites cellules. » Un coup de massue ! Je ne pouvais plus bouger. J'avais quatre frères, j'en avais déjà perdu un, Pierre, à l'âge de 23 ans, ce qui nous avait tous dévastés : bientôt je n'en aurais plus que deux. Le malheur revenait dans la famille. Il n'y aurait plus de fêtes ensemble. J'avais averti François, lui aussi sous le choc. « Mais comment a-t-il pu attraper ça ? Il ne fume pas ! » Évidemment, nous ne pouvions rien dire à maman.

Début septembre, j'allai à Périgueux. François et moi avions informé Dominique, et le dimanche, nous avions déjeuné tous ensemble à Brantôme, comme si de rien n'était, dans un restaurant que maman aimait. Je ne pouvais rien manger. Ma bouche était envahie par une sorte de mycose. « C'est ton système immunitaire qui a craqué », m'expliquait François. Mon médecin m'avait prescrit du Fungizone, un liquide rosé qu'il fallait avaler et qui me donnait des nausées. Et le calvaire de mon frère a commencé, avec des allers-retours à l'hôpital, des difficultés à respirer, des douleurs. Il avait acheté des cannes pour marcher. Il mettait tous ses espoirs dans la chimio, il y croyait, et moi je savais qu'elle serait inopérante, et lui s'en était vite rendu compte, envahi par le désespoir…

J'allais le voir tous les soirs à Lariboisière. Les médecins nous avaient informés qu'ils ne s'acharneraient pas. Je me souviens des embouteillages du boulevard Sébastopol, où j'avais l'impression d'étouffer. En sortant de l'hôpital, j'appelais maman qui ne me posait pas de questions tant elle redoutait le pire. Je l'y préparais doucement en lui disant juste que je ne trouvais pas Nono très bien.

Après quoi je devais penser à l'édito du lendemain. Chaque jour, je me levais à 6 heures. À l'époque, je devais aussi faire l'interview chaque semaine pour *Le Figaro magazine*, en équipe avec Patrice de Méritens. Le travail me permettait de penser à autre chose. Mais c'est surtout la tendresse d'Albin qui m'aidait à tenir debout. Étienne Mougeotte m'avait appelée pour que je remplace Guillaume Durand sur LCI pour l'entretien quotidien, et il insistait. « Étienne, c'est impossible !, lui avais-je dit. Je n'arrête pas de pleurer, je suis défigurée, et en plus l'interview n'est pas ce que je préfère dans le métier. Je ne serai pas bonne, tu seras déçu. » Et c'est alors que j'ai été prise de douleurs violentes qui nécessitaient une opération. Elle était prévue pour le vendredi 6 novembre.

La veille, j'étais allée voir mon frère qui était revenu chez lui. Nous étions restés en tête à tête. Il me disait sa peine de devoir quitter la famille. Nous pleurions tous les deux. Il s'était mis à divaguer. Il se croyait en Louisiane, me racontait des paysages. Puis il s'est endormi. Je l'avais quitté désespérée.

Le vendredi matin, j'étais partie presque soulagée pour la clinique. Grâce à l'anesthésie, l'espace d'un moment, j'allais pouvoir oublier, je serais ailleurs. L'opération s'était bien passée, je m'étais réveillée à 18 heures. Le lendemain, ma belle-sœur et mes neveux étaient venus me voir. J'avais demandé des nouvelles de Nono. Ils m'avaient répondu : « État stationnaire », sans épiloguer. Le lendemain, c'était François : il m'expliquait qu'il était à Strasbourg la veille et en avait profité pour venir voir son frère et sa sœur. Le lundi matin, j'appelai le professeur Trédaniel qui s'occupait de mon frère :

— Comment va-t-il ? Est-ce qu'il ne souffre pas trop ? »

— Mais comment ? Vous ne le savez pas ? Votre frère est mort vendredi à 18 heures. »

L'heure à laquelle, justement, ce vendredi, je m'étais réveillée.

Une coïncidence dont j'ai longtemps cherché le sens et qui me bouleverse toujours, mais à laquelle, jusqu'à présent, je n'ai pas trouvé de réponse. Sans doute parce qu'il n'y en a pas.

10

LA COMÉDIE DES TRENTE-CINQ HEURES

Pour moi, le grand marqueur politique de Lionel Jospin à Matignon restera l'avènement des trente-cinq heures de travail hebdomadaires obligatoires dans les entreprises. Un sujet qui, pendant des années, aura été au menu de tous les déjeuners politiques et dîners privés avec des controverses sans fin. J'ai connu une famille dont certains membres ne se sont plus parlé pendant des mois. Vingt ans plus tard, les économistes en sont (presque) arrivés à ce consensus : les trente-cinq heures n'ont pas créé d'emplois, ont accéléré la désindustrialisation de la France, les délocalisations, et surtout changé le rapport des Français au travail, en les incitant à travailler moins. Aucun pays n'a jamais songé à nous imiter.

À l'abord des années 2000, j'avais fait la connaissance à Europe 1 d'un industriel de la région de Toulouse. Ses usines fabriquaient de la lingerie pour femmes qu'il vendait aux grandes surfaces. Son affaire tournait bien. Il employait plus d'une centaine de personnes. Un homme dans la quarantaine, confiant dans l'avenir. Je l'appelais de temps en temps pour prendre le pouls du terrain, discuter avec lui. Et puis sont arrivées les trente-cinq heures obligatoires. Mon interlocuteur n'était plus le même. Il me faisait part de son désarroi. Il avait fait ses comptes : cette réduction autoritaire du temps de travail allait alourdir ses coûts de production de 11 à 12% et donc augmenter d'autant ses prix de vente. Pour tenir le choc, ne pas perdre ses clients, il avait délocalisé une partie de la production en Tunisie. « Je n'ai pas le choix », me disait-il, consterné. Très vite, c'est toute la production qui avait dû déménager pour faire face en plus à la concurrence chinoise qui pointait son nez. Quelques mois plus tard, il avait fermé boutique, vendu ses biens, était parti vivre avec sa famille à l'étranger. Une histoire parmi tant d'autres, comme on pouvait en lire dans la presse. Celle-là m'avait affectée : je connaissais les victimes. Je mesurais les méfaits d'une telle décision.

Le plus curieux est qu'en 1997 aucun mouvement social ne revendiquait la mesure. On ne défilait pas avec des pancartes « Trente-cinq heures payées trente-neuf ». Pas de manifs. Pendant la campagne pour les législatives, la CGT et FO réclamaient des augmentations de salaire substantielles, l'arrêt des licenciements, rien d'autre. La CFDT, qui avait longtemps fait des trente-cinq heures son cheval de bataille, n'en faisait plus une priorité. Nicole Notat, sa secrétaire générale, estimait que le maintien du dispositif Robien suffisait : une réduction du temps de travail reposant sur le volontariat des entreprises moyennant des subventions (votée par le gouvernement Juppé) assortie d'embauches de salariés avait fait la preuve de sa (chère) efficacité. Les trente-cinq heures obligatoires, on n'en parlait plus, sauf dans certaines sections de l'aile gauche du PS, nostalgiques des cent dix propositions du candidat Mitterrand. Et chez les Verts, où l'on prônait même la semaine de trente-deux heures pour offrir du temps libre aux familles, les loisirs et même « faire des enfants », avait plaidé le député vert Yves Cochet à la tribune de l'Assemblée. Michel Rocard, lui aussi, préconisait la semaine de trente-deux heures. Je me disais : « Il déraille complètement ! »

Au lendemain de la dissolution, Lionel Jospin le premier secrétaire confiait à Dominique Strauss-Kahn, son conseiller économique, le soin de lui écrire en toute hâte son programme pour les législatives, ébauché lors d'un déjeuner dans l'arrière-salle du restaurant Aux Fins Gourmets. Pas loin du siège du PS, entouré de sa bande des « Petits Loups » : Jean-Marie Le Guen, Jean-Christophe Cambadélis, Manuel Valls, Dominique Taddei. On discute, on s'interroge. Les trente-cinq heures ? Contrairement à ce qui a été beaucoup colporté, DSK évacue l'hypothèse : « Non, il faut commencer par créer sept cent mille emplois jeunes. Ça va coûter combien ? » DSK sort de sa poche son stylo Parker « en or et nacre bleue », une précision de Cambadélis, griffonne sur la nappe en papier, fait ses calculs, et lâche ce commentaire : « C'est bon. On peut y aller ! » Et de déchirer un morceau de la nappe pour partir avec.

La responsabilité du choix des trente-cinq heures incombe à Lionel Jospin et à lui seul. Juste avant les législatives, une convention du PS consacrée au sujet s'était tenue à Cergy, dans le Val-d'Oise. Deux thèses s'affrontaient : d'un côté, Henri Emmanuelli, ex-premier secrétaire du PS, qui jugeait la mesure absolument indispensable pour s'assurer le soutien de la gauche du parti et au-delà. Si elle voulait revenir au pouvoir, la gauche devait annoncer une mesure sociale très forte. Dominique Strauss-Kahn plaidait le contraire : l'imposer aux entreprises risquait de beaucoup nuire à leur compétitivité, donc à d'emploi, donc à l'économie. Il connaissait son histoire.

À l'issue de la convention, Lionel Jospin, premier secrétaire, avait tranché à sa manière : « Je suis politiquement d'accord avec toi, Henri, et économiquement d'accord avec toi, Dominique. » Du Jospin tout craché. Dans ce jugement de Salomon, tout le monde avait compris que sa balance pencherait du côté politique. Mais personne n'imaginait encore une victoire aux législatives, et encore moins son arrivée à Matignon. En tout cas, lui avait pris sa décision : si la gauche l'emportait, il serait Premier ministre, et il lancerait les trente-cinq heures. Il reviendrait aux sources des cent dix propositions de Mitterrand, dans leur pureté de cristal. En bref, il incarnerait l'histoire de la gauche. Avec un grand H. C'était son projet intime.

S'il y avait quelqu'un dans le gouvernement Jospin, déjà convaincu que le passage de trente-neuf à trente-cinq heures n'était pas un remède au chômage, c'était bien Martine Aubry, ministre du Travail dans le gouvernement d'Édith Cresson en 1991. Face au millier de militants de la CFDT, réunis en congrès, qui martelaient « Trente-cinq heures ! Trente-cinq heures ! » elle avait tonné du haut de la tribune : « Vous allez être déçus. Je ne crois pas qu'une mesure générale de diminution du temps de travail créerait des emplois. »

Dans le livre *L'Envers du décor*, de Jean-Pierre Jouyet, conseiller économique auprès de Jospin à Matignon, j'ai découvert ce qui suit : « Le 19 juin 1997, Lionel Jospin prononce son discours de politique générale à la tribune de l'Assemblée nationale. La trame se calquait sur ses promesses de campagne : majoration du Smig de 4 %, fin de la suppression des emplois de fonctionnaires, création de trois cent cinquante mille emplois jeunes dans le secteur public. Son leitmotiv : "Créer des emplois, beaucoup d'emplois." Pour cela, il réunirait une conférence sur la durée du temps de travail et l'emploi, à l'issue de laquelle une loi-cadre réduirait la durée légale du travail à trente-cinq heures avant la fin de la législature en 2002. » Ce jour-là, Martine Aubry, numéro deux du gouvernement (elle avait beaucoup insisté pour l'être), devait lire le discours du Premier ministre devant les sénateurs. Un quart d'heure avant de le prononcer, Jouyet reçoit un coup de fil de son amie Martine. Elle a sa voix des mauvais jours :

— Jean-Pierre, tu as vu ce que tu veux me faire dire sur les trente-cinq heures ? C'est impossible ! Je ne peux pas cautionner une chose pareille ! On doit d'abord se concerter avec le patronat et les syndicats.

— Écoute Martine, le Premier ministre a lu et approuvé ce texte. Il l'assume, et toi comme numéro deux du gouvernement, tu dois le lire. Et puis les trente-cinq heures, ça n'est pas moi qui les ai inventées.

Ravalant sa rage, Martine Aubry fut bien obligée de faire bonne figure devant les sénateurs. Mais ce jour-là, elle n'était pas la seule à tenter de freiner. Juste avant le discours, Dominique Strauss-Kahn arrive à Matignon. Il vient fureter dans le secrétariat de Jean-Pierre Jouyet pour mettre la main sur le discours de Jospin. Il veut le lire, espérant que Jospin ne parle pas des trente-cinq heures. Hélas si. Après un silence, il lâche, dépité, devant Jouyet : « L'important sera d'arrêter la machine infernale. »

Quand il apparaîtra que cette machine roule inexorablement, DSK en fera porter l'entière responsabilité sur les épaules de Martine Aubry. Raymond Soubie, le pape des relations sociales, conseiller de Raymond Barre, de Jacques Chirac, de Nicolas Sarkozy, un petit homme très vif et fin, me l'a confirmé. Un jour qu'il était allé voir DSK à Bercy, ils avaient évoqué les trente-cinq heures, et le ministre s'était empourpré en levant les bras : « Martine est folle ! Martine est folle ! »

De son côté, Aubry ne cessait de proférer des jugements cruels sur DSK, qu'elle niait ensuite avoir tenus. *Le Nouvel Observateur* en faisait ses choux gras chaque semaine. « Est-ce vrai que Martine est aussi méchante et menteuse ? » avait interrogé la mère de la ministre qui dînait avec son époux chez Alain Duhamel. Quelque temps plus tard, croisant Duhamel, celle-ci lui avait lâché : « Je me suis fait gronder par mes parents à cause de vous. »

Martine Aubry a en effet très vite tourné casaque sur les trente-cinq heures. Explication de Jean-Pierre Jouyet : « Grâce à cette mesure, elle a réalisé qu'elle était devenue une icône à gauche. Elle y a vu un levier pour servir son ambition politique. Être un jour candidate de la gauche à la présidentielle. Elle y a longtemps songé. »

Mais de là à imposer avec autant d'assurance, de culot, d'intransigeance, de violence aux patrons (85 % y étaient hostiles) une réforme qu'elle savait inopérante pour créer des emplois et qui serait nocive pour le pays… Je m'interrogeais. Comment une fille élevée au biberon du respect des partenaires sociaux, par son père Jacques Delors, l'inventeur de la politique contractuelle, a-t-elle pu les piétiner à ce point ? Un cas d'école qui relevait presque de la psychanalyse.

J'ai peu fréquenté Martine Aubry, mais j'avoue avoir toujours eu plaisir à la rencontrer. Toujours intéressante, incisive, irrespectueuse, et méchante (très), violente, aussi ! Je me disais qu'elle devait avoir de sacrés pics hormonaux. Et toujours tellement sûre d'elle, au point de se faire affubler du surnom de « la Mèremptoire » qui lui allait très bien. C'est qu'elle savait tout sur tout, Martine, mieux que les autres. Capable d'expliquer au boucher comment on coupe la viande et au boulanger comment on fait le pain. Une force de la nature. Personnellement, je n'ai jamais eu à m'en plaindre. Quand j'étais venue à Lille pour une signature de livres, elle m'avait fait porter une lettre en signe d'amitié, accompagnée d'un paquet de gaufrettes, spécialité lilloise dont raffolait, paraît-il, le général de Gaulle (beaucoup trop sucrée à mon goût).

Un jour où je lui parlais de son père dont j'admirais les talents pédagogiques, elle m'avait confié : il ne m'a jamais fait de compliment. Lorsqu'elle avait été reçue à l'ENA, elle attendait de lui un retour laudatif et affectueux. Il avait juste commenté : « C'est normal avec tous les gens que je t'ai fait connaître, les discussions que tu as entendues à la maison. » Façon de lui dire : « C'est grâce à moi. » Je la sentais encore affectée par ce manque de chaleur paternelle. Autre anecdote. Elle me raconta un dîner officiel, où elle se trouvait à côté de Valéry Giscard d'Estaing qui, à sa grande surprise, l'avait interrogée : «Est-ce que vous aimez votre papa?», pour lui confier la déception que lui causaient ses enfants. Il y aurait sûrement un livre à écrire sur les rapports des hommes politiques avec leur progéniture, mais je m'écarte du sujet.

Martine Aubry mettant en œuvre les trente-cinq heures qu'elle réprouve, je voyais dans ce paradoxe un parallèle étrange avec son père qui, lui aussi, m'avait beaucoup étonnée en 1981. À la grande surprise des socialistes, il acceptait de devenir ministre de l'Économie et des Finances de François Mitterrand. Leurs relations avaient toujours été tortueuses, complexes. Ces deux-là ne s'aimaient pas. En 1965, François Mitterrand venait de mettre en ballottage le général de Gaulle. Delors avait refusé de faire partie de son contre-gouvernement... En 1969, il devenait le conseiller de Jacques Chaban-Delmas, Premier ministre. On connaît sa contribution essentielle au discours de politique générale passé à la postérité sous le nom «La Nouvelle Société». En 1974, il avait refusé la proposition de VGE d'entrer au gouvernement et adhérait alors au Parti socialiste...

C'est peu dire qu'on n'avait pas déroulé pour lui le tapis rouge. En 1976, Mitterrand le nommait délégué aux relations économiques extérieures, façon de l'inclure dans son périmètre, mais loin de lui. Il jugeait cet ancien syndicaliste chrétien «trop caractériel et vétilleux». De son côté, Jacques Delors ne se gênait pas pour dire – je l'ai entendu – que Mitterrand était «un politicien trop cynique» et même «un chrétien qui avait mal tourné». En 1980, il avait refusé de voter le projet qui dressait la liste des cent dix propositions du candidat Mitterrand au motif qu'elles étaient «irréalistes et dangereuses». Pourquoi, dans ces conditions, avait-il accepté en 1981 de devenir ministre de l'Économie, au seizième rang protocolaire sur ordre de Mitterrand, façon de l'humilier? Du jamais vu sous la Ve République! Par ambition? Masochisme? Désir de participer à une expérience que l'on prévoit historique? Espoir de peser sur les événements pour éviter le pire ? Un peu de tout cela sans doute. Comme il y avait beaucoup de perversité, de rouerie et pas mal de sadisme dans la proposition de Mitterrand d'en faire un ministre.

En 1981, Laurent Fabius, ministre, avait exigé de signer seul le budget. Sa générosité était sans bornes, les dépenses mirobolantes, qui allaient obliger le gouvernement à enclencher très vite deux plans de rigueur successifs. Ce fils de grand antiquaire voulait même taxer les œuvres d'art. Freud y aurait vu un meurtre symbolique du père. Roland Dumas était intervenu auprès du président pour l'empêcher de commettre cette bêtise.

Une anecdote me revient : un dîner avec Jacques Delors, président de la Commission européenne, Alain Duhamel et Jean-Pierre Elkabbach, dans un restaurant sis au début du boulevard Saint-Germain, où l'on proposait de roboratifs plats de cochonnaille dont il régalait le chancelier Helmut Kohl lorsque celui-ci venait à Paris. Je lui avais demandé : « Mais pourquoi êtes-vous aussi européen ? » Il m'avait répondu : « Parce que c'est le seul projet exaltant, l'assurance qu'on ne se fera plus la guerre entre Européens, l'espoir de bâtir ensemble une énorme force de frappe économique face à l'Amérique. Et aussi, parce qu'il n'y a plus d'autre idéologie, le socialisme est mort. »

Retour en 1997. Il est intéressant de rappeler comment les choses se sont emballées. Dans son discours de politique générale, où il annonçait la loi sur les trente-cinq heures, Lionel Jospin prévoyait une grande conférence sur l'emploi avec les partenaires sociaux. Une date serait bientôt fixée : le 10 octobre. En attendant, les partenaires sociaux étaient reçus à Matignon. Le Premier ministre assurait qu'il ne prendrait « aucune mesure qui puisse freiner la compétitivité des entreprises ». Mieux, le 16 septembre, dans *Le Monde*, il déclarait que les « trente-cinq heures payées trente-neuf étaient antiéconomiques ». Martine Aubry, de son côté, parlait de «loi incitative». De quoi mettre du baume au cœur des patrons.

Alors que la décision de passer aux trente-cinq heures de manière irréversible était déjà prise, le Premier ministre et Martine Aubry faisaient croire aux patrons que la discussion était encore ouverte. Côté patronat, on s'inquiétait tout de même beaucoup. Jean Gandois, le président du CNPF, ex-patron de Pechiney, demandait à être reçu en tête à tête par Lionel Jospin. Après lui avoir expliqué la nocivité pour les entreprises d'une telle mesure qui porterait un mauvais coup à l'emploi, le Premier ministre lui avait répondu : «Il est possible que vous ayez raison, mais pour moi les considérations politiques sont primordiales. Je tiens mes engagements de campagne, et puis mettez-vous à ma place. Je travaille avec une majorité plurielle, et je vais être obligé de faire des privatisations.»

Denis Kessler, directeur général d'AXA, vice-président du CNPF, me confia qu'il avait voulu mener la fronde durant l'été, pour que la nouvelle majorité connaisse «notre position radicale». Beaucoup de patrons étaient sur cette ligne. Mais Jean Gandois entendait rester maître de la manœuvre. Il comptait sur «sa petite Martine», comme il l'appelait. Elle avait été sa directrice adjointe chez Pechiney de 1989 à 1991 avant de devenir ministre d'Édith Cresson. Il la connaissait bien, multipliait les rencontres avec elle, souvent des petits déjeuners, toujours en solo. Denis Kessler le mettait en garde : «Attention Jean, Aubry est une manipulatrice ! Vous avez tort de la voir seule, vous devez vous faire accompagner d'un témoin. Même Zorro avait son Bernardo [ce serviteur muet qui le suivait partout].» Mais Zorro Gandois voulait gérer seul le dossier.

Arrive le 10 octobre. La veille, Jospin disait encore que la réforme devait tenir compte des différentes situations des entreprises. Les conseillers de Matignon, auxquels on téléphonait, affirmaient, je m'en souviens : «Aucune décision n'est prise. » Les partenaires sociaux se retrouvent à Matignon. À l'ouverture de la conférence, Lionel Jospin évoque une loi qui devrait lancer le mouvement, sans évoquer de date butoir. À l'heure du déjeuner, les participants sont réunis autour de plusieurs tables, Denis Kessler va voir DSK : « Est-ce que Jospin pourrait montrer son discours de clôture à Jean Gandois ? » DSK va voir Jospin qui acquiesce. Le texte lui est apporté, vers 16 heures. Gandois s'isole pour en prendre connaissance. Seul. Il téléphone à sa collaboratrice, Marie-Louise Antoni : « Je crois que nous sommes en train d'y arriver. » Lorsque Jospin prend la parole vers 18 heures, c'est la douche froide : il annonce qu'il y aura deux lois. La première incitative, la seconde impérative, qui passera le temps de travail réglementaire de trente-neuf à trente-cinq heures pour toutes les entreprises de plus de dix salariés, applicable dès le 1er janvier 2000.

Entendant cela, Jean Gandois, estourbi, comprenant qu'il a été grugé par tout le monde, se lève et lance à Aubry : « Vous vous êtes bien foutue de moi ! » Furibard, il annonce sur le perron de Matignon : « Nous avons été bernés ! » et s'en va. Il croit qu'on lui a fait lire un discours où il manquait une page. Il avait juste vu qu'il était question de loi incitative. Kessler rectifie : « Moi, je crois qu'il avait mal lu. » Trois jours plus tard, poussé par les siens, Gandois démissionnait du CNPF en déclarant : « Moi je suis un négociateur, maintenant il vous faudra un tueur ! »

A contrario, en sortant sur le perron, les syndicats applaudissaient. Ils n'avaient pas demandé les trente-cinq heures. Raison de plus pour s'approprier bruyamment cette « grande victoire sociale ». Puisque ces mystères nous échappent, feignons d'en être les organisateurs. Les Verts exigeant que les trente-cinq heures soient applicables à la fonction publique, les syndicats embrayaient aussitôt. Ce qui avait fait dire à DSK : « Il faudrait d'abord que les fonctionnaires travaillent trente-cinq heures. » Martine Aubry s'effrayait à l'idée qu'elles soient applicables à l'hôpital, sachant que les trente-cinq heures porteraient un coup fatal à notre système de santé.

Ainsi, les deux principaux ministres du gouvernement Jospin, DSK et Martine Aubry, pour une fois d'accord, intervenaient auprès de lui pour qu'il renonce à les appliquer à la fonction publique. Mais le Premier ministre subissait en même temps une forte pression en sens contraire. François Hollande, le premier secrétaire du PS, et Jean-Marc Ayrault, le président du groupe socialiste à l'Assemblée nationale, faisaient le forcing. La clientèle électorale traditionnelle des socialistes étant les fonctionnaires, il était impossible de leur refuser les trente-cinq heures. Comme toujours, le choix de Jospin fut politique.

Exit Jean Gandois. En décembre 1997, Ernest-Antoine Seillière était élu président du CNPF. Je le connaissais depuis toujours. Étudiante, j'appartenais à une bande de filles où il en faisait fantasmer plus d'une. Beau garçon, brillant causeur, plein d'humour et de cocasserie, toujours de bonne humeur, séducteur, jamais vulgaire, et puis quel pedigree ! Wendel par sa mère (la sidérurgie française), lignée de banquiers par son père ; son grand-père était membre de l'Académie des sciences morales et de l'Académie française. Qu'y avait-il derrière cette façade charmeuse ? Une insoutenable légèreté de l'être ? Je m'étais posé la question plusieurs fois, mais il était diplômé de Sciences Po et de l'ENA ! Jean-Pierre Chevènement, un camarade de promotion (comme Jacques Toubon et Lionel Jospin, entre autres), avait mené campagne contre sa candidature à la présidence du bureau des élèves : « Pas question de mettre l'ENA sous la botte des Wendel ! » À l'amicale de Sciences Po, ses adversaires avaient utilisé les mêmes arguments : « La conscience de classe exige que le baron Seillière ne soit pas président de l'amicale. »

Il n'était pas non plus un planqué : pendant la guerre d'Algérie, il avait fait trente mois de service militaire comme sous-lieutenant, « dans un bled au milieu du désert », comme il disait. Quelques années plus tard, je l'avais revu. J'étais à *L'Express*, il était au cabinet de Chaban. Et j'avais vite saisi que derrière cette gaieté contagieuse, il avait des convictions fortes : il se désolait déjà de l'archaïsme des politiques et des partenaires sociaux, voulait moderniser le pays. L'envie de faire de la politique le titillait, c'est sûr. Je me souviens d'un déjeuner, en compagnie de Claude Érignac (je ne pouvais imaginer que cet homme rieur, qui se destinait au service de l'État comme préfet, allait connaître un destin aussi tragique. Son assassinat en Corse, le 6 février 1998, à Ajaccio, m'avait accablée) où Seillière, que l'on appelait «Ernekind», s'interrogeait : devait-il quitter Matignon pour aller à l'Élysée, se rapprocher de Pompidou pour faire carrière? Finalement, il allait prendre les rênes de la holding regroupant la fortune de la famille, la CGIP, rebaptisée Wendel en 2003.

Son numéro deux s'appelait Denis Kessler, directeur général d'AXA. Un HEC, agrégé de sciences économiques et de sciences sociales. Un colosse, rond et jovial, truculent, une puissance intellectuelle rare, un communicateur hors pair. Je pouvais l'appeler jusqu'à pas d'heure pour qu'il me briefe, toujours disponible. Un tandem très complémentaire jusqu'en 2002, ces deux-là, je les voyais un peu comme les leaders d'une droite que je jugeais alors plutôt défaillante.

À la sortie de l'ENA, Lionel Jospin et Ernest-Antoine Seillière avaient tous les deux opté pour le Quai d'Orsay, où pendant quatre ans ils allaient partager un petit bureau avec, à leur disposition, un seul téléphone. Quand il sonnait, l'un ou l'autre décrochait. Quand c'était Jospin qui prenait le combiné pour Seillière, il entendait : «Allo, Ernekind, tu viens dîner ce soir? Tu fais quoi ce week-end?» «Tiens, c'est pour toi», disait Jospin. Quand c'était Seillière qui décrochait, il entendait une voix sourde : «Allo? La réunion aura lieu ce soir [ou demain], là où tu sais...» Très mystérieux. «Tiens, c'est pour toi, Lionel.» Seillière comprenait qu'il s'agissait de réunions politiques (à l'époque, Jospin n'avait pas encore adhéré au PS). Il ne savait pas que son compagnon de bureau appartenait au mouvement trotskiste lambertiste (l'OCI, Organisation communiste internationale). Pendant les événements de Mai 68, Seillière avait noté que les manifs étudiantes n'intéressaient absolument pas Jospin qui ne faisait aucun commentaire. Ils incarnaient deux mondes aux antipodes, ce qui n'empêchait pas leur relation d'être cordiale.

Dès sa prise de fonction à la tête du CNPF, Seillière avait demandé un rendez-vous au Premier ministre, qui l'avait reçu dans le pavillon au fond du jardin de Matignon. Il venait lui suggérer que, compte tenu de leurs rapports anciens, et même si chacun était dans son rôle, ils pourraient élaborer un chemin commun pour le bien de la France. Seillière ayant déjà beaucoup attaqué les trente-cinq heures, le Premier ministre lui avait opposé une fin de non-recevoir. « Ton opposition m'a beaucoup heurté, tu m'as beaucoup déçu, Ernest. » Réplique d'Ernest-Antoine Seillière : « Eh bien tu vois, Lionel, toi, tu ne me déçois pas du tout, parce que tu n'as pas changé, tu es toujours aussi sectaire et fermé ! »

Seillière me racontait la différence avec Rocard Premier ministre : « Comme membre du CNPF, j'allais le voir à Matignon, on discutait sur un sujet qui allait venir au Parlement et on trouvait toujours un terrain d'entente. » Rocard était un socialiste ouvert, qui comprenait l'économie, alors que Jospin, lui, faisait de la politique et tenait les patrons pour des ennemis de classe.

Avant de clore leur entretien, Jospin avait expliqué au patron du MEDEF qu'il avait donné carte blanche à Martine Aubry pour les trente-cinq heures. « C'est elle qui suit le dossier de très près, c'est donc à elle que tu dois t'adresser. Tu comprends, moi je n'ai pas le temps de tout voir en détail, je n'ai pas des yeux de mouche ! » La formule avait surpris Seillière, moi aussi.

Martine Aubry avait trouvé le slogan pour installer les trente-cinq heures dans la tête des gens : « Du temps pour moi, un travail pour les autres ! » L'idée était qu'en travaillant moins, non seulement on avait une meilleure vie, mais en plus on faisait une bonne action pour les autres. Un sophisme difficile à contrer. Travailler plus devenait presque illégal, immoral. Ce qui allait modifier le rapport des Français au travail. L'idée sous-jacente était que le travail était une sorte de gâteau national à dimension fixe, qu'il faudrait désormais partager entre tous. Alors que la preuve est faite que c'est le travail qui génère du travail.

Le 10 janvier 1998, en visite en Corrèze, Jacques Chirac avait clairement fait entendre son opposition : « La France peut-elle être le pays où l'on entre [...] le plus tard sur le marché du travail, où l'on en sort le plus tôt, où l'on travaille le moins ? »

Les trente-cinq heures devenaient un débat droite-gauche. Nicolas Sarkozy était l'un de ceux qui montaient le plus souvent au créneau.

Il y avait aussi des doutes chez quelques socialistes. Le 24 avril 1998, Laurent Fabius, président de l'Assemblée nationale, invitait Tony Blair, le nouveau Premier ministre britannique, à venir s'exprimer devant les députés français. Tony Blair était l'inventeur du New Labour, le nouveau travaillisme qui rompait avec le marxisme et proposait une troisième voie aux allures modernes et chatoyantes.

J'assistais à cette séance mémorable. Tony Blair s'exprimait en français. Un joli garçon au minois un peu féminin, plein d'entrain et de gaieté, charismatique. Je me souviens de ses mots : « L'idéologie peut être mortelle. [...] Nous avons à trouver la réponse à deux questions : comment nous équiper au mieux en vue du changement économique ? [...] Je suis convaincu qu'il faut être d'une fidélité absolue à nos valeurs fondamentales. Sans elles, nous n'aurions pas de boussole pour nous guider : la solidarité, la justice, la liberté, la tolérance et l'égalité des chances. [...] Mais nous devons être infiniment adaptables. [...] Il n'y a pas de préconditions idéologiques, pas de veto préalable sur ces moyens. Ce qui compte, c'est ce qui marche. Si nous n'adoptons pas cette attitude, le changement nous piège, nous paralyse et nous balaie. » (On peut lire encore aujourd'hui ce discours plume à la main, il n'a pas pris une ride…)

Je regardais la scène, Fabius au perchoir qui jubilait, comme s'il avalait une gourmandise, et sur le banc du gouvernement, Jospin, qui avait pris son air buté, figé. Avec Martine, ils avaient l'air d'être en bois. Ce discours était pour eux celui d'un social-traître.

Pourtant les rapports entre Blair, arrivé en mai au 10 Downing Street, et Jospin, en juin à Matignon, avaient plutôt bien commencé. Ils incarnaient la victoire en Europe de deux versions de la social-démocratie. En août, Tony Blair était venu passer des vacances en France, dans l'Ariège. Élu de Cintegabelle, à quelques kilomètres de là, Lionel Jospin lui avait rendu visite, accompagné de son conseiller Aquilino Morelle et de Manuel Valls, son porte-parole : « Blair était vêtu d'une tenue d'été aux couleurs vives, m'a raconté Valls. Jospin portait un costume gris et une chemise blanche col ouvert. » Un contraste amusant, qui en disait long sur le caractère des deux hommes.

Une visite pour une tentative de séduction réciproque ? Voire ! Au cours du déjeuner, ils avaient parlé religion. Puis Tony Blair avait évoqué Margaret Thatcher avec ferveur (dans ses Mémoires, il lui rend beaucoup hommage), ce qui avait heurté Jospin. Le blairisme serait-il donc un thatchérisme à visage humain ? Méfiance. Pour beaucoup de socialistes, Tony Blair était un repoussoir, un droitier amoral et atlantiste. Pour avoir soutenu aveuglément et sans souci de la vérité (Saddam Hussein n'avait pas d'armes de destruction massive) George Bush dans la guerre en Irak. Cette erreur allait politiquement lui être fatale.

Des militants socialistes de l'Ariège lui avaient offert un cheval. « Ce qui n'avait pas plu à Jospin », ajoute Manuel Valls.

En Allemange, le socialiste Gerhard Schröder venait de succéder au chancelier Helmut Kohl au pouvoir depuis seize ans. Deux mois plus tôt, il avait signé avec Blair un manifeste pour une nouvelle Internationale social-démocrate, élargie au centre gauche, qui remplacerait l'Internationale socialiste. Dans une tribune à *Libération*, Pierre Moscovici écrivait : « Le PS ne s'y est pas joint parce qu'il n'a plus à prouver ce qu'est une politique de gauche. » Mais pour Blair et Schröder, Jospin, avec ses trente-cinq heures, incarnait un antimodèle à surtout ne pas suivre. Ils ne l'avaient pas invité à se joindre à eux.

Retour aux trente-cinq heures. En octobre 1998, Ernest-Antoine Seillière et Denis Kessler lançaient à Strasbourg le Mouvement des entreprises de France, le MEDEF. Ils enterraient le CNPF (le Conseil national du patronat français), cette référence au patronat étant désormais perçue avec une connotation négative. Je me souviens d'une salle archicomble avec des participants surchauffés, et de Seillière hurlant au micro « En avant l'entreprise ! » comme un cavalier qui part à l'assaut d'une forteresse : « La classe politique ignore l'entreprise, il est là le drame de la France. Or ce qui fait la puissance d'une société, c'est l'efficacité des entreprises, que le gouvernement veut tuer avec les trente-cinq heures ! » Pour incarner ce nouvel esprit de conquête, le tandem Seillière-Kessler déployait une vitalité survitaminée. Les chefs d'entreprise s'étaient levés pour leur faire une ovation.

Je me souviens aussi du congrès de la porte de Versailles en décembre, qui entérinait le changement de sigle, le MEDEF. Son président avait loué trente-cinq mille chaises. Un pari audacieux, il tendait la main aux petites entreprises. Des banderoles affichaient : « Tout le monde ne chausse pas du 35 ! » Je l'entends encore s'écrier au micro : « Qui crée des emplois en France ? » et la salle de lui répondre : « C'est nous ! » Les chaises avaient été toutes occupées.

Les participants auraient voulu aller manifester dans les rues de la capitale. Seillière les en avait dissuadés.

En décembre 1998, le premier bilan des trente-cinq heures était assez limité. Mille accords avaient été conclus, ce qui était peu. Des députés de la majorité souhaitaient que la seconde loi soit plus marquée à gauche. Message reçu. Martine Aubry se montrait de plus en plus intransigeante en refusant aux patrons de prendre en compte les négociations par branches, qu'ils demandaient. Edmond Maire, ancien leader de la CFDT, dénoncerait « cette caricature de négociations corsetées avec le pistolet sur la tempe ». Seillière me racontait que la ministre invitait des patrons dans son dos, pour leur faire du charme, en les faisant rire à ses dépens. Elle l'imitait, prenant un ton de baronne, demandant à son chauffeur d'aller chercher son costume chez le tailleur. « C'est plus fort qu'elle. Martine adore mépriser, rabaisser », reconnaît son ami Jean-Pierre Jouyet.

Aujourd'hui on ne trouve aucun socialiste pour approuver la façon dont le gouvernement Jospin s'y est pris pour appliquer les trente-cinq heures. Manuel Valls me l'a avoué : « En 1997 à Matignon, personne ne savait combien cela allait coûter ni quels effets cela aurait sur l'emploi. Moi, je me suis rendu compte des dégâts à la mairie d'Évry en 2001. »

Mais la droite qui était contre ne les a pas démantelées non plus. En 2002, Jacques Chirac réélu aurait pu revenir sur la mesure. Il y a renoncé. Au même moment, en Allemagne, le chancelier Schröder mettait en œuvre un plan de modération salariale sans réduction du temps de travail.

« Je suis allé voir Jean-Pierre Raffarin pour l'inciter à vite revenir sur la loi, m'a raconté Denis Kessler. Mais il m'a répondu qu'il ne pouvait rien faire sans lancer au préalable une concertation d'au moins un an avec les partenaires sociaux. J'ai compris qu'il ne ferait rien. Mais pouvait-il aller à l'encontre de ce que voulait le président ? Alors j'ai décidé de quitter le MEDEF. » Raffarin allait être confronté à un drôle de problème : le passage aux trente-cinq heures s'étant échelonné sur quatre ans, il y avait quatre Smic. Les premiers salariés à y être passés se trouvaient ainsi défavorisés. Que faire ? Au nom de la justice sociale, le Premier ministre avait dû les harmoniser au tarif le plus élevé, forcément. Entre 1998 et 2005, le Smic horaire a augmenté de 31 %, avec pour conséquence un décrochage industriel ravageur.

En 2004, Hervé Novelli, député UMP d'Indre-et-Loire, avait publié un rapport très éclairant sur les méfaits des trente-cinq heures. Sa conclusion était qu'il fallait les abolir. Il avait fait un gros travail, qu'en privé Chirac avait qualifié d'« imbécile », car il estimait, et il le disait à ses visiteurs, que les trente-cinq heures étaient un acquis social auquel il ne fallait pas toucher. Et puis surtout pas d'histoires. Ne rien faire pour susciter des manifs sur tout le territoire. « La France est un pays fragile. Il ne faut pas la bousculer », disait-il souvent en Conseil des ministres.

En 2007, Nicolas Sarkozy devenait président grâce à son slogan « Travailler plus pour gagner plus ». Pour le mettre en musique, il allait augmenter l'offre de travail et le pouvoir d'achat. Les heures supplémentaires défiscalisées seraient payées 25 % de plus dès la trente-sixième heure, exonérées de charges sociales, ainsi que de CSG et de CRDS, ce qui allait aggraver le trou de la Sécu. Une mesure alléchante pour les salariés qui voulaient travailler davantage. Une chance pour ceux qui travaillaient trente-neuf heures dans les PME. Ils ont pu gagner plus en travaillant autant. Et une aubaine pour les patrons puisque l'État les prenait en charge. Dans la fonction publique, ce sont les professeurs qui en auront profité le plus. Mais la mesure était coûteuse : quatre milliards et demi d'euros.

« Moi, j'ai supprimé les trente-cinq heures », proclamait Nicolas Sarkozy quand on allait lui rendre visite. Et moi je lui rétorquais qu'il ne pouvait pas dire ça. Alors qu'il n'avait cessé d'en dénoncer les effets pervers pendant sa campagne présidentielle, il contournait en réalité la loi des trente-cinq heures, mais sans l'abolir. Dans son face-à-face avec Ségolène Royal entre les deux tours de l'élection, il avait promis de ne pas toucher à la durée légale du travail. Ce qui en avait déçu plus d'un dans son camp. Je trouvais qu'il avait manqué de courage.

Ce que Gilles Carrez, député UMP du Val-de-Marne et rapporteur du budget, tempère en m'expliquant : « Entre 2002 et 2007, beaucoup d'entreprises avaient passé des accords avec leurs salariés pour répartir annuellement le travail. Ces conventions collectives incluant les heures supplémentaires rendaient impossible tout retour en arrière. En 2002, il était encore temps, Jacques Chirac ne l'a pas voulu, je lui en veux beaucoup. »

Nicolas Sarkozy n'a pas supprimé les trente-cinq heures, parce que les patrons ne le souhaitaient plus. Laurence Parisot, qui avait succédé à Ernest-Antoine Seillière au MEDEF, me le disait : « La décision des trente-cinq heures a été une catastrophe, une escroquerie idéologique. Mais pour en sortir, il aurait fallu un travail tellement délicat, long, complexe, que les patrons ont préféré renoncer. Ils n'en pouvaient plus. »

Au total, coût des trente-cinq heures : dix-neuf milliards d'euros pour que les Français travaillent moins. Et quatre milliards et demi d'euros pour qu'ils travaillent davantage avec les heures supplémentaires défiscalisées. Faites l'addition, vingt-cinq milliards par an, un choix économique unique au monde.

En 2012, François Hollande arrivait à l'Élysée avec une obsession : défaire tout ce qu'avait fait Sarkozy. Il avait supprimé les heures supplémentaires défiscalisées. Au grand dam des salariés qui en avaient bénéficié. « Moi, j'ai perdu cinq cents euros par mois », se lamentait une serveuse du Café Mode à côté d'Europe, rue François-Ier, où j'allais souvent prendre un café. Une femme qui travaillait dur et beaucoup, et qui maudissait ce socialiste qui venait de lui faire perdre du pouvoir d'achat.

Ce qui n'empêchait pas Jean-Marc Ayrault, Premier ministre, de déclarer à la tribune de l'Assemblée que réformer les trente-cinq heures n'était pas « un sujet tabou ». Etc. La comédie dure toujours.

11

LA FÊLURE PLURIELLE

Le 2 septembre 1998, lors d'une opération banale réalisée à l'hôpital du Val-de-Grâce, Jean-Pierre Chevènement était victime d'un choc anesthésique. Une allergie au curare avait provoqué un arrêt cardiaque ; depuis, il était plongé dans un coma profond.

Un vrai coup de tonnerre dans le ciel de la rentrée ! Lionel Jospin évoquait aussitôt les « liens très anciens d'amitié, d'estime et presque d'affection » qui l'unissaient à lui.

Je m'étais dit : mais pourquoi « presque » ? On a de l'affection ou on n'en éprouve pas… Du Jospin tout craché. La classe politique témoignait sa sympathie à la famille. Pendant des jours, ses bulletins de santé n'étaient pas rassurants. Dans les rédactions, on ne parlait que de cela. Les journalistes tentaient d'en savoir plus. J'avais téléphoné à Claude Allègre qui m'avait fait comprendre qu'il fallait s'attendre au pire. « Un état alarmant », avait-il déclaré. Le lendemain, Matignon tentait de minimiser ses propos. On s'interrogeait. Quand le ministre allait-il reprendre sa charge ? Le pourrait-il ? Combien de temps lui faudrait-il pour recouvrer la santé ? En aurait-il des séquelles ? Beauvau ayant horreur du vide, Jean-Jack Quéranne, secrétaire d'État à l'Outre-mer, était chargé de l'intérim dans l'attente d'un hypothétique retour.

Chevènement absent, c'est toute l'architecture de la majorité plurielle qui se trouvait ébranlée. Il était le seul tenant d'une politique sécuritaire à l'encontre des délinquants récidivistes. Le contrepoids face à une équipe ministérielle qui ne se montrait guère au diapason, à commencer par Élisabeth Guigou, la ministre de la Justice, elle aussi dans son rôle. Leur désaccord éclatait au grand jour, la rituelle bagarre entre Beauvau et la place Vendôme.

Dans sa réforme sur la délinquance des mineurs, la garde des Sceaux offrait au procureur la possibilité de les juger rapidement sans les déférer devant les tribunaux. Jean-Pierre Chevènement dénonçait, lui, l'inefficacité des juges pour enfants. Face à cette nouvelle délinquance, il demandait la suspension du versement des allocations familiales pour les enfants délinquants et leur placement en dehors de leur lieu de vie. Mme Guigou s'était insurgée contre une politique qui donnait la priorité à la répression. Pour avoir qualifié de sauvageons des jeunes qui faisaient régner la terreur dans le quartier, le ministre de l'Intérieur déclenchait une incroyable levée de boucliers. *Libération* sonnait l'hallali contre ce droitier de Chevènement. « Le sauvageon est, à l'origine, un arbre non greffé », expliquait le ministre. Lionel Jospin se gardait bien de trancher le débat entre les deux ministres.

« On ne comprend rien à Jospin Premier ministre si l'on oublie que son obsession était de se trouver toujours au point d'équilibre de la majorité plurielle » m'expliquait Jean-Christophe Cambadélis.

Pour moi, l'absence de Jean-Pierre Chevènement était un événement politique pas du tout anodin.

En 1974, j'étais encore à *L'Express* et j'avais lu avec avidité le best-seller de l'année, dont JJSS avait loué les qualités : *L'Imprécateur*. Son auteur, René-Victor Pilhes, y décrivait avec minutie l'effondrement d'une multinationale en relatant les premiers signes qui allaient s'accumuler jusqu'à conduire à son délabrement. Au commencement, il y avait toujours ce qu'il appelait « la fêlure initiale ». Le petit événement qui amorce le début de la fin. Je ne sais pas pourquoi, mais l'accident de Jean-Pierre Chevènement me faisait penser à cela.

Autre microfêlure : quelques jours plus tard, le parquet de Paris ouvrait une information judiciaire contre X pour faux, usage de faux, abus de confiance dans le fonctionnement de la Mutuelle nationale des étudiants de France, la MNEF. *Le Monde* et *Libération* évoquaient des emplois fictifs au profit de personnalités proches du PS. Le nom de DSK était cité. Il se murmurait dans le landerneau socialiste que c'était Pierre Joxe, le premier président de la Cour des comptes, qui réglait ses comptes. Et puis on n'en avait plus parlé pendant des mois.

Le 2 janvier 1999, après quatre mois de convalescence, Jean-Pierre Chevènement avait repris ses fonctions au ministère de l'Intérieur. Huit jours plus tard, il faisait sa rentrée médiatique sur TF1 en reprenant ses thèmes favoris : les jeunes délinquants n'avaient, selon lui, aucune excuse. Il fallait les traiter avec sévérité et organiser des mesures d'éloignement pour amener la paix dans les quartiers. Une suggestion que le Premier ministre avait reprise à son compte lors de ses vœux à la presse, le 12 janvier. Le lendemain, Jean-Pierre Chevènement revenait à la charge en préconisant de suspendre les prestations dans les familles qui surveillent mal leurs enfants.

Le 14 janvier, le Premier ministre en rejetait l'idée au motif que cela engendrerait des problèmes supplémentaires pour les parents. Élisabeth Guigou et Martine Aubry faisaient aussitôt chorus avec lui. Le 17 janvier, les deux ministres et leur collègue Claude Bartolone, ministre de la Ville, s'accordaient pour exclure le principe d'éloignement des mineurs auquel pourtant le Premier ministre avait acquiescé.

Il fallait d'urgence trancher le nœud gordien. Lionel Jospin avait réuni le 27 janvier le Conseil de sécurité et décidé d'augmenter la présence policière dans les quartiers sensibles, autrement dit la police de proximité, comme il en avait été convenu au colloque sur la sécurité de Villepinte en 1997. Le Premier ministre excluait les modifications de la législation souhaitées par Jean-Pierre Chevènement. Dès lors, il était flagrant que Jospin penchait toujours en faveur de la place Vendôme. Mais à mes yeux, c'était un indice supplémentaire du délitement de la majorité.

C'est sur la Corse que le différend entre le ministre de l'Intérieur et Lionel Jospin allait ouvrir une brèche qui conduirait à la cassure. Le nouveau statut, élaboré par Matignon, prévoyait un transfert de compétences législatives à la demande des nationalistes. Jospin avait négocié avec une petite minorité d'extrémistes. Le ministre y voyait une dérive dangereuse des fondements mêmes de la Ve République. En juillet, il prévenait Matignon qu'il ne présenterait pas ce texte à l'Assemblée nationale. Lionel Jospin persistant dans sa volonté d'aboutir, Jean-Pierre Chevènement démissionnait le 29 août 2000.

L'édifice de la *dream team* commençait à être sérieusement ébranlé. Dix mois plus tôt, le 2 novembre 1999, DSK avait dû quitter Bercy. Suspecté d'être impliqué dans l'affaire de la MNEF, il ne voulait pas attendre d'être mis en examen. Je me souviens de sa conférence de presse à Bercy où se pressait la foule des journalistes. Sur une estrade, il réaffirmait son innocence, mais estimait que la morale et son sens des responsabilités lui imposaient de faire ce choix. Anne Sinclair, assise au premier rang, fixait son mari et buvait ses paroles, son émotion était palpable. Lui avait l'air presque indifférent : « Dominique était triste, me confiera Cambadélis. Mais avec son dilettantisme habituel, il le masquait. Cela contrariait ses plans. Il avait toujours pensé que Jospin serait élu président en 2002 et lui confierait Matignon. C'était son projet. Mais, il est très vite retombé sur ses pattes, il a créé le Cercle de l'industrie, tous les patrons voulaient en faire partie. Le Tout-Paris économique l'invitait, le consultait. Il a commencé à gagner pas mal d'argent comme avocat d'affaires. »

C'est qu'il quittait Bercy couvert d'encens et de pétales de rose, presque englouti sous les dithyrambes. L'*Economist* saluait « l'architecte de la reprise française ». Ses homologues allemands regrettaient son départ. Wall Street le qualifiait d'amortisseur face au choc des trente-cinq heures. Et tout le monde considérait que son départ affaiblissait beaucoup Jospin.

Il quittait Bercy. Maintenant qu'il y a prescription, on peut le raconter. DSK disposait d'un logement superbe qui surplombait la Seine. Depuis son bureau, un long couloir l'y conduisait, encadré des bureaux de ses collaborateurs dont la porte était toujours ouverte. Lesquels s'étaient habitués au manège. Chaque jour ou presque, une jeune femme, jamais la même, passait devant eux vers 16 heures et sonnait chez le ministre. Quelques minutes plus tard, ce dernier arrivait, joyeux, sifflotant entre ses dents. Une heure après, la dame repartait, et le ministre rejoignait son bureau.

En octobre 2001, DSK serait blanchi de l'affaire de la MNEF, le substitut du procureur déclarant que l'accusation n'était plus que « vent et sable ».

An 2000. *Annus horribilis* pour Lionel Jospin. Après la démission de DSK, puis celle de Chevènement, c'était au tour de Martine Aubry, qui décidait de s'en aller pour convenance personnelle. Elle voulait se préparer aux élections municipales de Lille. Pierre Mauroy l'avait désignée comme successeur. Pour lui faciliter la tâche, il avait rattaché à la métropole de Lille le canton de Lhomme, qui votait toujours à gauche. Lhomme pour sauver la femme ! Ça ne s'invente pas… Quelque temps plus tard, je rencontrai Pierre Mauroy, presque déconfit. Il m'avoua que Martine Aubry se répandait en propos peu gratifiants sur lui, et il en souffrait visiblement. Mais il la connaissait aussi, c'était plus fort qu'elle.

En mars, Lionel Jospin allait être contraint de faire un gros remaniement. À l'Éducation nationale, c'était la fronde contre Claude Allègre et ses méthodes provocatrices. Il était devenu l'ennemi public numéro un. Ses réformes étaient contestées. Ses déclarations intempestives avaient dressé contre lui une sorte d'union sacrée. Dans les lycées professionnels, les collèges, les professeurs s'insurgeaient contre le ministre. Des grèves, des manifs sur tout le territoire, le ministre s'en moquait, il persistait. Allègre était devenu « le fossoyeur des savoirs au nom de la démagogie ». Le SNES-FSU réclamait le retrait de sa réforme du secondaire. On demandait sa démission. Lionel Jospin accéda à leur demande, en se séparant de son plus vieil ami. Allègre, mortifié, continuait de fulminer contre le SNES, sa bête noire, qu'il traitait de syndicat stalinien. Surtout, il reprochait à son ami Lionel d'avoir « inutilement peur des syndicats ».

Mais le Premier ministre, soucieux de ne jamais heurter sa majorité plurielle, lâchait toujours face aux syndicats, y compris ses amis.

À Bercy, Christian Sautter, secrétaire d'État au Budget, et grand ami du Premier ministre, avait succédé à DSK. Un autre profil. Ce polytechnicien, protestant, n'avait ni l'entregent, ni la réputation internationale, ni les talents de son prédécesseur, dont il devait négocier le projet de modernisation de l'administration fiscale. Il héritait d'un problème difficile. Le projet avait pour ambition de créer une structure unique : la mise en place d'hôtels des impôts spécialisés – les uns pour les entreprises, les autres pour les particuliers – afin de diminuer le coût des services. Il prévoyait surtout de réduire les effectifs au ministère des Finances. DSK voulait reprendre la main sur une institution régie par le corporatisme et la défense des avantages acquis. Les syndicats avaient mené la fronde, organisé des grèves sur tout le territoire, perturbé le recouvrement des impôts, retardé l'envoi des déclarations de revenus aux contribuables qui craignaient d'être pénalisés, organisaient des manifs dans plusieurs grandes villes. François Hollande, le premier secrétaire du PS, demandait une reprise des négociations. Les syndicats, doutant de la sincérité du désir du ministre de reprendre le dialogue, ne cédaient pas.

Fidèle à lui-même, face au blocage, Jospin décidait le 20 mars de retirer le projet. Un désaveu pour le ministre Sautter, qui (mortifié) décidait à son tour de s'en aller.

Pour moi, c'en était fini de la *dream team*… Chevènement, DSK, Martine Aubry, Claude Allègre partis, et Dominique Voynet elle-même qui demandait à quitter son ministère pour préparer l'élection présidentielle de son parti. Tout se délitait. C'est toute la cohésion initiale du gouvernement qui volait en éclats.

On comprend pourquoi, dans ce contexte de grands conflits sociaux, Lionel Jospin avait freiné des quatre fers sur le dossier brûlant des retraites.

Il nous avait dit, avant d'entrer à Matignon : « Les retraites, je n'y toucherai pas. Je ne veux pas brusquer le peuple de gauche. », me raconte Cambadélis. Seulement la Commission européenne demandait aux pays membres de l'Union d'accélérer la réforme de leur système de retraite, en qualifiant le sujet de très préoccupant.

En avril 1999, le commissaire au Plan, Jean-Michel Charpin, avait remis au Premier ministre un rapport alarmiste sur l'avenir des retraites : il énonçait qu'à partir de 2006 une grave menace pèserait sur la survie de la retraite par répartition. Et de préconiser une potion amère : porter progressivement à quarante-deux années et demie la durée de cotisation des actifs du privé comme du public, créer des fonds de pension. De quoi braquer les syndicats de fonctionnaires. Ce que Jospin ne voulait d'aucune façon. Mais comment faire pour se sortir de ce piège ?

Le Premier ministre demanda un autre rapport à l'économiste Dominique Taddei, un néokeynésien qui se qualifiait lui-même de socialiste libertaire. Trois mois plus tard, son projet réfutait les prévisions alarmistes de Charpin.

Une respiration pour le Premier ministre, insuffisante bien sûr.

Enfin, René Teulade vint ! Un Corrézien, ancien instituteur, maire socialiste d'Argentat, ami et suppléant de François Hollande, ancien ministre des Affaires sociales de Bérégovoy. Un homme sur lequel on pouvait compter. Membre du Conseil économique, il s'attelait à son tour au travail. Son projet de réforme des retraites qui tablait sur la croissance, « d'ores et déjà palpable », reposait sur cette tautologie : tous les problèmes du monde se règlent par la croissance. Et lui prévoyait un âge d'or : 3,5 % par an pendant quarante ans – en clair, l'exact contrepoint du rapport Charpin. Un bonbon pour Jospin qui voulait croire à ce conte de fées. Quel bel alibi pour enterrer le rapport Charpin ! Denis Kessler rappelait sur le perron de Matignon que le déficit par tête des régimes publics et spéciaux était trois à quatre fois supérieur à celui du privé. Raymond Barre, député-maire de Lyon, qualifiait le rapport Teulade « d'aimable cocasserie ».

Réformateur, Lionel Jospin ? Oui, mais en ayant lâché sur presque tout.

12

RENDEZ-VOUS À MONTRETOUT

Jean-Marie Le Pen ? Je l'ai découvert en personne le 13 février 1984. Il participait pour la première fois à *L'Heure de vérité*, sur Antenne 2, un must pour les hommes politiques. J'avais demandé à y assister. L'émission était animée par François-Henri de Virieu, avec en permanence Alain Duhamel et Albert du Roy. Un troisième journaliste variait selon les invités.

Depuis trente ans, le président du Front national traînait derrière lui une forte odeur de soufre, d'activiste inquiétant, très antigaulliste, très Algérie française. En 1974, il s'était présenté pour la première fois à l'élection présidentielle. Un bandeau sur l'œil gauche, qu'il avait perdu (disait-il à l'époque) lors d'un meeting électoral en 1958. Quand on regarde les photos, on voit qu'en 1958, il portait en réalité un pansement sur l'œil droit. Seize ans plus tard, c'était l'œil gauche qu'il cachait. Mystère. Dans ses Mémoires, il parle d'un accident lors du montage d'un chapiteau en 1965 lors de la campagne présidentielle de Tixier-Vignancour, candidat de l'extrême droite face au général de Gaulle. Autre version de ses proches, ce sont les coups portés à son œil droit pendant une bagarre qui ont affaibli l'autre œil et provoqué une cataracte traumatique. On s'y perdait. En dernière analyse, j'avais interrogé mon ophtalmo : « Comment est-ce possible ? » Il m'avait répondu par une moue sceptique.

Ainsi pourvu de ce bandeau brandi comme un emblème, en 1974, il était sûr d'être reconnu dans la rue. Il s'était fait un look à la Moshé Dayan, séduisant ministre de la Défense israélien, qui, lui, avait perdu un œil pendant la Seconde Guerre mondiale. Avec 0,74 % des suffrages, il était arrivé derrière Arlette Laguiller, pas vraiment un triomphe. En 1981, faute de recueillir les parrainages nécessaires, et n'ayant pu se présenter, dépité, il avait donné pour consigne aux Français : « Votez Jeanne d'Arc ! » Plus tard, je ne saurais dire quand, Albin l'avait reçu à sa demande. Le Pen venait lui demander d'intercéder auprès de Jacques Chirac. Il voulait avoir le soutien du RPR (j'ai oublié pour quelle élection), et le maire de Paris interrogé avait répondu par un non définitif. L'information avait glissé sur moi. Pour dire les choses, Jean-Marie Le Pen ne m'intéressait pas du tout.

Ce 13 février 1984, tout conspirait à renforcer son mythe intempestif. Pour accéder au plateau d'Antenne 2, il fallait montrer patte blanche, sortir sa carte de presse, décliner son identité, ouvrir son sac, franchir une barrière compacte de CRS casqués, masqués, matraque au point, du jamais vu pour une émission. Les organisateurs étaient sur les dents. Il y avait beaucoup de nervosité dans l'air. La direction avait reçu des menaces d'attentat. L'ultragauche, la CGT menaçaient aussi de venir faire du grabuge : « Cet homme est dangereux ! » avait titré *L'Humanité*. François-Henri de Virieu avait même demandé un vote à ses collègues : êtes-vous d'accord pour l'inviter ? Deux sur trois avaient dit oui.

On s'attendait au pire, voilà pourquoi j'avais tenu à venir. Mais vu l'ambiance, je regrettais presque de n'avoir pas dit un dernier adieu aux êtres aimés. J'exagère, bien sûr.

Fallait-il vraiment s'alarmer ? La « bébête immonde qui monte qui monte », comme Le Pen se désignait lui-même pour moquer ses détracteurs, avait fait son entrée en majesté.

Un grand monsieur charpenté, menton relevé, le teint rose et poudré, l'œil bleu unique et charmeur. Il saluait d'un geste amical ses affidés dans la salle. Veste bleu marine, chemise ciel, cravaté, du grand classique. Sa femme et ses trois filles le suivaient. Quatre jolies blondes aux cheveux longs, brushing impeccable. Elles s'étaient assises gentiment, sans faire d'esbroufe, mangeaient des bonbons avant que le débat ne commence, en croisant leurs belles jambes. On les aurait bien vues dans le feuilleton américain *Dallas*, dont la France se régalait le samedi soir.

Pour commencer, Le Pen répondait aux questions toujours précises d'Alain Duhamel. Il affirmait être un démocrate « churchillien », favorable à l'alternance, il récusait les procès en violence, rappelant que des nervis dans une campagne l'avaient jeté par terre, bastonné. Il en avait perdu un œil, sans dire lequel. Il se disait partisan du rétablissement de la peine de mort « pour les meurtres d'enfants, les crimes terroristes ou contre les forces de l'ordre ». Sachant avoir peu de chances d'être suivi, il prônait une vraie perpétuité.

La vice-présidente de son parti ayant qualifié Simone Veil de « tricoteuse de Giscard », lors d'une réunion publique à Lyon, il rétorquait : « C'est une image oratoire [...] [elle] a voulu, en quelque sorte, souligner d'une manière pittoresque et piquante, si j'ose dire, le rôle joué par Mme Veil » dans l'adoption de la loi de libéralisation de l'avortement.

Pittoresque ? J'avais trouvé l'adjectif surtout de très mauvais goût. Mais lui d'ajouter : « Le peuple français n'est pas composé exclusivement de bourgeois de salon. [...] Je n'aurai personnellement pas utilisé cette image [...] mais je trouve que c'est vraiment un point de détail... » ! Comme on le verra plus tard, la formule fera son chemin, tout comme il notait dans la foulée qu'avec l'IVG, on se débarrassait des fœtus « par crémation ».

Ensuite vint Jean-Louis Servan-Schreiber, PDG de *L'Expansion*, frère de JJSS. L'air sévère, tel un procureur implacable, il lui mit sous le nez une collection de citations antisémites, racistes, xénophobes, attribuées pour la plupart à ses proches :

« Je n'ai pas à juger des tiers sur un plateau de télévision », avait répondu Le Pen.

Je trouvais tout de même bizarre d'avoir autant d'amis antisémites ou racistes, bref d'être aussi mal entouré. Les amis, on les choisit, n'est-ce pas ?

Notre confrère lui rappelait qu'il avait osé clamer jadis à la tribune de l'Assemblée nationale sa « répulsion presque physique » pour Mendès France. Et lui de rétorquer que ça n'était pas de l'antisémitisme, du fait que Mendès ne passait pas pour « un Adonis ». Dans la salle, il y avait eu des rires.

Un rapport de la police judiciaire du 1er avril 1957 l'accusait d'avoir été un tortionnaire en Algérie ? Il bondit sur son siège, seul moment où il s'est un peu énervé : « C'est une provocation policière ! »

Alain Duhamel était assis au premier rang, à côté de la fille cadette dont il ignorait, et pour cause, alors le prénom, en l'occurrence Marine – elle avait 16 ans. Elle s'agitait beaucoup, tapant du pied pour marquer sa réprobation. Servan-Schreiber l'irritait. « Des quatre, elle était la seule qui vibrait autant en écoutant son père », m'avait-il dit.

Après lui venait Albert du Roy. Au menu, les questions économiques, l'immigration, les communistes ses ennemis, le socialisme.

L'immigration ? Le Pen mettait en garde les industriels coupables de faire venir des immigrés avec des bas salaires, ce qui « empêchera la revalorisation des salaires et de moderniser l'entreprise ». Il ajoutait : « Une fois que les immigrés seront installés en France, leurs fils ne voudront plus être manœuvres et cela fera des chômeurs sur notre dos. » Et d'annoncer « la vague islamo-arabe qui va peu à peu coloniser le pays, un danger déjà beaucoup plus ressenti dans les milieux populaires que dans les milieux bourgeois. »

L'émission avait fait un des plus gros scores de son histoire. Les Français découvraient Jean-Marie Le Pen. L'homme dégageait une puissance, une fermeté verbale hors du commun. Ce soir-là, il était sorti de sa marginalité.

Je sentais que le personnage allait devenir à la mode. J'allais souvent dîner avec mon cher ami Jean-Claude Decaux au Voltaire, sur le quai du même nom qui borde la Seine. Un restaurant cosy avec des boiseries et une histoire, les résistants s'y donnaient rendez-vous pendant la guerre. Plusieurs fois, Jean-Marie Le Pen s'y trouvait, au milieu d'une grande tablée où il trônait comme une sorte de Roi Soleil. Avec sa cour : le gratin du 7e arrondissement, reconnaissable à son style, sa façon de parler, des dames en chignon et collier de perles qui gloussaient, et lui qui se rengorgeait. Nous étions au spectacle !

Pierre de Bénouville m'avait demandé d'aller l'interviewer pour *Jours de France*. Le président du FN m'avait donné rendez-vous chez lui, dans son grand manoir baroque, mélange de briques roses et de pierres, dans le parc très fitzgéraldien de Montretout, sur les hauteurs de Saint-Cloud surplombant Paris. En ce jour de printemps naissant, l'air était léger, mais l'atmosphère soudain s'était alourdie : derrière la grille du jardin, deux énormes dobermans dardaient leurs prunelles furieuses sur mon ami Christian Boyer (talentueux photographe) et moi-même, prise de panique. « Tu vas voir, ils vont nous sauter à la gorge. »

J'avais sonné : un serviteur mauricien affable était venu nous ouvrir. Les deux molosses que j'avais calomniés n'avaient même pas daigné bouger les oreilles, alors que nous pénétrions sur leur territoire. Indifférents, ils continuaient à surveiller le chemin quand, soudain, un caniche nain a déboulé en aboyant, se ruant férocement sur mes chevilles, heureusement vite rappelé à l'ordre par le maître de céans. Cette bestiole agressive qui venait de filer mon collant répondait au nom décidément bien choisi de Thor, dieu du Tonnerre dans la mythologie nordique. Comme quoi chez les Le Pen, le danger ne se trouve pas toujours là où on l'attend.

Très homme du monde, Jean-Marie Le Pen m'invita à le suivre, au premier étage, dans son bureau au milieu d'un incroyable bric-à-brac, un monceau de papiers sur sa table : « C'est que je reçois tellement de courrier. Et je réponds à toutes les lettres ! » s'excusa-t-il, ravi de me montrer les sacs postaux qui arrivaient chaque jour. Dans un coin, une grande maquette de la *Réale*, le bateau amiral de la flotte de Louis XIV en Méditerranée. Bien en vue aussi, une grande statue de Jeanne d'Arc tenant son étendard. Je crois qu'il y avait une autre Jeanne d'Arc dans l'escalier. Un témoin me dit qu'il y en a au moins cinquante dans la maison. Des cadeaux.

De quoi allions-nous parler ? Forcément de sa réputation de violence.

« Moi, violent ? » Question aussitôt niée avec sa verve torrentielle. « Jamais, vous m'entendez, pas une seule fois je n'ai été condamné pour avoir distribué quelque horion. En revanche, dix fois j'ai été victime. On m'a crevé un œil[1]. On a fait sauter l'immeuble dans lequel j'habitais avec ma femme et mes filles. Nous aurions très bien pu y laisser notre peau [l'attentat n'a jamais été élucidé]. Mes bureaux eux aussi ont été plastiqués. Il y a six ans, un de mes collaborateurs a été assassiné. » En l'occurrence François Duprat, dont, je l'avoue, j'ignorais jusque-là l'existence. Un professeur d'histoire qui se proclamait fasciste, grand soutien de Le Pen, qui l'aimait beaucoup. Un personnage inquiétant. Il était l'auteur d'une thèse révisionniste : les six millions de morts le sont-ils réellement ? Après le deuxième tour des législatives de 1978, une bombe placée dans sa voiture avait explosé, le tuant et blessant sérieusement sa femme qui était au volant (autre attentat non élucidé).

1. Toujours les mystères de l'œil crevé.

« Chaque fois que je veux tenir une réunion, la gauche provoque des émeutes et veut m'empêcher de parler au nom de la démocratie. Ce n'est tout de même pas moi qui crée la fièvre obsidionale ! » Je n'osais lui demander le sens du mot.

Rentrée chez moi, j'avais consulté *Le Petit Robert* pour en avoir la définition, page 1295 : « Psychose collective qui atteint une population assiégée. »

— Ce sont les communistes qui m'ont fait une réputation de fasciste ! D'ailleurs pour eux, qui n'est pas communiste est fasciste.

— Vous avez tout de même des réactions un peu antisémites, lui glissai-je.

— Moi, antisémite ? Comme je l'ai précisé lors de l'émission sur Antenne 2, j'ai gagné tous les procès contre les calomniateurs. »

Timidement, je lui révélais que lors de son dernier meeting à Paris, auquel j'assistais pour Europe 1 (on était à quelques semaines du premier tour des élections européennes), un énergumène derrière ma chaise, exalté par les discours, hurlait les noms de Robert Badinter, Simone Veil, Jean Daniel, Jean-Louis Servan-Schreiber en scandant : « Mort aux juifs ! Mort aux juifs ! »

Depuis que je hante les congrès politiques, c'était bien la première fois que j'entendais des choses pareilles. J'étais scandalisée que personne ne vienne le faire taire et le mette dehors.

Pas démonté pour un sou, il avait répliqué : « Ou bien c'était un provocateur, ou bien c'était un flic. Si mon service d'ordre était bien fait, il l'aurait fait sortir *manu militari*. Seulement, imaginez que cela se soit passé ainsi. Qu'aurais-je lu le lendemain dans *Le Matin* [quotidien de tendance socialiste aujourd'hui disparu] et *Libération* ? "Les nervis de Le Pen expulsent un démocrate qui voulait s'exprimer." » Là franchement, devant un tel aplomb, j'avais éclaté de rire.

Alors vraiment, pas d'extrême droite, le président du Front national ? Sa réponse m'était arrivée comme un soufflet. « Mon mouvement est républicain, légaliste et constitutionnel : je suis de droite car pour moi la droite, ça signifie la droiture, alors que la gauche fait songer à la gaucherie, à la maladresse. La langue française est très bien faite, n'est-ce pas ? »

Et de s'interroger soudain, l'œil perdu vers un ailleurs qui n'appartenait qu'à lui : « Pourquoi suis-je haïssable ? Moi, je le sais. C'est parce qu'en France, la force semble antinomique de l'intelligence. J'ai été un officier parachutiste bruyant, un président des étudiants actif et turbulent, un député vindicatif, alors l'*establishment* de droite ou de gauche a toujours été contre moi. Ce n'est pas chic d'être avec Le Pen. » Et de me livrer en conclusion cet autoportrait : « Je suis un petit garçon pauvre, et ce que je suis, je le dois à mes efforts, à mes amis [grâce à l'un d'eux en effet, le milliardaire Lambert, Le Pen avait fait un juteux héritage, dont le beau manoir où il me recevait]. Moi, on ne m'a pas assis dans un fauteuil de député pour me pousser ensuite sur la balancelle d'un ministère. Je ne m'appelle pas Giscard ou Fabius. » Voulait-il m'attendrir ? Raté.

L'entretien était fini. Le Pen semblait enchanté. J'avais même eu droit à un baisemain. Estourbie par son bagout, j'étais repartie. Impressionnée aussi : quelle énergie !

En repartant, j'avais croisé sa femme, la belle Pierrette, très souriante comme lui, un couple en apparence fusionnel. Comment imaginer que, quelques mois plus tard, elle s'enfuirait de chez elle, au petit matin, avec ses valises, pour partir avec un familier, un journaliste, Jean Marcilly ? Quatrième mari de la chanteuse Gloria Lasso, qui en avait eu neuf. Elle avait confié à Ardisson que de tous, ce Marcilly, le seul Français du lot, était le pire, il l'avait ruinée. Pas un type bien. Enfant, je l'écoutais chez mon amie Geneviève. Des jeudis après-midi entiers. Elle possédait plusieurs 45 tours de la chanteuse. Nous les écoutions en boucle sur son tourne-disque

Teppaz (il y en avait, à l'époque, un voire plusieurs dans toutes les familles. J'en avais un dans ma chambre). Nous chantions à tue-tête *Bambino*, *Bésame mucho*, *Gondolier*, *Étranger au paradis*. Elle nous faisait voyager. Une série de tubes repris par Dalida, Les Compagnons de la Chanson. Elle était une immense vedette.

Pierrette abandonnait son mari et ses filles. Une rupture qui allait durer quinze ans – Marine avait 16 ans. Je l'ai lu quelque part, elle racontait que pendant des mois, chaque jour en sortant de l'école, elle espérait que sa mère serait là, pour venir l'embrasser, lui faire un signe. Elle n'était jamais venue. Une histoire très triste. Les filles s'étaient beaucoup rapprochées de leur père, forcément.

En 1987, nouveau choc. Quinze jours avant le mariage de sa fille aînée Marie-Caroline, Pierrette posait à moitié nue, déguisée en soubrette, dans *Playboy*, dévoilant une plastique fort enviable. « Elle montre tout », raillait *Le Canard enchaîné*. Une honte pour la famille, un chagrin fou pour les filles. Une attitude incompréhensible, explicable peut-être par un ras-le-bol de vivre avec un homme comme Le Pen. Comme si une accumulation de griefs en tout genre – il la trompait beaucoup – avait déclenché chez elle un rejet, un tsunami intime, plus fort que la raison, plus fort que l'amour maternel. Le divorce fut prononcé en 1987 à ses torts exclusifs. Pierrette était défendue par Me Gilbert Collard que Le Pen appelait « Gilbert Connard ». En 2000, elle renoua avec les filles. Puis revint à Montretout, logée par son ex-mari dans les anciens communs qu'il avait réhabilités. Ruinée, elle avait vendu ses deux appartements de la rue du Cirque à Paris. Il ne lui restait plus rien. Ensuite, elle s'est beaucoup occupée de ses petits-enfants, les trois enfants de Marine en particulier. Selon un proche, Jean-Marie et Pierrette se parlent désormais comme deux vieux camarades.

Quatre mois après *L'Heure de vérité*, en juin 1984, le Front national drainait 2 221 336 voix aux élections européennes, soit 10,95 % des suffrages, cinquante mille voix derrière le Parti communiste. Il obtenait dix élus. Jean-Marie Le Pen devenait député européen. Il avait réussi à former un groupe dont il devenait le président. Cinq élus d'extrême droite italiens l'avaient rejoint, ainsi qu'un Grec, favorable aux colonels. Désormais, il avait une tribune, des moyens, pignon sur rue. Il s'installait dans le paysage politique.

L'acmé lepéniste est arrivée deux ans plus tard, aux législatives de 1986. François Mitterrand, ayant modifié la loi électorale pour affaiblir la victoire annoncée du RPR, avait bien réussi son coup. Jacques Chirac avait failli rater la majorité absolue, il s'en était fallu de rien : quatre sièges. Grâce à la proportionnelle, le Front national faisait son entrée dans l'hémicycle avec trente-cinq députés. Une sacrée épine dans le flanc de la droite ! Je me souviens du soir des résultats, rue de Solférino, au siège du Parti socialiste : on avait sorti le champagne, les militants trinquaient. C'était pour eux presque un moment de gloire. Pourtant, jamais le rapport des forces ne leur avait été aussi défavorable : quinze millions de voix pour la droite, douze millions pour la gauche. Sur les plateaux de télévision, les vainqueurs dépités ressemblaient à ces enfants dont on vient de crever le ballon et qui demeurent sidérés avec la ficelle à la main. Les vaincus socialistes paradaient, le torse bombé. Ils comptaient deux cent douze députés. Avec l'ancienne loi, « nous en aurions eu cent de moins », m'avait expliqué, ravi, Claude Estier, leur président de groupe.

Le groupe Front national était un curieux assemblage : il y avait les amis de Jean-Marie Le Pen, des compagnons d'armes de l'Algérie française, des anciens de l'OAS antigaulliste, le plus typé étant Roger Holeindre, une grande gueule qui avait lancé à Fabius : « Vous, les seules balles qui ont sifflé à vos oreilles, ce sont des balles de tennis. » Le doyen, Édouard Frédéric-Dupont, élu sans relâche député du 7e arrondissement depuis 1956, qui avait connu Le Pen à l'époque. Des aristocrates : Charles de Chambrun, ex-secrétaire d'État gaulliste, ex-député de Lozère, descendant du marquis de La Fayette. Je m'étonnais de le retrouver là ; à mes débuts de journaliste, j'étais allée le voir pour *L'Express*, dans sa circonscription, il avait créé un centre pour enfants inadaptés. Olivier d'Ormesson, un cousin de l'académicien, déjà député européen (à l'époque, on pouvait cumuler les deux mandats), fils d'un ambassadeur au Saint-Siège à Rome. Des personnalités marquantes comme l'avocat Georges-Paul Wagner, un grand orateur, et encore Pascal Arrighi, avocat lui aussi, une vieille connaissance de François Mitterrand. Il avait été l'un des acteurs du vrai-faux complot contre lui dans l'affaire de l'Observatoire. Deux grands orateurs, des virtuoses de l'imparfait du subjonctif. Jean-Claude Martinez, professeur de droit, reçu premier à l'agrégation de droit public. Je ne sais plus lors de quel débat Jacques Chaban-Delmas, qui présidait l'Assemblée, lui avait accordé une rallonge de son temps de parole tant il trouvait son discours intéressant. J'ai le souvenir d'un homme très vif, très drôle, nerveux, un peu zinzin aussi… Dans les couloirs de l'Assemblée, aux Quatre Colonnes, les journalistes se pressaient autour de lui pour entendre ses bons mots.

Il y avait aussi l'ouverture à des plus jeunes comme Yann Piat, filleule de Jean-Marie Le Pen, une belle femme solaire députée du Var (assassinée huit ans plus tard par des tueurs à moto), François Bachelot, ex-beau-frère de Roselyne, médecin, joli garçon qui voulait créer des sidatoriums pour les malades du sida, que Le Pen qualifiait de « sidaïques ». Et aussi Bruno Mégret, polytechnicien, transfuge du RPR, qui tenterait un putsch (raté) contre Le Pen. Dans l'ensemble, même s'il comportait quelques anciennes têtes brûlées, ce groupe se faisait remarquer, par la qualité des interventions en dépit de tous leurs excès. Toujours dans un français parfait, qui révélait la grande culture de certains. Et leur travail aussi. Jean-Marie Le Pen régnait sur deux groupes parlementaires. À Paris et à Strasbourg, tel un potentat.

Et puis est arrivée la catastrophe dont il fut l'artisan exclusif. En avril 1987, on était à un an de la présidentielle. Il s'était déjà déclaré candidat, plaidant avoir «les qualités essentielles d'un président de la République».

Le 13 septembre, retour de vacances, il était l'invité du Grand Jury de RTL. Il comptait sur cette émission pour remonter le ressort médiatique, retendre l'élastique, comme on dit. Septembre est toujours comme un grand lundi.

Lorrain de Saint Affrique, son conseiller en communication que j'avais connu chez Giscard – un ami dont j'apprécie les analyses politiques –, l'accompagnait, ainsi que Jean-Yves Le Gallou, secrétaire général du groupe parlementaire. Ce jour-là, me racontera-t-il plus tard, Le Pen avait de la fièvre. Il était de mauvaise humeur. L'émission commençait tranquillement. Et puis arrive la question d'Olivier Mazerolle, le présentateur : «Que pensez-vous des thèses de MM. Faurisson et Roques[1] ?»

La réponse est connue, mais elle vaut la peine d'être rappelée.

«Je ne connais pas ces thèses. [...] Je suis partisan de la liberté de l'esprit. [...] Je suis un passionné par l'histoire de la Deuxième Guerre mondiale, je me pose un certain nombre de questions. Je ne dis pas que les chambres à gaz n'ont pas existé. Je n'ai [...] pas étudié spécialement la question, mais je crois que c'est un point de détail de l'histoire de la Deuxième Guerre mondiale.

Paul-Jacques Truffaut : Six millions de morts, c'est un point de détail ?

— La question qui est posée est de savoir comment ces gens ont été tués ou non.

— Ça n'est pas un point de détail.

1. Auteurs de thèses qui nient l'existence des chambres à gaz.

— Si, c'est un point de détail de la guerre. Voulez-vous me dire que c'est une vérité révélée, à laquelle tout le monde doit croire ? Que c'est une obligation morale ? Je dis qu'il y a des historiens qui débattent de ces questions.

Une « obligation morale »… Comment pouvait-il dire une chose pareille ?

Oui, M. Le Pen, M. Faurisson est bien d'un historien révisionniste. Comme feu votre ami Duprat, dont ce soir-là, tout en vous targuant de connaître l'histoire, vous repreniez les thèses. J'étais stupéfaite, révoltée. C'était comme si son surmoi venait d'exploser et que sa vérité profonde jaillissait. Il venait de se démasquer.

Derrière la vitre du studio, Jean-Yves Le Gallou prophétisait devant Lorrain de Saint Affrique : « Un véritable déluge de fer va s'abattre sur nous. » Bien vu !

En quittant la radio, Jean-Marie Le Pen avait tout à fait saisi qu'il venait de dérailler. « Je crois qu'en quarante ans, c'est la plus grosse connerie politique sortie de ma bouche », avait-il lâché devant son conseiller en communication. Un propos qu'il nie encore aujourd'hui avoir tenu.

Dès le lendemain, l'indignation était générale. *Le Monde* titrait : « Les chambres à gaz ? Un point de détail. » La classe politique sans exception condamnait les propos de Le Pen. À Strasbourg, ses élus s'étaient réunis abasourdis. Incrédules, ils écoutaient et réécoutaient l'émission. Édouard Frédéric-Dupont et Olivier d'Ormesson lui conseillaient de tenir une conférence de presse pour s'excuser devant les Français, ce que l'intéressé refusait en éructant de colère. Demander pardon, et puis quoi ?

D'Ormesson était d'autant plus atterré que ce faux pas de Le Pen réduisait à néant les grandes manœuvres qu'avec Pascal Arrighi et François Bachelot il avait mises au point pour réconcilier Le Pen et la communauté juive de France. Pour respectabiliser aussi son image dans l'opposition. Un voyage de Le Pen en Israël : tout était déjà organisé. Il serait accueilli à sa descente d'avion par le général Sharon, le vainqueur de la guerre des Six Jours. Le plus extraordinaire est qu'au même moment, Le Pen et Sharon devaient se rencontrer à Strasbourg. Le dirigeant israélien était venu assister à un débat sur le sionisme. Tout cela capotait ! C'en était fini ! Quelques jours plus tard, Olivier d'Ormesson, écœuré, navré, démissionnait du Front national et rompait avec son ami.

De ce jour, pour moi, Le Pen était devenu définitivement infréquentable parce que ce dérapage était impardonnable, et le pire, c'est qu'il allait bientôt réitérer l'exploit : offrir une nouvelle preuve subliminale de son antisémitisme.

En septembre 1988, Mitterrand avait été réélu, il avait dissous l'Assemblée. Le gouvernement de Jacques Chirac ayant rétabli le scrutin majoritaire à deux tours, Le Pen avait perdu son mandat national. Il n'y avait plus qu'une seule élue Front national dans l'hémicycle, Yann Piat, qui allait rejoindre le PR de François Léotard. Le président du Front national était toujours député européen.

Il rentrait de vacances et devait s'exprimer devant ses militants réunis en université au Cap d'Agde. Pendant sa croisière, Lorrain de Saint Affrique, qui me l'a aussi raconté, lui avait fait passer les déclarations politiques du mois d'août, dont celle du ministre de la Fonction publique, Michel Durafour, centriste du gouvernement Rocard, qui avait parlé d'« exterminer » le Front national. « Exterminer », le mot était fort évidemment. D'où sa réaction : « M. Durafour et Du Moulin, obscur ministre de l'Ouverture dans laquelle il a d'ailleurs immédiatement disparu, a déclaré : "Nous devons nous allier aux élections municipales, y compris avec le Parti communiste, car le Parti communiste, lui, perd des forces, tandis que l'extrême droite ne cesse d'en gagner." M. Durafour-Crématoire, merci de cet aveu ! »

Bien sûr, il y avait le texte et le contexte, mais une fois encore cet humour de très mauvais goût et très ciblé en disait long sur qui il était. Dans la foulée, François Bachelot et Yann Piat quittaient le FN, parce que trop, c'était trop.

En avril 2015, au micro de Jean-Jacques Bourdin, Le Pen avouait qu'il ne regrettait pas du tout ce qu'il avait dit. « Ce que j'ai dit correspondait à ma pensée, que les chambres à gaz étaient un détail de l'histoire de la guerre, à moins d'admettre que ce soit la guerre qui soit un détail des chambres à gaz. [...] Je crois que c'est la vérité et que ça ne devrait choquer personne. » Un mois plus tard, il refusait de dire que la Shoah était une horreur absolue. « On a instrumentalisé cette affaire contre moi. » En décembre 1997, décidément mémorable, il avait encore remis le couvert, cette fois à Munich, en ajoutant que le peuple allemand avait été le martyr de l'Europe. SOS Racisme et le MRAP demandaient la privation de ses droits civiques.

À l'époque, il avait passé le flambeau à sa fille Marine, laquelle ramait beaucoup pour dédiaboliser le FN, en clair, le purger de l'antisémitisme, dont son père était à juste raison accusé. Jean-Marie Le Pen, ne supportant pas d'être relégué au rang de président d'honneur, voulait-il nuire à sa fille ? Ou est-ce un homme qui n'a jamais su dompter les fatalités de sa nature alors qu'en son for intérieur, il sait qu'avec ces dérapages répétés, il s'est brûlé les ailes et a causé un tort considérable à sa famille, ses amis, ses soutiens ? Diagnostic de Lorrain de Saint Affrique : « Jean-Marie Le Pen est un char d'assaut qui n'a pas de marche arrière. » Quitte à verser directement dans le fossé.

13

MAIS QU'EST-CE QU'IL A PHILIPPE ?

De tous les hommes politiques que j'ai rencontrés, Philippe Séguin demeure pour moi le plus désenchanté, tourmenté, pessimiste, déroutant. En définitive, décevant.

Je me suis souvent demandé : que veut-il exactement? Bien sûr, toujours ce qu'il n'avait pas, logique ! Mais lorsqu'il avait obtenu les choses ou était sur le point de les conquérir, soit il n'en voulait plus, soit il se montrait incapable d'aller jusqu'au bout.

Bien sûr, je mets à part tout ce qu'il y avait en lui d'indéniable : sa belle intelligence parasitée parfois d'un zeste d'irrationnel, son talent oratoire servi par une diction parfaite et un timbre de baryton basse, ses formules souveraines, ses envolées coruscantes qui faisaient vibrer ses auditoires.

« C'est un personnage ! » répétait Bernadette Chirac, pleine d'admiration.

Un personnage hors norme en effet, comme il n'en existe plus. Une carrure à la Orson Welles, une apparente robustesse de chêne qui laissait transparaître beaucoup de fêlures intimes. Il promenait sur le monde un regard sombre, triste, fatigué. Il semblait né inconsolable.

Il aurait pu jouer les premiers rôles, car il en avait les capacités, s'il n'avait fait alterner les moments d'exaltation – toujours brefs – avec des phases de dépression – toujours longues – accompagnées de crises de boulimie, suivies de semaines de régime strict. Sa silhouette faisait du yoyo.

Lorsqu'il présidait une séance au perchoir durant ses crises boulimiques et que le débat touchait à sa fin, il faisait porter par les huissiers un mot à Michèle Cotta, une amie journaliste qui avait quitté la presse pour s'occuper de sa communication : « Fais-moi préparer une omelette de dix œufs avec beaucoup de frites. » Elle m'avait montré le mot. Pantagruel !

Solide buveur, il était aussi un grand fumeur – cigares et Gitanes. Sa conversation était souvent interrompue par des quintes de toux interminables qui faisaient des bruits de chaudière.

Ses colères homériques étaient célèbres dans le landerneau politique. À la moindre contrariété, souvent pour des peccadilles, il donnait libre cours à son tempérament de boulet de canon, lançait ses dossiers par terre, les téléphones volaient à travers son bureau. Un samedi, il souffrait d'une terrible rage de dents ; il se trouvait alors au siège du RPR, rue de Lille. Mon ami Paul Guilbert, qui avait rendez-vous avec lui, avait pu par miracle lui obtenir une consultation chez son dentiste, dont le cabinet ne se trouvait pas loin. Le soir, le dentiste l'avait appelé : « Je lui ai fait une piqûre, il m'a mordu ! » Paul m'avait téléphoné et nous avions bien ri…

Le 21 avril 1997, Jacques Chirac annonçait aux Français la dissolution de l'Assemblée nationale. Ce jour-là, Philippe Séguin, qui avait tenté de le dissuader de faire cette opération, fêtait ses 54 ans. Curieusement, elle serait pour lui un beau cadeau d'anniversaire, puisque son heure allait sonner, espérait-il.

On connaît la suite. Une bérézina électorale : Jospin à Matignon. Jacques Chirac discrédité. Alain Juppé, vitrifié, ne pouvait plus rester à la tête du RPR. Il avait dû convoquer les assises du mouvement pour le 6 juillet. Plus « mal gré que bon gré », il céderait la place à Philippe Séguin, son ennemi personnel. Il demandait aux « militants » de faire confiance à son successeur, en promettant de lui apporter son concours : « J'ai bu le calice jusqu'à la lie », m'avouerait-il à voix basse. Le nouveau président du RPR lui aussi devait donner des gages : « Jacques Chirac doit savoir que notre mouvement ne décide de se réconcilier, de se rénover, de s'ouvrir que pour mieux le servir. »

Pour moi, une belle succession de déclarations insincères, un triomphe de la langue de bois. C'est que Philippe Séguin devait faire avaler aux chiraquiens une mauvaise pilule, l'arrivée auprès de lui de Nicolas Sarkozy comme porte-parole et coordinateur (il avait insisté pour avoir les deux casquettes), alors qu'il venait d'être hué par les militants. Il restait pour eux le balladurien honni. Séguin-Sarkozy, l'alliance de deux mal-aimés de Chirac.

« Il a accepté tout ce qu'il ne voulait pas. Chirac m'avait dit : "Moi vivant, jamais Sarkozy n'entrera rue de Lille" », ironisait devant moi un Alain Juppé désappointé. En réalité, Chirac subissait, il n'avait rien pu empêcher.

Aussitôt installé, le nouveau président du RPR entendait « séguiniser » le mouvement : le doter d'un programme, changer les statuts, fonder une charte de bonne conduite de l'élu, et même changer son nom, le RPR. L'AOC chiraquienne céderait la place au « Rassemblement » (pas très original).

Fin septembre, j'étais allée rendre visite à Philippe Séguin. Je l'imaginais enfin serein. Eh bien non, il était, ce jour-là – on était en fin d'après-midi –, d'une humeur massacrante, tournait tout en dérision, personne ne trouvait grâce à ses yeux. Affalé dans son fauteuil, il allumait une Gitane avec celle qu'il allait éteindre dans le cendrier, et ainsi de suite… Il s'était fait apporter un whisky et m'avait lâché en s'esclaffant bruyamment : « Ils sont tous cons, à part de Gaulle et moi. » La bonne blague !

Espérant le rasséréner, je le complimentais. Président de l'Assemblée nationale pendant cinq ans, il y laissait une empreinte durable avec la considération de ses pairs. Grâce à lui, l'Assemblée était devenue un passage obligé des chefs d'État et de gouvernement qui venaient en visite officielle dans la capitale. Il avait reçu dans l'hémicycle le roi d'Espagne, Juan Carlos, à une époque où le monarque était encore admiré pour avoir accompagné l'avènement de la démocratie dans son pays, l'aider à tourner la page du franquisme. Je me souviens de la reine Sophie, assise dans un fauteuil au pied de la tribune. Elle se tenait droite et n'avait pas bougé un cil pendant le discours du roi, une grande professionnelle.

J'ajoutai, histoire de le détendre, que le voir aujourd'hui à la tête du RPR était pour moi chose inimaginable six mois plus tôt. En réponse, Philippe Séguin avait levé les yeux au ciel, soupiré et balayé d'un geste de la main ma remarque pour m'asséner, douloureux, que s'il était là, c'était malgré Chirac, « contraire à sa volonté ». Et ça, visiblement, il ne le supportait pas.

Je tentai le tout pour le tout. En lui rappelant que déjà une cinquantaine de députés, cornaqués par son ami François Fillon, créaient une sorte d'amicale prête à propager sa foi, faire connaître et aimer son champion. Enfin il avait esquissé un sourire. Alors qu'il ne les aidait pas. Il avait horreur des mondanités, des rencontres organisées autour de lui, préférant dîner seul devant un match de foot en avalant force pizzas ou des sandwichs tunisiens qu'il allait faire acheter par son chauffeur chez un pote restaurateur dans le 19e arrondissement. Certains jours, il restait enfermé dans son bureau toute la journée sans sortir. Que faisait-il ? Le matin, il lisait *L'Équipe*, c'est sûr, il travaillait, mais faisait aussi des parties de poker sur son ordinateur.

Par chance, Nicolas Sarkozy tenait la boutique, entreprenait un tour de France à la reconquête des militants, répondait aux journalistes, faisait son boulot avec entrain. Un jour que je lui demandais ce qu'il pensait de Sarkozy, il m'avait répondu : « Loyal. »

Le 31 janvier 1998, les assises du mouvement, organisées porte de Versailles, se présentaient sous les meilleurs auspices : trois mille cinq cents délégués du RPR venus de toute la France, et la presse accourue en nombre était là pour assister au sacre de Philippe Séguin. Son projet politique, les changements de statut, était déjà validé par le Conseil national. La motion des chiraco-juppéistes en faveur du maintien du nom du RPR avait recueilli moins de voix que la sienne. Un succès donc.

Debout derrière le pupitre, Philippe Séguin ouvrit la séance en annonçant qu'il allait donner lecture d'un message de Jacques Chirac.

Aussitôt, l'assistance s'était levée d'un bond comme un seul homme pour applaudir pendant treize minutes en scandant : « Chi-rac ! Chi-rac ! » C'est long, treize minutes non-stop ! L'apparition du portrait du président sur écran géant faisait redoubler les clameurs.

Je regardais Séguin. Il se délitait de minute en minute, vacillait presque, comme si cette interminable claque lui revenait en pleine figure. Il avait compris le message : le chef du RPR, c'était Chirac, ce ne serait jamais lui. Les militants lui assignaient un rôle d'intérimaire. Pas plus. Il en était sûr, ces acclamations avaient été organisées par les chiraco-juppéistes pour l'humilier. Un complot. Du coup, il avait renoncé à changer le nom du RPR ; il lâchait prise. À quoi bon ? Le soir, revenu rue de Lille, il était plus bougon que jamais, il voulait démissionner. Le RPR, ça ne l'intéressait plus.

En revanche, ce soir-là, Nicolas Sarkozy jubilait. Il était passé de l'ombre à la lumière. Sifflé et hué en juillet, applaudi en janvier, il s'évadait du purgatoire en devenant officiellement le secrétaire général du RPR. Son élection était validée par les délégués.

Depuis qu'il présidait le RPR, Philippe Séguin n'allait pas bien. À l'automne, Jacques Chirac invitait le duo à déjeuner une fois par semaine. Nicolas Sarkozy me l'avait raconté :

«Je passais rue de Lille chercher Philippe pour que nous partions ensemble. Souvent je me heurtais à un mur : “Je ne veux pas y aller. Ce grand con me fait chier!” Rien à faire, j’y allais seul. En arrivant, Chirac me questionnait : “T’as pas vu Philippe? Tu sais s’il vient?” Je lui répondais : “Non, non, je ne sais pas, je ne l’ai pas vu”, et Séguin pouvait rester injoignable pendant plusieurs jours.»

En 1998, l’année du Mondial, pendant les six premiers mois, l’ambiance s’était adoucie. Philippe Séguin était à son affaire, incollable sur le foot, le cyclisme. En réalité tous les sports. «Alors qu’il n’en pratique aucun», s’étonnait devant moi Nicolas Sarkozy. Mais il fallait aussi préparer les élections européennes qui auraient lieu en juin 1999. Le président du RPR serait forcément tête de liste du parti. Après la gifle des législatives de 1997 et les régionales décevantes de 1998, Jacques Chirac voulait que l’opposition s’unisse, seul moyen pour que la droite recouvre une meilleure santé. Il voulait surtout convaincre François Bayrou, le président de l’UDF, de se ranger derrière Séguin, héraut du non à Maastricht en 1992 (depuis, il avait mis de l’eau dans son vin). Une proposition inacceptable pour Bayrou : se ranger derrière Séguin, et puis quoi? Ce serait un reniement! Et puis Bayrou roulait pour lui. Il comptait surtout augmenter sa boutique d’élus. Chez lui, une obsession.

Le 9 janvier 1999, Jacques Chirac tentait le tout pour le tout en invitant à déjeuner Philippe Séguin, Nicolas Sarkozy, Alain Madelin, président de Démocratie libérale, et François Bayrou. Philippe Séguin avait demandé à arriver par la grille du Coq, au fond du jardin de l’Élysée. Loin des photographes et des caméras. Incognito, donc.

Dès le hors-d’œuvre, le président se lançait dans un grand plaidoyer pour l’union. Bayrou l’envoyait balader : ce serait non. Jamais le RPR ne lui dicterait sa loi. Entre Jacques Chirac et lui, il n’y avait jamais eu d’atomes crochus. Le président lui reprochait son inaction au ministère de l’Éducation nationale. « On ne peut jamais rien faire avec Bayrou », s'exaspérait-il quand il parlait de lui. Ce déjeuner, Nicolas Sarkozy me l'avait aussi narré. Séguin ne pipait mot, la tête penchée sur son assiette, il avalait goulûment le repas, notamment la mousse au chocolat. À un moment, Bayrou lui avait lancé : « J'ai beaucoup d'amitié pour toi Philippe. » Séguin s'était redressé pour lui répondre sur un ton furibard : « Ton amitié, tu peux te la carrer où je pense ! » avant de replonger le nez dans son assiette. Une armée d'anges était passée au-dessus de la table. À la fin du déjeuner, Séguin était reparti par là où il était arrivé, au fond du jardin.

Ce scrutin s'annonçait mal. Outre le pied de nez des centristes, ça n'allait pas non plus avec Charles Pasqua. Philippe Séguin l'avait nommé conseiller politique en juillet 1997. Pasqua avait démissionné de son poste en décembre 1998, sans quitter le mouvement. Cette rupture avec son copain de toujours l'avait chagriné. Pasqua, j'avais parfois du mal à le comprendre lui aussi. Dans une interview au *Monde*, il avait déclaré être favorable à la régularisation massive de tous les sans-papiers. Lui, l'ancien ministre de l'Intérieur, parlait comme la verte Dominique Voynet. De quoi y perdre son latin ou son corse, quand Lionel Jospin énonçait qu'il n'était pas question de les régulariser tous !

Mais Pasqua était de plus en plus mal à l'aise avec les positions proeuropéennes de Jacques Chirac, surtout il ne l'aimait plus. Il lui avait trop manqué. Après tout ce qu'il avait fait pour lui, en privé il le taxait d'ingrat. Le lien entre eux s'était effiloché. Autre pourfendeur de l'Europe, Philippe de Villiers lui avait fait des avances : « Charles, il y aura toujours une soupe pour toi à la maison. » Le 9 avril, il signait leur alliance pour faire liste commune.

En traînant les pieds, Philippe Séguin était parti en campagne flanqué d'Alain Madelin, son numéro deux sur la liste. Déjà, lors de leur premier déplacement à Marseille, les journalistes avaient relevé qu'ils se faisaient la gueule. Pire : ils ne se parlaient plus.

Au retour d'un déplacement à La Réunion, Séguin découvrait l'interview de Bernard Pons dans le *Valeurs actuelles* du 16 avril. Le président de l'Association des amis de Jacques Chirac y affirmait qu'au soir du 13 juin, il faudrait additionner les voix du RPR, de l'UDF et de l'alliance Pasqua-Villiers. Puisque, à gauche, on additionnait les voix de la majorité plurielle, pourquoi l'opposition ne ferait-elle pas de même? Séguin avait aussi appris que Chirac continuait à recevoir Bayrou. Cette fois, trop c'était trop. Atteint au plus profond de lui-même, le président du RPR ne se sentait pas soutenu par l'Élysée. Il y voyait un travail de sape organisé contre lui, voulait un démenti de Jacques Chirac. Faute de l'obtenir, fou de rage, il avait piqué une de ses colères mémorables, du genre de celles qu'Edgar Morin qualifie de «moment passager de la folie». Une fois de plus, il menaçait de démissionner.

Le passage à l'acte a eu lieu le 16 avril 1999. Ce matin-là, Philippe Séguin était arrivé rue de Lille de très bonne heure pour s'enfermer dans son bureau. «Il ne veut voir personne, il écrit», avertissait sa secrétaire. Bientôt on l'entendait au téléphone. À qui parlait-il? À Myriam Lévy, journaliste à l'AFP. Il lui dictait le texte de sa démission, une rupture au vitriol avec Jacques Chirac. Après quoi il était sorti de son bureau en claquant la porte. Il avait rendu son tablier sans prévenir personne. Absolument personne, pas même son amie Bernadette Chirac qu'il devait rejoindre le lendemain soir à Brive, pour tenir un meeting avec elle. Jean-Louis Debré l'avait remplacé. Chirac, Sarkozy, les amis étaient atterrés, stupéfiés. Le destin politique de Philippe Séguin s'est brisé ce jour-là. Cinq jours plus tard, il fêterait ses 56 ans.

Question : tout cela à cause de Bernard Pons, vraiment? Des proches collaborateurs vous confiaient à mi-voix que depuis quelque temps, Philippe était tourneboulé, envahi par une irrépressible passion amoureuse pour une ex-collaboratrice de l'Assemblée nationale, une femme mariée qui était partie rejoindre son mari au Canada et à laquelle il aurait lancé : « Je vais vous montrer que je pourrais tout plaquer pour vous. » De fait, après sa démission, pendant trois ans, Philippe Séguin était allé enseigner les sciences politiques à l'université du Québec à Montréal. Sur un coup de tête, un de plus.

Je ne sais rien de plus de cette histoire… Romantique peut-être, mais pas très gaulliste. Est-ce que vous imaginez le Général abandonner un combat politique pour rejoindre une femme qui n'est pas sienne ? Se fusiller politiquement pour une maîtresse ? Digne du général Boulanger plutôt. Dingue surtout…

Michèle Ferniot, très au fait de ses aventures amoureuses plurielles, lui avait un jour demandé : « Tu pourrais divorcer, toi ? » Il lui avait répondu : « Ah non ! Jamais… Je n'aurais pas le courage de déménager une deuxième fois ma bibliothèque ! »

Nicolas Sarkozy, qui avait dû le remplacer au pied levé, avait une autre explication : « Philippe a reculé devant l'obstacle parce qu'il savait qu'il allait faire un très mauvais score. »

En prenant la présidence du RPR, Philippe Séguin avait démissionné de la mairie d'Épinal, ce que ses administrés n'avaient guère apprécié. Il n'avait plus de point de chute pour se ressourcer. Entre deux séjours à Montréal, il occupait le grand bureau réservé aux anciens Président de l'Assemblée nationale. Pendant quelques mois, déconnecté de tout. J'avais renoncé à aller le voir. Des militants du RPR parisien étaient venus le solliciter. Et ils insistaient. Les municipales à Paris s'annonçaient périlleuses. Deux procédures judiciaires visaient le maire sortant Jean Tiberi : une affaire de faux électeurs dans le 5e, un possible financement occulte du RPR avec des fonds des HLM de Paris. « Toi seul, lui disaient-ils, es en mesure de combler les manques et les manquements du trop falot Tiberi.» Lequel, avant de succéder à Jacques Chirac, était un député-maire du 5e arrondissement toujours réélu depuis 1983. (Il avait même accueilli Jacques Chirac sur sa liste lorsqu'il s'était emparé de la capitale.) Xavière Tiberi, sa femme, était son meilleur agent électoral. En permanence sur le terrain, elle connaissait tout et tout le monde dans la circonscription. Bernadette Chirac m'avait dit : «Xavière m'a tout appris.» Aussi haute en couleur que lui était sans aspérités ni relief. Et désarmant, avec un sourire enfantin qui s'ouvrait sur des quenottes qui ressemblaient à des dents de lait.

Lors de journées parlementaires, plusieurs fois elle m'avait demandé : «Pourquoi vous ne parlez jamais de mon mari ?» Je lui avais répondu : «Madame, c'est parce qu'il ne dit jamais rien…»

Des années plus tard, avec Albin, nous nous étions trouvés dans le même hôtel qu'eux en Bretagne. Nous avions dîné ensemble. Xavière parlait de tout, de rien, des autres pour en dire du mal, pour se plaindre des Chirac qui les avaient bien laissés tomber. Au cours du dîner, elle m'avait aussi lâché cette phrase inouïe : «Depuis que je suis avec Jean, je ne l'ai jamais entendu proférer une idée originale.» Mais elle protégeait son mari comme une louve défend son petit.

Au départ, avec 60 % d'opinions favorables dans un sondage sur Paris, Philippe Séguin s'était peut-être cru déjà maire de la capitale. Jacques Chirac n'y voyait que des avantages. Il ne serait pas un concurrent à la présidentielle de 2002.

Philippe, étonne-moi. Cela partait donc plutôt bien pour lui, mais voilà : candidat dans le 18e arrondissement, il laissait la première place sur sa liste à une jeune femme inconnue, Roxane Decorte, lui se plaçant… en quatrième position. Était-ce pour être galant ? féministe ? C'était surtout ridicule ! Pressé par ses amis, il avait repris la première place en vexant celle qu'il avait délogée. Très vite, on avait senti que la campagne le fatiguait, l'ennuyait. Michèle Alliot-Marie me racontait qu'il fallait le secouer tous les jours pour qu'il aille se montrer sur le terrain. Françoise de Panafieu, qui était sur sa liste, l'avait aperçu plusieurs fois dans un bar, seul devant un whisky, ne parlant à personne alors qu'il était en campagne. J'avais assisté à l'un de ses meetings. Il y avait beaucoup de monde. Il était arrivé sous les ovations, mais j'avais perçu dans son regard une grande détresse. On venait l'applaudir. Il avait gratifié l'assistance d'un discours poussif. J'étais repartie déçue et décontenancée. En réalité, Philippe Séguin n'a pas fait campagne. Nouveau refus d'obstacle.

Le 28 février, Canal+ organisait un débat entre Bertrand Delanoë, sénateur PS et candidat de la majorité plurielle, et lui, candidat du RPR. Jean Tiberi n'avait pas été invité et il avait protesté avec raison. Aucun des deux n'avait été bon. On s'était ennuyé, ce qui avait fait dire à Jacques Séguéla : « Delanoë a gagné parce que Séguin ne l'a pas battu. » Et les résultats étaient tombés : au premier tour, les listes Tiberi étaient en mesure de se maintenir dans seize arrondissements. Dans le 5e, chez lui, il totalisait plus de 40 % des voix. Celles de Séguin obtenaient le même score dans quatre arrondissements : le 7e, le 8e, le 16e et le 17e. Mais dans le nord-est et le centre de la capitale, c'était moins de 20 %. Dans le 18e, où il était tête de liste, son échec était manifeste : 19,2 % des suffrages contre 37 % à Daniel Vaillant, le ministre de l'Intérieur. Jean Tiberi lançait un appel solennel à la fusion des listes. Comme le faisait la gauche. Séguin avait refusé. Aussitôt contredit par Michèle Alliot-Marie. Au second tour, les listes Séguin rataient la majorité. La machine à perdre avait bien fonctionné. Bertrand Delanoë devenait maire de Paris, et Séguin président du groupe de l'opposition au maire.

À Lyon, Raymond Barre cédait la place au socialiste Gérard Collomb. Avec les pertes de la capitale et de Lyon, la droite faisait figure de vaincue, alors qu'elle remportait plusieurs grandes villes détenues jusque-là par les socialistes : Strasbourg, Rouen, Blois, Cahors, Quimper, Chartres,

Châteauroux, Vienne, Roanne, Lisieux, et par le Parti communiste : Nîmes, Sète, Tarbes, Dieppe, Évreux gagnée par Jean-Louis Debré.

François Hollande, le premier secrétaire du PS, élu à Tulle dès le premier tour, paradait comme si à travers lui la gauche sortait grande gagnante de ces élections, alors que Lionel Jospin aurait dû commencer à se méfier.

« Qu'est-ce qu'il a, Philippe ? » Un jour que je déjeunais Chez Edgard, j'avais posé cette question à Paul Benmussa, le patron de l'établissement, son grand ami venu de Tunisie comme lui.

Déjà, il m'avait confié que c'était son grand-père, le Dr Sfez, un gynécologue réputé de Tunis, qui avait accouché sa mère et qu'à la naissance, Philippe pesait plus de cinq kilos !

« Pourquoi cette mélancolie ? Ce caractère acrimonieux ? Qu'est-ce qui ne va pas ? Il est malade ?

— Oui, d'une maladie incurable, celle de l'identité. »

Il ne m'en avait pas dit plus.

Philippe Séguin, on connaissait une partie de son histoire. Il avait écrit des livres. Né en Tunisie d'une famille de colons français (qui n'avaient donc pas la nationalité tunisienne), orphelin à l'âge de 17 mois d'un jeune père, l'aspirant Robert Séguin, qui s'était engagé lors du débarquement de Provence, mort pour la France les armes à la main en Franche-Comté contre les Allemands, le 7 septembre 1944 – il n'avait pas 23 ans. Un héros dont il devrait toute sa vie porter le deuil, entretenir la mémoire sans l'avoir jamais connu. Une absence très lourde à porter, mais peut-être moins que celle qui, l'âge adulte venu, pesait sur son inconscient. La voilà, la crise de l'identité : celle du non-dit, qui se racontait sous le manteau, et dont moi-même j'avais eu vent.

Il serait en réalité le fils d'un homme marié, Albert Hayat, Juif tunisien – un homme solaire, joyeux – qui tenait la boutique de lingerie où sa mère avait été vendeuse. Ils avaient été amants, elle était enceinte. Pour éviter le scandale, ses parents l'avaient vite mariée à Robert Séguin.

Lorsqu'il allait bien, Philippe Séguin parlait de la Tunisie sur un ton enjoué. Il en aimait tout : les gens, le soleil, la lumière, la cuisine, les odeurs. Physiquement, il était très juif tunisien. « La Tunisie [où il aimait tant revenir], c'est comme ma mère », disait-il. Mais non, c'était comme son père !

Dans un livre fort documenté[1], Michel Taubmann a mené une enquête très parlante. « Dans la communauté juive tunisienne, c'était depuis toujours un secret de Polichinelle », me dira-t-il. Dans le livre, il y a des photos de son père biologique – la ressemblance est frappante. Philippe Séguin l'aurait, selon l'auteur, rencontré au moins une fois, mais Albert Hayat est parti trop tôt pour leur donner le temps de faire vraiment connaissance, de se parler, de s'aimer, et pour le fils, de se délivrer de son mal de père.

Taubmann m'avait interrogée : « Vous avez remarqué que dans sa biographie sur Napoléon III, Philippe Séguin parle de lui ? » J'avais lu ce livre, paru en 1990, mais avouai ne pas avoir prêté attention plus que cela à ce qu'il écrivait en préambule : « À lire un portrait, on en apprend parfois au moins autant sur l'auteur que sur le modèle. » J'avais pris cela pour de la forfanterie tant il admirait son sujet.

Comme pour Philippe Séguin, m'expliquait Michel Taubmann, il y avait un doute sur la filiation de l'empereur. Louis Bonaparte, roi de Hollande et frère de Napoléon Ier, était-il vraiment le père du second empereur ? Il avait tardé à le reconnaître. Le caractère épisodique de sa relation conjugale – il ne vivait pas avec sa femme, la reine Hortense, fille de l'impératrice Joséphine, neuf mois avant la naissance – et son caractère volage permettaient d'en douter. Victor Hugo avait dénoncé en lui « l'enfant du hasard, dont le nom est un vol et la naissance un faux ». Philippe Séguin s'en indignait

1. *Le Fils perdu de la République*, Éditions du Moment, 2015.

dans son livre. Quant aux relations de l'empereur avec les femmes, toutes celles qui ont connu Philippe Séguin pouvaient le reconnaître à travers ce qu'il en écrivait : « Les femmes [...] répondaient, chez lui, à un besoin irrépressible. Besoin physique, exigeant, lancinant et inextinguible de leur corps, mais aussi besoin moral de leur présence et de leur commerce. Elles seront innombrables à peupler son existence. Et de tous les genres. Il fallait qu'elles soient là pour lui donner le sentiment d'exister. C'est dans leurs yeux, comme hier dans ceux de sa mère, qu'il pouvait se prouver à lui-même qu'il avait un avenir, et vérifier qu'il savait séduire, intéresser, susciter de l'attachement. Il est volage, certes, mais pas à proprement parler infidèle. Sa tendresse est toujours sincère. En fait, il a des fidélités successives. C'est la conquête qui l'intéresse. » Des écrits en effet très troublants, en forme d'aveux, à tout le moins.

Mon dernier souvenir de Philippe Séguin date des années 2008 ou 2009. Il était premier président de la Cour des comptes depuis 2004, grâce à l'appui de Nicolas Sarkozy qui avait fait signer le décret par Jacques Chirac, pas vraiment convaincu, alors que Jean-Pierre Raffarin, Premier ministre, s'y opposait. Il avait invité à déjeuner notre groupe de journalistes femmes : Michèle Cotta, Raphaëlle Bacqué, Arlette Chabot, Hélène Pilichowski, etc. Pour la première fois, je le trouvais apaisé. Il avait redonné du lustre à cette institution. En intensifiant le nombre des rapports, en réformant les juridictions financières. Ce retour dans son corps d'origine d'énarque lui plaisait. Il nous avait fait visiter les lieux, on le sentait fier d'en être le patron. Une chose m'avait inquiétée tout de même : il buvait sec et fumait toujours beaucoup. Sa conversation était interrompue de quintes de toux impressionnantes, qui faisaient toujours des bruits de forge, comme s'il y avait un incendie dans ses bronches. Je notais une dégradation de son état de santé.

Philippe Séguin est mort le 7 janvier 2010, emporté par une crise cardiaque. Pour moi un matin de grande tristesse. Je me souviens de ses obsèques dans la cathédrale des Invalides. Nicolas Sarkozy et Carla, au premier rang, entouraient la famille. François Fillon aussi, dont il avait été le mentor, et qui semblait très affecté. Jacques Chirac était là avec Bernadette. Pour eux deux, la fin de ce compagnon difficile était un pan de plus de leur histoire qui s'en allait. Giscard était présent, lui également. Le protocole l'avait placé à côté d'eux. Ils nc s'étaient pas serré la main, et n'avaient échangé ni un regard ni un signe. Autre façon de clore un pan de l'histoire de la droite. Il y avait foule. Beaucoup avaient la larme à l'œil.

Jean de Boishue, son ami, m'a avoué ne s'être jamais remis de sa mort. « Je l'aimais comme il était. J'en ai souffert terriblement. Et il en a fait des inconsolables [des femmes], que j'essayais d'apaiser en vain, et des martyrs aussi [ses collaborateurs auxquels il ne prêtait guère attention]. Il ne ressemblait à personne, mais il laisse une empreinte profonde dans la mémoire des hommes. »

Je connais quelques députés LR, comme François Cornut-Gentille, qui lui vouent toujours une admiration intacte. Elle n'a d'égale que leur chagrin et leurs regrets. Ils avaient bâti sur lui leurs espoirs et leurs rêves. Par masochisme, par lâcheté aussi, leur champion n'a jamais tenu ses promesses. Mais ils ne lui en veulent pas car, malgré la déception, il leur a laissé à tous quelque chose d'ineffaçable dans le cœur. Sa plus grande réussite ? Sans doute, mais en même temps quel gâchis !

14

UNE CARRIÈRE AU FORCEPS

Été 1995 : Nicolas Sarkozy avait 40 ans. En politique, un âge adolescent. La défaite d'Édouard Balladur à la présidentielle, c'était aussi la sienne, et de première grandeur. D'un coup, il perdait tout. Pendant deux ans, il avait respiré l'air des cimes : ministre du Budget, porte-parole du gouvernement, ministre de la Communication (poste laissé vacant après la démission de son ami Alain Carignon, mis en examen pour recel et abus de biens sociaux dans l'affaire du *Dauphiné News*). Comme Cadet Roussel, il disposait de trois bureaux, en précisant bien : « Mais je ne reçois qu'un seul salaire… » Édouard Balladur le consultait chaque jour et à tout propos. On le jalousait, forcément.

Jacques Chirac s'installait à l'Élysée, son destin basculait. Il risquait d'être un proscrit pendant sept ans. Son horizon était bouché. Entre les deux tours, la corde au cou, les balladuriens s'étaient rendus en cortège au meeting de Bagatelle pour apporter leur soutien à Jacques Chirac. Édouard Balladur était même revenu de Chamonix. Ils avaient été hués, injuriés. « On m'a craché dessus », se plaignait Nicolas Sarkozy.

Qu'allait-il faire ? Quitter la politique ? Son ami Martin Bouygues lui proposait une situation plus qu'enviable dans son groupe. Il s'interrogeait.

Lorsqu'il avait annoncé à Jacques Chirac, en novembre 1993, qu'il ne le soutiendrait pas à la présidentielle, il s'était fait traiter de cynique. « Moi, cynique ? s'insurgeait-il devant moi. Non, brutal sans doute, mais pas hypocrite, pas cynique. » Ils ne s'étaient plus parlé depuis ce pénible tête-à-tête. Une rupture glaciale. Un silence rancuneux.

Le Monde avait révélé, en mars 1995, que le couple Chirac avait payé huit cent cinquante mille francs d'impôts pour avoir, deux ans plus tôt, réalisé une belle plus-value sur la vente d'un terrain de cent trois hectares au Port autonome de Paris, propriété de la famille Chodron de Courcel. Voilà qui tombait mal pour le candidat qui faisait campagne sur la fracture sociale. Pour les chiraquiens, pas de doute : ce mauvais coup portait la signature de Sarkozy. J'avais évoqué cette affaire devant lui, il avait explosé : « Je mets au défi les colporteurs de calomnies de trouver une quelconque trace écrite ou orale de telles interventions. » Il n'empêche : qui a la tutelle des douanes et des impôts dispose d'armes redoutables et dissuasives contre ses adversaires. Des députés chiraquiens, très anti-Balladur, racontaient qu'il les avait en effet menacés de contrôle fiscal. Jacques Chirac s'étranglait de rage devant Christine Albanel : « Vous vous rendez compte, suspecter ma belle-famille qui n'a jamais été capable de réaliser seulement une bonne affaire ? »

De ce jour, Claude n'allait plus prononcer son nom. « Ce petit monsieur mériterait un coup de pied au derrière », pestait Bernadette, tandis que Dominique de Villepin raillait : « Nous n'avons pas besoin de ce nabot. »

Plus tard, Bertrand Landrieu, le directeur de cabinet de Jacques Chirac, qui ne se mêlait pas des affaires politiques, me l'avouera : « Je n'imaginais pas un tel degré de haine. J'ai été sidéré par les propos des uns et des autres sur Sarkozy, surtout ceux de Dominique de Villepin, qui menait la traque aux balladuriens avec des formules ordurières et méprisantes. »

Cette colère du clan s'expliquait surtout par le dépit que leur avait causé l'abandon de Nicolas Sarkozy. « Ah non, pas lui ! » S'il avait choisi Balladur, auréolé de sondages mirifiques, c'est parce qu'il ne croyait plus en Jacques Chirac. « Lui parti, c'est tout le dispositif qui perdait sa tour de contrôle. On avait besoin de lui intellectuellement, affectivement », me confiait alors Frédéric de Saint-Sernin, jeune conseiller général RPR de la Dordogne. Longtemps Claude, paraît-il, avait espéré qu'il reviendrait. Tous avaient profité de lui, de sa force de travail, de son culot, de son imagination, de son goût du combat et même de sa gaieté. Il était leur homme indispensable.

« Et moi ? me disait-il. Qu'est-ce qu'on me donnait en retour ? Rien ! Édouard Balladur, lui, m'a nommé au gouvernement. Tout ce que j'ai eu jusque-là, c'est grâce à moi. J'ai tout pris, toujours contre l'avis de Chirac, malgré ses pressions. »

La mairie de Neuilly ? Au printemps 1983, Achille Peretti décédait, un mois après avoir été réélu maire de la ville pour la sixième fois. Le conseil municipal devait élire son successeur. Charles Pasqua, venu habiter Neuilly quelques mois plus tôt, avait demandé à son ami Achille de figurer sur sa liste municipale, ce que Peretti n'avait pu refuser au président du groupe RPR au Sénat. Ses adjoints n'avaient guère apprécié. Ils imaginaient que le maire préparait avec lui sa succession. « Moi, je ne suis pas le prince de Monaco », rétorquait-il. Six ans plus tôt, Nicolas Sarkozy, le petit dernier, était trente-septième sur sa liste. Il avait 21 ans. Il venait de passer adjoint à la septième place, une belle promotion. Tout le monde le connaissait, vantait son énergie, sa disponibilité, son entrain. Chargé de tâter le terrain pour Charles Pasqua, il avait mesuré, après avoir fait le tour de ses collègues, que ça ne marcherait pas ; en revanche, c'était jouable pour lui. Donc il avait fait un forcing terrible auprès d'eux. Impossible de lui résister.

Alerté par Charles Pasqua, Jacques Chirac avait dépêché Bernard Pons pour lui faire la leçon. Il s'était heurté à un mur. « Laisse tomber, Jacques », avait conseillé Pons au maire de Paris. Pasqua n'avait plus qu'à pester contre « ce petit saligaud ». Bien joué ! Nicolas Sarkozy devenait, à 28 ans, le plus jeune maire d'une ville de plus de cinquante mille habitants. Curieusement, la presse nationale n'avait pas fait grand cas de cette victoire.

J'étais allée voir le nouvel élu pour *Jours de France* et lui demander sa recette : « Du travail, du travail. Je suis toujours le premier arrivé, à 7 heures, et le dernier parti, à 21 heures. Je gère cette maison comme une entreprise. » Et il m'avait détaillé par le menu son emploi du temps quotidien : le courrier, les dossiers, les rendez-vous, les visites de quartier et une réunion tous les soirs. Difficile d'avoir une vie privée, non ? « Ma femme est une perle. Elle me comprend et m'accompagne le soir. » Et de glisser sa profession de foi : « Pour les gens de ma génération, réussir n'est pas un péché. Vouloir travailler plus que les autres ? Pas suspect. Prendre des risques ? Pas anormal. Moi, plus j'ai de responsabilités, plus je suis heureux. Les seuls moments où j'ai mal à la tête, c'est quand je suis en vacances. » Le mot « vacances » étant dans sa bouche presque obscène.

Un mois après son élection à la mairie, l'appétit aiguisé, il décidait d'affronter le suffrage universel, ajoutait à son blason le poste de conseiller régional, bientôt suivi de celui de conseiller général des Hauts-de-Seine, en écrabouillant Marie-Caroline Le Pen pour se hisser à la vice-présidence, chargé de la culture. Dans le hit-parade des ascensions politiques, commencées au plus bas de l'échelle militante, c'est un cas d'école. Une performance.

D'où lui venait cette gagne rageuse ? Je découvrirais plus tard, en écrivant sa biographie, qu'il était le *continuum* de l'histoire d'une lignée. Son père, aristocrate hongrois qui avait fui les communistes, était arrivé à Paris sans un sou en poche. Un père avec lequel les relations seraient toujours houleuses et qui avait fait fortune chez L'Oréal, sans en faire profiter ses trois fils. Pour eux, sa pension alimentaire étant plus que chiche, Nicolas lui avait fait un procès et tordu le bras parce qu'il avait réussi à faire croire qu'il était insolvable. Son grand-père maternel, chez qui ils vivaient, ses frères et lui, était un urologue venu de Salonique. Ils découvriront à sa mort qu'il était juif. Il ne leur avait rien dit pour les protéger. Leur mère, Dadu, avait repris ses études après son divorce pour devenir avocate ; elle ne se plaignait jamais. Trois adultes, qui avaient réussi sans relations : personne n'était venu les chercher, rien ne leur avait été donné. « Être fils et petit-fils d'étranger a ancré en moi un sentiment de minoritaire, et j'aime les sentiments exacerbés des minorités. » Ainsi me parlait Nicolas Sarkozy.

Je me souviens de notre première rencontre, aux assises nationales de l'UDR de Nice, en juin 1975 : vingt-cinq mille militants étaient réunis dans un hall immense.

Six mois plus tôt, Jacques Chirac s'était emparé du mouvement gaulliste, se jouant des barons grâce au patient travail de Charles Pasqua dans les sections militantes. Valéry Giscard d'Estaing, inquiet de la puissance politique nouvelle de son Premier ministre, lui avait demandé de démissionner du poste de secrétaire général (ce qui ne tromperait personne). Qu'importe, c'était Chirac désormais le leader. Selon le rituel de ces grands-messes, l'ouverture se faisait avec un discours de Michel Debré qui lançait : « Amis, compagnons, militants… », après quoi il s'époumonait dans une longue diatribe exaltée, interminable, contre l'Europe, contre Giscard, contre le déclin de la France, épuisant l'assistance. Les militants qui l'avaient applaudi, la tête encore bourdonnante, n'avaient plus qu'une idée : souffler, se dégourdir les jambes, boire une bière. Des moments toujours creux dans un congrès, que les hommes de la tribune s'efforçaient de combler.

À ce moment-là, Jacques Chirac présidait la séance. Il s'était tourné vers Nicolas Sarkozy, qu'il n'avait encore jamais rencontré, un novice de Neuilly parrainé par Charles Pasqua : « C'est toi, Sarkozy ? Tu as deux minutes. »

De loin, nous avions vu un jeune homme aux cheveux longs s'avancer vers le micro, comme on se dirige vers la proue d'un navire. Et soudain sa voix avait empli la salle. Une énergie hors norme. Les militants, éberlués et admiratifs, s'étaient rassis pour l'écouter. Au premier rang, la nomenklatura gaulliste, tous les grands barons que Chirac avait supplantés : Roger Frey, Olivier Guichard, Couve de Murville, Chaban. C'est à eux que le jeune homme s'adressait, et il n'y allait pas de main morte dans la brosse à reluire : « J'ai la tête dans les étoiles. Je vous le dis, vous êtes mes idoles. Je suis jeune, c'est vrai, mais comme vous, je suis gaulliste car j'ai compris qu'être gaulliste, c'est être révolutionnaire. » Ah, la tête de Couve ! C'était bien la première fois qu'il se faisait traiter de « révolutionnaire », ce qui avait l'air de l'enchanter ! Les militants avaient applaudi le jeunot presque autant que Debré avant lui.

Le novice ovationné respirait un parfum de destin. Sa vocation venait de naître. Il en était sûr : il ferait de la politique. « J'étais pressé de m'inventer un avenir », me dirait-il plus tard.

Avec mon ami Paul Guilbert du *Figaro*, nous étions allés l'attendre en bas de la tribune ; Olivier Todd, du *Nouvel Obs*, s'y trouvait lui aussi. Nous voulions voir de près le phénomène. J'avais parlé de sa prestation dans une chronique sur Europe 1. Je mentirais si je disais que j'avais perçu en lui un futur président de la République, mais, pour son âge, il avait ce don rarissime : savoir capter l'attention d'un vaste auditoire.

Nicolas Sarkozy a souvent narré cet épisode niçois à des journalistes qui m'en faisaient ensuite le récit. Il leur disait que j'avais été la première avec mes deux confrères à déceler chez lui un potentiel, au point de raconter que j'avais publié dans un journal, *Mademoiselle âge tendre*, un article où je parlais de « son bel organe ». Je n'ai jamais écrit dans *Mademoiselle âge tendre*, je n'ai jamais évoqué son bel organe. Cet épisode enjolivé de notre première rencontre est devenu une légende à laquelle Nicolas Sarkozy a donné crédit puisqu'il l'a même mentionné dans son livre *Passions*.

Au lendemain des assises, ça n'avait pas traîné : la secrétaire de Jacques Chirac appelait chez sa mère pour le convier à Matignon avec Robert Grossmann, le président des jeunes gaullistes, qui lui avait fait répéter son discours de Nice : « Tu es un diamant, Nicolas. Je vais te polir. » Le Premier ministre avait saisi qu'il fallait utiliser ce jeune type très doué pour organiser les assises des jeunes UDR. Mission accomplie : vingt-cinq mille jeunes étaient accourus. Un succès. Nicolas Sarkozy, amoureux de la chanteuse Joëlle, avait pu faire venir le groupe « Il était une fois ». Et toute la salle avait repris en chœur le refrain : « J'ai encore rêvé d'elle / C'est bête, elle n'a rien fait pour ça / Elle n'est pas vraiment belle / C'est mieux, elle est faite pour moi / [...] Je l'ai rêvé si fort / Que les draps s'en souviennent... » Voilà ce que les jeunes gaullistes chantaient avant d'entonner *La Marseillaise* ! Pour le remercier, Jacques Chirac l'avait invité à déjeuner et lui avait lancé au dessert : « Toi, un jour, je te ferai ministre. » Chiche ?

En attendant, fort de cette promesse, Nicolas Sarkozy roulait pour lui et cumulait les mandats. Mitterrand, réélu en 1988, ayant dissous l'Assemblée, il n'était pas prévu que Nicolas Sarkozy soit candidat à la députation à Neuilly. Jacques Chirac, battu, déprimé, avait promis son soutien à tous les sortants, donc à Florence d'Harcourt, ex-suppléante d'Achille Peretti. Halte là ! Pas question pour Sarkozy de laisser passer une si belle occasion. Il avait demandé rendez-vous au maire de Paris pour lui annoncer tout de go :

— Je viens vous dire que je me mets en congé du RPR.

— Chirac, interloqué : Qu'est-ce qui te prend, Nicolas ?

— Nicolas Sarkozy, décidé : Je vais me présenter parce que je suis sûr de l'emporter, mais je ne veux pas vous gêner. Voilà pourquoi je me mets en congé du mouvement.

Jacques Chirac jugeait que ce garçon était bien culotté, mais peut-être cela lui rappelait-il ses propres débuts en politique.

Cette fois, Nicolas Sarkozy avait le soutien de Charles Pasqua, et pour cause : la nouvelle règle édictée par la gauche de non-cumul des mandats imposait à chaque élu de n'en garder que deux au maximum. S'il devenait député, il garderait sa mairie bien sûr, et il abandonnerait ses sièges de conseiller régional et de conseiller général. Et il était allé offrir ce gros gâteau à Charles Pasqua. « En cas de victoire, je vous céderai mon siège de conseiller général, et à vous seul. » Un prêté pour un rendu ? Message reçu cinq sur cinq.

Maxime sarkozyste : « Quand je ne suis pas invité, j'arrive avec le repas et il est bien rare que l'on ne me garde pas à dîner. » Autre conviction : pour réussir, se choisir un parrain, aussi haut placé que possible, d'un âge élevé, gagner ses bonnes grâces afin de récolter, le moment venu, tout ou partie de l'héritage.

Charles Pasqua s'était chargé d'aller faire comprendre à Florence d'Harcourt qu'il était prudent de renoncer, en lui promettant en échange un siège de député européen (qu'elle attend toujours). Résultat : investi par le RPR, Nicolas Sarkozy était élu député au premier tour avec 75 % des voix. Il exultait devant ses amis : « Je les ai tous niqués ! » (du Sarko dans le texte). Charles Pasqua, élu lui aussi haut la main conseiller général, exigeait, à l'instar de Nicolas Sarkozy, d'être vice-président. Le président sortant, qui se méfiait d'un si gros poisson, lui ayant dit : « Je n'ai pas de place pour toi, Charles », sans prévenir personne, l'ex-ministre de l'Intérieur s'était porté candidat à la présidence et l'avait emporté d'une voix. Enfin, Pasqua était maître chez lui. À la tête du département le plus riche de France, au trente-huitième rang dans le monde en termes de PIB. Une présidence qu'il gardera jusqu'en 2004.

Je me souviens d'un déjeuner au conseil général des Hauts-de-Seine. Il nous avait invitées, Michèle Cotta et moi, et reçues avec faste, en insistant lors de l'apéritif pour nous faire goûter plusieurs vins, certains venant de Corse. Je vois encore sa main, plongeant comme une patte d'ours dans des coupelles emplies de noix de cajou et d'amandes salées. À la fin du repas, un chariot de desserts, comme on en voit dans les grands restaurants, nous proposait un choix de pâtisseries digne d'un cinq-étoiles. Un moment joyeux dont j'étais repartie avec une barre au front, assommée par ces agapes. Pour revenir à Paris, avant de trouver mon chemin, j'avais fait trois fois le tour de la Défense.

Un autre souvenir me revient. J'étais allée le voir un dimanche matin sur le coup de 11 heures pour Europe 1, lorsqu'il était ministre de l'Intérieur. Il m'avait reçue en djellaba. Derrière son bureau, il y avait deux enceintes grosses comme des armoires qui jouaient à pleine sono *Nabucco* de Verdi, l'air des esclaves. Il était au ciel, c'était son moment de détente dominical. Devant lui, un whisky sec et des coupelles d'amandes.

Après une ascension pareille en si peu de temps, j'imaginais mal, en 1995, que Nicolas Sarkozy accepte la proposition de son ami Martin Bouygues d'entrer dans son groupe.

Mais pourquoi aurait-il renoncé? Après tout, Jacques Chirac, pour avoir contribué à faire élire Giscard en 1974, avait été lui aussi considéré comme le traître à abattre pour la famille gaulliste. Six mois plus tard, il était devenu son sauveur. Primo, Sarkozy devait d'urgence retrouver sa mairie. Pas si simple cette fois. Édouard Balladur, pour lequel il s'était tant battu, n'avait obtenu que 33,19 % des voix dans sa ville, distancé de huit points par Jacques Chirac. Pour ajouter à la difficulté, une liste chiraquienne l'affrontait, conduite heureusement par un inconnu. Il était trop bien implanté dans sa ville pour être déboulonné. Certes, il perdait 20 % des suffrages, mais était largement reconduit. Plus de peur que de mal.

« En deux mois, Nicolas est passé du statut de Premier ministre potentiel à celui de maire moins bien élu », me disait néanmoins son ami Brice Hortefeux, navré.

Premier ministre d'Édouard Balladur ? Était-ce acté, vraiment ? Bien plus tard, j'avais posé la question à l'intéressé : l'auriez-vous choisi pour Matignon ? Il m'avait répondu sans l'ombre d'une hésitation : « Non, j'aurais nommé Juppé. »

Je lui rappelais ses impressionnants scores d'impopularité.

« Bien dirigé, je suis sûr qu'Alain Juppé aurait mieux réussi. » Et pan pour Chirac ! Et d'ajouter, autre pique : « Ainsi j'aurais fait la paix avec un homme qui avait soutenu Chirac et œuvré à la réconciliation. »

Après avoir retrouvé son bureau à la mairie de Neuilly, Nicolas Sarkozy entendait reprendre son siège de député, abandonné lors de son entrée au gouvernement en 1993.

Cinq mois plus tard, c'était fait : il était réélu, toujours face à Marie-Caroline Le Pen, avec plus de 75 % des voix.

En dépit de ses succès électoraux, Nicolas Sarkozy ne se sentait pas bien. Il savait qu'Alain Juppé, Premier ministre, agacé d'être maltraité par les élus balladuriens à l'Assemblée nationale, avait suggéré à Jacques Chirac de faire la paix avec eux en le nommant au gouvernement. Réponse de Chirac : *niet*, l'heure du pardon n'avait pas sonné. Nicolas Sarkozy déteste qu'on le déteste, et surtout d'être éloigné du pouvoir. À la commission des finances où il siégeait, il ferraillait beaucoup contre la politique économique d'Alain Juppé. Et pourquoi se serait-il gêné s'il pensait que le Premier ministre s'y prenait mal ? Devant ses amis balladuriens, il se plaignait tout le temps de ce Chirac qui ne voulait pas de lui. Peu à peu cela tournait à l'obsession. « Il affichait ses blessures comme une enseigne commerciale », ironisait devant moi son ami Pierre Charon.

Allez, la vie n'était pourtant pas si cruelle. Côté privé, à peine le divorce d'avec Marie, la mère de ses deux fils Pierre et Jean, avait-il été prononcé qu'il épousait Cécilia, le 26 octobre 1996 (elle se faisait déjà appeler Cécilia Sarkozy pendant les deux ans passés au ministère du Budget). Louis-Charles Bary, son premier adjoint, officiait à la mairie de Neuilly. Les deux témoins du marié s'appelaient Bernard Arnault et Martin Bouygues, deux Neuilléens, deux solides appuis. Tous les amis étaient là. Bientôt le couple annonçait qu'il attendait un petit garçon. Le bébé s'appellerait Louis, un beau prénom pour un dauphin.

Alain Juppé continuant de chuter dans les sondages, Nicolas Sarkozy passait à l'offensive, en septembre 1996, en proposant, dans *La Tribune Desfossés*, une autre politique économique, presque un discours de politique générale. Message subliminal : si j'étais Premier ministre, je ferais mieux que lui !

Des personnages influents militaient pour un grand pardon. François Pinault venait plaider sa cause à l'Élysée : « C'est l'homme qu'il vous faut, Jacques. Juppé est usé. » Jean-Michel Goudard, Jacques Pilhan conseillaient Sarkozy, qui me l'avait raconté : « Ces deux-là venaient me voir pour me dire : "Soyez patient, votre tour va venir." »

Mais à tous ceux-là, le président répondait que Sarkozy avait été pardonné. La preuve ? Il avait été invité, comme tous les parlementaires de la majorité, à une réception à l'Élysée, mais il s'était éclipsé sans attendre son tour pour lui serrer la main. La presse en avait fait des tonnes à ce sujet. Interrogé sur sa conduite peu respectueuse, l'intéressé avait répondu : « Si Chirac veut me voir, il n'a qu'à me téléphoner lui-même », ou encore : « Quand il aura besoin de moi, il me le fera savoir. » Quel effronté !

La lumineuse dissolution allait mettre deux cent vingt-deux députés RPR au tapis. Nicolas Sarkozy, réélu dès le premier tour, avait commenté devant moi cet événement tragique avec quelque fatuité : « Chirac a pris le risque de tout perdre plutôt que de lever mon excommunication et me voir siéger à la table du gouvernement. Au fond, c'est très flatteur pour moi. »

Dès lors, parce qu'il le voulait, il croyait plus que jamais à son retour aux affaires.

Au lendemain de la défaite électorale, Rome n'était plus dans Rome : Chirac avait perdu, il ne voulait ni de Séguin ni de Sarkozy, il allait avoir les deux ! Sarkozy, le « petit Satan », était de retour, un vrai cauchemar, mais le niveau de méfiance à l'égard de Séguin était aussi à son zénith. « Chirac a peur de lui », me disait Alain Juppé. Entre deux maux, il faut toujours choisir le moins pire. Ce qui allait faciliter les affaires de Nicolas Sarkozy, parce que jugé plus apte à la discussion. Chirac savait qu'il pourrait toujours lui demander des services, une faveur pour des protégés, un renseignement. Chose impossible avec Philippe Séguin, si souvent injoignable au téléphone et qui parfois le rabrouait.

Comment retisser le lien ? Bertrand Landrieu, qui se mêlait peu de politique, était appelé à la rescousse. Jacques Chirac lui demandait d'inviter Nicolas Sarkozy à déjeuner, en l'occurrence chez Lucas Carton, pour lui glisser ce message : « Vous lui direz de ma part que s'il m'appelle, je le prendrai au téléphone. » Mission accomplie et réponse de Nicolas Sarkozy : « Si le président veut me voir, il n'a qu'à m'appeler lui-même. »

Pas question pour lui de confondre l'Élysée avec Canossa.

Et voilà Claude, oui, Claude, qui l'appelait à son tour pour lui livrer un message identique. À peine trois minutes, c'était court, mais elle avait pris son téléphone. Nicolas Sarkozy n'en était pas revenu, mais toujours pas question de céder.

Quatre semaines après les assises qui ont suivi la dissolution, Dominique de Villepin l'invitait à un petit déjeuner. Dominique le maudit (par les députés RPR battus) recevait

Nicolas le banni (par les chiraquiens). Entrevue glaciale au départ. Villepin plaidait pour une rencontre avec le président, mais son invité ne changeait toujours pas de ligne : « Je le verrai quand il voudra, mais c'est à lui de me le demander, et si je viens, je ne passerai pas par le fond du jardin. »

Face à ce bloc de volonté négative, Jacques Chirac allait plier, et le proscrit revenir par la grande porte. Victoire ?

« Quand je suis arrivé, me raconterait Sarkozy, le président, resté assis, m'avait lancé : "On me dit que tu veux me voir ?" Je lui ai répondu : "Non, c'est vous qui m'avez fait appeler." Ensuite, il m'a engueulé pendant dix minutes. Il vidait son sac [l'intéressé se fait très discret sur le contenu des récriminations présidentielles]. J'ai fini par l'interrompre pour lui dire : "Tout ce que l'on m'a expliqué est donc vrai ?

— Quoi donc ?, interroge, agacé, le président.

— Qu'on ne pouvait plus se parler."

À ce moment, Jacques Chirac, excédé, avait appelé l'huissier : « Raccompagnez le ministre. »

« Le ton était si sec que je croyais ne plus le revoir. », ajoute Sarkozy.

Un mois plus tard, Villepin le rappelait : « Le président veut vous voir ce soir. » Ce jour-là, le député-maire de Neuilly souffrait d'un lumbago : il s'était fait piquer le matin et ne savait pas s'il pourrait se déplacer.

« J'y suis allé quand même. Et là, changement d'attitude : Chirac était aux petits soins avec moi : "Nicolas, tu veux t'allonger ?" La glace était rompue. Nous n'avons jamais plus parlé du passé. »

Un retour en grâce ? La rancune était-elle jetée à la rivière ? Absolument pas. Jacques Chirac avait enfin trouvé quelqu'un à qui parler, rien de plus. Après la démission de Philippe Séguin de la campagne européenne, Nicolas Sarkozy avait dû reprendre le flambeau en sachant très bien que les résultats seraient mauvais, et ils le furent : 12,82 % des voix. Désespérants pour lui !

Le lendemain matin, Jacques Chirac le recevait à l'Élysée, pour lui demander quoi ? D'abandonner la présidence du RPR par intérim. *Le Monde* éventait déjà son intention de faire revenir Alain Juppé. Une information qui allait provoquer une bronca telle chez les députés RPR que le projet ne verrait pas le jour.

Tout au long de l'été 1999, les candidatures à la présidence du RPR se multipliaient : Hervé Gaymard, Dominique Perben, François Fillon. On apprenait surtout que Jean-Paul Delevoye, sénateur-maire de Bapaume, était le candidat de l'Élysée. De physique comme de caractère, l'exact contraire de Sarkozy : un géant débonnaire, monolithique, doté d'un débit oral lent, sérieux, anesthésiant. « Il lui faut un quart d'heure pour dire "Passez-moi le sel" », moquaient ses détracteurs. La compétition était ouverte. Nicolas Sarkozy s'interrogeait : devait-il y aller ? Chirac l'appelait pour le lui déconseiller : « N'y va pas… tu subiras des attaques. »

Une autre fois, pour mieux l'en dissuader, il empruntait un autre registre, lui glissant *mezza voce* que s'il était réélu en 2002, jamais il ne prendrait pour chef de gouvernement un chef de parti. Histoire de mieux se faire comprendre encore, il se lamentait sur la pauvreté affligeante de la droite en ressources humaines (des raisonnements qui ne tombaient pas dans l'oreille d'un sourd), pour lâcher au final : « Tu feras ce que tu voudras, mais ce serait une immense erreur. »

En cet instant, « son visage était dur, ses paroles cinglantes traduisaient un agacement profond », écrira plus tard Nicolas Sarkozy dans son livre *Libre*.

Alors que ses amis lui conseillaient d'y aller, Sarkozy décida de lever le pied… pour ménager l'avenir.

Le 13 septembre 1999, dans une interview au *Monde*, il justifiait son choix en expliquant que le chef de l'État n'avait pas souhaité sa candidature. Et il accompagnait l'exposé de ses raisons d'une phrase qui résonnait comme un défi : « J'ai choisi de lui faire confiance. » Un message personnel pour

Jacques Chirac. Traduction : « J'obtempère, mais vous me devrez réparation. »

Les éditorialistes s'apprêtant à gloser sur la rancune chiraquienne, il fallait réagir vite. Nouveau coup de fil de Villepin : « Le président veut vous voir ce soir. » Cette fois, grande mise en scène élyséenne : les télés et les radios avaient été convoquées. Ne manquait que la garde nationale à cheval. Et Sarkozy de railler, en entrant dans le bureau du président : « Vous inviteriez Nelson Mandela que vous n'en feriez pas plus... » Dominique de Villepin participait à la rencontre. Sur une table étaient disposés des rafraîchissements, des coupelles remplies de saucisson et de pistaches. Le président, d'une humeur de rose, se montrait effusif, complimenteur : « Tu m'as épaté, Nicolas. Tu as maîtrisé ton tempérament. Maintenant, tu es un homme libre. Tu ne seras plus le collaborateur de personne. Tu dois construire quelque chose d'important pour l'avenir.

— C'est maintenant à vous, monsieur le président, de faire des gestes. »

Jacques Chirac était si heureux d'avoir eu gain de cause qu'il lui aurait promis la lune ! Deux jours plus tard, nouvel appel. Cette fois, c'était pour le charger d'élaborer le programme de la droite. « Prends garde à ne pas te laisser enfermer dans un ultralibéralisme dont les Français ne voudront jamais », et d'ajouter : « Je serai candidat en 2002. J'ai besoin de ton aide. Si tu veux exercer des responsabilités gouvernementales de premier plan, tu sais parfaitement que ce n'est pas Jospin qui te les donnera. » Nicolas Sarkozy recevait ces propos comme une promesse : il lui fallait donc se préparer pour Matignon ! Les ennuis judiciaires de Juppé risquant de le priver d'avenir pour quelque temps, qui d'autre que lui avait la capacité de la fonction ? Il avait beau chercher, non, il ne voyait pas. Donc à lui de jouer. Et ce ne serait pas petit bras.

« J'ai choisi de lui faire confiance », avait-il dit. Une formule à double sens. Parce qu'au fond la méfiance était toujours là. « Chirac, on le croit bête, il est très intelligent. On le dit simple : il est très compliqué. On s'imagine qu'il est gentil : il est très méchant », répétait-il devant moi. 2002 était encore loin. Nicolas Sarkozy allait s'obliger à une cure de silence. Il avait envie de souffler un peu à sa manière, qui n'est jamais paresseuse.

Sa mairie l'occupait beaucoup : un rendez-vous toutes les demi-heures. Il rencontrait des professionnels de tous horizons, visitait des usines, arpentait les régions, rencontrait les militants RPR, voyageait à l'étranger avec Cécilia. Mais voilà l'essentiel : il réfléchissait, se préparait pour 2002 avec la méthode qui avait si bien réussi à Édouard Balladur : « Tout ce qui a été pensé avant peut être fait après. » Au début de l'année 2001, il publiait *Libre*, aux éditions Fixot, dans lequel il racontait ses expériences, ses réflexions, chaque sujet abordé étant tiré d'une situation vécue. Exemple : d'une visite au chancelier Schröder, qui venait d'autoriser l'entrée de vingt mille informaticiens indiens pour faire face à la pénurie, pour parler immigration, il retirait la conviction que l'immigration zéro était une chimère et l'immigration choisie devrait être la règle. Ce livre était un programme de gouvernement, qui traitait de tout : la fiscalité, la décentralisation, l'école, la culture, la Corse, la sécurité bien sûr, et même un plan cancer que Chirac reprendrait à son compte en 2002.

Bref, Sarkozy était prêt à servir. « Moi je ne m'use que si l'on ne se sert pas de moi », aimait-il plaisanter. Ce livre allait connaître un grand retentissement. Nicolas posait avec Cécilia dans tous les magazines. Michel Drucker l'invitait à *Vivement dimanche*. « On ne voit que lui », s'agaçait Bernadette.

Je me souviens qu'il nous avait reçus, Paul Guilbert et moi, à déjeuner pour nous offrir son ouvrage (dédicacé) dans une annexe de la mairie de Neuilly, en face du bâtiment principal.

Cécilia était là, superbe, hiératique : elle grignotait une feuille de salade, buvait du Coca light avec une paille dans des grands verres emplis de glaçons. Elle ne parlait pas. Sans cesse il guettait son approbation, qu'elle lui renvoyait avec des petits hochements de tête entendus. Il nous disait qu'il était prêt pour Matignon, il s'y voyait déjà. Chaque jour, il recevait des journalistes pour leur faire passer cet unique message.

En réalité, jamais Jacques Chirac n'a songé à le nommer à Matignon : il le craignait car trop impétueux, tumultueux, trop souvent abrupt dans ses jugements. Jusqu'au bout, Nicolas Sarkozy avait tenté de le fléchir, passant même par Bernadette. Quand Sarkozy voulait quelque chose, il ne ménageait pas sa peine. Marathonien de la chiraquie, il allait tenir quarante-six meetings à travers la France. Pour chaque fois s'adresser aux médias comme s'il était le futur hôte de Matignon.

Antoine Rufenacht, maire du Havre, ami de longue date de Chirac, nommé directeur de campagne, tentait de le calmer, comme il me le racontait : « J'ai invité deux fois Nicolas à prendre un petit déjeuner, toujours pour le mettre en garde. "Tu as tort de t'autoproclamer Premier ministre. Tu mets Chirac en position de ne pas te nommer. On ne force pas la main du président." À quoi il me répondait, mêlant comme d'habitude candeur et brutalité : "Avec lui, il n'y a que le rapport de force qui marche", et de s'en référer à son expérience : "Si je ne m'étais pas autoproclamé maire de Neuilly, je n'aurais jamais été élu maire. C'est bien parce que j'avais refusé toutes ses autres propositions qu'Édouard Balladur m'a donné ce que je voulais : le Budget et le porte-parolat." » Nicolas Sarkozy a toujours cru en sa chance.

Et c'est Jean-Pierre Raffarin qui fut choisi. Raf à qui ? « Raffarin ne fera rien », moquait Sarkozy. Alain Juppé, pourtant peu suspect de faiblesse envers lui, avait reconnu devant moi : « Nicolas était beaucoup plus préparé pour faire le job que Raffarin qui n'y avait pas vraiment réfléchi... » Ce refus de Matignon, Nicolas Sarkozy l'a vécu comme une trahison de Chirac. Sans doute avait-il trop interprété ses paroles dans le sens qui lui convenait. Chirac lui avait tout de même fait miroiter des choses, ça il ne l'avait pas rêvé, donc il avait eu tort de lui faire confiance. Il était très déçu, mais ne renonçait pas. En 2006, un an avant la présidentielle, Claude Guéant me l'assurait : « Si le président proposait Matignon à Nicolas, il serait capable de dire oui. » Récemment, j'ai interrogé Nicolas Sarkozy qui me l'a confirmé.

Faute d'être Premier ministre, Nicolas Sarkozy recouvrait sa pleine liberté pour viser plus haut. Il allait le faire savoir très vite.

15

LA BIENFAITRICE

Longtemps après, je mesurais combien Bernadette n'avait cessé de conspirer à la réélection de son mari en 2002, convaincue qu'en politique, on ne subit pas l'avenir, on le façonne. Jamais rien d'improvisé avec elle. À l'Élysée, sa fille l'avait écartée : en 1997, un reportage de *Paris Match* montrait Jacques Chirac, grand-père attentionné de son petit-fils Martin, né l'année précédente, à côté de Claude. Aucune image de la grand-mère. L'année suivante, les dépêches évoquaient les vacances du président dans le Tyrol, en Autriche, pour le week-end pascal, en compagnie de Claude et de Martin. Toujours pas de Bernadette…

Qu'importe ! Elle allait leur montrer de quoi elle était capable sur le terrain, « en présentiel », comme on dit aujourd'hui – un mot affreux.

Mine de rien, par petites touches successives, presque invisibles depuis Paris, elle engrangeait des soutiens pour lui par un travail en profondeur. Le seul à s'en rendre compte était Nicolas Sarkozy. « J'ai tout fait pour les rapprocher, en disant à Bernadette : "Nicolas voit tout ce que vous faites et ce que vous représentez politiquement" », me confiera Christine Albanel.

Tout le contraire de Dominique de Villepin qui tenait, lui, la première dame pour quantité négligeable, frôlant parfois l'insolence. Elle le détestait.

Début avril 2001, plus de cinquante villages de la Somme étaient submergés par la montée des eaux. De mémoire d'habitant, on n'avait jamais connu des inondations d'une telle ampleur. Un grand nombre de familles avait tout perdu. Une centaine de communes étaient touchées. Une rumeur enflait à Abbeville : les habitants seraient victimes de Paris, on aurait détourné les eaux de la Seine *via* le canal du Nord pour éviter que la capitale soit inondée. Reprise par certains médias, la rumeur prenait corps. Toujours, lorsqu'un événement les dépasse, les victimes ont besoin de boucs émissaires.

Lionel Jospin s'était rendu en hélicoptère à Abbeville pour mesurer les dégâts. Je me souviens d'une scène un peu ridicule : le Premier ministre soulevé par deux gardes du corps pour lui épargner de patauger dans l'eau avec ses chaussures de ville. On le verrait ensuite déambuler, chaussé de bottes en caoutchouc, au milieu des habitants en colère. Chahuté, conspué, soupçonné même d'être à l'origine du drame. Jospin, qui est un homme logique, tentait de leur expliquer, en bref, qu'il n'y avait pas de robinet pour couper l'eau, Paris n'était pour rien dans cette inondation; la rumeur était une mauvaise blague (on ne parlait pas encore de *fake news* ou de complotisme…). Faute de réussir à calmer la violence, le Premier ministre avait écourté sa visite, séchant, si l'on peut dire, l'étape de Fontaine-sur-Somme, commune la plus touchée du département. Les images le montraient visiblement agacé, avec sa tête des mauvais jours. On attendait de lui des mots de compassion. Il n'avait pas su les dire. Quelques jours plus tard, il annonçait une aide de l'État de trente millions de francs en faveur des sinistrés. Le lendemain, Jacques Chirac recevait à l'Élysée plusieurs élus du département, tous membres de l'opposition, afin de leur exprimer son « soutien affectueux à l'égard de toutes celles et de tous ceux qui souffrent », et souhaiter la « mise en œuvre effective des actions pour leur venir en aide ». Une critique implicite de l'absence de savoir-faire du Premier ministre.

Une semaine plus tard, la décrue ayant commencé, Bernadette Chirac, sans tambour ni trompette, ni nuée de caméras derrière elle, se rendait sur les lieux, là où justement le chef du gouvernement n'était pas allé. «J'éprouvais le besoin d'aller voir comment je pourrais vous être utile.» Parler aux gens, elle savait faire. Snob autant qu'il est possible d'être parfois, la première dame savait se montrer aussi à l'aise accoudée sur une toile cirée, dans une cuisine à la ferme, qu'avec les ministres, les artistes, les têtes couronnées. Un photographe du *Courrier picard* était arrivé fortuitement. Allait-elle prendre un bâton pour le mettre dehors? «Faites votre métier, monsieur.» Les photos avaient circulé dans la presse régionale : elle en bottes de caoutchouc, marchant sur des planches au-dessus de l'eau, pour aller de maison en maison... Des femmes lui racontaient les geysers qui avaient jailli du carrelage! À midi, elle avait déjeuné avec quelques familles dans un petit café de Fontaine-sur-Somme. Les anciens croyaient connaître les causes de ce malheur : le lit de la Somme n'avait pas été dragué depuis 1930. Pour d'autres, c'était la faute des canaux de dérivation qui, eux non plus, n'avaient pas été entretenus. La faute des hommes... Elle prenait des notes afin d'«en parler à mon mari». Mme Chirac avait été si bien accueillie – «Enfin, quelqu'un qui nous écoute» – que la presse nationale s'en était fait l'écho, confortant l'image d'une première dame dévouée à ceux qui sont dans le malheur.

De son attention aux autres, quel Français aurait pu douter? Depuis 1994, elle était devenue Madame Pièces Jaunes. Au départ, une idée d'Anne Barrère, journaliste, productrice, épouse de Robert Namias, directeur de la rédaction de TF1. Elle avait eu un enfant malade et pu constater que rien n'était fait pour accueillir les parents des enfants hospitalisés. Elle voulait faire quelque chose pour pallier ce manque. Les Pièces jaunes, c'était son idée à elle. Avec l'aide du professeur Griscelli, pédiatre renommé, elle avait lancé, six ans plus tôt, une première opération destinée à recueillir des fonds. Mais il fallait une locomotive pour donner de l'ampleur au projet. Le professeur Griscelli avait sollicité Bernadette Chirac, un an avant l'élection de son mari à l'Élysée, en lui proposant de prendre la présidence des Hôpitaux de Paris – Hôpitaux de France. Il lui céderait la place et deviendrait son numéro deux. Bernadette avait acquiescé sur-le-champ et s'était donnée à fond. « En trente ans, on aura créé plus de trois mille chambres par enfant et soixante-dix Maisons des parents », se félicite aujourd'hui Anne Barrère.

Bernadette Chirac allait créer pour des adolescents en difficulté la Maison de Solenn (prénom de la fille de PPDA, victime de son anorexie, un problème que les Chirac connaissaient bien). C'était son projet à elle, qui lui tenait particulièrement à cœur. Une sorte de vaisseau amiral, après quoi soixante-dix maisons pour adolescents avaient vu le jour dans le pays.

« Quand Bernadette voulait quelque chose, elle l'obtenait… C'était la reine à qui on ne refuse jamais rien », admire encore aujourd'hui Anne Barrère, qui fut sa chargée de communication à l'Élysée de 2003 à 2007. Grâce à elle, des centaines de milliers d'enfants des classes primaires se mobilisaient chaque année, au mois de janvier, pour recueillir des pièces jaunes. Les Français pouvaient faire des dons dans dix-sept mille bureaux de poste et dans les pharmacies. Chaque année, pendant un mois, une tirelire en carton géante trônait dans le hall d'entrée de l'Élysée, que Bernadette secouait de temps en temps pour savoir si les pièces y tintinnabulaient. Il y avait aussi le train Pièces jaunes – une idée, cette fois, d'Anne Barrère. Pendant deux jours, Bernadette visitait cinq villes, accompagnée de grands sportifs, avec, à chaque arrêt, un spectacle sur le quai de la gare ou sur le parvis. Les enfants des écoles agitant des petits drapeaux, les parents, les politiques, toujours très déférents, applaudissaient la première dame. Chaque année, elle était reçue au 20 heures de PPDA sur TF1 pour lancer la campagne, un rendez-vous qu'elle n'aurait « manqué pour rien au monde », m'avait-elle avoué. Sa popularité montait en flèche. Elle se donnait beaucoup de mal : « Vous savez que pour beaucoup de gens, Chirac est le mari de Madame Pièces Jaunes », ironisait-elle devant moi. Ça n'était pas qu'un trait d'humour. Traduction politique : ma popularité rejaillit sur mon mari – principe des vases communicants.

Du coup, à l'approche des municipales, plusieurs maires de droite avaient sollicité son soutien. Ils voulaient Bernadette – un prénom à faire des miracles –, et personne d'autre qu'elle : pas d'anciens ministres, pas de politiques ni même Michèle Alliot-Marie, la présidente du RPR.

Ainsi s'était-elle rendue dans une dizaine de villes. Chaque fois les télés l'accompagnaient. Elle me l'avait souvent dit : « Être élue de Corrèze depuis plus de vingt ans me donne une légitimité indiscutable. » Quand son mari l'y avait envoyée pour l'occuper et se donner à lui un peu d'oxygène, avait-il perçu le fabuleux instrument d'émancipation qu'il lui offrait là ? Pas sûr ! Toujours élue et toujours réélue, elle se sentait maintenant libre d'agir, de parler à sa guise.

« Moi je n'envoie pas ma femme », maugréait Lionel Jospin. Il voyait bien les services qu'elle rendait à son mari.

Et lui, qu'en pensait-il ? Jacques Chirac n'aimait pas beaucoup ce tapage médiatique autour d'elle, cette avalanche dans la presse, et comme toujours, pas question de la féliciter. « Il voyait ça d'un mauvais œil, ça ne l'épatait pas », déplorait-elle. Jaloux ? L'influence de Claude ? Un peu des deux sans doute.

Le 22 mai 2001, Bernadette Chirac avait rendez-vous avec PPDA, bien décidée à frapper fort. D'abord pour évoquer le résultat de la collecte Pièces jaunes : soixante-cinq millions de francs de dons, un millésime record ! Les Français avaient été très généreux. À l'approche de l'euro, ils voulaient aussi se débarrasser de leur menue monnaie en francs qui ne vaudrait plus grand-chose. Cette interview tombait à un moment politique important. En positif : les municipales, qui avaient été un succès pour la droite – et elle y avait contribué. En négatif : l'étalage dans la presse de l'affaire des billets d'avion de Jacques Chirac et de son entourage, notamment un aller-retour en Concorde pour un séjour de trois jours à New York avec Claude, des sommes importantes payées en liquide pris sur quels fonds secrets ? Arnaud Montebourg venait de lancer une pétition auprès des parlementaires afin de mettre en accusation Jacques Chirac devant la Haute Cour de justice de la République. « Surtout ne parlez que des Pièces jaunes », lui avait bien recommandé son mari, presque un ordre. Mais PPDA l'avait convaincue de sortir, « pour une fois », de son domaine réservé. Sur le plateau, la première image la montrait un peu crispée, et très vite elle s'était détendue, remerciait les donateurs : cette manne allait pouvoir financer cinq cents nouveaux projets, disait-elle.

— Est-ce que vous souhaitez que Jacques Chirac se présente l'année prochaine ?

Fixant son interlocuteur, elle avait pris un air embarrassé, regard figé, marquant un silence avant de reprendre sa respiration :

— Vous me posez une question terrible.

— Je ne vous demande pas s'il va se présenter, mais si vous le souhaitez.

Comme pour s'introspecter, elle baissait la tête, puis la relevait quelques secondes plus tard, l'air grave. Changement de ton : « Je pense que oui, je pense que oui », en chuchotant presque. Et d'esquisser un léger sourire avant de lancer d'une voix plus assurée : « Je pense que Jacques Chirac a fait ses preuves, les Français jugeront. »

PPDA, plus incisif :

— Et vous croyez qu'il pourra le faire malgré la signature de trente députés [il en faudrait cinquante-huit] qui souhaitent sa mise en accusation devant la Haute Cour ?

— Écoutez, je n'ai pas envie de commenter cette chose-là, ce n'est pas mon rôle. Je voudrais simplement dire que je partage la vie d'un homme qui a donné l'essentiel de son existence au service de l'État, au service des autres, avec une très grande générosité et beaucoup de rigueur. En ce moment, je suis animée d'un sentiment un peu de révolte.

Voilà. C'était dit, fin de l'émission : elle n'ajouterait rien de plus, l'essentiel y était. Bernadette savait faire de la politique. Elle se révélait grande actrice aussi. Le lendemain, la presse parlait de l'atout Bernadette. François Hollande réagissait, ironique comme toujours : « J'ai découvert, à l'occasion de l'opération Pièces jaunes, l'annonce de la candidature de Jacques Chirac. »

À l'issue de l'émission, Étienne Mougeotte l'avait complimentée : « Vous avez été excellente !

— Vous croyez ?, feignit-elle de s'étonner. Je ne sais pas ce que va en penser mon mari. J'en ai peut-être trop dit.

Elle venait en réalité de lancer sa campagne.

« Vous avez été très bonne », lui avait-il dit à son retour au Palais. Enfin, un compliment !

Le lendemain, je lui avais téléphoné pour le lui dire, moi aussi. Et elle : « Vous savez qui m'a appelée ce matin ? Claude ! Ma fille, pour me dire : "Maman, tu as été formidable ! " » Le père, la fille, une stéréo gratifiante ! Je la sentais très fière d'elle.

Mme Chirac me laissait entendre qu'elle s'engagerait à fond pour son mari s'il était candidat (ce dont je ne doutais pas une seconde) : « Je prépare une surprise pour le mois d'octobre », avait-elle ajouté sans m'en dire plus.

« Moi je n'envoie pas ma femme », avait donc dit Lionel Jospin, mais pour une bonne raison : jamais il ne le lui aurait demandé, sachant qu'elle aurait refusé, considérant que ça n'était pas son métier. Trois semaines plus tôt, Sylviane Agacinski était l'invitée de Thierry Ardisson pour parler de la réédition de son ouvrage *Politique des sexes*. Paris Première n'avait évidemment pas les audiences de TF1. L'image était chatoyante : une belle femme, moderne, veste en cuir noir sur un tee-shirt blanc, souriante et détendue, prolixe pour parler de la place des femmes dans la société, de la parité. Thierry Ardisson lui avait glissé : « Avez-vous épousé Jospin en 1994 pour l'aider dans sa carrière ? » La question l'avait choquée, tellement saugrenue. Sylviane avait changé de tête, son regard était devenu dur : « Ce statut d'épouse m'est tombé brutalement dessus. Je n'y avais jamais réfléchi avant. Franchement, ce statut me casse les pieds. Mon espace, c'est celui de l'enseignement et de l'écriture, et j'y suis très à l'aise. »

Ardisson avait insisté : « Vous arrivez quand même à préserver votre vie privée ? »

Et là, presque agressive, elle lui avait coupé la parole : « Je viens ici en tant que philosophe, et j'aimerais bien, si ça ne vous choque pas, ne pas parler de ma vie privée. »

Une fin de non-recevoir. Pas un mot pour son mari. Pas un zeste de tendresse souriante ni ce gramme de légèreté toujours bienvenu qui embarque vers soi, mais au contraire une réaction sèche, éthique sûrement. Au public de comprendre qu'elle ne jouerait pas l'atout charme pendant la campagne présidentielle. Dommage pour le candidat…

On avait vu les Jospin au Festival de Cannes en mai 1995 : elle, superbe, en robe longue rose fuchsia de chez Torrente, avec boucles d'oreilles assorties, lui en smoking – un couple hollywoodien. Mais oui !

Quelques mois plus tôt, Sylviane Agacinski avait publié un autre livre, *Critique de l'égocentrisme*. Y avait-il une allusion à son mari, l'égocentrisme des hommes, chose bien connue, n'est-ce pas ? Je m'étais précipitée sur cet ouvrage très savant qui ne se lisait pas comme un roman et même me prenait un peu la tête, je l'avoue. J'en avais lu quelques passages à l'une de mes amies, grande lectrice. Elle non plus n'y comprenait pas grand chose, nous avions été prises d'un fou rire. Pour constater nos failles, nous moquer de nous-mêmes, mais de l'autrice aussi : Sylviane, une grande intellectuelle respectée, mais cloisonnée dans son monde.

Bernadette Chirac m'avait parlé d'une surprise. Il s'agissait de la rédaction de son livre *Conversation*, un dialogue avec notre confrère Patrick de Carolis. Elle y racontait son parcours avec Jacques Chirac, rencontré à Sciences Po. Elle avait 18 ans. Ils s'étaient mariés très jeunes : il avait 24 ans, elle 23. Elle racontait qu'ils se lançaient des vannes : «Tous les matins il me dit que j'ai une chance formidable de l'avoir épousé. Un jour, il avait ajouté : "Dans la vie il y a des gens qui sont nés pour commander et d'autres qui sont nés pour obéir." Je lui avais rétorqué sur le même ton : "Vous pouvez remercier le ciel que les premiers aient croisé le chemin des seconds, sinon ils ne seraient pas allés bien loin."» Le mariage d'un guerrier et d'une guerrière, en somme.

Pour parler de sa fille Claude, Bernadette, une fois n'est pas coutume, trempait sa plume dans l'eau de rose : «On a voulu m'opposer de manière très perverse à ma fille… Cette histoire d'opposition entre Claude et moi est complètement inventée par la presse.» C'était prendre les lecteurs pour des gogos. Dieu sait si j'en ai entendu, des propos acrimonieux de la mère sur sa fille qui voulait l'effacer et même lui «piquer» son mari : «Vous trouvez ça normal, vous ?»

Elle niait aussi ses rapports conflictuels avec Dominique de Villepin : «Je n'ai jamais rien déclaré sur lui, si ce n'est pour souligner son brio et son intelligence.» Un nouveau pieux mensonge à avouer en confesse : «Vous me réciterez trois *Notre Père* et trois *Je vous salue Marie.*»

«Est-ce vrai que vous l'avez traité de Néron ? l'interrogeait Carolis.

— Je l'ai dit une fois.»

Une fois pour toutes celles où je l'avais entendue le nommer ainsi. Elle fustigeait son rôle si nocif auprès de son mari, l'appelait «le grand stratège» ou «le poète du président».

Elle aurait bien voulu qu'il s'en débarrasse après la dissolution.

Mais voilà : à sept mois de la présidentielle, mieux valait taire les discordes intimes. Bernadette avait sans doute lu Aragon : « J'ai réinventé le passé pour voir la beauté de l'avenir » ...

Ce que je trouvais le plus amusant était la façon à la fois distanciée et amoureuse dont elle parlait de son mari : « Bel homme, très enjôleur, très gai. Avec les filles, ça galopait. Il aurait pu faire la carrière de Cary Grant ou Gary Cooper, me disait ma belle-mère. »

Le plus cocasse était le récit de leurs soirées. « Jacques Chirac a une passion pour les westerns. Nous avons dû voir vingt fois *Les Sept Samouraïs*. Quand il m'annonce : "Écoutez, ce soir, il y a un très bon film avec John Wayne", je comprends tout de suite... Encore un western qu'on a déjà dû regarder quarante fois ! On s'installe devant le téléviseur, il me jette des petits coups d'œil en coulisses pour voir si je suis : "Regardez, Bernadette, c'est John Wayne...

— Oui, Jacques, c'est John Wayne."

« Il se passionne aussi pour le sport. Quand je le vois suivre devant des matchs de tennis qui durent des heures : "Enfin Jacques, vous n'avez jamais tenu une raquette de tennis de votre vie !". Ça ne lui fait pas plaisir. "Mais Bichette, regardez cette joueuse magnifique..." Un vrai sportif en fauteuil ! Et je ne vous parle pas du sumo, il fait enregistrer toutes leurs compétitions et le soir on se passe des combats de sumos ! Il connaît le palmarès des lutteurs sur le bout des doigts, de même qu'il peut vous réciter, à l'endroit et à l'envers, les dynasties japonaises, chinoises ou coréennes, ou les quatorze générations d'artistes japonais fabricants de raku. Vous ne connaissez pas le raku, monsieur de Carolis ? Ce sont des bols à thé en céramique, faits à Kyoto à partir de 1580. Mon mari a des cassettes vidéo sur les raku. Quand il a un peu de temps, il m'inflige ses cassettes et, croyez-moi, l'historique des raku, c'est assommant. À l'heure du dîner, j'ai envie de me détendre un peu. Je suis encore en train de manger, il me dit : “Je vais vous repasser une cassette de raku, vous avez manqué le moment le plus intéressant.” Et, croyez-moi, j’ai intérêt à suivre ! » Hilarant.

Là, on comprend pourquoi Bernadette Chirac a si souvent accepté d’aller dîner en ville, en laissant son mari – fût-il le président de la République – devant la télé à 20 heures – moment précis où il avait toujours une faim de loup – avec son repas servi sur un plateau, le chien Sumo à ses côtés (un bichon maltais qui pesait trois kilos). « Pour être vos yeux et vos oreilles en ville », prétextait-elle. Absolution, madame !

Le livre est sorti en octobre 2001, à six mois de la présidentielle. Un best-seller.

En mars 2002, Jacques Chirac avait choisi Antoine Rufenacht comme directeur de campagne. Maire du Havre (il avait arraché en 1995 la mairie aux communistes aux manettes depuis trente ans), un homme libre de parole – je l’aimais beaucoup – qui portait sur les gens et les choses un regard aigu et bienveillant. Il me racontait qu’il devait se battre chaque jour contre Claude. « On prenait des décisions durant la journée. Le soir, devant son père, elle défaisait tout. C’était insupportable. » Il ne supportait pas non plus qu’elle écarte sa mère de cette campagne et lui en avait fait la remarque. Elle lui avait répondu, désinvolte : « Ma mère n’est pas dans le coup », alors que durant toute l’année, elle avait administré à son mari la preuve du contraire.

Jacques Chirac réélu, la mère et la fille, soldates d’une même cause, allaient se rapprocher, surtout après 2005. Elles conjugueraient leurs efforts pour protéger l’homme de leur vie après son AVC, afin que l’omerta continue de planer sur son état réel de santé.

Un an avant la mort de Jacques Chirac, Bernadette elle aussi avait pas mal décliné. On ne la voyait plus en public. Le temps des Pièces jaunes était pour elle révolu. Les membres de la Fondation Hôpitaux de Paris – Hôpitaux de France auraient voulu que celle-ci porte son nom pour la remercier des services rendus pendant vingt-cinq ans, ce qui lui aurait sûrement beaucoup plu. Le conseil d'administration avait validé la proposition par deux votes successifs. Pour qu'elle devienne réalité, il fallait l'accord du Conseil d'État, qui ne pouvait l'entériner qu'après avoir reçu celui de la famille. Le dossier ne lui a jamais été transmis. Un oubli de Claude ?

Faute de réponse, la fondation a bien changé de nom… Mais juste pour devenir la Fondation des Hôpitaux. Brigitte Macron a pris la suite de Bernadette. Fin de l'histoire.

16

QUAND LE PLUS USÉ DES DEUX N'EST PAS CELUI QU'ON CROIT

En janvier 2001, Lionel Jospin bénéficiait d'une cote de popularité exceptionnelle, qui laissait augurer, après quatre ans de pouvoir, une apothéose en 2002. Il planait.

L'avenir de Jacques Chirac se présentait sous des auspices moins rieurs. Je m'interrogeais. N'était-ce pas le combat de trop ? Mais qui d'autre que lui au RPR pouvait être candidat ? Je ne voyais personne. Avec sa dissolution ratée, il avait offert cinq ans de pouvoir à la gauche. Il était englué dans les affaires de financement du RPR et de la mairie de Paris. Ses vacances familiales dans un palace de l'île Maurice payées sur les fonds secrets, racontées par *Paris Match*, avaient défrayé la chronique. En six ans, les Guignols de Canal+ étaient passés avec lui du slogan « Mangez des pommes » à « Super Menteur ». Il lui restait son indéniable rayonnement dans le monde, et le fait d'être perçu comme « le plus sympa ». Serait-ce suffisant pour être réélu ? Il avait changé physiquement, beaucoup grossi, présentait un visage empâté, paupières gonflées, double menton. La presse s'interrogeait. Des médecins consultés diagnostiquaient une prise de cortisone, ce que Claude démentait : « Ce ne sont pas les médicaments, il mange trop ! » Il buvait trop de bière aussi !

À en croire Jean-Christophe Cambadélis, être président n'était pas le Graal de Jospin, ce que confirme Pierre

Moscovici, qui serait chargé en novembre d'écrire son programme : « Il n'avait pas ce désir ardent en lui. » Devant ses proches, il aimait se vanter : « Je suis le Premier ministre qui a eu le plus de pouvoir ! Et de s'interroger : Si j'étais président, qu'est-ce que j'aurais de plus ? »

À Matignon où il habitait avec Sylviane, il était heureux, comme dans un cocon. Mais c'est une maison qui enferme, qui coupe de la réalité du terrain si l'on n'y prend garde.

En avril, sur France 3, il maintenait le flou : « Je sais ce que j'ai fait. Je peux être candidat, mais je n'en ai pas besoin. » Le mois suivant, dans *Le Figaro magazine*, même tonalité : « La présidentielle n'est pas pour moi un besoin, une obligation. » Il précisait qu'il resterait Premier ministre jusqu'au bout. Pas question de démissionner trois ou quatre mois avant l'échéance pour « préparer quoi que ce soit ».

Était-il vraiment sincère ? « Pas du tout, tranche Pierre Moscovici. Il voulait gagner pour balayer Chirac qu'il détestait. » Il me rappelait Mitterrand en 1987, qui voulait faire croire qu'il ne se représenterait pas, que ça n'était plus son affaire. Mais à chaque rencontre avec les journalistes, plus on approchait de l'élection, plus il était cruel envers Chirac, qu'il qualifiait de « voyou, versatile, vulgaire, velléitaire ». N'en jetez plus ! « Pour gagner, il faut détester l'ennemi ! » recommandait Jacques Pilhan.

Persuadé que les Français ne voudraient plus de Chirac, Jospin était tranquille. Pourquoi se presser ? Le doute n'étreignait pas non plus les socialistes. Jospin à l'Élysée ? Pour eux, une formalité.

En mars 2001, les élections municipales révélaient la mauvaise humeur des Français. Bien sûr Bertrand Delanoë devenait maire de Paris, Gérard Collomb celui de Lyon, et François Hollande l'emportait à Tulle dès le premier tour. Mais la droite engrangeait beaucoup de municipalités détenues par la gauche. Les socialistes prenaient conscience, stupéfaits, des dégâts des trente-cinq heures sur le vote ouvrier. Ainsi Pierre Moscovici, qui espérait battre, à Montbéliard, le maire sortant RPR n'y avait pas réussi. « Les ouvriers de Sochaux avaient voté Le Pen. Ils se plaignaient à moi des trente-cinq heures, qui avaient rogné leur pouvoir d'achat. Ils ne pouvaient plus compter sur les heures supplémentaires pour améliorer leur ordinaire. Ça n'était pas pour eux une mesure de progrès social. Eux, ce qu'ils voulaient, ce n'est pas travailler moins, c'est gagner plus », m'avait-il raconté. Encore aujourd'hui, beaucoup de socialistes avouent avoir pris la mesure des méfaits de la loi sur le terrain à ce moment-là.

À la mi-mai, la croissance fléchissait, le chômage repartait à la hausse. Des entreprises françaises et étrangères fermaient (Marks & Spencer, Danone, Moulinex, Lu, AOM – Air Liberté...), acculant leurs salariés au désespoir. Leur émotion mettait à l'épreuve la cohésion de la majorité plurielle. Le Parti communiste se mobilisait contre les licenciements boursiers. On n'entendait plus que Robert Hue, qui imposait le vote d'une loi pour les interdire. Autre sujet de préoccupation, la progression de la délinquance – petite ou grande. Chaque mois apportant son lot de faits divers inquiétants. Le sentiment d'insécurité devenait une donnée indiscutable.

Le moral des Français fléchissait, les socialistes continuaient de rouler des mécaniques.

Denis Kessler, vice-président du MEDEF, une vieille connaissance de DSK (ils s'étaient connus sur le campus de HEC de Jouy-en-Josas, quand lui était encore étudiant et que le ministre, déjà diplômé, donnait des cours), venait de temps en temps le voir à Bercy. Un jour où DSK se vantait d'avoir revigoré la croissance grâce à sa politique, Kessler, qui me l'avait raconté, s'était moqué de lui : « Ta croissance ? Ta croissance ? Mais toi et Jospin vous êtes aussi responsables du retour de la croissance en 1997 que de l'apparition du sang sur le saint suaire de Turin ! Vous n'y êtes pour rien.

Ce sont des cycles inexorables. On aurait mis une potiche à ta place à Bercy, ça aurait été sensiblement la même chose.» (On l'a vu, Yves-Thibault de Silguy avait annoncé le retour de la croissance à un Chirac incrédule pour tenter de le dissuader de dissoudre.)

Le 6 juin, un gros nuage noir plombait le ciel étoilé de Lionel Jospin. Le journal *Le Monde* révélait que le Premier ministre avait été un militant trotskiste, au sein du courant lambertiste (l'OCI, Organisation communiste internationale), à partir du milieu des années 1960, lorsqu'il était élève à l'ENA, et qu'il y était resté jusqu'en 1987 ! Après le congrès d'Épinay, il avait adhéré au PS en 1972, dans le cadre de la politique d'«entrisme» de l'OCI, consistant à occuper des postes à responsabilités dans les appareils ennemis pour y jouer un rôle de taupe ! Pour moi, être trotskiste relevait de l'aberration mentale. Trotski, l'inventeur du goulag en 1918, était aussi violent que Lénine. «Il aurait été pire que Staline, s'il avait pris le pouvoir, parce que c'était un idéologue déshumanisé. Staline était un paysan», m'a assuré Thierry Wolton, grand spécialiste de l'histoire du communisme, lorsque je l'ai interrogé.

Lionel Jospin avait toujours prétendu n'avoir jamais été trotskiste. «On me confond avec mon frère Olivier !» (qui, lui, avait été un dirigeant de l'OCI), disait-il à ses amis, y compris aux plus proches, dont Marie-France Lavarini, qui me l'avait confié.

Élisabeth, sa première femme, très au fait de son militantisme, appelait les trotskistes les «trop-tristes». Elle ne les aimait pas du tout. (Peut-être accaparaient-ils les soirées de son mari.)

Dans son livre *Lionel*, Claude Askolovitch donnait tous les détails de cet engagement de longue durée. «Ce livre l'a tué, après il n'était plus pareil», m'a confirmé Moscovici.

Ça n'était pas d'avoir été trotskiste qui posait un problème. C'est de l'avoir été simultanément avec sa charge de premier secrétaire du PS. Pourquoi l'avoir caché ? Quel était le but ? En avait-il honte ? Pour moi, une grosse tache sur la robe de la mariée. Si Chirac était « Super Menteur », Jospin devenait « Super Cachottier ». S'il ne disait rien aux amis, c'est bien qu'il estimait que la chose n'était pas avouable. Donc il y avait tromperie. Or, en 1995, son slogan pour la présidentielle était « Jospin, c'est clair » ! Désormais ce serait « Jospin, c'est pas clair ».

Je m'étais souvent demandé pourquoi il avait toujours tant de mal à dire les choses clairement, justement. Impossible par exemple de lui faire dire le mot « flexibilité ». Il préférait « souplesse ». À « privatisation », il préférait « ouverture de capital » ; pourtant des privatisations, son gouvernement en a fait plus en cinq ans que Juppé et Balladur. Les socialistes cédant de préférence les participations de 100 % de l'État aux mutuelles plutôt qu'aux banques privées, soumises aux lois du marché.

Jospin se flattait à la tribune de l'Assemblée de n'avoir « jamais possédé d'actions en bourse », comme si c'était pour lui un péché sans rédemption. En 1995, il s'enorgueillissait de n'avoir pour tout patrimoine qu'une vieille Peugeot décapotable. Plus tard, il achèterait avec Sylviane une maison de pêcheur sur l'île de Ré, sans que personne n'y trouve à redire.

Je notais sa curieuse manière d'avancer par dénégation. Dans son discours de politique générale, il promettait : « Il n'y aura [dans notre politique économique] ni pause, ni recul, ni reniement. » Plus tard, s'agissant des réformes, « ni recul ni reniement » ; du budget, « ni rigorisme ni laxisme ». Pas un discours sans cet étrange balancement de négations. C'est lui en 1988 qui avait inoculé la formule « ni nationalisation ni privatisation » dans les thèmes de campagne de François Mitterrand.

Avec ce gros mensonge sur son passé trotskiste, il offrait à la droite des arguments pour un procès en insincérité, tromperie et dissimulation. Il ne pouvait plus administrer ses leçons de morale à Jacques Chirac.

Côté majorité plurielle, on minimisait l'affaire. « L'essentiel pour les trotskistes d'hier, c'est qu'ils soient devenus de bons réformistes ! » assurait sans rire François Hollande.

Seul Roland Dumas résumait bien les choses : « Ce qui est gênant, c'est d'avoir été trotskiste au PS ! »

Interrogé à l'Assemblée nationale, Lionel Jospin avouait avoir, « dans les années 1960, [...] marqué de l'intérêt pour les idées trotskistes », l'anticolonialisme, l'antistalinisme. S'il n'en avait pas parlé plus tôt, c'est qu'il pensait que cela n'intéresserait personne.

Le lendemain, il précisait être « entré librement au Parti socialiste », y avoir « agi librement » et maintenu des discussions individuelles avec très peu de personnes de l'OCI. Si ce n'était son frère, c'était donc bien lui.

Le mercredi suivant, questionné à nouveau à l'Assemblée nationale, il reconnaissait sur un ton irrité avoir peut-être tardé à s'expliquer, mais « c'est quand même moins grave que de tarder à s'expliquer devant les juges », façon de s'absoudre. Un tacle au président Chirac, qui avait refusé, deux mois plus tôt, de se rendre à la convocation du juge Halphen dans l'affaire des HLM de Paris (en septembre la chambre d'instruction annulait pour vice de forme tous les actes accomplis par le juge depuis trois ans, et en octobre, la Cour de cassation affirmait que le président de la République bénéficiait d'une immunité pénale jusqu'au terme de son mandat)[1].

1. Dessaisi, le juge Halphen s'était précipité chez François Hollande, au PS, pour demander une investiture pour les législatives de 2002. Ce qui montre que les juges font de la politique. Sa demande avait été écartée, la droite aurait aussitôt dénoncé un complot. Halphen avait trouvé refuge chez Jean-Pierre Chevènement. Le juge Jean-Pierre avait voulu quant à lui entendre François Mitterrand, entre autres sur le dossier Urba du financement du PS et sur les affaires de son ami Roger-Patrice Pelat. Son rapport révélait des choses compromettantes pour le président socialiste. Il avait été lui aussi dessaisi. En 1994,

Le 14 juillet, Jacques Chirac lui répondait par une attaque en règle sur son bilan dont Jospin se déclarait si fier. Il avait mangé du lion. On ne l'avait pas vu comme ça depuis la dissolution. Le chômage, disait-il, « a baissé partout, et chez nous moins qu'ailleurs dans l'Union européenne », ajoutant : « Nous sommes un des rares pays à ne pas avoir eu de hausse substantielle du pouvoir d'achat. » Il dénonçait son inertie en matière de retraite, fustigeait le manque de volonté d'agir, l'absence d'autorité de l'État en matière de sécurité. N'en jetez plus !

Sur le passé trotskiste du Premier ministre, Jacques Chirac dénonçait « les éternels pourfendeurs de la société » (comprenez des gens très dangereux), « une école de pensée, en France, depuis longtemps, qui s'est toujours attaquée aux structures mêmes de la société, qui veut casser l'État. Eh bien, moi, je ne laisserai pas casser l'État ». Pour Chirac, Jospin était « un type retors ». Il avait appris qu'une enquête avait été lancée par la DGSE au Japon sur ses supposés comptes bancaires, et aussi pour vérifier le bien-fondé d'une rumeur : il aurait eu un fils là-bas. Il y avait eu une explication orageuse entre les deux hommes. Jospin niait y être pour quelque chose, sans convaincre Chirac.

Lionel Jospin, qui avait regardé le président à la télévision, était fou de rage, outré par son propos. Il ne le supportait plus. Ne l'appelait plus que « l'autre », comme si lui seul avait le droit d'attaquer.

Des proches lui disaient : « Tu dois lui répondre tout de suite. » Mais le Premier ministre entendait laisser passer le mois d'août pour réfléchir, préparer sa riposte.

En vacances sur l'île de Ré, il faisait souvent du bateau avec le futur maire de La Rochelle, son ami Jean-François

---

il devenait député européen sur la liste de Philippe de Villiers. Deux exemples qui donnent à douter de l'impartialité des juges, mus par leur idéologie, leurs passions. Des hommes, en somme !

Fountaine. Lors d'une escale à l'île d'Yeu, il avait déjeuné avec Alain Duhamel, propriétaire d'une maison sur l'île et partenaire occasionnel de tennis à Paris. « Jospin court très bien. Il a une bonne détente », me disait Alain. L'idée de faire un livre pour la campagne sous forme de questions-réponses s'était glissée dans la conversation, « alors que nous n'en avions jamais parlé avant », m'a raconté mon confrère et ami. Jospin, en priorité, voulait vanter son bilan et inscrire son passage à Matignon sur le plan historique. En 1936, Léon Blum était resté au pouvoir une année seulement, une misère. Mitterrand, quatorze ans. Jospin estimait que celui-ci avait cessé d'appliquer son programme de gauche au bout de deux ans, avec la « parenthèse de la rigueur » (formule dont il revendiquait la paternité), qui n'avait jamais été refermée. À ses yeux, une expérience inachevée.

À l'occasion du vingtième anniversaire du 10 mai 1981, le Premier ministre participait à un colloque de l'Institut François-Mitterrand. Il en avait choqué plus d'un en ne retenant du parcours de l'ancien président, comme « presque entièrement positives », que les années 1971-1981. C'est-à-dire le temps de l'opposition, de la création d'un nouveau parti socialiste, de l'union de la gauche, du programme commun avec le PC, de la conquête du pouvoir. Il excluait donc la gouvernance après 1981. C'était son inventaire à lui.

Devant Alain Duhamel, Lionel Jospin se targuait d'avoir eu l'autorité nécessaire pour faire tenir ensemble cette majorité plurielle pendant quatre ans (il gommait la démission de Jean-Pierre Chevènement) et d'avoir inventé un nouveau type de socialisme avec cette coalition de partis, la majorité plurielle, concept éphémère qui allait surtout causer sa perte. Il se félicitait d'avoir tenu ses engagements sur les trente-cinq heures. Et il ambitionnait, fort de la durée de cinq ans de son gouvernement, de devenir le grand leader de la gauche française du XXIe siècle. Le deuxième ressort de son livre serait son aversion pour Jacques Chirac.

À partir d'octobre, et pendant plus de cinq mois, Alain avait rencontré le Premier ministre à Matignon deux fois par semaine, pendant une heure et demie. Pour ses communicants, il passait trop de temps avec lui au détriment de sa campagne.

Dès le 1er septembre, Jospin invitait les socialistes réunis à La Rochelle à « ne plus ménager la droite » comme si c'était dans leurs habitudes. Il visait Chirac surtout. Une injonction aussitôt relayée par François Hollande, toujours cruel, qui accusait le président d'être « responsable de rien, et pas même de lui-même, mais candidat toujours ».

Le 4 septembre, Jean-Pierre Chevènement annonçait officiellement sa candidature à l'élection présidentielle, promettant d'être « l'homme de la nation ».

L'actualité internationale allait balayer ces chamailleries, avec les attentats du 11 septembre. Les images étaient transmises en direct par les chaînes américaines, sidérant le monde entier. Je venais d'arriver à Europe 1, il était un peu plus de 15 heures. Les télévisions étaient toutes allumées dans la rédaction. La première tour du World Trade Center était déjà en feu. Séquence effrayante. Puis le deuxième avion avait percuté la seconde. Une vision d'apocalypse, d'horreur. J'avais appelé Albin, des amis aussi, pour qu'ils regardent la télévision, vite ! Il était 9 heures du matin à New York, les bureaux étaient déjà occupés. Une heure plus tard, le président George Bush déclarait, la mine défaite et l'air interdit, qu'il s'agissait d'une attaque terroriste. Un terrorisme qui avait déjà un visage et un nom : le milliardaire Oussama Ben Laden, et son organisation Al-Qaida soutenue par les talibans d'Afghanistan.

À 21 h 20, Jacques Chirac intervenait solennellement à la télévision : « Ce qui s'est produit aux États-Unis nous concerne tous. »

Il devait participer à un sommet de l'ONU sur l'enfance. Ce voyage, inscrit à son agenda de longue date, prenait une autre dimension. La crise internationale redonnait d'un coup du contenu à sa fonction. Le 18 septembre, il était le premier chef d'État européen à être reçu par George W. Bush dans le Bureau ovale de la Maison-Blanche. Accompagné par Hubert Védrine, le ministre des Affaires étrangères, il s'était ensuite rendu à New York, où le maire, Rudolph Giuliani, lui avait proposé de survoler en hélicoptère Ground Zero, les décombres du World Trade Center : le meilleur moyen de se rendre compte de l'effrayante réalité des choses. Puis il avait rejoint le cœur de Manhattan, que les New-Yorkais avaient spontanément transformé en lieu de pèlerinage, avec des photos des victimes, des messages, des fleurs, des bougies allumées. Il était au milieu d'eux, leur exprimait sa compassion. Une visite poignante. Le président français avait terminé son périple par un déjeuner avec Kofi Annan, le secrétaire général de l'ONU, à l'issue duquel tous deux avaient mis en garde l'administration américaine contre des représailles massives et sans discernement. « Il ne faut surtout pas confondre ces groupes fondamentalistes, terroristes et fanatiques avec le monde arabe ou le monde musulman. Ce serait [...] tomber dans le piège que, précisément, les terroristes nous tendent », assurait Jacques Chirac devant les micros qui lui étaient tendus.

Pour l'opinion publique, le président Chirac avait retrouvé un rôle de premier plan. Au grand dam de son Premier ministre, qui voyait dans le même temps sa majorité se fissurer.

À la fin de l'année, chacune de ses composantes avait déjà investi son candidat. Chevènement pour le MDC, Noël Mamère pour les Verts, Robert Hue pour le PC, Christiane Taubira pour le Parti radical de gauche (curieuse idée de son président, Jean-Michel Baylet, que de désigner cette députée de Guyane, ex-militante pour l'indépendance, apparentée PS, alors qu'elle n'était pas de la famille).

Jean-Pierre Chevènement créait la surprise en s'imposant comme le troisième homme, seul capable de concurrencer

Chirac et Jospin. Sa popularité approchait des 10 %. La presse le voyait même monter jusqu'à 15 % et au-delà.

Interrogé début décembre sur France 2 (« Serez-vous candidat ? »), Lionel Jospin entretenait toujours le suspense : « C'est probable », se refusant à en dire davantage, mais en ajoutant : « La beauté du désir, c'est quand c'est réciproque. » (Ouah ! Il se lâchait, enfin ?) Il confiait aussi s'être « épanoui », « densifié » à Matignon (ce dont les Français se moquaient pas mal). Et quand on lui demandait pourquoi ne pas avoir réformé les retraites, il répondait que le dossier « avait été plombé par le gouvernement Juppé, qui avait mis des centaines de milliers de personnes dans la rue en s'attaquant inconsidérément aux régimes de retraite dits spéciaux ».

Une façon assez moche de s'en prendre à son prédécesseur pour justifier son manque de courage.

Le plus étonnant pour moi, c'est qu'il ménageait Jean-Pierre Chevènement qui, lui, passait son temps à le critiquer, en tapant de plus en plus fort, l'accusant de « ne pas être à la hauteur des problèmes posés ».

L'émission ne lui avait pas valu beaucoup de louanges. Robert Hue déclarait avoir ressenti un malaise, Jospin lui semblait « coupé des réalités ». À droite, on fustigeait un Premier ministre qui vit « sur la planète des satisfaits ». Michel Drucker me racontait avoir déjeuné avec Manuel Valls, le porte-parole de Matignon. Il se proposait d'inviter le couple Jospin dans son émission *Vivement dimanche*, le dernier week-end de décembre, pour que les Français connaissent mieux la personnalité du Premier ministre. Claude Allègre avait applaudi, lui qui me disait toujours : « Chez Jospin, il y a Lionel et il y a Jospin. Avec Lionel, on peut rire, être décontracté, il est agréable. Avec Jospin, on ne se marre pas souvent, il peut être obtus, coincé, sectaire et très désagréable avec les amis [Allègre parlait en connaissance de cause]. Il faudrait que les Français connaissent Lionel. » Michel Drucker aurait voulu montrer le sportif, le joueur de tennis, le basketteur, inviter ses amis artistes. Jacques Séguéla s'en était mêlé « comme si c'était lui qui avait trouvé l'idée », me disait Drucker. Dans un premier temps, Lionel Jospin aurait été plutôt d'accord, Sylviane aussi. Puis, réflexion faite, le couple avait renoncé, une émission people, ça n'était pas leur genre. N'ayant pu rencontrer Lionel, les électeurs n'auront connu que Jospin[1]. En fin de campagne, le couple, cédant à l'air du temps, avait accepté de poser pour *Gala*, et Sylviane qui n'est pas un cordon-bleu revendiquait être « la reine de la purée ».

Fin 2001, les sondages d'intention au premier tour plaçaient à égalité Chirac et Jospin, loin devant Le Pen. Leur second tour s'annonçait à 50-50. Suspense...

Début février 2002, Jacques Chirac et Lionel Jospin n'étaient toujours pas candidats. « Je les battrai tous les deux », fanfaronnait Jean-Pierre Chevènement, tandis que Noël Mamère exigeait que ces deux-là sortent enfin de l'ombre et de la coulisse, raillant ces deux « grands comiques, faux candidats avec leur faux nez ». C'était chouette, la majorité plurielle. Il était temps que le jeu de cache-cache cesse.

Le 11 février, Jacques Chirac, en déplacement à Avignon, devait intervenir devant des chefs d'entreprise. Mise la veille dans la confidence, Marie-Josée Roig, maire de la ville, était invitée à l'interroger, ce qu'elle avait fait : « Serez-vous candidat ? » Il lui avait répondu : « Oui, je suis candidat », d'une voix enrouée, qui traduisait une grande émotion. Une annonce sobre. Sa fille Claude et Dominique de Villepin n'étaient même pas au courant, selon ce que j'avais appris. Il avait voulu créer la surprise. Enfin une prise d'autonomie bienvenue. Le soir, il était sur TF1. Sans doute fatigué par un régime qu'il s'était imposé depuis quelques mois, il m'était apparu

1. Une fois, on avait aperçu Lionel Jospin chantant à la télévision *Les Feuilles mortes*, ce qui n'est pas vraiment un hymne pour une campagne présidentielle.

bien terne. Interrogé par PPDA sur les sujets du moment, les affaires, son bilan, il patinait un peu, ses réponses manquaient de mordant. Il avait clos l'émission par cette profession de foi : « Je ne suis plus un homme de parti. Je veux être non pas le candidat d'une idéologie, non pas de la nostalgie, mais de la passion. Ce qui me guide, c'est la passion de la France. » Un peu court. Un peu plat. Là, je m'étais dit : « C'est pas gagné. »

Chirac sorti du bois, Jospin, bon dernier, devait se hâter aussi. Ce qu'il allait faire, le 20 février, par un fax envoyé à l'AFP (ce qui, avec le recul, fait bien archaïque), accompagné d'une lettre aux Français dans laquelle il disait vouloir « présider autrement[1] [...] une France active, sûre, juste, moderne et forte ». Pas très inspirés, ses conseillers en communication. Les télévisions et les photographes étaient convoqués devant son domicile, où il ne vivait plus depuis quatre ans. Les images devaient le montrer sortant de son immeuble, tel un candidat ordinaire (et blafard, faute de maquillage). Ce qui ne trompait personne. Dès le lendemain, sur France 2, il commettait le premier dérapage. Focalisé déjà sur le second tour, il déclarait : « Mon projet n'est pas socialiste. » « Ce n'est pas ce qu'il voulait dire », m'avait assuré Marie-France Lavarini. « Ça commence bien », s'épouvantait François Hollande. « Lionel, ce n'est pas ta campagne, c'est la nôtre ! » tonnaient les militants. Bref, une annonce de candidature aussi ratée que celle de Chirac.

D'urgence, il devait présenter une image sympa. Ses conseillers en communication lui avaient soufflé, comme le révélerait plus tard un film sur sa campagne : « Il faudrait que ce soir tu sois joyeux, un peu comme dans *Le Bonheur est dans le pré* ! » Une injonction que le candidat avait traduite par cette phrase : « C'est à moi, après cinq ans de gouvernement, attelé à la carriole, à m'ébrouer dans le champ de

1. Autrement que Jacques Chirac.

la démocratie… » L'austère qui se marre m'offrait là un beau fou rire !

Le 25 février, seul en lice, il était investi candidat officiel du Parti socialiste avec 99,07 % des suffrages exprimés. Dans une belle envolée, il s'en prenait à Chirac : « Deux ans de présidence infidèle, cinq ans de présidence passive font sept ans de présidence contestée ! »

« Je veux que les Français n'aient pas envie de voter pour Chirac », expliquait Jospin à Claude Allègre qui lui avait rétorqué : « Non, Lionel, il faut que les Français aient envie de voter pour toi. » Allègre s'en amusait encore en me le racontant.

Pendant plusieurs jours, Jacques Chirac faisait du surplace. « Il fallait le violenter pour le faire bouger », me disait Antoine Rufenacht, son directeur de campagne. Enfin, il s'était lancé, à Garges-lès-Gonesse, le 19 février. Alors qu'un sentiment d'insécurité se propageait dans le pays, il énonçait sur un ton posé : « Plus personne en France n'est à l'abri. À la violence d'appropriation, qui ne cesse de s'étendre, s'ajoute une violence d'agression, sans bornes, dont le but est de terroriser, de blesser, d'humilier, de détruire […] il faudra une volonté politique sans faille, une autorité sans faiblesse, mais aussi beaucoup d'humanité et de force d'âme. » Tout y était. Répression et prévention. Un message fort qui correspondait aux attentes du terrain. Huit jours plus tard, le 4 mars, cette fois au Val Fourré : « On a laissé s'effacer les repères, les références. Depuis qu'il est interdit d'interdire, la société est devenue violente. On a imprimé dans la tête des gens que c'était comme ça, mais il n'y a pas de fatalité à ce que les gens soient agressés. » Il avait été assez chahuté. Des gamins criaient : « Super Menteur ! », le slogan de sa marionnette sur Canal Plus. On lui avait craché dessus. Mais il marquait des points contre Jospin.

La veille, et cette fois trop sincère, le Premier ministre avait reconnu – quel aveu ! – avoir « péché par naïveté » (par cécité, plutôt) sur les questions de sécurité. Le lendemain, à Lille, il rectifiait le tir en dénonçant «le cynisme qui consiste à jouer sur les peurs en matière d'insécurité». Vivement applaudi, il s'enflammait: «Je ressens déjà ce soir la fièvre, l'enthousiasme, la volonté de gagner, qui en général accompagnent les derniers meetings de campagne.» Comme s'il était à la veille du second tour. Une curieuse inversion chronologique. Mais les socialistes en étaient convaincus : Jospin ne ferait qu'une bouchée de Chirac, «ce cynique doublé d'un incompétent», «ce nul et corrompu», comme ils le martelaient.

Jacques Pilhan l'avait théorisé : «La politique n'est ni une logique ni une morale. C'est d'abord une dynamique.» Traduction : il suffit d'une fausse manœuvre, d'un grain de sable, d'un rien même, pour que les vents porteurs se retournent en bourrasque en pleine face. Prophétique.

Le 10 mars, dans l'avion qui le ramenait d'une visite éclair à La Réunion, Lionel Jospin s'entretenait avec les journalistes qui l'avaient accompagné. La conversation était en «off». Une consœur, Marie-Ève Malouines, notant que Jacques Chirac avait perdu son punch, interrogeait le candidat : «Vous ne trouvez pas qu'il est vieilli, usé, fatigué ?» Lionel Jospin, lui-même épuisé par ce périple, avait répondu en reprenant ses termes : «Oui, il est victime d'une certaine usure. Il est vieilli, fatigué. Je me bats pour qu'il ne soit plus président de la République.» Cédant à la pression des journalistes, Yves Colmou, le directeur de la communication de Lionel Jospin, avait cru judicieux d'autoriser le «on». Une absence flagrante de professionnalisme. Le lendemain, les propos du Premier ministre faisaient les gros titres des journaux. Les socialistes étaient atterrés. Les chiraquiens exultaient. Chirac avait besoin d'un aiguillon, il l'avait.

Le soir, au 20 heures de TF1, le président répliquait sur un ton offusqué : «Qu'est-ce que j'entends ? Des propos sur le physique ? Le mental ? La santé... Presque un délit de sale gueule, si j'ose dire.» Dès le lendemain, tous les ténors chiraquiens montaient au créneau. Bernadette l'avait bien dit : « Pour son âge, mon mari est quand même mieux que les autres. » Et Dominique de Villepin de railler devant moi : « Vieilli, Chirac ? Mais c'est Jospin qui ressemble à un coton-tige usagé ! » Grâce à lui, « Super Menteur » devenait « Super Victime ». L'attaque était d'autant plus malhabile que la part des seniors dans l'électorat était prépondérante. Attaqué dans son âge et son orgueil, Chirac retrouvait l'énergie qui lui manquait, et même son humour. Devant son staff, il se moquait de lui-même, reprenant une formule connue : « Moi, vieux ? Mais je peux encore faire l'amour deux fois de suite. Une fois l'été, une fois l'hiver. » Et de fustiger dans les médias « une stratégie consistant à essayer de m'abattre par tous les moyens, des méthodes qui rappellent celles de tous les extrémistes » (référence à peine voilée au passé trotskiste du candidat).

« Notre livre d'entretiens était sorti le 1er mars. Les ventes partaient en flèche. Le 10 mars, elles se sont arrêtées net. Plus un seul exemplaire vendu[1] », déplore aujourd'hui Alain Duhamel.

Le fautif aurait dû s'excuser tout de suite. Huit jours plus tard, il lâchait dans le *19/20* de France 3 : « Ce n'est pas moi, cela ne me ressemble pas. » Façon malgré lui de reconnaître qu'il ne maîtrisait pas son verbe. En réalité, Jospin n'était plus tout à fait à ce qu'il faisait. Il ressassait sa boulette. Présentant son projet à la presse, il en rajoutait en commettant ce lapsus : « Dans l'hypothèse que j'appelle de mes vieux… » Décidément…

Il avait refusé de quitter Matignon pour prendre le temps de réfléchir à sa campagne, il l'avait confiée à une pléiade de conseils, l'équipe Séguéla-Fouks et d'autres venus du PS. Il finissait par être un jouet entre leurs mains. Dominique Strauss-Kahn et Pierre Moscovici dénonçaient « une organisation de campagne brouillonne et bureaucratique ». Il devait

1. Lionel Jospin, Alain Duhamel, *Le Temps de répondre*, Stock, 2002.

tenir une réunion quotidienne avec eux (alors que Chirac n'en faisait qu'une ou deux par semaine avec son staff). On lui infligeait des meetings quasi quotidiens autour d'un seul thème, dans des salles obscures, avec des retombées médiatiques souvent très médiocres. Le candidat se fatiguait pour rien. « Quand le réveil sonne le matin, j'ai l'impression qu'on m'a coupé la tête en deux », avouait-il à Marie-France Lavarini. Elle lui avait écrit une note pour le mettre en garde : « Attention, ta campagne c'est du n'importe quoi. » Les ministres n'étaient pas suffisamment utilisés, et s'en plaignaient. Huit jours avant le premier tour, Lionel Jospin s'était rebellé devant ses équipes : « J'ai 65 ans, j'ai encore de l'énergie, mais je ne veux pas faire n'importe quoi. Je n'ai plus le temps de réfléchir, de me poser, de respirer. »

Dans les sondages, il baissait dangereusement tandis que Le Pen montait.

Bernadette Chirac, qui faisait un tour de France avec ses signatures de livres, était à l'écoute du terrain, entendait le ras-le-bol des gens à propos de l'insécurité. Des communistes lui disaient qu'ils voteraient Le Pen à cause des trente-cinq heures. Ils en avaient marre des socialistes et de la droite. Elle avait prévenu son mari : « Vous allez voir, Le Pen peut arriver au second tour. » Comme d'habitude, il l'avait envoyée sur les roses, il n'y croyait pas.

Le candidat socialiste avait senti le danger. Alors il gauchisait brusquement son discours. Pierre Mauroy lui avait reproché de ne jamais parler des ouvriers. Dans l'un de ses derniers meetings, à Lens, il rendait hommage aux mineurs de la région, alors que François Mitterrand avait définitivement fermé les mines de charbon… Il n'empêche, personne au Parti socialiste n'imaginait un duel au second tour autre que celui entre Chirac et Jospin. La veille du premier tour, Jean-Marc Lech, président d'Ipsos, avait lors d'une réunion organisée par *Le Point* assuré devant les invités : « Si ce n'est pas

Chirac-Jospin, je me coupe la barbe. » Personne n'a vérifié si le 22 avril il avait mis sa sentence à exécution.

Le dimanche 21 avril 2002, à 20 heures, Jacques Chirac arrivait premier avec 19,88 % des voix (il perdait sept cent mille voix par rapport à la précédente présidentielle) ; Jean-Marie Le Pen second avec 16,86 % ; et Lionel Jospin en troisième position, 16,18 % (deux cent mille voix seulement le séparaient du candidat d'extrême droite, mais il en avait perdu deux millions et demi par rapport à 1995). Il était disqualifié pour le second tour. Assommé comme si un train lui était arrivé en pleine face. Il s'en prenait à la « démagogie de la droite », et aussi à la dispersion des voix : « Ma mission à moi était de conduire la gauche à la victoire présidentielle. Et là, on pourrait dire que l'équipage a abandonné son capitaine. » En somme, rien n'était de sa faute. Mais ce capitaine n'avait pas vraiment cherché à dissuader les candidats de sa majorité plurielle de se compter.

Jean-Pierre Chevènement, que Lionel Jospin désigne aujourd'hui encore comme un traître – « Dire que pendant qu'il était dans le coma à l'hôpital, Lionel allait le voir toutes les semaines », s'indigne Marie-France Lavarini –, espérait recueillir plus de 15 % des suffrages. Il en avait obtenu 5,33 %, une déception. Les quatre candidats de l'ex-coalition totalisaient plus de 16 % des suffrages, ce qui allait faire dire à François Hollande : « La gauche plurielle, c'est bien, sauf quand elle est trop plurielle. » Déclarant assumer pleinement la responsabilité de cet échec, une heure après avoir appris les résultats, Lionel Jospin, l'air complètement sonné, annonçait son retrait de la vie politique.

Jacques Chirac allait rempiler pour un deuxième mandat après cet invraisemblable concours de circonstances.

17

PAUL GUILBERT LE MAGNIFIQUE

Entre février et juillet 2002, j'avais très souvent Jacques Chirac au téléphone en direct, brièvement bien sûr. Une fréquence inédite. Pour évoquer sa candidature, son entrée en campagne, la politique ? Non, pour parler de son ami Paul Guilbert, qui était aussi le mien et qu'un cancer du poumon dévastait.

Ils s'étaient connus à Sciences Po, se tutoyaient, blaguaient ensemble. Entretenaient un lien singulier. Jacques Chirac s'adressait à lui comme s'il était encore étudiant. Une disposition chez lui habituelle d'enfermer les gens dans une case dont il ne les sortait plus. Dans les congrès RPR, lors de journées parlementaires, lorsque Jacques Chirac l'apercevait, il venait vers lui, tout sourire, en ouvrant les bras : « Ah, ce cher Paul ! » Joyeux, comme on retrouve un copain d'enfance avec qui on faisait du vélo.

Dans les voyages officiels du chef de l'État, les journalistes étaient cantonnés à l'arrière de l'avion. Toujours un aide de camp venait le quérir. « Le président vous demande. » Et Paul le rejoignait à l'avant. Lorsqu'il revenait, une ou deux heures plus tard, les confrères l'interrogeaient. « Que t'a-t-il dit ? » Rien qui puisse leur être raconté. Avec Jacques Chirac, ils parlaient des femmes, de sexe. « Alors Paul, le crayon se lève toujours ? » Un humour de chambrée militaire. Ils riaient, tous les deux. Mais ils parlaient aussi de culture, du choc des civilisations. Le président sollicitait son avis. Jamais il ne le faisait venir pour une interview exclusive ou le gratifier d'un scoop qui ferait des jaloux le lendemain dans la presse. Il voulait juste passer un bon moment, boire avec lui une ou plusieurs bières, lâcher prise en confiance, sans craindre de retrouver ses blagues à deux sous dans *Le Canard enchaîné*. Un luxe qu'il ne pouvait s'offrir qu'avec lui.

En 1995, après sa première élection, Paul lui avait lancé :

— Alors, maintenant tu vas guérir les écrouelles ?

— Oui, Paul, mais pour ta vieille chtouille, je ne peux rien faire.

De son côté, Paul ne demandait jamais rien, se satisfaisant d'avoir le monopole d'une relation qui avait pour lui une valeur sentimentale essentielle, bien plus forte qu'un scoop voire qu'une Légion d'honneur. D'ailleurs pourquoi parler de décoration ? Paul ne l'aurait jamais portée. Il aimait Chirac, point.

Paul, je l'avais connu à l'orée des années 1980, dans les couloirs de l'Assemblée nationale. Il était journaliste au *Quotidien de Paris* de Philippe Tesson. J'admirais sa plume alerte mâtinée d'humour, sa vision des choses, des hommes politiques, du monde. D'un trait, il saisissait un caractère, une ambiance. Pour moi, ses papiers étaient des petits chefs-d'œuvre, sans parti pris ni jugement moral. Je me souviens de l'un d'eux, où il racontait un voyage de Raymond Barre en Hongrie, le pays dont sa femme, Ève, était originaire. Il n'y avait pourtant pas grand-chose à en dire, Barre n'offrant pas de grain à moudre aux journalistes. Mais avec rien, Paul avait donné à ce déplacement officiel, rien qu'en évoquant les paysages, le regard des vaches dans les prés, un tour romanesque et cocasse. Un flash me revient : Paul, assis à une table dans une salle de presse, devant une feuille blanche, stylo à la main, cherchant l'inspiration le menton levé, son éternel cigarillo au bec, l'œil droit fermé à cause de la fumée qui lui faisait faire une grimace.

Impossible de le rater dans la salle des Quatre Colonnes. Haut de taille, une belle tête puissante, un peu à la Joseph Kessel, dont il avait été un temps le secrétaire. Couronné d'un casque de cheveux d'un roux entre blond vénitien et ambre, qui rayonnait comme un soleil, des yeux verts constellés de pépites safranées, « couleur soupe de légumes variés », lui disais-je. Un beau regard qui attirait la lumière et les autres. Il émanait de lui quelque chose d'intense, qui s'appelle l'empathie. Mes confrères, des députés s'agglutinaient autour de lui pour discuter, entendre sa voix forte et timbrée, et surtout rire. Ah, les fous rires de Paul ! J'y pense encore avec mélancolie, comme d'une source de jouvence, hélas, tarie.

Peu à peu, nous sommes devenus amis, pour bientôt nous appeler tous les jours, car nous avions toujours quelque chose à partager. Nous invitions ensemble les hommes politiques à déjeuner. Je lui racontais tout de ma vie : « Paul, tu n'es pas mon meilleur ami, tu es ma meilleure amie. » Lui était moins prolixe sur la sienne. Orphelin de père, il avait été élevé à Amiens par sa mère et deux vieilles tantes célibataires qu'il vénérait. Elles avaient inventé pour lui la « surboum BA », comme « bonne action », en lui prodiguant ce conseil :

— Il faut que tu fasses danser les jeunes filles que les garçons n'invitent pas.

— Mais parce qu'elles sont moches !

Elles le morigénaient : « Paul, seule compte chez les femmes la beauté de l'âme. » Et pour leur faire plaisir, il s'exécutait.

Jusqu'au bac, il avait fait ses études à La Providence à Amiens, un établissement catholique sous tutelle jésuite, où plus tard Emmanuel Macron serait élève à son tour et Brigitte, professeure. Paul avait une sœur un peu fantasque dont il avait la charge et le souci. Le genre de fille capable de partir au bout du monde parce qu'elle était tombée folle amoureuse d'un joueur de guitare ou d'un danseur de mambo. Paul habitait un studio, sous les toits, dans un immeuble du boulevard Saint-Germain, au-dessus du bar Old Navy. Je ne suis jamais allée chez lui.

Un jour, un astrologue qu'il consultait régulièrement (il était Gémeaux ascendant Capricorne) lui avait dit qu'il risquait d'être cambriolé. Un reportage à Lille lui avait permis de faire un détour par Amiens pour voir si la maison de son enfance avait été fracturée. Une maison où, me disait-il, «je n'ai touché à rien». Tout était resté en place, dans son jus, après la disparition des trois femmes de sa vie. Revenu à Paris, c'est son studio qui avait été visité. La porte avait été défoncée. On lui avait dérobé sa télévision, son tourne-disque, des livres. Ça n'était pas un cambriolage, mais une saisie sur ses biens. Paul ne payait pas ses contraventions. Je revois sa vieille Volvo verte décapotable, solide comme un camion, d'où s'échappait une fragrance de cigare froid.

Il venait souvent à la maison, avait conquis Albin. Quand je disais : «Venez dîner, il y aura Paul.», les amis accouraient.

«Ce qu'il y avait de plus étonnant, de plus rare, c'est cet art de la liberté qui le faisait se défier de tout ce qui, chez la plupart des hommes, plombe, entrave l'existence. Il n'en parlait pas. Il n'en faisait pas des théories. Mais c'était ainsi. Acheter un appartement, se marier, avoir une vraie carrière, gagner de l'argent, entrer dans le grand manège des institutions : il avait 40 ans, puis 50, 60, mais face à ces gestes simples qui font que les autres, tous les autres, nous tous, prenons un peu racine dans ce monde, il restait ce jeune homme obstiné qui [...] a dû décider, jadis, qu'il serait réfractaire pour toujours à la loi des vies installées. Il avait des convictions, bien sûr, mais elles étaient légères [...] je ne l'ai jamais vu par exemple sacrifier un ami à une idée. Il avait des fidélités; plus que quiconque, il avait le culte de la fidélité; mais c'étaient des fidélités joyeuses, légères encore, qu'il s'employait, avec une discipline sévère, à ne jamais noyer dans l'esprit de sérieux. Il était aérien [...] il était, vraiment, l'homme le plus libre que j'aie connu. »

Je cite là un passage de l'hommage merveilleux que BHL lui a rendu le 16 juillet 2002, le jour de son enterrement, à l'église Saint-Germain-des-Prés. Jacques Chirac était présent bien sûr. Visiblement affecté. L'église était pleine. BHL décrivait exactement ce qu'était Paul. Son culte de l'amitié, sa générosité de cœur, sa disponibilité inépuisable, reflet de sa curiosité de toutes les vies qui emplissaient ses soirées, ses dîners. Il avait une compagne officielle, Raphaële Billetdoux, romancière, Prix Interallié, la mère de son fils qu'il avait eu sur le tard, « le petit Augustin ». J'avais parfois des difficultés à le joindre. Il changeait souvent de numéro de téléphone, m'expliquant que c'était pour fuir une personne qui le harcelait, ne m'en disant pas plus. Il passait beaucoup de temps à consoler, à écouter des femmes demandeuses qui se confiaient à lui avec avidité. Ses amies, j'en connaissais quelques-unes. Une fille adorable, brune aux yeux bleus, qui distribuait *L'Unité*, le dimanche, même par grand froid, au marché de Buci, dans le 6e arrondissement. Pas loin d'elle, l'architecte Roland Castro vendait *L'Humanité*. Une autre, toujours douloureuse. Un temps, elle avait capté l'attention de François Mitterrand, s'était crue favorite. Il s'en était détourné du jour au lendemain, sans plus jamais lui faire un signe, comme il savait si bien le faire.

Et puis il y avait ses grands amis. Ceux avec qui il se sentait en osmose intellectuelle, et dont il partageait la même approche politique, un même goût pour la polyphonie, le refus de se laisser enfermer dans un rituel étroit : Philippe Tesson, qu'il avait connu à *Combat* ; l'avocat Thierry Lévy ; Claude Perdriel, le patron du *Nouvel Obs*. Il avait ses préférences, deux hommes avec qui le lien était plus intime. Bernard-Henri Lévy, rencontré à ses débuts, au temps des « nouveaux philosophes ». Et Jean-Marie Rouart, journaliste, écrivain, académicien. Il les admirait parce qu'il plaçait la littérature au-dessus de tout, et pouvait avec eux parler pendant des heures des grands auteurs. Il les aimait au point de faire siens leurs succès, leurs amours, leurs querelles. Et eux adoraient se confier, lui ouvrir les tiroirs de leur vie (Paul m'en révélait quelques bribes). Il leur parlait aussi de moi, ce qui, avec les années, sans nous rencontrer souvent, a tissé un lien, une chaleur qui ne s'éteint pas. Après sa mort, Jean-Marie Rouart m'avait dit : « Ça ne m'intéresse plus d'avoir des histoires d'amour, car je n'ai plus personne à qui les raconter. »

Lorsque Paul est tombé malade, le diagnostic est vite arrivé. Et on ne lui a pas caché la gravité de son mal. D'une voix neutre, il m'en avait informée, mais pour me rassurer aussitôt : « Ça va aller, ça va aller ! » Après sa première opération, il m'avouait avoir beaucoup souffert, mais sur le ton de qui donne une météo maussade, passagère bien sûr, sans insister ni se plaindre. Parfois, d'un coup son œil brillait : « J'ai eu un coup de fil du président », et le sourire lui revenait, comme s'il avait reçu une piqûre de vitamine. J'appelais Jacques Chirac pour l'informer de ma visite, et lui dire combien ses messages revigoraient notre ami.

Je me souviens de sa deuxième opération au Val-de-Grâce, cette fois au cerveau. C'était en juin, il faisait une chaleur torride. Sa chambre était exposée plein sud, et la climatisation était en panne. J'étais allée dans les services pour m'en plaindre. On me jurait qu'elle serait vite réparée. Paul transpirait, souffrait, mais ne m'en disait mot. Il demeurait placide, résigné, alors que moi j'étouffais et manquais défaillir.

Je me souviens de son séjour à la maison médicale Jeanne-Garnier, une chambre claire au rez-de-chaussée, qui donnait sur un jardin où des roses embaumaient. Il était déjà à moitié conscient. Je lui prenais les mains, il se cramponnait aux miennes, comme quelqu'un qui ne veut pas quitter la vie. Lorsque je m'en allais, Raphaële était là, bien sûr, et aussi des amies, des inconnues, qui prenaient le relais.

Juste réélu, Jacques Chirac était venu le voir. Peut-être une des dernières joies de Paul.

18

LE PREMIER DES MINISTRES

Le 5 mai 2002, Jacques Chirac était réélu président de la République avec 82,21 % des suffrages contre 17,79 % à Jean-Marie Le Pen. « En dessous de 30 %, ce serait un échec personnel », avait prévenu le candidat du Front national. C'en était un, en effet. Visiblement abattu, il l'imputait à « une campagne hystérique, orchestrée par la totalité des pouvoirs, politiciens, financiers, médiatiques et syndicaux ».

Quatre jours plus tôt, le défilé du 1er Mai avait mobilisé un million et demi de personnes en France. Et de tous âges. Toutes contre Le Pen. *Le Monde* publiait un appel de grands patrons français en faveur de Jacques Chirac. Trois cents sportifs de haut niveau signaient un « carton rouge à l'extrême droite ». Zinédine Zidane donnait là son premier coup de boule.

Tous les sondages avaient prédit une large victoire à Jacques Chirac. Passer de moins de 20 % des suffrages au premier tour (son étiage habituel) à 82,21 % au second relevait de l'anomalie électorale. Unique dans l'histoire politique de la Ve, donc dérangeante.

« On ne meurt jamais d'une indigestion de voix », plaisantait jadis Edgar Faure. Pour le bénéficiaire, un score lourd à avaler. C'était trop. À quoi cela menait-il ? L'union nationale ?

Mais sur quel programme ? « Ce résultat m'oblige », avait-il pourtant promis à chaud.

Jacques et Bernadette Chirac s'étaient rendus place de la République où une foule compacte fêtait cette « victoire de la démocratie ». Le couple était monté sur scène l'air défait, paniqué presque. Je les revois, lui vêtu d'un manteau sombre, elle d'un tailleur noir, le visage sans maquillage. On aurait dit les Ceauşescu le jour de leur arrestation. Dans la foule, des jeunes de banlieue en nombre agitaient des drapeaux bleu-blanc-rouge. On voyait aussi beaucoup de drapeaux algériens.

« Je me demandais où j'étais », m'avouera plus tard Bernadette.

Place de la Bastille, à deux pas de la République, une autre foule – celle-là estampillée de gauche, mêlant socialistes, communistes, écolos, extrême gauche – fêtait la victoire contre le fascisme en rêvant déjà de revanche.

Ce second tour si rocambolesque allait-il avoir un impact sur le résultat des législatives de juin ? Martine Aubry le prophétisait déjà : « Au vu des manifestations, la gauche est moins détruite que la droite. Elle peut redémarrer positivement. » François Hollande allait plus loin : « La victoire de la gauche est inéluctable. Tout est ouvert. » Le premier secrétaire du PS évoquait de manière implicite une possible nouvelle cohabitation avec lui comme Premier ministre, dévoilant ainsi son ambition de monter haut.

Le cauchemar pour Jacques Chirac.

Je ne l'ai pas assez souligné jusqu'ici. Pendant les cinq années de cohabitation, François Hollande fut le préposé désigné aux attaques contre le chef de l'État, toujours d'une rare férocité ou d'une ironie blessante, malveillante, ce qui déclenchait un prurit dans le camp chiraquien.

De retour au Tapis rouge, son QG de campagne, Jacques Chirac s'était montré d'une humeur de dogue. « Il nous engueulait, m'avait raconté Dominique Bussereau, et il nous accusait déjà de ne pas assez préparer les législatives. »

« Il n'y a pas assez de femmes vitupirait Chirac. N'importe quel PEGC [instituteur] socialiste battra nos candidats ! » L'UMP venait tout juste de naître !

En juin, la logique du quinquennat (Jacques Chirac s'était laissé imposer cette réduction de la durée du mandat présidentiel sous la pression conjuguée de Lionel Jospin, Valéry Giscard d'Estaing et François Bayrou, et aussi de sa fille Claude et de Dominique de Villepin, au motif pour ces derniers que c'était « moderne ») entamait sa jurisprudence : les Français donneraient au président une majorité pour gouverner. Malgré une abstention record (39,68 %), l'UMP obtenait la majorité absolue (trois cent soixante-neuf élus). François Hollande n'avait plus qu'à se féliciter de la « défaite honorable des socialistes », cent quarante et un députés. Martine Aubry, emblématique dame des trente-cinq heures, était battue à Lille où Jean-Marie Le Pen avait recueilli 22 % des voix. La majorité plurielle sortait essorée de l'épreuve. Jean-Pierre Chevènement, leader du MDC, était défait à Belfort, dont il était l'élu depuis 1973. *Idem* pour deux de ses proches, Michel Suchod à Bergerac en Dordogne et Georges Sarre à Paris. Le juge Halphen, recrue de dernière heure, était éliminé lui aussi. Robert Hue, président du Parti communiste, perdait son siège. Dominique Voynet le sien dans le Jura. Les écolos passaient de sept à trois élus. Un sacré plongeon pour tous.

Jacques Chirac avait les mains libres pour gouverner. Il avait d'abord envisagé, mais oui, de reprendre Alain Juppé à Matignon. L'intéressé ayant refusé – merci, il avait déjà donné ! –, il fut convenu qu'il prendrait la présidence de l'UMP.

Sans attendre les résultats des législatives, il convoquait, le 6 mai à 11 h 30, Jean-Pierre Raffarin pour lui annoncer : « C'est toi que j'ai choisi comme Premier ministre ! » sans même lui en avoir glissé un mot la veille. Il lui avait juste envoyé un signe à Poitiers, saluant un homme qui compterait à l'avenir. Il plaisait à Bernadette. « J'ai trouvé votre homme ! » lui avait-elle dit au retour d'une visite politico-hospitalière dans le Poitou. Sa proximité avec le terrain l'avait séduite. Raffarin plaisait aussi à Claude, qui appréciait ses talents de communicant. Diplômé de Sup de Co (même promotion que Michel Barnier), il avait commencé sa carrière professionnelle chez Jacques Vabre en faisant la tournée des grandes surfaces pour leur vendre le café maison, et obtenu bientôt la palme du meilleur vendeur. Il avait ensuite travaillé chez Bernard Krief, grand maître de la communication politique, où il avait révélé son inventivité dans l'art de trouver des slogans publicitaires qui deviendraient plus tard les « raffarinades ». Bref, il arrivait à Matignon avec la bénédiction de la trinité chiraquienne : le père, la fille, le Saint-Esprit.

À peine avait-il accepté ce qui ne se refuse pas que le président lui suggérait : « Maintenant, on va appeler ta mère ! » Chirac a toujours adoré téléphoner à la mère de chacun de ses Premiers ministres. Alain Juppé en savait quelque chose.

« Vous serez le Pompidou poitevin », l'avait félicité Valéry Giscard d'Estaing. Une comparaison qui se voulait aimable, mais qui n'était pas du tout appropriée.

Il émanait de Georges Pompidou une autorité incandescente qui s'exprimait dans le regard avant même d'être transcrite par ses mots. Et puis il y avait son timbre de voix : sourd, rauque, puissant. Il savait se faire craindre. Avec lui, la troupe gaulliste filait doux.

On pouvait à la rigueur trouver un cousinage entre les deux silhouettes compactes, râblées, leur corpulence. La ressemblance s'arrêterait là. Sénateur républicain indépendant de la Vienne, président de la région Poitou-Charentes depuis 1988[1], Jean-Pierre Raffarin était l'incarnation type du grand notable de province (son père, Jean Raffarin, secrétaire d'État à l'Agriculture dans le gouvernement Mendès, est passé à la

1. À l'époque le président de région le plus jeune de France.

postérité pour avoir fait boire un verre de lait aux écoliers le matin), satisfait de son sort, madré, rusé, débonnaire, heureux en ménage avec la jolie Anne-Marie.

Un visage intéressant : la face ronde, charnue, éclairée par un regard malicieux et un sourire charmeur. De profil ? Un boxeur malchanceux. C'était sa mise qui m'étonnait le plus : costume chiffonné, veste mal ajustée, cravate de traviole, chaussures fatiguées et parfois en retard d'un shampoing. « Qu'il est mal habillé ! » m'avait dit un jour ma mère alors que nous regardions ensemble la télévision. « Son look, il s'en foutait ! Et ça n'était pas faute de lui dire de faire un effort », me disait son ami Dominique Bussereau. « Il s'habillait comme un as de pique », se souvient son camarade de promotion, Louis-Thierry Grall.

Françoise Giroud nous donnait ce conseil. Pour tout savoir d'un homme, il faut regarder les pieds, les chaussures, la qualité du cuir, l'état des semelles, des talons. Ils en disent très long sur son caractère, sa personnalité.

Si Jacques Chirac l'avait choisi comme Premier ministre, c'était d'abord en raison de son caractère paisible, de sa bienveillance, de sa loyauté. Il l'avait jaugé lorsqu'il était chargé de l'Artisanat dans le gouvernement Juppé, où il s'était fait le grand défenseur des boulangers, ce qui lui avait valu le surnom de « Raffarine ».

Militant dès l'adolescence, puis secrétaire général du Mouvement des jeunes giscardiens[1], il avait soutenu Jacques Chirac lors de la présidentielle de 1995… à la demande expresse de Valéry Giscard d'Estaing. « Il nous avait convoqués à quelques-uns, Jean-Pierre, Hervé de Charette et moi. Il était furieux contre Balladur, qui lui avait piqué Léotard, Bayrou

1. Après la sortie de mon livre *La Double Méprise*, l'histoire des relations entre Giscard et Chirac durant le septennat de 1974 à 1981, il m'avait invitée à Poitiers pour une signature du livre et un débat.

et Clément, des UDF, et surtout qui l'empêchait d'être candidat», me raconterait Dominique Bussereau.

C'est justement parce qu'il n'était pas un chiraquien historique que Jacques Chirac trouvait judicieux d'offrir Matignon à un homme venu du centre (très modéré) plutôt qu'à un RPR. N'était-ce pas un signe d'ouverture ? Modeste, certes : un vasistas par rapport à une baie coulissante.

Le lendemain, Jean-Pierre Raffarin présentait déjà son équipe : vingt-huit membres, dont six femmes. Enfin un poste régalien pour elles : Michèle Alliot-Marie se hissait au ministère de la Défense. Incroyable. À peine nommée, elle avait l'air d'avoir passé les troupes en revue toute sa vie, marchant d'un pas martial, menton relevé. Deux jours plus tard, elle partait pour Karachi à la suite de l'attentat islamiste qui venait de coûter la vie à quatorze personnes, dont onze ingénieurs français de la Direction des constructions navales du ministère de la Défense – les prémices de l'affaire dite des frégates.

Dominique de Villepin quittait l'Élysée pour le Quai d'Orsay. Une maison qu'il connaissait – il avait été le directeur de cabinet d'Alain Juppé, quand celui-ci était ministre des Affaires étrangères entre 1993 et 1995. Je l'avais entendu jurer que jamais, au grand jamais, il ne reviendrait dans cette maison. J'avais hâte de l'entendre à la tribune, cracher du feu comme un dragon, nous régaler de ses soliloques exubérants et touffus comme des jungles tropicales[1].

François Fillon héritait des Affaires sociales et du Travail, Jean-Louis Borloo du ministère de la Ville, Dominique Perben de la Justice. Et puis il y avait des couples bizarres. À l'Éducation nationale, l'alliance du philosophe Luc Ferry – dont Jean-Pierre Raffarin s'était entiché – et de Xavier Darcos, son ministre délégué, agrégé de lettres classiques,

1. Sur son passage au ministère, le film *Quai d'Orsay* est une parodie irrésistible.

qui, lui, connaissait bien la maison pour avoir été le directeur de cabinet de François Bayrou, laissait prévoir pas mal de bisbilles entre eux deux fortes personnalités. À Bercy, Francis Mer, ex-patron d'Arcelor, une allure de cow-boy Marlboro sans la cigarette, devenait ministre des Finances. On allait voir ce qu'on allait voir. Ce novice en politique décevrait, hélas, vite. Son ministre délégué, le sénateur Alain Lambert, était bien plus préparé pour le premier rôle.

Le grand fait du jour était l'arrivée de Nicolas Sarkozy au ministère de l'Intérieur. Le 6 mai, à l'heure où Jacques Chirac recevait Raffarin à l'Élysée, il se trouvait dans son bureau à la mairie de Neuilly, certain que le président allait l'appeler pour Matignon.

Cécilia avait téléphoné à Isabelle Juppé pour savoir combien il y avait de chambres dans les appartements privés afin d'y loger sa «nichée» : ses deux filles qu'elle avait eues de Jacques Martin, et le petit Louis.

À midi, Jacques Chirac l'appelait enfin :

— L'Intérieur ou Bercy ? C'est toi qui choisis.

— Si vous n'avez pas confiance en moi pour la première place, pourquoi auriez-vous confiance pour la deuxième ?

— Écoute, Nicolas, tu es le seul à qui un tel choix est offert.

Très dépité, Nicolas Sarkozy demandait à réfléchir. Jacques Chirac n'avait jamais voulu de lui comme Premier ministre. «Si je le nomme à Matignon, trois mois plus tard, on se demandera qui est le grand type sur la photo derrière lui», avait-il raillé devant Jean-Louis Debré, qui se hissait au perchoir de l'Assemblée nationale.

Édouard Balladur lui conseillait de prendre l'Intérieur et la Sécurité, domaines où il ferait mieux, les socialistes s'y étaient cassé les dents. Jacques Chirac et lui-même n'en avaient-ils pas fait leur thème préféré dans les meetings électoraux ?

Jean-Pierre Raffarin, se référant à la jurisprudence Chirac-Balladur-Jospin, l'avait consolé : « Tu sais, Matignon n'est pas un poste de conquête. »

Sarkozy avait donc choisi l'Intérieur. À moi, il expliquait : « Si je n'avais pas voulu être numéro un, je ne serais pas aujourd'hui le numéro deux du gouvernement. » Mais il retient toujours l'interprétation qui lui est la plus favorable.

Le 8 mai, tôt dans la matinée, les caméras filmaient son arrivée à Beauvau. Il n'était pas le premier à apparaître : Cécilia le précédait, vêtue d'un tailleur pantalon-rouge vif acheté trois jours plus tôt dans une boutique en face de la mairie de Neuilly pour être sûre de ne pas passer inaperçue. L'image du toréador – lui – entrant dans l'arène précédé d'une belle porteuse de muleta. Message clair : la femme du ministre ne serait pas une ombre.

Le show Sarkozy commençait le soir même.

Bien que Jacques Chirac le lui ait déconseillé, il partait sur le terrain, en compagnie de Jean-Paul Proust, le préfet de Paris, à la rencontre des brigades anticriminalité, et pas n'importe où : cité de l'Abreuvoir à Bobigny. La voiture banalisée qui l'accompagnait avait reçu une pierre jetée par un adolescent. Plus loin, le ministre voulut s'arrêter devant une voiture incendiée, mais on lui fit comprendre qu'il valait mieux ne pas s'éterniser.

Première halte au commissariat de Saint-Ouen, aux allures de taudis. Voitures hors d'âge, équipements de policier inadaptés. « Des chandails de sport d'hiver, c'est honteux ! » m'avait-il dit quelques jours plus tard. Aux respects que les policiers lui présentaient, il répondait : « Non, c'est moi qui vous présente mes respects pour le métier que vous faites », et de remercier ses interlocuteurs du « travail accompli dans de telles conditions ». Le préfet de police m'avait confié avoir été frappé par la qualité de ses contacts.

Nicolas Sarkozy avait choisi Claude Guéant, ex-directeur de la Police nationale, ex-préfet de la région Bretagne, comme directeur de cabinet. Ils s'étaient connus lorsqu'il était secrétaire général de la préfecture des Hauts-de-Seine. Un homme très souriant, au calme apparent, sans nerfs. Un duo qui allait sprinter. Deux jours après son arrivée à Beauvau, un décret regroupait sous un même commandement la police et la gendarmerie. La semaine suivante, c'était la création des GIR, Groupes d'intervention régionaux. La conjugaison des compétences de la police, de la justice, des douanes, de la gendarmerie et du fisc pour lutter contre les caïds et l'économie souterraine de la drogue dans les cités.

Le 11 mai, jour de l'investiture officielle de Jacques Chirac, le ministre se rendait à Corbeil-Essonnes pour annoncer une série de mesures contre l'insécurité. Les policiers seraient équipés de flash-balls. Le soir au 20 heures, les télés ne parlaient que de lui. En moins d'un mois, Sarkozy avait rencontré ses homologues belge et britannique. Avec ce dernier, ils décidaient de fermer le centre de réfugiés de Sangatte à la fin de l'année. Jack Lang, député du Pas-de-Calais, avait applaudi. Las, le problème des migrants autour de Calais n'est toujours pas résolu vingt ans plus tard.

Ainsi se forge très vite une image. «Si l'on m'a mis ici, c'est parce que c'est difficile», aimait-il à répéter quand on allait le voir, sous-entendant qu'à l'Élysée quelqu'un peut-être avait envie de le voir échouer.

Chaque jour, à 18 heures, il réunissait lui-même les patrons de la Police nationale, de la gendarmerie, et le préfet de police de Paris pour leur réclamer une opération par jour dans le but de sécuriser les gens. Ses prédécesseurs laissaient cette charge à leur directeur de cabinet.

À la fin du mois de mai, il avait gagné vingt points dans le baromètre Ipsos-*Le Point*, et quatorze dans celui de BVA-*Paris Match*.

Quand certains ironisaient sur ses visites très médiatisées sur le terrain, il répliquait : «Je vais encore les doubler.» Il apportait son soutien sans condition aux forces de l'ordre, en exigeant d'elles «un respect scrupuleux des lois républicaines.» Le 28 juin, dans la grande salle du Carrousel du Louvre, il réunissait deux mille hiérarques de la police, qui lui réservèrent une ovation debout, lui au milieu de l'estrade, la tête droite. Une image mussolinienne.

Lors des séances d'actualité de l'Assemblée nationale, il faisait le spectacle, habitué de longue date aux débats en tout genre. Il suffisait qu'on l'interpelle pour qu'aussitôt le silence s'établisse. Il fallait le voir pointant le doigt sur l'opposition; il donnait des chiffres, expliquait, tançait et renvoyait l'adversaire dans les cordes. Une virtuosité qui contrastait avec les performances souvent laborieuses de beaucoup de ses collègues. Il en jouissait, c'était visible. Il était devenu la coqueluche des députés UMP.

Parfois, dans leur tête-à-tête du lundi, Chirac l'interrogeait : «Mais comment tu fais ?» Épaté par sa pêche, agacé aussi ! Moi-même, je me disais : «Il va vite s'épuiser !» Eh bien non. «J'aime la démesure dans l'investissement personnel», déclarait-il en 1995[1].

À la télévision, il donnait le sentiment d'être présent tous les soirs. Si bien que François Hollande l'avait surnommé «l'abonné du 20 heures».

Jacques Chirac se montrait à la fois admiratif («C'est vrai que tu réveilles le préfet à 6 heures du matin ?») et agacé («Tu sais qu'aucun ministre de l'Intérieur n'a jamais eu autant de liberté que toi ?»). Il n'avait pas voulu de lui comme Premier ministre, Nicolas Sarkozy s'imposait comme le premier de ses ministres, de loin le plus présent sur la scène médiatique. Quand on interrogeait les Français : «Quoi de neuf depuis six mois ?» ils répondaient : «Sarkozy !» Il incarnait le changement et personnifiait l'alternance, une calamité pour ses collègues dont il pompait l'oxygène.

1. Dans son livre d'entretiens avec Michel Denisot, *Au bout de la passion, l'équilibre*.

À l'époque, il recevait souvent les journalistes à déjeuner. « Je n'ai jamais été aussi heureux. Je fais le job », nous disait-il. Cécilia, toujours présente, n'intervenait guère. Elle me glissait : « Je suis très fière de mon mari ! » semblant goûter elle-même à une sorte de plénitude. Il faut venir au ministère de l'Intérieur pour ressentir l'ordre particulier, unique, qui y règne. La déférence du personnel, le respect pour le ministre. C'est une grande maison où l'on a la culture du chef, avec peut-être ce plus à l'époque : la fierté de servir un couple médiatisé.

Je me souviens du petit Louis, courant en hurlant dans les couloirs du ministère, un fusil en plastique dans les mains. Et aussi de cette photo de *Paris Match* : le ministre assis derrière son bureau, Cécilia debout à ses côtés, et leur fils sous le bureau, aux pieds de son père. Une réplique de la photo de John Fitzgerald Kennedy, avec le petit John John qui avait 3 ans. Cécilia serait sa Jackie. À Beauvau, elle s'était taillé un rôle à elle, organisait les déjeuners, les dîners. En réalité elle n'avait qu'à donner des ordres et l'intendance suivait. Elle faisait patienter les invités quand son mari tardait, assistait à toutes les réunions du cabinet, seule à pouvoir entrer dans son bureau sans frapper.

Elle veillait sur son régime. Lors des déjeuners de journalistes, il y avait toujours un menu spécial pour lui, avec ce dessert invariable, du fromage blanc 0 % et des fraises pour lui éviter de prendre du poids. Elle disposait d'un garde du corps, d'une voiture avec gyrophare (le grand plaisir de Beauvau). Elle était la marraine de l'orphelinat mutualiste Orphéopolis. Intimidante comme toutes les timides, elle était respectée plus qu'aimée ; on la suspectait de faire ou de défaire les carrières car elle avait ses chouchous. Des membres du Raid l'avaient invitée à passer une journée avec eux. Parfois le ministre l'appelait « la patronne », alors qu'elle ne figurait pas dans l'organigramme du ministère. À l'époque, elle me disait : « J'adore ce que je fais. » Ils renvoyaient l'image d'un couple heureux.

Le 9 décembre 2002, Nicolas Sarkozy participait à l'émission *100 minutes pour convaincre* sur France 2. Olivier Mazerolle, directeur de l'information de la chaîne, l'avait présenté comme le Premier ministre bis. 65 % des Français lui faisaient confiance pour lutter contre l'insécurité (sondage Ipsos).

Il se posait en homme d'État qui sait faire la part des choses, balayant avec maestria tous les sujets : l'insécurité, l'immigration. La veille, il avait annoncé la signature d'un accord entre les trois tendances de l'islam, pour aboutir à la création d'un organisme du culte musulman, le CFCM, dont beaucoup doutaient de la pérennité. Il assura ce soir-là (sans être cru) qu'il ne nourrissait qu'une ambition : mener à bien son travail. Dès le générique de fin, Jean-Pierre Raffarin lui téléphonait pour le féliciter. Cinq millions huit cent mille téléspectateurs l'avaient suivi (plus que Raffarin en juillet), un record ! Il gagnait sept points d'opinion positive dans le baromètre BVA-*Paris Match*. Même Jean-Louis Debré lui avait fait parvenir un mot : « Chapeau l'artiste ! »

Jacques Chirac, en revanche, ne l'avait pas félicité. Rien, pas un coup de fil. « C'est bien la démonstration qu'il n'est pas gentil », m'avait-il lâché, très déçu.

En novembre, au Bourget, l'UMP devenait officiellement le parti d'union de la droite et du centre. UMP : Union pour un mouvement populaire, regroupant le RPR, DL et l'UDF. Alain Juppé était élu président pour deux ans, avec 79,49 % des suffrages. Une belle fête à laquelle assistaient la chancelière Merkel et les Premiers ministres espagnol (José María Aznar) et portugais (José Manuel Barroso).

Nicolas Sarkozy avait piqué une grosse colère en découvrant que Brice Hortefeux, son ami le plus proche, son homme de confiance, ne figurait pas parmi les dix secrétaires généraux adjoints. Il dénonçait l'esprit sectaire d'Alain

Juppé, lequel ne voulait pas de lui, c'est sûr. Il m'avait expliqué pourquoi : « Laisser Hortefeux mettre un pied à l'UMP, autant donner tout de suite les clés de la maison à Sarkozy. Il est l'ombre portée de son maître, un redoutable tacticien d'appareil. Et il sait y faire avec la presse, à coups d'anecdotes drôles et de confidences en off. »

Le mois suivant, Brice Hortefeux entrait à la commission d'investiture. L'erreur était réparée.

En six mois, Nicolas Sarkozy avait gagné une première manche. Entre amis, en famille, on ne parlait que de lui. Difficile de ne pas le trouver époustouflant !

Alors, pas gentil, Chirac ? En cette fin d'année 2002, le président avait d'autres chats à fouetter que le seul Nicolas Sarkozy : la guerre, que la première puissance de la planète voulait engager en Irak sans l'accord du Conseil de sécurité de l'ONU pour renverser le régime de Saddam Hussein, l'obsédait. Chauffé à blanc par ses conseillers, George W. Bush était convaincu que l'Irak était le nœud gordien de l'Axe du mal, avec la Corée du Nord et l'Iran. Pour justifier la guerre, il dénonçait l'existence d'armes de dissuasion massive (dont on a su assez vite qu'elles n'existaient pas). Jacques Chirac avait plusieurs fois tenté de dissuader celui qu'il considérait comme un cow-boy sommaire et arrogant de se lancer dans une pareille aventure.

Lors du Sommet de la Terre à Johannesbourg, le 2 septembre 2002[1], Jacques Chirac avait rencontré Nelson Mandela qui l'avait conjuré de « tout faire pour que Bush n'aille pas en Irak. »

Le 21 novembre 2002, lors du sommet exceptionnel de l'OTAN réuni à Prague, il avait eu un long tête-à-tête avec George W. Bush : « Voulez-vous me dire qui vous mettrez à

1. Où il avait lancé sa célèbre formule : « Notre maison brûle et le monde regarde ailleurs ».

la place de Saddam Hussein ? Vous allez installer les chiites à Bagdad, et ce ne sera pas la démocratie, mais l'éclatement de l'Irak, avait-il prophétisé. Il y aura des répercussions funestes dans toute la région. Bien sûr vous gagnerez la guerre [elle a duré quarante jours], mais la situation sera encore plus grave que celle d'aujourd'hui. Vous allez créer des bataillons de petits Ben Laden, des milices terroristes. »

George W. Bush l'avait écouté poliment. Cause toujours ! Après les attentats du 11 septembre 2001, l'Amérique devait à tout prix montrer sa force.

Les diplomates américains s'employaient à diviser les Européens, avec le concours de la Grande-Bretagne, de l'Espagne et de l'Italie.

Le 30 janvier 2003, Tony Blair, José María Aznar, Silvio Berlusconi, mais aussi huit pays de l'Union ou sur le point d'y adhérer, se déclaraient solidaires des États-Unis : « Le lien transatlantique est la garantie de notre liberté. » Leur profession de foi était dirigée contre Jacques Chirac et Gerhard Schröder qui désapprouvaient tous deux le projet américain. Elle trahissait aussi le refus de certains pays d'être dominés par le couple franco-allemand, qui venait de célébrer avec éclat le quarantième anniversaire du traité de l'Élysée signé par le général de Gaulle et le chancelier Adenauer. Les discours, le faste de ces cérémonies avaient suscité agacement et jalousie. La prépondérance de ces deux grands aurait peut-être été mieux acceptée si la France avait appliqué les engagements qu'elle avait souscrits et contribué à imposer aux autres : le Pacte de stabilité et de croissance qui fixait à 3 % du PIB le plafond autorisé du déficit budgétaire. La France osait même faire le procès de ce pacte en dénonçant sa rigidité.

Le 5 février 2003 à l'ONU, Colin Powell dévoilait avec force diapositives des images censées démontrer que l'Irak dissimulait des drones capables d'asperger ses voisins de germes bactériologiques. En clair, l'Irak mentait aux inspecteurs qui allaient remettre leur rapport quelques jours plus tard.

C'est lui Colin Powell qui racontait n'importe quoi, comme il le reconnaîtra des années plus tard.

Le 14 février, Dominique de Villepin prononçait devant le Conseil de sécurité de l'ONU un discours qui allait faire date (écrit par le ministre, relu à l'Élysée et approuvé par Jacques Chirac). Un discours superbe ! J'étais fière d'être française, fière de Jacques Chirac, convaincue qu'il avait raison de ne pas engager la France dans le conflit, comme la suite des événements allait le démontrer de manière tragique.

Maurice Gourdault-Montagne, son sherpa que j'admirais beaucoup – il parlait huit langues, dont l'hindi et l'ourdou – me l'expliquait alors : « La longévité politique de Jacques Chirac lui a permis de rencontrer tous les dirigeants successifs dans cette région du monde. Sa connaissance des chefs d'État, des prises de position des uns et des autres, de leur histoire à tous était sans équivalent. Il appréhendait la globalité des sujets, leurs enjeux et la complexité de ces territoires. »

Dominique de Villepin nous avait tous éblouis. Le ministre allait y gagner un prestige personnel ; il se hissait dans la cour des grands. D'un coup, il effaçait le Néron de la dissolution, les médias l'encensaient. Pas une seule fausse note dans les dithyrambes. Nicolas Sarkozy voyait poindre ce jour-là un concurrent apparemment sérieux.

19

LE RIVAL DÉCLARÉ

Bien sûr, Nicolas Sarkozy ne réussissait pas tout. Il avait raté le référendum sur la Corse, une reprise des accords de Matignon signés sous Lionel Jospin. Échec qui en réjouissait plus d'un dans la majorité – c'est humain ! Le non avait recueilli 2 190 bulletins de plus que le oui. Une courte défaite, donc. Quelques jours avant le scrutin, l'arrestation d'Yvan Colonna, meurtrier présumé du préfet Érignac, après trois ans de cavale, avait contribué à brouiller le message. Les Corses avaient opté pour le *statu quo*.

Au printemps 2003, le gouvernement s'attaquait à la réforme des retraites. À la manœuvre, François Fillon et Jean-Paul Delevoye, ministre de la Fonction publique. Il s'agissait de rééquilibrer les régimes entre public et privé, avec l'allongement de la durée des cotisations des fonctionnaires, l'assouplissement du cumul emploi-retraite. Une réforme courageuse, avec son corollaire inévitable, des grèves massives en mai et des manifs dans tout le pays. François Chérèque, leader de la CFDT, qui jugeait la réforme équitable, avait rompu l'unité syndicale en allant négocier directement à Matignon avec Jean-Pierre Raffarin, et obtenu des droits à la retraite avantageux à taux plein, entre 56 et 59 ans, pour les salariés qui avaient commencé à travailler entre 14 et 16 ans. Il croyait avoir bien fait, être encensé. Tout le contraire ! Il était vilipendé à gauche. Beaucoup de militants avaient quitté le syndicat pour rejoindre Sud ou FO.

Pire même : au congrès du PS de Dijon, pour la première fois l'invité d'honneur, applaudi à tout rompre, par les militants, était Bernard Thibault, le secrétaire général de la CGT, qui n'en revenait pas. Traditionnellement, la CFDT était le partenaire syndical du PS. Mais Chérèque était accusé d'avoir retourné sa veste.

À ce petit jeu, Laurent Fabius était assez doué. Incarnation en 1983 de la conversion de la gauche à l'économie de marché et du réalisme social, défenseur, durant le quinquennat Jospin d'une réforme des retraites proche de celle du gouvernement Raffarin, à la tribune du congrès, il osait déclarer : « Nous soutiendrons les organisations syndicales, celles qui jusqu'au bout ont été fidèles au mandat universel qu'elles avaient pris ensemble. » Une déclaration qui avait outré Michel Rocard et Michel Charasse, tandis que l'économiste de gauche Élie Cohen dénonçait sa démagogie. Un plagiat ?

Quand j'écrivais la biographie de François Mitterrand, *Le Noir et le Rouge*, nombre de ses ex-collègues parlementaires sous la IVe République m'avaient dit douter de ses convictions : « Lorsqu'il était ministre, il soutenait une réforme du gouvernement qu'il pourfendait avec rage dès qu'il n'était plus ministre. Il ne défendait que ses intérêts. »

Une fois la réforme votée non sans mal, Jacques Chirac avait reçu Fillon pour le féliciter et surtout pour lui dire : « Maintenant, on arrête les réformes. Je ne veux plus de grèves et plus de manifs dans les rues. »

Curieusement, le malaise persistait à l'Éducation nationale. Confrontés simultanément à la réforme des retraites, aux réductions des effectifs, à la suppression d'emplois-jeunes, et au projet de Jean-Pierre Raffarin de transférer la gestion du personnel non enseignant (cent dix mille personnes) aux collectivités territoriales, les professeurs menaçaient d'empêcher la tenue des examens. Cette contestation se concentrait sur la personne du ministre Luc Ferry. Il ne fallait pas que ce conflit rejaillisse sur Matignon. Comment faire? Misant sur sa popularité, son savoir-faire, le Premier ministre avait appelé Nicolas Sarkozy à la rescousse, comme s'il était un magicien. Ne pourrait-il pas lui-même aller expliquer la réforme aux enseignants? Pas démonté, le ministre de l'Intérieur avait acquiescé : «Oui, à condition de conduire moi-même la négociation, et que tu me donnes des biscuits pour cela.» «Moi, tout m'intéresse...», me disait-il sur un ton à la fois satisfait et goguenard.

Avant de se lancer, le ministre de l'Intérieur avait téléphoné à Jack Lang pour tâter le terrain et demandé au responsable de l'UNSA Police des informations sur son collègue UNSA Éducation. Avant de les rencontrer, il avait appelé chacun de ses interlocuteurs et même reçu quelques-uns en privé. Il ne manquait pas de munitions. Alors que Raffarin voulait au départ afficher sa fermeté, il admettait maintenant l'idée que le personnel non enseignant ne soit pas concerné par la décentralisation. Des concessions qu'il avait refusées à Luc Ferry. La situation était donc débloquée et Nicolas Sarkozy devenait le chantre du dialogue social. Ulcérés, des chiraquiens grommelaient contre ce Premier ministre qui venait de lui ouvrir ce boulevard supplémentaire.

«Jamais je n'aurais accepté que le ministère de l'Éducation soit mis sous la tutelle du ministère de l'Intérieur. C'est une situation symboliquement très dangereuse», déclarait, rageur, François Bayrou, désormais numéro un des frondeurs. À mes yeux, il n'avait pas tort.

Le 20 novembre 2003, Nicolas Sarkozy était à nouveau l'invité de l'émission *100 minutes pour convaincre*. En octobre, Laurent Fabius y avait déclaré songer à la présidentielle «le matin, en se rasant», ce qui n'avait pas ému grand monde. D'où la question d'Alain Duhamel : «Pensez-vous à la présidentielle le matin en vous rasant?» Réponse du ministre de l'Intérieur : «Pas seulement en me rasant.» Une déclaration qui résonnait comme une provocation.

Le lendemain, les chiraquiens s'étranglaient de rage. Encore un nouveau crime de lèse-majesté, d'autant plus incompréhensible que l'échéance était lointaine – dans trois ans et demi. Et d'autant plus mal reçu que la veille, Roselyne Bachelot, ministre de l'Environnement, avait révélé sur RTL que Jacques Chirac portait un appareil auditif (elle avait été sévèrement rappelée à l'ordre par le président, soucieux de ne pas apparaître comme affaibli à la veille de son soixante et onzième anniversaire).

L'émission avait rassemblé six millions six cent mille téléspectateurs (huit cent mille de plus qu'un an plus tôt). Le ministre de l'Intérieur, lui, était aux anges : «Ma plus grande joie de l'année», déclarait-il au *JDD*. Quatre jours plus tard, il remettait ça lors d'un débat avec François Hollande organisé par *Le Monde*, se déclarant favorable à la limitation des mandats : «Pas plus de deux pour une ville (chiffre qu'il avait déjà dépassé à Neuilly), une région ou un pays.»

«Ce n'est pas convenable», avait lâché Jacques Chirac sur un ton pincé. Sa formule habituelle pour signifier que son irritation était à son comble. François Fillon se disait extrêmement choqué de voir le débat sur la succession s'ouvrir si tôt. Quant à Jean-Louis Debré, il souhaitait dans *Le Figaro* que «Jacques Chirac se représente en 2007».

Fin novembre, Jean-Pierre Raffarin était au plus bas dans les sondages, passé de 64 à 33% d'opinions favorables en moins d'un an. Nicolas Sarkozy devenait l'homme le plus populaire de France, avec 60% d'opinions positives.

Le Point le sacrait «homme de l'année» en s'interrogeant à la une : «Jusqu'où ira-t-il?» *L'Express* inaugurait sa nouvelle formule avec une interview fleuve du ministre : «Ce que je veux pour la France».

Je lui demandai : pourquoi être candidat si tôt?

« Parce que nous sommes en janvier 69, c'est ma déclaration de Rome », m'avait-il répondu.

Explication : après sa licence de droit, Nicolas Sarkozy avait préparé une maîtrise de sciences politiques, sous l'autorité de l'historien René Rémond, le doyen de la fac de Nanterre. Son sujet : le référendum de 1969 et le départ du général de Gaulle. Un sujet riche d'enseignements pour qui se destine à une grande carrière politique.

De son étude, le jeune Sarkozy retenait qu'il était possible de pousser le père vers la sortie, aussi prestigieux fût-il. À condition de se faire connaître suffisamment tôt et de s'imposer devant l'opinion comme le successeur légitime.

En mars 2005, toujours lors de l'émission *100 minutes pour convaincre*, Nicolas Sarkozy, président de l'UMP, allait déclarer qu'il se présenterait quoi qu'il arrive, même si le chef de l'État postulait à un troisième mandat. Nouvel émoi des chiraquiens. J'étais allée le voir ; il m'avait lâché : « C'est ma déclaration de Genève. Je viens de faire acter par l'opinion que Jacques Chirac a un successeur. »

Tout chez lui était donc pensé, calculé. De longue date.

Au début de l'année 2004, un climat d'animosité s'instaurait entre Jacques Chirac et Nicolas Sarkozy. *Le Monde* évoquait « l'autre cohabitation ».

Durant la période des vœux, seul moment où le président parlait et se montrait beaucoup, le ministre de l'Intérieur allait lui ravir la vedette : une conférence de presse (exercice que répugnait Jacques Chirac), quatre cents journalistes à Beauvau (plus que Jean-Pierre Raffarin lors de la cérémonie des vœux à Matignon) pour dresser un bilan, bien sûr, positif de son action. Et bien entendu, on parle succession. À une journaliste irlandaise qui lui demandait : « Feriez-vous un meilleur président que l'actuel chef de l'État ? », il répondit : « J'apprécie la fraîcheur de votre question ». Et toute la salle d'éclater de rire.

Nouveau coup de sang dans le camp d'en face. François Fillon dénonçait cette nouvelle gesticulation médiatique. Mais ce serait la dernière fois : « L'Élysée me poussait à taper sur Nicolas, m'avait-il confié, ce que j'ai fait jusqu'au début de 2004, et puis j'en ai eu marre de ce TSS [Tout Sauf Nicolas Sarkozy]. Je l'ai invité à déjeuner et nous avons fait la paix. »

Le ministre de l'Intérieur, comme tout prétendant, entendait aussi se forger une image internationale. Il se rendit en voyage officiel en Chine pour signer, avec son homologue, un accord de coopération policière contre l'immigration clandestine. Il était arrivé à Pékin avec une armée de journalistes auxquels il racontait « la mine gourmande », selon la dépêche de l'AFP, son entretien avec le président chinois, longtemps numéro deux du Parti. « Quel effet cela vous fait-il de devenir numéro un après avoir été numéro deux ? »

On suffoquait à Paris. « Alors là, c'est le bouquet ! » s'exclama Jacques Chirac.

Ça n'était pas fini. Lors d'une halte, à Hong Kong, Nicolas Sarkozy, très en verve, comparait devant les journalistes la Chine et le Japon pour dire qu'il préférerait vivre en Chine... Et d'évoquer le sumo, sport japonais préféré du président : « Comment peut-on être fasciné par ces combats entre des types obèses au chignon gominé ? Je ne comprends pas ce qu'il y a de beau. Ce n'est pas un sport d'intellectuel, le sumo », et de conclure : « Mitterrand, lui, au moins, il avait du goût. »

« Dire que les sumos ne sont pas un sport intellectuel équivaut à dire que Chirac est un con », enrageait Jean-Louis Debré.

Dans *Paris Match*, Bruno Jeudy racontait toute l'histoire. Nicolas Sarkozy niera avoir tenu ces propos, peut-être même que dans son esprit, c'était du « off », mais voilà ce qui arrive aux bavards. Personnellement, je trouvais cette attaque inutile, désobligeante, mesquine. Le ministre n'avait pas montré sa meilleure face.

Qu'importe ! Marquer sa différence avec Jacques Chirac, le provoquer, devenait l'un des piliers de sa communication.

« Sarkozy lui pourrit la vie », s'insurgeait devant moi Maurice Gourdault-Montagne. Bientôt une nouvelle pomme de discorde surgirait entre l'Élysée et Beauvau sur la nomination du nouveau patron des RG. Le président avait son candidat, le ministre le sien. On s'accordera sur un troisième. Une affaire qui exacerbait plus encore les rancœurs. C'est à ce moment que Dominique de Villepin recevait le général Rondot, grand spécialiste du Renseignement, pour lui demander d'enquêter sur une liste de comptes à l'étranger, alimentée par des rétrocommissions. C'était un familier du ministre des Affaires étrangères. Jean-Louis Gergorin, vice-président exécutif d'EADS lui avait apporté une liste où figurait le nom d'hommes politiques de droite et de gauche. En l'épluchant, Dominique de Villepin avait découvert le patronyme de Nagy-Bocsa[1]. La ténébreuse affaire Clearstream venait de commencer. Un montage de toutes pièces comme on finira par le savoir.

Décidément, l'année commençait mal pour Jacques Chirac. Le tribunal correctionnel de Nanterre condamnait Alain Juppé pour prise illégale d'intérêts dans l'affaire des emplois fictifs de la Mairie de Paris. Dix-huit mois de prison avec sursis, et inscription au casier judiciaire, ce qui le rendait inéligible pour dix ans. Les juges n'y étaient pas allés de main morte. « M. Juppé a trompé la confiance du peuple souverain. »

Une phrase qui « l'avait fusillé », m'avait-il dit. Alain Juppé décidait de faire appel. Sa condamnation créa la panique à l'Élysée. Une seule obsession hantait Jacques Chirac : empêcher Sarkozy de se propulser à la tête du parti ?

1. Nicolas Sarkozy s'appelle Sarkozy de Nagy-Bocsa.

Qui mettre à la place ? Jean-Pierre Raffarin ? Mais sa popularité était en chute libre et il devait aussi franchir un cap difficile : les élections régionales, pour lesquelles il s'était déjà intronisé chef de campagne. Dans les régions, les candidats ne voulaient qu'un seul ministre dans leurs meetings, Nicolas Sarkozy.

Le 22 mars, il accompagnait Bernadette Chirac à Tulle – ville dont François Hollande était le maire –, elle lui glissait à l'oreille, mais tout le monde l'avait entendu, peut-être pas par hasard : « Heureusement, on vous a et je vous le dis sincèrement. »

Las, sa popularité n'avait pas suffi à contrebalancer l'impopularité du Premier ministre, et la carte des régions allait virer du bleu au rose.

Les vainqueurs de ces élections régionales étaient, en réalité, le couple Hollande-Royal. Parce que les résultats dépassaient les espérances des socialistes. Leur premier secrétaire faisait figure de gagnant. Pas vraiment modeste, il qualifiait ce résultat de « plus grande victoire historique du PS depuis 1981 ». Ségolène Royal emportait la région Poitou-Charentes qu'avait dirigée Jean-Pierre Raffarin pendant seize ans. Au premier tour, elle avait même réalisé le meilleur score de France, avec 46,1 % des suffrages. Un vrai succès personnel.

Pour la presse, ce couple incarnait l'avenir des socialistes. L'un des deux pourrait même être présidentiable. Mais lequel ? Hollande avait la légitimité du parti, Royal, celle des urnes, d'une expérience ministérielle, et puis c'était une femme. De quel côté la balance pencherait-elle ? Mes confrères s'interrogeaient.

Admirez mon flair, je ne croyais ni à l'un ni à l'autre.

« Ah, il est beau, l'effet Sarkozy », ironisaient quelques chiraquiens pour se consoler, alors que lui s'en tirait plutôt bien. Il remportait haut la main, dès le premier tour, la cantonale à Neuilly. Comme il s'y était engagé, Charles Pasqua lui laissait son siège de président du conseil général. Sarkozy prenait la tête du département le plus riche de France.

Logiquement, Jean-Pierre Raffarin aurait dû démissionner, mais Jacques Chirac ne savait pas par qui le remplacer... Villepin? Trop tôt : «Il n'a pas assez d'humus sous les semelles»... Alors Jacques Chirac confirmait Jean-Pierre Raffarin dans ses fonctions.

Le lundi matin, Jacques Chirac téléphonait à Nicolas Sarkozy : «Tu vas aller aux Finances, et tu deviens ministre d'État. Pas de discussion.»

«Le président ne veut que de bonnes choses pour moi», raillait l'intéressé devant moi, mais il savait très bien que le président n'avait pas les moyens de se séparer de lui parce que trop populaire. Dominique de Villepin lui succédait à l'Intérieur. Cécilia refusa d'assister à la passation de pouvoirs. Avec ce changement, l'Élysée espérait souffler un peu.

En nommant Sarkozy à Bercy, Jacques Chirac cherchait à l'enfermer, le réduire au silence. C'est tout le contraire qui allait se produire.

Bercy, c'est aussi l'international, les réunions à Bruxelles avec ses homologues. Très vite, il s'envolait à Washington où il était reçu par les grosses têtes de l'administration Bush : Colin Powell et Condoleeza Rice. Devant le congrès juif, il déclarait, dans un anglais approximatif, être appelé en France «Sarkozy l'Américain». Souvent, devant les journalistes, il évoquait son admiration pour la première puissance du monde, et tout ce que la France devait aux Américains. Il nous avait libérés, nous leur étions redevables. De ce voyage, il plaidait pour une réconciliation entre la France et l'Amérique, comme si Chirac avait semé la discorde. À New York, devant des étudiants interloqués, il avançait : «Je me suis toujours senti étranger dans mon pays.» Explication : «Parce qu'on n'y reconnaît pas le mérite ni le travail.» Quelques semaines plus tard, dans une interview à *Libération*, Cécilia se disait très fière «de n'avoir aucune goutte de sang français dans les veines». De quoi vexer pas mal d'électeurs dans l'Hexagone.

Un mois après son arrivée à Bercy, Sarkozy tenait sa première grande conférence de presse où il se faisait le chantre de la rigueur budgétaire, au grand dam de ses collègues.

Toute occasion lui était bonne pour redoubler d'insolence. «N'est-ce pas l'exemple de Jacques Chirac jeune qui vous inspire?» l'interrogeait Christine Clerc. Réponse : «Votre comparaison me flatte, ma journée en est illuminée.»

Comme Jacques Chirac, jeune, était parti à la conquête du mouvement gaulliste (avec l'aide de Charles Pasqua), Sarkozy (en s'aidant lui-même) entendait maintenant s'emparer de l'UMP. La condamnation de Juppé lui laissait le champ libre.

Le 1er décembre 2004, la cour d'appel de Versailles réduisait la condamnation de Juppé à quatorze mois de prison et un an d'inéligibilité. Quelle humiliation! Quelle douleur! En plein procès, en octobre 2004, il avait même dû demander l'autorisation à la présidente du tribunal d'aller aux obsèques de sa mère, décédée dans la nuit du 14 au 15 octobre. Dans la foulée de sa condamnation, Alain Juppé avait fui la France, il était parti enseigner au Canada. Il avait même vendu sa maison à Bordeaux au grand regret de sa femme, Isabelle.

Alain Juppé ayant annoncé qu'il se retirerait de l'UMP à la mi-juillet, demeurait l'irritante et obsédante question – comment éviter Sarkozy à la tête du parti? Jacques Chirac avait trouvé la réponse. Un ministre ne peut cumuler sa fonction gouvernementale avec la présidence d'un parti (oubliant qu'il avait cumulé Matignon, la mairie de Paris, le conseil général de Corrèze et la présidence du RPR).

Le 23 juin, il recevait Nicolas Sarkozy à l'Élysée :

— Je ne veux pas que tu sois à la fois ministre et président de l'UMP.

— Je serai candidat à la direction de l'UMP.

Rien d'improvisé dans la réponse du ministre d'État. Il n'avait aucune envie de quitter Bercy, mais savait que la présidence de l'UMP donne le contrôle d'un trésor de guerre essentiel pour un candidat à l'Élysée. Cécilia et Claude Guéant auraient préféré qu'il reste au gouvernement car il était fait pour l'action, mais Brice Hortefeux, Patrick Devedjian, Édouard Balladur lui enjoignaient au contraire de « ne pas laisser passer l'aubaine »...

Nicolas Sarkozy avait bien tenté un baroud d'honneur devant Jacques Chirac : « Je demande à être traité comme les autres. Si Alain Juppé n'avait pas été condamné, il serait revenu au gouvernement tout en restant président de l'UMP et avec votre bénédiction, alors pourquoi pas moi ? »

Réponse : « Parce que tu n'es pas comme les autres, mais si tu choisis l'UMP, alors ce sera l'UMP. »

À la sortie de l'Élysée, Nicolas Sarkozy expliquait, souriant, que l'entretien s'est déroulé dans les meilleures conditions : « J'ai tout obtenu du président. »

À 11 heures, le service de presse de l'Élysée publiait un communiqué : « Présidence de l'UMP : Jacques Chirac donne son feu vert à Nicolas Sarkozy ». Moi je croyais que le président avait cédé à toutes ses demandes.

Mais non, à 14 heures, nouveau communiqué de l'Élysée : « L'élection à l'UMP est subordonnée au respect de la règle de non-cumul du mandat de président de parti avec la participation au gouvernement ».

Et cela, Nicolas Sarkozy ne l'admettait pas. Il enrageait. Chirac le constata au début du mois de juillet. Lors d'un Conseil de défense, la question du budget figurait à l'ordre du jour. Nicolas Sarkozy entendait réduire les crédits militaires, ce que refusa avec force Jacques Chirac, mais le ministre avait repris la parole après lui et tempêtait. Autour de la table, les participants avaient piqué du nez. Les généraux présents n'avaient jamais vu une chose pareille.

Jean-Louis Debré m'avait raconté que, quelques jours avant le 14 juillet, le président l'avait fait venir : «Je lui avais dit : si vous n'arrêtez pas Sarkozy, vous entrez dans une nouvelle cohabitation.» Le 13, il me rappela : «J'ai entendu ce que tu m'as dit.»

Interrogé le 14 juillet sur son différend avec le ministre d'État à propos du budget de la Défense, il répondait, comme on le sait : «Il n'y a pas de différend entre le ministre d'État et moi pour une simple raison, c'est que notamment sur les questions de défense, je décide, il exécute.» Et d'ajouter : «Si tel ou tel ministre veut se lancer dans la campagne, s'il est élu président de l'UMP, il démissionnera immédiatement ou je mettrai fin à ses fonctions.»

«Ce jour-là, Sarkozy a pris une grande claque devant les Français», commentera pour moi Jean-Pierre Raffarin. Le président venait de démontrer qui était le chef. Nicolas Sarkozy n'avait pas regardé, soi-disant, la télévision; interrogé dans l'après-midi, il répondit avoir suivi le Tour de France. Ses collaborateurs, bien entendu, lui en avaient rendu compte. Devait-il démissionner? Il me dira qu'il y avait songé «un bref moment», mais que le lendemain du 14 juillet, Bernadette l'avait appelé. Elle voulait le voir. Il hésitait, elle avait insisté, alors il y était allé : «"Nicolas, les Français veulent que vous travailliez avec mon mari", elle m'a réconforté.»

Tout l'été, Sarkozy afficha son incompréhension devant cette règle édictée pour lui et lui seul et sa grande tristesse d'être contraint de quitter Bercy. Il avait encore tant de choses à y faire, me disait-il, il ne désarmait pas. Accompagné de Cécilia, il se rendit en août à Combloux, où Jean-Pierre Raffarin prenait ses vacances. Les deux couples déjeunèrent en tête à tête. «Toi, Jean-Pierre, tu prends la présidence de l'UMP, suggérait Nicolas, moi je serai président délégué, et Brice, secrétaire général.» Une ficelle de belle dimension. Si le Premier ministre cumulait les deux fonctions, le président délégué pourrait rester au gouvernement, et Brice Hortefeux occuperait un poste stratégique essentiel. Jacques Chirac se serait, paraît-il, interrogé. Mais c'est Jean-Louis Debré qui l'aurait convaincu de ne pas accepter.

Le ministre d'État obtint juste de pouvoir rester à son poste jusqu'au vote du budget, fin novembre.

Il allait donc quitter Bercy au bout de huit mois, encore la valse des ministres, mais avec un bilan flatteur : le déficit sous la barre des 3 %, des accords avec la grande distribution et les réseaux bancaires pour obtenir une baisse de leurs tarifs.

En arrivant au ministère, il avait trouvé trois dossiers en souffrance : l'OPA sur Aventis lancée par Sanofi en janvier, le sauvetage d'Alstom, entreprise virtuellement en faillite depuis le printemps 2003, et le statut d'EDF-GDF. Sur ces trois dossiers, il voulait aboutir avant l'été.

Prévu par les accords européens, Chirac et Jospin s'étaient engagés à mettre en œuvre le changement de statut d'EDF. Une réforme quasi impossible. Faire d'EDF une entreprise de droit commun pour qu'elle puisse emprunter et financer son expansion internationale, était devenu indispensable. Mais Francis Mer n'avait pas le poids politique suffisant ni le savoir-faire pour pousser le dossier. Et Jacques Chirac freinait des quatre fers.

« Je ne veux pas que vous vous mêliez du dossier, laissez-moi faire », avait lancé Sarkozy, lequel avait pris directement contact avec l'homme qui faisait peur à tout le monde, Frédéric Imbrecht, le leader de la CGT Énergie. Ils finiraient par se tutoyer et échanger leurs numéros de portable, ce qui n'épargnerait pas au ministre de subir les huées de mille ouvriers pendant plus de dix minutes lorsqu'il se rendait à la centrale nucléaire de Chinon. Laurent Solly m'avait raconté la scène. Le patron d'EDF, François Roussely, était blême. Mais Nicolas Sarkozy avait tout de même réussi à leur parler, et donc à se faire entendre. À la fin, il avait été applaudi.

« Parler devant mille personnes est une épreuve physique terrible », admirait François Pérol, qui suivait les dossiers industriels au cabinet du ministre.

Au prix de lourdes concessions sur le statut des agents, et sur la forteresse inouïe que constitue le comité d'entreprise maison, l'affaire avançait : « Sarkozy est un démagogue qui lâche », me disait Alain Juppé. Le changement de statut fut adopté avant l'été. Qui d'autre que lui aurait pu le faire ? La soulte payée par l'EDF contribuerait à ramener le déficit budgétaire à 2,9 % en 2005, contre 4 % en 2004.

D'une nature différente, la guerre Sanofi-Aventis n'était pas moins complexe. Au départ, une OPA pas vraiment amicale, lancée par Jean-François Dehecq, président du laboratoire pharmaceutique français Sanofi-Synthélabo, sur le groupe allemand Aventis, bien plus puissant que lui.

« Le gouvernement ne peut pas vous aider, mais il peut vous emmerder », lâchait Nicolas Sarkozy au président du directoire d'Aventis, Igor Landau, qui, lui, envisageait une alliance avec le suisse Novartis. Le ministre obligeait les patrons des deux groupes à se parler. Au final, le 26 avril 2004, Sanofi l'emportait.

Même attitude encore dans l'affaire Alstom, un groupe malade qui comptait cent dix mille salariés, dont vingt-sept mille dans l'hexagone. Il construisait entre autres des locomotives pour les TGV, des chaudières pour les centrales nucléaires. Il y avait un savoir-faire Alstom. L'Allemand Siemens en embuscade entendait s'emparer de quelques beaux morceaux de l'empire. Romano Prodi, le président de la Commission européenne, s'y était déclaré très favorable : « D'accord pour un partenariat de Siemens avec Alstom requinqué, mais pas question de dépecer un groupe malade », s'emportait Nicolas Sarkozy. Il voulait obtenir le feu vert de Bruxelles pour sauver Alstom en la recapitalisant, quitte à céder des parts à des entreprises privées trois ans plus tard. C'était la solution qu'il était venu proposer à Mario Monti, le sévère commissaire à la Concurrence. Entre les deux hommes, les débats furent longs, vifs et durs. Trois fois, Sarkozy avait fait le voyage à Bruxelles pour le voir et tenter de vaincre ses réticences. Mais il s'était rendu aussi sur les sites Alstom de La Rochelle et de Belfort où il avait promis aux ouvriers qu'il sauverait leur outil de travail. Et il entendait tenir sa promesse. Je tiens de Laurent Solly le récit de leur dernière entrevue :

« Mario Monti ayant déclaré : "J'accepte votre plan, mais il faut céder Belfort.", Sarkozy s'était tourné vers moi :

— L'avion est prêt ?

— Oui, monsieur le ministre."

Et Nicolas Sarkozy de dire au commissaire Monti :

— Venez avec moi. Je vous emmène à Belfort et vous allez annoncer aux ouvriers qu'on ferme leur site.

— Monsieur le ministre, rasseyez-vous.

— Monsieur Monti, écoutez-moi : moi vivant, jamais Belfort ne fermera." »

Son coup de génie, me confirmera François Pérol, c'est d'avoir alors proposé à Mario Monti, alors que l'accord n'était pas finalisé : « "Mario, ce serait bien que nous allions voir la presse tous les deux." Et tous deux avaient rencontré les journalistes venus nombreux. Nicolas Sarkozy leur avait expliqué où en était la discussion. Et c'est ainsi qu'il avait emporté l'accord. Après quoi, il n'y avait plus que des détails à régler. »

Nicolas Sarkozy venait de démontrer que l'État n'est pas impuissant si le volontarisme et la démocratie marchent de pair.

Ce qui n'empêche pas la gauche de lui coller l'étiquette d'ultralibéral. Un contre-sens à tout le moins.

20

IL N’Y A PLUS DE PETITE MIETTE

Après la mort de mon père, chaque année, nous revenions à Richelieu, le dernier week-end de juin, quand la lumière de Touraine est la plus enchanteresse. Mes frères arrivaient de Périgueux avec maman, Michou, Arthur, et moi de Paris.

La maison familiale n’ayant plus été rouverte depuis longtemps, nous habitions chez notre chère cousine Paulette. Demoiselle d’honneur avec sa sœur au mariage de nos parents, elle restait notre mémoire familiale. Pleins d’anecdotes, elle se souvenait de quantité de gens disparus : parents, amis que maman avait connus. Elle était intelligente et fine mouche, je l’aimais beaucoup. Longtemps, elle avait été la collaboratrice de Louis Leprince-Ringuet, un physicien du nucléaire dont mon père parlait avec respect. Enfant, je croyais que c’était un prince blond avec une longue cape comme dans les contes de fées, ce qui renforçait, à mes yeux, le prestige de celle qui m’éblouissait, si gracieuse, avec ses robes à fleurs, son collier de perles fines. Elle portait toujours de jolies choses. Avec Jacques, son mari, ils incarnaient pour moi le chic parisien, ce qui très tôt m’avait fait rêver de la capitale. Nous nous retrouvions tous les étés.

Ce retour à Richelieu était pour nous un pèlerinage au paradis de l’enfance. Le samedi matin, nous passions plusieurs heures dans la maison. Une dame de confiance était venue faire un dépoussiérage. Un jardinier avait coupé les mauvaises herbes dans la cour et le jardin. Un hortensia rose, que j'avais toujours connu là, continuait de fleurir vaillamment, tel un témoin immortel. Maman rangeait dans un petit sac toutes les clés de la maison qu'elle portait contre elle comme un reliquaire.

Il y avait d'abord ce grincement particulier de l'ouverture du grand porche de l'entrée. Sitôt franchi, tous les bruits familiers d'antan me revenaient. La symphonie de l'ancien monde. Les cloches de l'église qui marquaient les heures et les quarts d'heure, le roucoulement des pigeons ramiers qui me réveillaient jadis le matin. Le cliquetis de la serrure de la porte de ma chambre, que j'ai toujours dans l'oreille, comme ce bruit capitonné de celle de mes parents à cause des tentures. Des réminiscences fugitives restées ancrées au fond de moi.

Nous allions de pièce en pièce. On ouvrait les armoires, les tiroirs des commodes. Chaque meuble, tel un musicien d'orchestre, émettait un son singulier, sa tessiture personnelle. Ces bruits me donnaient un sentiment d'éternité. Il y avait une profusion de linge, de la vaisselle, des services de verres, de l'argenterie. Maman nous disait : « Prenez ce qui vous plaît », mais nous ne touchions à rien. Chaque pièce, comme avant, conservait son odeur comme un ADN. Il y avait le piano, passablement désaccordé, sur lequel maman jouait et qui nous rappelait tant de soirées où nous chantions autour d'elle, et aussi le vieux phono que l'on remontait avec sa manivelle. De la colletion des disques en bakélite, cassables donc, n'avaient survécu que *L'auberge du Cheval-Blanc* et la chanson débile de Georges Milton *C'est pour mon papa*. Les grands classiques n'avaient pas résisté aux mains barbares de mes frères.

Maman était heureuse : nous étions ensemble. Envahis par la nostalgie, mes frères et moi savions bien qu'elle disparue, aucun d'entre nous ne pourrait faire revivre ce lieu tant aimé.

Trop de travaux, tout était à refaire. Et puis le temps était passé, rien ne serait plus pareil; cette maison, nous le savions, il faudrait la vendre.

Chez notre cousine, ma chambre communiquait avec celle de maman par une porte en partie vitrée. Je me souviens de ce jour de juin 2004, vers 3 heures du matin, où elle avait allumé la lumière, ce qui m'avait réveillée. Je m'étais précipitée. Maman était recroquevillée dans son lit, toute menue, elle respirait, oppressée, comme un petit faon blessé.

— Qu'est-ce qu'il y a, maman?

— Rien, ma chérie. Tu es là, tout va bien.»

Je l'avais prise dans mes bras, couverte de baisers. J'avais arrangé son oreiller, lui avais fait boire un peu d'eau.

— Ça va, maman?

— Oui, tu peux éteindre, je vais me rendormir.»

Et moi, j'avais eu grand-peine à retrouver le sommeil.

Nous nous étions retrouvés en août chez moi à la campagne, dans les Yvelines, un rituel de famille. Albin, qui n'avait pas vu maman depuis un an, l'avait trouvée changée. Pas la voix ni le sourire. Elle était de plus en plus menue. «Une brindille», m'avait dit une amie. Elle ne marchait plus beaucoup, avait peur de tomber, avouait sa fatigue. François m'avait confié que lors d'une visite au début du mois de juin, le cardiologue de maman s'était montré très pessimiste. J'étais revenue à Périgueux en octobre. Le dimanche, nous étions allés déjeuner comme d'habitude chez mon frère Dominique. Elle picorait. La veille, je lui avais acheté à Monoprix un petit cardigan en cachemire couleur framboise qui lui allait bien. Nous l'avions tous félicitée, elle était très contente. J'étais repartie le soir, promettant de revenir très vite, et bien sûr, je l'appelais tous les jours à 17 heures.

Le 12 novembre, nous étions partis avec Albin passer une semaine à Agadir. Le 13 dans la soirée, François me téléphona : maman était à l'hôpital. Le matin, elle était tombée de sa chaise dans la cuisine où elle prenait son petit déjeuner, alors qu'il s'était absenté pour faire quelques courses. Au retour, il l'avait trouvée par terre, dans une mare de sang. Sa tête avait heurté le carrelage, mais elle n'avait pas perdu connaissance.

Le dimanche matin, j'avais pu lui parler. Le timbre de sa voix me rassura. Le lundi, on l'avait transfusée. Vers 17 heures, je pus la joindre. « Ça va », me dit-elle. Je lui annonçai ma venue à Périgueux pour le jeudi. Nous n'avions pu avoir des billets de retour que la veille.

— Ah oui, ma chérie, viens me voir, cela va me guérir, m'avait-elle dit.

Le mardi, les nouvelles n'étaient plus du tout rassurantes.

« Maman est dans un semi-coma », m'annonça François qui restait auprès d'elle. Dans l'après-midi, elle avait ouvert un œil et demandé : « Où est Nono ? » Interdit par la question, François lui avait répondu : « Tu sais bien qu'il est à Paris[1]. » Maman avait esquissé un petit sourire et s'était rendormie, pour ne plus se réveiller.

Le mercredi, alors que nous étions dans le hall de l'hôtel, prêts à partir pour l'aéroport, quand François m'avait téléphoné, la voix étranglée de sanglots : « Il n'y a plus de petite Miette... » Maman venait de mourir. Il était 11 heures, c'était le 17 novembre 2004. De l'écrire, j'en pleure encore...

Son cœur avait lâché. En juin, le cardiologue avait averti François : « Votre mère n'en a plus que pour six mois. » Il avait préféré me le cacher. Je me souviens du retour dans l'avion. Je n'arrêtais pas de pleurer. Albin me tenait la main. Tous mes souvenirs défilaient. Je mesurais la chance d'avoir eu une mère aussi aimante, bienveillante, douce, subtile.

Maman n'avait jamais marqué de préférence entre ses enfants, ce qui a favorisé notre entente pour la vie. Mais quand l'un de nous était malade, elle se dévouait à lui comme si lui seul comptait et cédait à ses caprices. Une exclusivité

1. Mon frère Nono décédé le 8 novembre 1998.

merveilleuse ! Moi, quand j'étais malade, j'exigeais de faire ma convalescence durant la journée dans son lit, à sa place. Un rêve ! Elle m'apportait le repas sur un plateau avec un petit napperon blanc sous l'assiette, et dans la journée des tisanes au miel. Elle m'autorisait à fouiller dans l'un des tiroirs de son armoire qu'elle déposait sur mes genoux. Pour moi, la caverne d'Ali Baba où se mêlaient une multitude de merveilles : nos médailles de baptême, des petits bijoux, des boîtes en argent, des souvenirs de voyage, et même un marron d'Inde, lancé par un gamin dans le parc de Richelieu, et que j'avais reçu sur la tête lorsque j'étais bébé dans mon landau. « Toi qui ne pleurais jamais, tu étais devenue inconsolable », me disait-elle. Enfant, quand j'avais 4 ou 5 ans, je lui demandais de me raconter encore et encore cette histoire de marron, qui l'affligeait toujours. Une autre fois, je devais avoir 12 ou 13 ans, elle m'avait acheté un numéro de *Elle*, je m'y étais plongée avec délice – ce journal m'ouvrait des horizons prometteurs… C'était Paris !

En arrivant à Périgueux, je refusai d'aller à la morgue : impossible pour moi de conserver cette dernière vision de maman avant sa mise en bière. Mon dernier tête-à-tête avec elle, je l'ai eu avant la fermeture du cercueil, le samedi, jour de l'enterrement. Je voulais rester seule avec elle. Elle avait l'air de dormir, ses jolis cheveux blancs lui faisaient comme une couronne. Elle serait pour toujours ma reine. Je lui avais écrit une longue lettre pour la remercier, lui dire mon amour, et l'avais placée à l'endroit où son cœur avait lâché.

Maman est partie. Quel vide immense pour moi et mes frères ! Mais sa voix, je l'entends, elle me parle, est toujours présente. Le passé n'efface rien. Je crois aux forces de l'esprit.

Jusqu'à la fin de ma vie, je détesterai les mois de novembre…

TROISIÈME PARTIE

21

L'ÉPREUVE CÉCILIA

Ciel d'automne gris et froid, il pleuvait d'abondance, ce 28 novembre 2004, sur la grande salle du parc des Expositions du Bourget, pleine à craquer. Quarante mille militants étaient présents pour le sacre. Malgré le temps, Nicolas Sarkozy avait du soleil plein les yeux. Il serait élu ce jour-là président de l'UMP. Quelle patience dans l'impatience !

Il aura fallu trente ans au gamin venu offrir ses services à la permanence de Neuilly, un samedi de mars 1974, pour se hisser au sommet du grand parti de la droite et du centre : le couronnement d'un coureur de fond.

« À ceux qui parlent de ma carrière exceptionnelle, fulgurante, rapide, où tout m'a souri, à tous ceux-là qui ont parlé du Mozart de la République, je rappelle que je suis, en fait, l'ébéniste qui a dû raboter de longues années avant de gagner sa place parmi les meilleurs ouvriers de France », me disait-il déjà en 1995.

Tout seul, et toujours contre l'avis de Jacques Chirac, il était devenu maire de Neuilly. Après neuf ans de militantisme acharné, il lui avait fallu attendre quatorze ans avant d'entrer au Palais Bourbon, dix-neuf pour être ministre grâce à Édouard Balladur, et trente pour être patron du parti en ayant participé à toutes les campagnes et à tous les niveaux.

Mais ce 28 novembre, le gâteau était de taille. L'UMP, beaucoup plus que le RPR, c'était le grand parti de la droite.

Au Bourget, tout le gouvernement était rassemblé. Comme étranger à la manifestation, Dominique de Villepin, loin des premiers rangs, promenait dans les travées sa nonchalance distinguée. Au premier rang, des invitées prestigieuses : Micheline Chaban-Delmas, veuve de l'ancien Premier ministre, et Bernadette Chirac. Un seul faisait ouvertement la tête : Jean-Louis Debré. Ce beau rassemblement était orchestré par Publicis Events, c'est-à-dire son président, Richard Attias, dont on reparlera vite.

On admirait Cécilia, virevoltante, épanouie, supervisant l'événement dans les moindres détails.

À 13 heures, François Baroin, secrétaire général de l'UMP depuis le départ d'Alain Juppé, ouvrait la séance : « Nous allons connaître le résultat du vote des militants. Nous sommes au comble du suspens... ». Les deux challengers de Sarkozy, Christine Boutin et Nicolas Dupont-Aignan, étaient appelés sur scène. La première avait recueilli 5,8 % des suffrages, le second 9,1 %, Nicolas Sarkozy, 85,1 %, l'apothéose ! Les militants s'étaient levés d'un bond pour l'applaudir et lui faire une ola enthousiaste. Sur un grand écran, un défilé de célébrités qui avaient accepté de dire quelques mots aux vainqueurs : « Good luck Nico ! » lançait Alain Delon. Suivaient Michel Leeb, Michel Sardou, Pierre Palmade, Christian Clavier, Jean Réno, les copains du showbiz. Des sportifs aussi comme Bernard Laporte et Richard Virenque. Et le jeune Louis, 7 ans, voix cristalline et jolie frimousse : « Bonne chance mon papa ! »

Sans doute un peu *too much*, ce Sarkozy Show. Après cette mise en bouche, Nicolas Sarkozy faisait une entrée triomphale, baignée dans un halo de lumière depuis le fond de la salle, entouré de sa garde rapprochée pour se diriger vers la tribune. Arrivé au premier rang, il déposait un baiser sur les lèvres de Cécilia. Napoléon et Joséphine, m'étais-je dit !

Il embrassait aussi Bernadette Chirac, lui prenant la main pour la soulever en signe de victoire, puis il avait salué Jean-Pierre Raffarin, posant ses deux mains sur ses épaules pour qu'il soit bien clair que son sacre se faisait sous le signe de l'affection et de l'unité avec le Premier ministre.

Le nouveau promu appelait les militants à « travailler ensemble pour faire du quinquennat de Jacques Chirac un succès », mais il ajoutait : « J'avais hâte que l'histoire commence. » Puis il s'adressait à Bernadette Chirac : « Madame, j'ai besoin de vous. » Avant de lire, sur un ton des plus plats, le message de Jacques Chirac au Congrès : « Le référendum sur l'Europe sera notre grand combat. Avec sa constitution, l'Europe entrera dans un nouveau temps de son histoire, et vous allez être en première ligne. »

À ceux qui le voulaient ou pouvaient le comprendre, Jacques Chirac laissait entendre qu'il était l'homme du grand dessein européen, qui donnerait un sens historique à son quinquennat (les sondages annonçaient encore un grand succès du oui), tandis que Nicolas Sarkozy serait réduit aux basses besognes et aux joutes partisanes.

Le soir, pour clore cette belle journée, le couple Sarkozy était reçu à l'Élysée par Bernadette et le président, une rencontre, paraît-il, fort cordiale.

Ensuite, l'équipe rapprochée du nouveau président s'était retrouvée pour dîner au Café de la Jatte, à Neuilly, une vingtaine de membres qui se congratulaient. Parmi eux, on notait pour la première fois la présence de deux dirigeants de Publicis : Christophe Lambert et Richard Attias.

Le lundi matin, Nicolas Sarkozy, obéissant à la règle chiraquienne, démissionnait du ministère des Finances. Il était remplacé par Hervé Gaymard qui connaîtrait bientôt quelques difficultés.

Dès le mardi matin, le président de l'UMP prenait les choses en mains, bien décidé à gouverner ce parti d'une main de fer. Et d'abord en le dotant d'un programme pour les législatives de 2007. La chose sera faite en novembre 2006, grâce à l'organisation de conventions thématiques, réunissant élus et experts pour réfléchir et proposer des idées sur tous les sujets. Des travaux où il s'impliquait lui-même énormément, François Fillon étant chargé de faire la synthèse.

Les questions d'investiture devaient, elles aussi, être réglées à l'avance pour éviter les déchirures et rivalités de dernier moment. Jean-Claude Gaudin et Alain Marleix, grand spécialiste de la carte électorale, avaient reçu tout le monde. « Je n'avais jamais vu un parti travailler de cette façon. Nicolas mettait du carburant partout, discutait, tranchait ; il fallait toujours lui proposer des solutions. Le revers de la médaille, c'est qu'il était fatigant, exténuant. », me confiait Jérôme Peyrat, le directeur général de l'UMP.

La pression qu'il se mettait à lui-même, il l'imposait aux autres, sans plus d'égards pour eux que pour lui. Il pouvait se montrer méchant, intraitable. Certains de ses collaborateurs me glissaient des confidences accablées. Mais pour rien au monde ils n'auraient donné leur place.

En février 2005, entouré de tous les siens, Nicolas Sarkozy était décoré de la Légion d'honneur par le président de la République. En mars, il retrouvait son siège de député de Neuilly dès le premier tour, avec plus de 70 % des suffrages. Les succès s'enchaînaient. Le 31 mars, invité pour la troisième fois en deux ans du magazine de France 2 *100 minutes pour convaincre*, à la question « Est-il concevable qu'en 2007 un candidat se présente contre le président sortant si celui-ci décidait de se représenter ? », il répondait : « Vous voulez une réponse franche ? Oui ! »

Deux ans avant l'échéance, Nicolas Sarkozy était officiellement candidat.

Il avait tout programmé et tout s'était toujours déroulé pour lui comme il l'entendait ou presque. Mais voilà, l'imprévisible allait donner à sa vie déjà hors norme un tour romanesque dont il se serait bien passé.

Le dimanche 22 mai 2005, à huit jours du référendum sur le projet de Constitution européenne, le microcosme médiatico-politique était moins passionné par la probable victoire du non (qui l'eût cru six mois plus tôt ?) que par une rumeur stupéfiante qui n'allait cesser d'enfler : Cécilia avait fait sa valise, on l'avait aperçue à Pétra – ville jordanienne célèbre pour ses tombeaux et ses temples sculptés dans la falaise – en compagnie de Richard Attias.

Un signe qui ne trompe pas : invité de Claire Chazal le dimanche soir, le président de l'UMP s'était décommandé la veille, ce qui n'était pas son genre. Et, à huit jours d'une telle échéance électorale, voilà qui paraissait bizarre.

« Rien de grave, un simple coup de fatigue », m'expliquait Franck Louvrier sur un ton trop dégagé pour que je le croie.

La vérité est que Nicolas Sarkozy vivait une épreuve dramatique : le départ de Cécilia l'avait anéanti, comme s'il était amputé de la moitié de lui-même. Pas un coup de fatigue, mais un coup de massue, un tremblement de terre.

Avec Cécilia, c'était une histoire d'amour qui lui ressemblait. Là encore, à l'arraché : le 10 août 1984, Nicolas Sarkozy était rentré de Corse pour recevoir les consentements de Jacques Martin, 52 ans, polémiste, chansonnier, acteur, animateur de *Dimanche Martin*, une vedette comme il en existait peu, une star, et de Cécilia Ciganer-Albéniz, de vingt-cinq ans sa cadette, qui attendait un heureux événement très proche. Les photos du jour montrent en effet une jeune femme enceinte, un moment de la vie où l'on n'est pas au summum de sa séduction… Sauf que le jeune maire allait être sur-le-champ saisi d'un trouble comme il n'en avait jamais connu jusque-là. Subjugué par l'allure de la jeune mariée et ses yeux de chatte égyptienne qui lui faisaient un regard si distant, ses faux airs de Jackie Kennedy aussi. Soudain, un feu intérieur l'avait envahi, que la chaleur du jour ne suffisait pas à expliquer. « Pourquoi, je marie cette femme à un autre, alors qu'elle est pour moi », s'était-il dit.

Pour cacher son émoi, il accablait le marié de compliments, ne regardait que lui, jusqu'à s'exclamer en guise de péroraison : « Jacques, j'aimerais vous offrir un cadeau qui ne me coûterait pas cher et qui pourtant n'a pas de prix pour moi, et que je ne puis vous donner et que sans doute vous n'accepteriez pas, parce que sans doute vous n'en auriez pas l'usage : mon écharpe de maire. » Une manifestation d'empathie peu commune qui avait stupéfié l'assistance et que le bénéficiaire abasourdi avait accueilli la larme à l'œil. Que voulait-il dire ? Qu'il aimerait que les rôles soient inversés. En clair : le maire aurait voulu être à la place du marié.

Trois ans plus tôt, il avait épousé la douce Marie, « une perle », disait-il, que tout le monde appréciait à Neuilly, Nicolas l'aimait beaucoup jusqu'à cet incroyable coup de foudre. Ce jour-là, il en avait fait tant et tant qu'il était devenu l'ami de la famille Martin. Treize jours plus tard, Cécilia accouchait d'une petite fille prénommée Judith. Son parrain était tout trouvé : le maire de Neuilly. Les Martin et les Sarkozy ne se quittaient plus. Cécilia et Marie promenaient de concert leurs landaus, avenue de Madrid, se disaient les meilleures amies du monde. Bientôt Cécilia eut une deuxième fille et Marie un deuxième garçon, pratiquement du même âge. Marie serait la marraine de Jeanne-Marie. Les deux couples passaient des vacances ensemble : l'été 1987 à Mougins. Mais cette belle amitié était condamnée car Nicolas était amoureux, un sentiment irrépressible pour la femme de son ami.

Longtemps, il avait résisté, mais la digue lâchait. Il en rêvait le jour, en perdait le sommeil, les sens retournés, vaincu par le désir. Envoi quotidien de fleurs, appels téléphoniques incessants. Il faisait sa cour avec une assiduité sans faille et son habituelle vigueur. La dame de ses pensées était souvent seule. Jacques Martin était toujours sur la brèche, entre télévision et théâtre où, chaque soir, elle devait aller le chercher. Il lui interdisait de travailler, elle s'ennuyait, commençait à se lasser de la démesure de ce perpétuel insatisfait. Heureusement, Nicolas était là, qui faisait son siège, l'amusait, lui parlait politique et avenir (le sien). Comme elle me l'avait dit un jour que nous déjeunions ensemble : « Qui peut résister à Nicolas ? » Elle aussi était devenue très amoureuse. Leurs rencontres de plus en plus fréquentes à la mairie commençaient à faire jaser dans la ville.

Marie devait découvrir son infortune au printemps 1988. Jacques Martin étant toujours occupé, le couple avait emmené Cécilia à Megève avec eux. Et voilà une scène de roman, ou plutôt de vaudeville. Un après-midi, le temps n'étant pas de la partie, il n'y avait pas de ski au programme. Marie était sortie faire quelques courses. Quand elle était revenue à l'hôtel, Nicolas n'était pas là. Elle l'avait cherché : personne dans les couloirs… Alors elle était allée frapper chez Cécilia. Bruits divers derrière la porte. Quand son amie lui avait ouvert, elle avait compris qu'elle n'était pas seule. La fenêtre était encore ouverte, et des traces de pas dans la neige indiquaient que quelqu'un venait de s'esquiver. Nicolas était pris en flagrant délit d'adultère. Marie pleurait. Le week-end tournait cours. On était rentré à Paris. Une période où Nicolas était encore plus débordé que d'habitude. La campagne présidentielle commençait.

La rumeur de la liaison, portée par de bons amis, avait fini par arriver jusqu'à Jacques Martin. Cécilia avait nié et nierait encore pendant des semaines, jusqu'au moment où Marie avait téléphoné à l'animateur pour lui confirmer, preuves à l'appui, leur commune infortune. Jacques Martin menaça alors d'aller casser la gueule à ce faux frère, mais sans jamais mettre son projet à exécution. Aux *Grosses Têtes* de RTL, il avait lancé avec humour : « Je ne vais tout de même pas aller battre le maire de mes enfants ! »

À l'automne 1988, Cécilia décidait de quitter le domicile conjugal « avec ses deux poussins sous le bras », en donnant à Jacques Martin cette seule explication : « Je ne suis plus heureuse, je m'en vais. » Une décision sans appel. Elle s'installait dans un petit appartement, pas très loin de son mari ni de la mairie, et demandait le divorce (qu'elle obtiendrait quatre mois plus tard). Nicolas Sarkozy n'allait pas rompre aussi aisément avec Marie, au grand dam de Cécilia. C'est que la famille – Dadu surtout, sa mère – avait pris le parti de sa belle-fille, laquelle, très déprimée, était tombée malade. Bernadette Chirac – qui a toujours été du côté des femmes trompées – lui téléphonait souvent. Elle lui avait même rendu visite à la clinique en lui conseillant : « Ne lâchez pas ! » Habité par la crainte, le désir et le remords, Nicolas Sarkozy tergiversait, quittait le domicile conjugal, revenait, repartait, revenait encore. Marie avait fini par croire que la liaison ne durerait pas, mais au lendemain de sa réélection à Neuilly en 1989, Nicolas tranchait en faveur de Cécilia.

Seize ans plus tard, en mai 2005, Pierre Charon, Laurent Solly, Brice Hortefeux, Franck Louvrier, les seuls autorisés à venir lui rendre visite dans son domicile de l'île de la Jatte, le trouveraient en peignoir, livide, amaigri (il avait perdu plusieurs kilos en quelques jours). Dévasté par un séisme de l'ego et de l'émotion.

Il avait bien sûr perçu des changements de tous ordres depuis le début de l'année dans le comportement de sa femme. Déjà, à Bercy, elle n'avait pas aimé l'ambiance, souffrant de l'arrogance de certains énarques qui feignaient de ne pas la voir quand ils la croisaient dans les couloirs. Parce qu'elle avait fait installer un téléviseur géant à écran plat dans les appartements privés, *Le Canard enchaîné* la présentait comme une femme capricieuse et dispendieuse, campagne qui l'avait beaucoup affectée.

Après l'élection triomphale de son mari à la tête de l'UMP, le retour à la maison avait été monotone. Ils étaient revenus vivre dans leur appartement de l'île de la Jatte et le quotidien était devenu bien quotidien pour elle : faire les courses, remplir le frigidaire. Souvent, le soir, Nicolas Sarkozy s'enfermait dans son bureau pour travailler. Il était d'humeur maussade. Elle avait l'impression de moins compter pour lui, d'être moins associée, moins admirée, d'« être devenue un meuble », me dira-t-elle un jour. Un climat dépressif auquel s'ajoutait un sentiment d'usure. Après seize ans de vie commune, un couple n'est plus dans une dynamique de départ.

Cécilia était fatiguée. Elle ne voulait plus suivre Nicolas dans ses multiples déplacements en province. Elle ne s'intéressait pas à son travail de chef de cabinet à l'UMP où, pour la première fois, elle était rémunérée. Mais son autorité ne s'y était jamais établie. Les apparatchiks la court-circuitaient. Certains moquaient devant les journalistes la façon dont elle rédigeait les notes internes : « Je préconise… » Elle les irritait aussi en modifiant sans cesse l'emploi du temps de son mari. Et puis elle n'aimait pas cet immeuble sinistre.

Une seule chose l'intéressait désormais : l'organisation des meetings, leur côté brillant, ludique. Le sacre du Bourget avait été un triomphe. Elle avait tout supervisé aux côtés de ce grand spécialiste de l'événementiel, Richard Attias, un homme précédé d'une réputation flatteuse. Il organisait chaque année le sommet de Davos en Suisse où se réunissaient les grands prêtres de l'économie mondiale, et en mai 2005 s'occuperait du forum de la Paix, à Pétra, où viendraient Bill Clinton, Elie Wiesel, Richard Gere, le roi Abdallah. Attias vivait entre Paris, New York, la Jordanie, l'Europe entière, bien loin de notre microcosme politique étriqué. Un homme porteur de rêves donc. Cécilia avait réussi à imposer Publicis Events comme le prestataire de toutes les manifestations de l'UMP, grandes ou petites.

C'était le maître d'œuvre, l'homme qui l'avait séduite, et bientôt, elle serait submergée par cette force obscure, violente, irraisonnée, que l'on appelle le coup de foudre. Que les femmes qui ne l'ont jamais connu lui jettent la première pierre. Une telle attirance est rarement à sens unique. Richard Attias, dont la réputation de séducteur était établie, ne dominait pas davantage ses élans.

« Tu sais, j'ai un ami qui a sauté Sharon Stone », avait confié Cécilia, éblouie et songeuse, à l'une de ses proches. Comme toutes les femmes qui vivent ce genre de situation, Cécilia était contrainte de se cacher, mais en même temps elle souhaitait que son nouveau bonheur soit connu. Elle allait semer derrière elle de petits cailloux blancs que l'entourage de Nicolas Sarkozy avait fini par remarquer. D'abord, en constatant sa nervosité grandissante, en même temps que ses absences fréquentes. Elle était partie trois jours à Londres pour y installer sa fille aînée, alors que les états généraux UMP de la fédération de Paris se déroulaient au parc floral de Vincennes. Elle s'y était pourtant beaucoup impliquée, avec la participation de Publicis, mais avait prévenu : « La politique n'est plus ma priorité. »

À Pâques 2005, les Sarkozy s'étaient envolés pour Marrakech en compagnie de la fille cadette de Cécilia et de leur fils Louis. Le président de l'UMP avait été reçu par le roi, puis était rentré à Paris à la fin du week-end. Cécilia s'était attardée au Maroc plusieurs jours. Au début du mois de mai, elle était partie avec les enfants à New York pour une semaine, pendant que son époux était en tournée en Provence-Alpes-Côte d'Azur où il se donnait à fond pour la campagne des européennes. Chirac l'avait même appelé pour le féliciter, un plaisir rare qu'il faisait partager aux journalistes, mais ce sont les appels de sa femme qui le rendaient le plus heureux. Il en faisait la confidence aux journalistes qui l'accompagnaient. Mais à l'hebdomadaire *Télé Star*, Cécilia venait de déclarer « qu'elle ne se voyait pas en First Lady traditionnelle ». Que voulait-elle dire au juste ?

Le 12 mai, elle était présente au grand meeting du palais des Sports de la porte de Versailles sur le thème « Oui à l'Europe ». Une soirée très branchée, transmise en direct sur le site Internet du parti. Pour chauffer la salle, la sono diffusait *On Broadway*, de George Benson. Cécilia avait veillé à tous les détails : un casque avec micro incorporé sur les oreilles, on la voyait faire des allées et venues, donnant des ordres, saluant, joyeuse, les journalistes. Elle était partout et toujours à quelques mètres d'elle Richard Attias, qui portait le même casque. On dirait des jumeaux, avais-je pensé en les regardant faire.

Tous les ministres étaient présents, sauf celui de l'Intérieur, Dominique de Villepin. Une place avait été réservée à Cécilia à côté d'Anne-Marie Raffarin, mais elle s'était récusée, préférant, expliquait-elle, surveiller le bon déroulement de la réunion en coulisses avec Attias. Le soir même, la chaîne câblée Paris Première diffusait à une heure tardive l'émission d'Ariane Massenet *Petites confidences entre amis*. Elle recevait dans une suite de l'hôtel Crillon. Son invitée : Cécilia Sarkozy, qui était apparue tendue, nerveuse, elle faisait écouter ses airs préférés – *New York-New York*, que chantait Sinatra. Un petit caillou blanc. Au détour d'une phrase, elle confiait qu'elle se verrait bien, dix ans plus tard, faisant du jogging à Central Park, ou encore : « Moi, quand ça ne va pas, je prends mes gamins sous le bras et je m'en vais. » Ça n'était plus des petits cailloux, mais un gros pavé dans la mare. Soudain, son mari était apparu sur l'écran d'une télévision de la chambre d'hôtel. « Pourquoi es-tu si inquiète, Cécilia ? Tu n'es pas seule ! »

Aux alentours de minuit, l'équipe s'était retrouvée pour dîner à l'Étoile, un club des Champs-Élysées. Encore grisé par les applaudissements, Nicolas Sarkozy rendit un hommage appuyé à sa femme. Le succès de la réunion n'était-il pas le sien aussi ? Il demandait qu'on lui fasse une ovation. Prétextant la fatigue, elle avait – sans succès – tenté d'échapper à ces agapes. Tout au long de la soirée, son portable à la main, elle envoyait des SMS dans son coin. Les plus réalistes jugeaient le couple proche d'un gros trou d'air.

Le lendemain, Cécilia avait lancé à Laurent Solly : « Il faut que je te parle », et elle lui avait confié son secret : elle était amoureuse.

Quatre jours plus tard, le jeudi 19 mai, c'est lui, Laurent Solly, qui allait annoncer à Nicolas Sarkozy que Cécilia était inscrite sur un vol en partance pour la Jordanie. Toutes sirènes hurlantes, le ministre d'État, ministre de l'Intérieur, avait filé à Roissy, pour tenter de la dissuader de partir. Mais elle n'avait rien voulu entendre : on l'attendait là-bas.

Maurice Lévy, le charismatique patron de Publicis, se trouvait dans le même avion qu'elle, étonné de la voir seule à bord. À l'arrivée, ils s'étaient croisés à nouveau dans le hall de l'hôtel. Cécilia était venue vers lui :

— J'ai quelque chose à te dire.

— Ah bon…

— Je suis très amoureuse de Richard Attias. »

« C'était comme si le ciel me tombait sur la tête, m'avouera-t-il des années plus tard. J'avais une grande affection pour Nicolas Sarkozy et une amitié qui remonte à loin. Lorsqu'il avait été élu maire de Neuilly, en 1983, Marcel Bleustein-Blanchet voulut connaître "ce jeune qui a battu Pasqua". J'avais organisé la rencontre et les avais rejoints au café. Ensuite, nous nous sommes toujours vus. En 1995, après l'échec d'Édouard Balladur à la présidentielle, j'avais invité Nicolas à déjeuner dès le lendemain.

« Cécilia, lui dis-je, tu ne peux pas faire ça à Nicolas ! Il ne mérite pas d'être traité de la sorte à quelques mois d'une échéance si cruciale pour lui. Réfléchis bien.

— Maurice, c'est très sérieux, je veux partir avec Richard.

« J'étais très peiné pour Nicolas, poursuit Maurice Lévy, et avais tout de suite interrogé Attias : comment est-ce possible ? Il m'avait répondu : "C'est une histoire d'amour…" J'étais catastrophé. En plus, les amoureux faisaient tout pour se montrer, pour que leur histoire soit connue de tout le monde. Elle avait débuté avec l'organisation du meeting pour l'élection de Nicolas à la tête de l'UMP. Christophe Lambert, président de Publicis Conseil et Richard Attias, président de Publicis Events, étaient venus m'en parler. C'est Jean-Michel Goudard qui les avait mis sur le coup. Je leur avais répondu : "Je ne suis pas d'accord. Publicis ne fait pas de campagne politique, pour personne." C'est alors qu'ils m'avaient suggéré :

— Et si on le faisait à titre personnel ?

— Dans ce cas, vous êtes libres.

« Évidemment, cela a jeté un froid entre Nicolas et moi. J'en étais très ennuyé. Cécilia nous a rabibochés lors d'un dîner qu'elle avait organisé à l'Élysée, entre les deux tours des législatives de juin 2007. Elle se sentait coupable d'avoir brisé notre amitié. Je recevais beaucoup de coups de fil de tas de gens, qui me donnaient tous ce conseil : "Il faut virer Attias, et vite !" Je leur répondais : "Je ne peux pas le virer, l'UMP n'étant pas le client de Publicis. Et je vous signale au passage que jamais Nicolas ne m'a demandé une telle chose." »

Cette histoire d'amour qui faisait grand bruit choquait beaucoup Klaus Schwab, le président du Forum économique mondial. Il ne voulait plus que Richard Attias organise la rencontre annuelle de Davos.

« Richard est parti de lui-même, me confiait encore Maurice Lévy. À titre personnel, je l'ai toujours regretté. On ne voulait pas se séparer de lui. On a fait les choses convenablement. »

Ce 19 mai 2005, Nicolas Sarkozy était rentré chez lui, comme estourbi, plongé dans un trou noir. Cécilia partie, il ne contrôlait plus l'essentiel. C'est avec elle qu'il voulait aller à l'Élysée. Elle était la femme de sa vie, sa fierté. Dès qu'il était assis auprès d'elle, il lui prenait la main. Il lui téléphonait dix fois par jour. Dans une course de vélo, à chaque pause, il l'appelait pour lui dire des « je t'aime » en veux-tu en voilà. « Ce qui ne l'empêchait pas d'oublier les fêtes et les anniversaires car toujours trop occupé », m'expliquera Cécilia lors d'un déjeuner.

Le 26 mai, à trois jours du référendum, au *19/20* de France 3, Nicolas Sarkozy était apparu le visage tendu, la mâchoire crispée, amaigri, visiblement très ému. Il lui fallait trouver des mots justes et ce n'était pas facile. « Vous voulez parler de la rumeur ? La vérité est simple : comme des milliers de familles, la mienne a connu des difficultés… Nous sommes en train de les surmonter. Est-ce que je dois tout dire ? Je ne le pense pas. Je reste serein, je reste calme. Quand on touche à ceux que j'aime le plus, je dois les protéger et c'est la seule chose qui compte. »

Allez y comprendre quelque chose, bonnes gens. Le 28 mai, veille du référendum, une dépêche de l'Agence-France Presse annonçait que Nicolas et Cécilia (qui, décidément, circulait beaucoup) avaient dîné vendredi dans un restaurant de Madrid avec le roi Juan Carlos et assisté, le samedi, à une corrida. Tout semblait donc rentrer dans l'ordre. Le dimanche, le couple votait à Neuilly. Les photographes en nombre étaient accourus.

Cécilia était-elle revenue ?

En réalité, le feuilleton ne faisait que commencer.

22

2005, ANNUS HORRIBILIS

2005. Pour Nicolas Sarkozy, l'année de ses 50 ans et de la brisure de son couple.

Les Français se passionnaient pour le cas Cécilia, devenu le sujet incontournable de toutes les conversations. Tout le monde avait un avis. Les femmes, le plus souvent, prenaient son parti, vantaient le courage de celle qui préfère la liberté aux honneurs. Les hommes étaient plus sévères. Son comportement risquait de déstabiliser son mari, de compromettre son destin présidentiel. C'était d'ailleurs plutôt les gens de gauche qui la jugeaient formidable. Tout ce qui affaiblit un candidat de droite qui a des chances de gagner est toujours pain bénit pour ses adversaires.

À la fin du mois, les Français rejetaient la Constitution européenne : près de 55 % de non au référendum. Une déroute pour Jacques Chirac. Ce non français allait mettre le pays en état de faiblesse, affaiblissant son crédit. Il avait beaucoup œuvré auprès de ses partenaires pour appuyer la candidature de VGE, lui donner la présidence de la convention que devait élaborer la nouvelle constitution européenne, un travail indispensable – on passait de quinze à vingt-sept membres ! Une bonne manière à l'égard de l'ancien président, mais aussi une réaction d'autodéfense, celui-ci ayant déclaré qu'il n'excluait pas d'être candidat à la présidentielle de 2002.

Giscard avait accepté avec enthousiasme (« il se serait bien vu premier président de l'Europe », me confiait Michel Barnier, commissaire européen qui faisait partie du présidium de douze membres). Ce long travail l'avait enchanté. Giscard l'avait reconnu sans gêne devant moi : « C'était très intéressant. J'allais toutes les semaines à Bruxelles. Tout était payé : voiture, chauffeur » (un traitement mensuel, qui, à sa demande expresse, était équivalent à celui du président de la Commission européenne) [1].

L'autre grand vaincu était Jean-Pierre Raffarin. Après l'échec aux régionales, puis aux européennes, l'importance du non au référendum faisait de lui le bouc émissaire désigné : il devait s'en aller. Il ne pouvait plus rester.

Qui Chirac allait-il choisir? Michèle Alliot-Marie me confiait que Chirac l'avait appelée pour la sonder et lui dire : « Tu as ma préférence. » Le Premier ministre sortant l'avait avertie : « Prépare-toi », tout en sachant que le choix du Président n'était pas arrêté. Alain Juppé conseillait à Chirac de faire appel à Nicolas Sarkozy, solution écartée, sans discussion possible. Restait Dominique de Villepin qui, depuis plusieurs mois, militait pour le départ de Jean-Pierre Raffarin. Il avait toujours exercé sur Jacques Chirac un ascendant qui choquait beaucoup de conseillers élyséens, dont Jérôme Monod auquel Villepin avait lâché, à propos du président : « Ce type n'a rien dans le crâne, c'est moi son cerveau. »

Le dimanche, il lui avait téléphoné avec sa brutalité coutumière : « Vous n'avez pas le choix, monsieur le président : soit vous nommez Sarkozy, soit vous nommez Villepin. Ce sont

1. À la fin des travaux, les Allemands voulaient lui décerner le prestigieux prix Charlemagne, et lui suggéraient d'associer à ce prix l'ex-chancelier Helmut Schmidt, tous deux ayant incarné le couple franco-allemand. La construction de l'Europe leur devait beaucoup. Mais Giscard avait refusé de partager le prix, avançant que « le chancelier était maintenant un vieux monsieur ». Une mesquinerie qui avait beaucoup blessé celui qui avait toujours cru que Giscard était un ami (*La diplomatie n'est pas un dîner de gala. Mémoires d'un ambassadeur Paris-Pékin-Berlin*, de Claude Martin, Nouvelles Éditions de l'Aube, 2018).

deux choix qui tiennent la route. Il faut bien que vous le compreniez, monsieur le président. Vous avez tout perdu.» Des propos rapportés par Bruno Le Maire, son directeur de cabinet[1].

Le 29 mai 2005, à 10 heures, il était entré comme ministre de l'Intérieur dans le bureau du président. Deux heures plus tard, il en sortait Premier ministre. Comme d'habitude, il avait noirci le tableau, traumatisé Chirac, lui faisant mesurer des dangers réels ou imaginaires pour lui arracher ce qu'il voulait : Matignon.

«Il ne m'a pas nommé, je me suis imposé. Il n'a pas eu le choix», exultait-il devant des proches qui s'empressaient de le répéter. Ravi d'avoir réussi là où Sarkozy avait toujours échoué. La condamnation de Juppé le confortait dans la conviction qu'il n'y avait plus que lui pour Matignon et, qui sait, l'Élysée.

Dans la soirée, le Palais annonçait que le président s'adresserait aux Français le mardi soir.

Ce matin-là, à la réunion du groupe UMP, Sarkozy confiait aux trois cent soixante députés que Chirac lui avait demandé la veille de revenir au gouvernement. Murmures divers dans la salle.

Édouard Balladur, François Fillon qui venait de quitter le gouvernement, Pierre Méhaignerie et bien d'autres le lui déconseillaient vivement : il allait s'abîmer. Il ne devait songer qu'à la présidentielle et s'y préparer.

«J'attends de voir ce que dira le président», leur avait-il répondu.

Le soir, après avoir commenté les résultats, Jacques Chirac annonçait cette grosse surprise : «Dans un esprit de rassemblement, j'ai demandé à Nicolas Sarkozy, qui l'a accepté, de rejoindre le gouvernement comme ministre d'État.»

---

1. *Des hommes d'État*, 2007, Grasset.

« Qu'il a accepté » ! Rendez-vous compte ! Cela sous-entendait qu'il aurait pu refuser. Oui, on avait bien entendu. Le président le priait de revenir.

Nicolas Sarkozy me confirmera dans la journée qu'il avait dictée cette phrase au téléphone à Jacques Chirac, et que celui-ci l'avait prise en note. Avant d'accepter, il attendait de voir si le président obtempérait.

Le lendemain, au petit déjeuner des balladuriens, il exultait. Ministre d'État, ministre de l'Intérieur, il gardait la présidence de l'UMP, celle du conseil général des Hauts-de-Seine, bref, tout ce que Jacques Chirac lui refusait six mois plus tôt.

Villepin, Sarkozy et leur audace faisaient des émules. Philippe Bas, ex-secrétaire général de l'Élysée étant devenu opportunément ministre, Frédéric Salat-Baroux, secrétaire général adjoint de l'Élysée, annonçait la composition du gouvernement Villepin sur les marches de l'Élysée. Croisant ensuite le président, celui-ci lui avait laissé entendre qu'il pourrait peut-être prendre la suite de Philippe Bas, mais il n'avait encore rien décidé. (Il envisageait aussi de donner le poste à Maurice Gourdault-Montagne, son conseiller diplomatique qu'il estimait beaucoup.) Jacques Chirac était parti se reposer, la sieste portant conseil, il verrait plus tard. Appliquant l'adage selon lequel il faut toujours battre le fer quand il est chaud, Salat-Baroux, sans attendre le feu vert présidentiel, donnait consigne à Agathe Sanson, chargée de la communication de l'Élysée, d'annoncer à l'AFP sa nomination immédiate. Devant sa surprise, il lui avait dit en riant : « Mais oui, c'est un coup d'État ! », ce qu'il avait confirmé à Jean-Luc Barré, lors d'un entretien pour les *Mémoires* de son futur beau-père. Il se vantait devant lui d'avoir forcé le destin. Dans les heures qui avaient suivi, lui avait-il raconté, le président lui avait fait un peu la tête. « C'est un fait que je ne lui ai pas laissé le temps. Au fond, il a fini par nommer ceux qui étaient le plus déterminés à exercer leur fonction. »

Une façon peu cavalière de justifier son putsch. D'autres parleraient d'abus de faiblesse. J'étais allée le voir à l'Élysée, quelques jours après sa nomination, non pour le féliciter mais pour qu'il me parle de Nicolas Sarkozy (pour mon livre). De notre entretien, je n'ai retenu que cette phrase qui m'avait marquée : « Je suis amoureux de Jacques Chirac. » Était-ce une façon de me faire comprendre ses sentiments pour Claude ?

Tout le monde le notait depuis le début de l'année : le chef de l'État se fatiguait vite, sa démarche était hésitante. Et puis, que d'épreuves ! En février, Hervé Gaymard, possible successeur de Raffarin, démissionnait de Bercy, quatre mois après y être arrivé, *Le Canard enchaîné* ayant révélé que le ministre logeait sa famille avec huit enfants dans un duplex de 600 mètres carrés pour un loyer de 14 000 euros pris en charge par le ministère. Les travaux d'aménagement s'étaient montés à 150 000 euros. On apprenait que le ministre des Finances était propriétaire d'un appartement de 235 mètres carrés qu'il mettait en location depuis qu'il était ministre de l'Agriculture, alors qu'il avait déclaré à *Paris Match* pour se défendre : « Évidemment, si je n'étais pas fils de cordonnier, si j'étais un grand bourgeois, je n'aurais pas de problème de logement, je serais propriétaire de mon logement, mais je n'ai pas de fric. » Le même jour, le quotidien *20 Minutes* révélait que le couple était propriétaire de deux maisons – l'une dans le Finistère et l'autre en Savoie, et *Libération* qu'il payait l'impôt sur la fortune. À la télévision, Dominique Strauss-Kahn lui avait administré une sacrée leçon de morale (ce qui ne manquait pas de sel non plus) : le ministre n'avait plus qu'à démissionner.

Le même mois, le 14 exactement, l'ami intime du président, l'ancien Premier ministre libanais Rafik Hariri était assassiné à Beyrouth, ce qui l'avait beaucoup affecté. Il s'était rendu aux obsèques pour être auprès de la famille. Pendant des années, chaque jour, il appellera son épouse, à

Beyrouth ou à Paris, et toujours avec la même formule : « Allo, I call you for a little coucou ! » Jean-Luc Barré en avait été le témoin un jour à Bity, en présence de Bernadette, qui s'en amusait beaucoup.

Retour au 29 mai. Si Nicolas Sarkozy retournait place Beauvau contre l'avis de son équipe, c'était aussi pour retrouver un lieu où il avait été si heureux avec Cécilia. Il gardait espoir de la voir reprendre son rôle auprès de lui.

Et puis ce ministère lui permettait de contrôler la police, et la DST susceptible de lancer des rumeurs gênantes sur lui ou les siens.

Cécilia n'était pas revenue, mais ses vêtements étaient, me disait-on, dans des placards au ministère. À la fin du mois de juin, elle se trouvait encore aux États-Unis, en Floride, à Disneyland. On apprenait qu'elle avait consulté un célèbre avocat, Me Kiejman. Le 30 juin, *Paris Match*, qui avait mis le couple Sarkozy en couverture, affichait ce titre : « Il se donne cent jours pour reconquérir Cécilia et sauver son couple. » Un sujet très vendeur qui faisait la une du *Figaro* et du *Point*.

« Je sais que Cécilia m'aime », répétait-il en boucle devant ses proches. Il me le disait à moi aussi.

Le ministre avait assumé sans délai ses responsabilités ministérielles. Il était partout, parlait beaucoup, peut-être pour calmer son anxiété.

Le jour de la fête des pères, dans la cité des 4000 à La Courneuve, un petit garçon de 11 ans qui lavait la voiture de son père au pied de son immeuble s'écroulait mortellement atteint de deux balles de neuf millimètres, victime de deux bandes rivales. Le lendemain, encadré par des policiers, Nicolas Sarkozy se rendit sur les lieux pour présenter ses condoléances aux parents. Ils habitaient au sixième étage. L'ascenseur était cassé. La décrépitude des lieux l'avait impressionné. Un membre de la famille l'avait interpellé : « Monsieur le ministre, il faut nettoyer la cité au karcher. »

Ému par leur souffrance, il avait répondu : « Vous avez raison, il faut nettoyer la cité au karcher. » La presse devait rester à l'écart. Mais une journaliste du *Monde* avait réussi à suivre le ministre et entendu la formule. À la sortie de l'immeuble, une mère de famille maghrébine lui avait lancé : « On est français. On veut que nos enfants vivent comme des Français. » Et Sarkozy lui avait répondu : « Les voyous vont disparaître. Je mettrai les effectifs qu'il faut. On nettoiera la cité des 4000. »

Le lendemain, les socialistes réagissaient : « Nettoyer, c'est fasciste. C'est le langage de l'insulte. » Deux jours plus tard, *Le Monde* reprenait le mot « karcher », formule utilisée en privé comme on l'a vu. Karcher associé à nettoyage : la Ligue des droits de l'homme et le MRAP ouvraient la fronde contre ce ministre qui voulait « humilier les banlieues ». L'union syndicale des magistrats s'indignait. Karcher, nettoyer : deux mots repris par les opposants, les humoristes, les jeunes, les imitateurs, qui allaient lui coller à la peau.

Le 25 octobre, à 22 heures, il se rendait à Argenteuil dans le Val-d'Oise, où cent trente voitures avaient été brûlées depuis le début de l'année. Il venait assister à la présentation de nouveaux services de la police. Il fallait traverser à pied une esplanade baptisée « la dalle d'Argenteuil ». Cent cinquante jeunes en capuche le guettaient sur la passerelle, ils lançaient des pierres et des bouteilles. Depuis sa fenêtre, une femme d'origine maghrébine l'avait interpellé : « Il faut débarrasser le quartier de cette racaille. » Il lui avait répondu en reprenant ses mots : « Oui madame, nous allons vous débarrasser de cette racaille. » Cette fois, tout le monde l'avait entendu.

Rebelote, récidive, nouveau scandale ! Les jeunes de banlieue prenaient ce mot pour eux. Le sociologue Azouz Begag, entré au gouvernement Villepin pour s'occuper des problèmes d'intégration, dénonçait dans *Libération* « la sémantique guerrière du ministre » et sur France 2 : « Il ne faut pas dire aux jeunes qu'ils sont des racailles. » Un beau Tartuffe, cet Azouz que Jacques Chirac – qui avait du mal à retenir son nom – interrogeait : « Bizou ? c'est qui Bizou[1] ? »

Dans une tribune datée du 8 mai 2002 dans *Le Monde*, il avait exigé des sanctions contre ceux qu'il qualifiait lui-même de « racaille », des « jeunes dont tout le monde a peur, qui conduisent des scooters sans casque, roulent sur les trottoirs au mépris des piétons, […] récusent tout code de conduite sociale. » C'est bien les mêmes que, de bonne foi, Nicolas Sarkozy visait en parlant de « racaille ».

Le 13 juin, Malek Boutih, président de SOS Racisme, demandait dans une tribune du *Monde*, « que l'on remette la police au boulot pour donner un grand coup de balai parmi les gangs de la cité. Le plus grand nombre de bavures ne viennent pas de la police. C'est la racaille qui tue le plus dans les cités ».

Comme quoi, tout dépend de qui prononce les mots. La gauche dénonçait la brutalité, l'inhumanité du ministre. Des sportifs de renom, tel Lilian Thuram, clamaient leur indignation. Le mal était fait. À droite, où Sarkozy n'avait pas que des amis, les réactions ne lui étaient pas toutes favorables : « Chacun aborde ces questions avec sensibilité », commentait Dominique de Villepin, façon de dire que la sienne était plus délicate. Des proches de Nicolas Sarkozy m'expliquaient que, « fragilisé pour d'autres raisons bien sûr… il n'en était que plus attentif à la réelle douleur des autres. »

Le monde judiciaire allait s'émouvoir à son tour. Le ministre avait mis en cause le magistrat qui avait autorisé la libération conditionnelle d'un certain Patrick Gateau, condamné à perpétuité pour meurtre en 1990 et qui avait récidivé. Nelly Crémel, une mère de famille de 39 ans, était tuée le 2 juin près de chez elle alors qu'elle faisait son jogging. Pour Nicolas Sarkozy, le juge était responsable. « La justice est humaine donc faillible, mais ce n'est pas parce que c'est humain qu'on ne doit pas payer quand on fait une faute. »

1. Bruno Le Maire, *Des hommes d'État*, ibid.

Aussitôt le syndicat de la magistrature dénonçait des propos qui, «par leur excès, sont de nature à porter atteinte à l'indépendance de la justice».

Dans sa grande majorité, l'opinion publique partageait l'avis de Nicolas Sarkozy. Dominique de Villepin demandait au garde des Sceaux Dominique Perben de présenter d'urgence un projet de loi sur la libération conditionnelle et l'application des peines en cas de récidive.

Quel tohu-bohu! À se demander si Nicolas Sarkozy avait bien fait de retourner à l'Intérieur.

Côté privé, les choses ne s'arrangeaient pas. Le 11 juin, lors du conseil national de l'UMP, je remarquai qu'il avait enlevé son alliance. Le ministre au cœur blessé s'était replié sur son équipe de fidèles. D'abord, Brice Hortefeux, qui venait d'entrer au gouvernement comme ministre délégué aux collectivités locales était auprès de lui. Frédéric Lefebvre, son attaché parlementaire et bête noire de Jean-Louis Debré, Franck Louvrier, qui ne l'avait plus quitté depuis 1997, le seul conseiller de presse qui répondait et rappelait dans l'heure les journalistes. Laurent Solly, le chef de cabinet. Pierre Charon, un ami de plus de vingt ans, présent dans les bons comme dans les mauvais jours. Ses fils, Pierre et Jean, les amis fidèles Jacques et Martine Chancel, Martin Bouygues, Didier Barbelivien. Avec tous ceux-là, il déjeunait, dînait, les soirées se prolongeaient tard. Le ministre menait une vie de célibataire.

Au début de juillet, il faisait beau et chaud. J'étais allée le voir un samedi matin à Beauvau. Il m'avait reçue, torse nu, une tenue inhabituelle dans le jardin du ministère, et cette liberté recouvrée semblait lui plaire. Il avait retrouvé des couleurs. La qualité du service à Beauvau, la fraternité manifeste des policiers qui l'entouraient lui mettaient aussi du baume au cœur. Je le sentais émoustillé.

«Quoi qu'on décide avec Cécilia, me dit-il, je dois me conduire en gentleman.» Au détour d'une phrase, il dénonçait

« des manières de coiffeurs et de coiffeuses » (qui visait-il ?), mais il prenait sa part de responsabilité dans ses malheurs, m'avouant : « Je suis égoïste, arrogant, prétentieux, c'est vrai, mais j'aime les gens. Et puis j'ai beaucoup changé. Je crois que je deviens plus fréquentable.

— Ah oui, depuis quand ? lui demandai-je.

— Depuis un mois ! »

De l'humour ? Non, il me disait cela sans rire !

— Si avec Cécilia on surmonte cette crise, ajouta-t-il, si l'amour est le plus fort, ce sera magnifique et l'on repartira, peut-être tous les deux mieux qu'avant. »

Il se donnait jusqu'à la fin des vacances pour y voir plus clair.

On approchait du 14 juillet – premier anniversaire du « Je décide – il exécute » de Jacques Chirac, qu'il n'avait toujours pas digéré. La veille, au petit déjeuner des chefs de la majorité, il avait cueilli tout le monde à froid en jugeant dépassé le rite de l'interview annuelle du 14 juillet : « C'est sans intérêt. »

Jean-Louis Debré et Michèle Alliot-Marie hoquetaient d'indignation.

Le pire était à venir.

Tous les 14 juillet, une réception est organisée à Beauvau. Le ministre remercie policiers et gendarmes. Après une visite éclair à la garden-party élyséenne où il avait signé beaucoup d'autographes, Nicolas Sarkozy était revenu au ministère en ouvrant grand les portes à la presse. Et alors que le président s'apprêtait à répondre aux questions des journalistes, lui, debout derrière un pupitre, l'esprit exalté et le corps en nage, lançait : « Je dirai que je n'ai pas vocation à démonter tranquillement des serrures à Versailles pendant que la France gronde car, depuis vingt ans, à force d'immobilisme, à force d'user de la langue de bois, à force d'éluder la réalité des faits et d'esquiver les défis, on ne voit pas que la France gronde. »

Qu'est-ce qu'il lui prenait ? Selon Laurent Solly, Nicolas Sarkozy aurait lu un texte préparé par Igor Mitrofanoff, ex-plume de François Fillon – celui-ci n'étant plus ministre lui avait demandé de le prendre à son cabinet.

Comparer Chirac à Louis XVI, c'était souhaiter symboliquement la mort du roi pour devenir enfin roi soi-même. Des exégètes relevaient une connotation œdipienne.

Pour moi, c'était une provocation inutile, contre-productive, irritante, mais les plus proches en convenaient : il avait besoin d'exprimer une rage dont l'Élysée n'était pas la cause. Rage qui allait lui jouer de vilains tours.

Le lendemain, en Conseil des ministres, l'ambiance était glaciale. Chirac ne lui avait pas adressé un regard. Dominique de Villepin l'avait convoqué à Matignon pour lui demander s'il appartenait toujours au gouvernement.

« Vous voyez bien qu'il ne pense qu'à me tuer ! » avait lâché le président à son épouse. La conviction de tout le monde : ce nouveau dérapage n'aurait sans doute pas eu lieu si Cécilia avait été auprès de lui.

Voici venir le mois d'août. Cécilia réapparaît dans la maison du Pyla où le couple avait passé des vacances heureuses. Pour elle, juste un aller-retour de quatre jours. Elle repart au volant de sa Mini Cooper (un cadeau d'Attias), laissant la garde de Louis à son père.

La vie s'organisait sans elle, Pierre Charon était là, les Chancel étaient venus passer quelques jours. Les paparazzis ne quittaient plus le ministre qu'on avait retrouvé à Venise, puis sur un yacht, loué par ses amis Bouygues, au large de la Sardaigne. Il n'était pas seul.

Le 24 août, il se rendait aux obsèques de deux pilotes de canadairs tombés en Ardèche. Troisième crash meurtrier de l'été, provoqué par des incendiaires. Dans l'avion du retour, ses collaborateurs, avec moult précautions, l'avaient prévenu : *Paris Match* allait sortir, avec à la une la photo de Cécilia à New York en compagnie de Richard Attias. Un nom que Nicolas Sarkozy ne pouvait plus prononcer. Pierre Charon l'appelait « l'éclairagiste ».

Durant tout le trajet, il n'avait pas dit un mot, le visage décomposé, livide. À son arrivée à Villacoublay, on lui avait remis une enveloppe fermée qui contenait un exemplaire du journal. Il n'y avait pas touché. Et puis bien sûr, il avait fini par le regarder. À la une : la photo d'Attias et Cécilia à Manhattan, occupés à consulter ensemble un plan qu'elle tenait à la main, celui d'un appartement, accompagnée de ce titre : « Avec Richard Attias, elle a passé l'été entre New York et Paris ». Les pages intérieures montraient le couple en vacances à Cannes et aussi dans un restaurant en terrasse, à Paris, clichés intimes agrémentés d'un long article non signé, destiné à faire connaître Attias au grand public. Un portrait très flatteur qui laissait presque entendre que Cécilia avait eu la chance enfin de rencontrer un homme extraordinaire. Un texte très humiliant pour le ministre. Ça n'était pas la première fois que la presse évoquait les difficultés du couple, mais jamais étalées avec un tel luxe de détails. Alain Genestar, le directeur du journal, allait y perdre son poste.

C'est parce qu'il pensait être grillé par *VSD* qu'il avait décidé de publier ces photos dans l'urgence, sans prévenir Arnaud Lagardère, le patron du groupe, qui était en vacances aux États-Unis. Il ne l'avait appelé que le lendemain, alors que le journal était déjà imprimé. Or, ce n'était un secret pour personne dans le groupe, qu'Arnaud était un ami intime de Nicolas Sarkozy. En mai, il avait réuni en séminaire à Deauville tous les cadres du groupe – Genestar y était et moi aussi. L'invité était Nicolas Sarkozy. À la tribune, Arnaud Lagardère avait proclamé : « Nicolas, c'est mon frère. » On savait qu'il lui avait aussi promis que jamais des photos de sa vie privée ne seraient publiées dans *Paris Match.* Un coup très rude pour les deux amis. Pour moi, Genestar avait pris un risque qu'il payait, même si je le regrettais pour lui.

Jusqu'en décembre, Cécilia faisait des allers et retours entre Paris et New York. Le couple s'était partagé la garde de Louis. Quand elle était à Paris, elle résidait dans le 7e arrondissement : « Nous nous parlons tous les jours », me disait Nicolas Sarkozy.

À Noël, le ministre passait les fêtes à l'île Maurice, avec une amie. Connaissant la jalousie de Cécilia, il l'avait bien sûr prévenue. À peine était-il de retour à Paris qu'elle lui annonçait son arrivée. Nicolas Sarkozy était venu la chercher au pied de l'avion et l'avait embarquée dans sa voiture avec Louis sous le nez de Richard Attias. On notait que le ministre avait remis son alliance.

Mais en février, nouvel orage. Cécilia repartait aux États-Unis avec Louis pour les vacances. Invité sur LCI, le ministre avait de nouveau enlevé son alliance.

En mars, il finit par autoriser Cécilia à inscrire leur fils au lycée français de New York, jusqu'à la fin de l'année scolaire. Mais voilà : tout ce qui faisait son socle familial depuis près de dix-huit an avait explosé : sa femme, les filles, Louis, et cela, il n'arrivait pas à l'admettre.

Depuis le printemps 2006, il avait entrepris d'écrire un livre d'amour pour Cécilia : *Témoignage*. « C'est elle qui a choisi le titre », me disait-il. « Aujourd'hui, Cécilia et moi, nous nous sommes retrouvés pour de bon, pour de vrai, sans doute pour toujours. Elle me charge de le dire », racontait-il. Fin mai 2006, il était parti à New York pour la ramener avec Louis. Il avait demandé à l'un de ses fils aînés, Jean, qui vivait auprès de lui depuis quelques mois, de bien vouloir laisser la chambre à Jeanne-Marie, la dernière fille de Cécilia, ce que Jean n'avait pas bien pris. Quelques jours après, Nicolas Sarkozy me confiait qu'il avait emmené Cécilia et sa fille chez Hermès pour leur offrir des sacs. Je lui fis remarquer qu'on n'offre pas un sac de ce prix à une gamine. Il était prêt à tout pour que Cécilia reprenne avec lui la vie comme avant.

Je l'interrogeai sur l'épreuve qu'il traversait. La voix enrouée par l'émotion, il m'avait répondu :

— Tout le monde souffre dans la vie. La souffrance, c'est aussi ce qui fait que l'homme n'est pas grotesque. C'est digne au contraire. Et ce qu'il y a de plus noble dans la vie, c'est le sentiment, c'est l'amour. Ce n'est pas la vanité blessée qui fait la douleur, c'est l'absence. Tout le reste est anecdotique. Si l'on accepte de souffrir, on devient plus tolérant. Avec Cécilia, nous avons souffert tous les deux. Je ne l'avais pas assez préservée, mais je n'ai aucun doute : ce qui est vital pour moi, c'est elle et les enfants. Cela passe avant tout. Ma famille est ma priorité. Ma carrière s'est trop faite au détriment des miens.

— Et alors : l'ambition ? Le pouvoir ?

— Quand on approche du pouvoir suprême, qu'il n'y a plus qu'une rue à traverser, on fait ce que l'on doit faire. Je n'ai pas envie d'être président. Je dois être président, ce n'est pas la même chose. J'ai perdu en envie ce que j'ai gagné en lucidité. Pour bien exercer le pouvoir, sans doute est-ce mieux de ne pas vouloir y aller par plaisir, mais parce que c'est un devoir. Je veux que ma famille sache que c'est elle ma priorité. »

On était fin juillet et j'avais invité Cécilia à déjeuner. « Nicolas est l'homme le plus méconnu de France, me disait-elle. Il a une sensibilité, une humanité magnifique, que personne ne perçoit. »

Alors tout allait bien ? Voire. Dans le courant de la conversation, elle me glissait aussi : « Avec Nicolas, j'ai toujours mis un oreiller sur une partie de moi-même. » Une preuve que les choses n'étaient pas encore recollées, ressoudées. Pendant notre déjeuner, il avait appelé trois fois, juste pour lui dire « Je t'aime », et elle lui répondait, pressée : « Je t'aime, je t'aime… », sur un ton trop mécanique pour être sincère.

Fin août, il avait reçu ses fidèles, qui tous avaient été frappés par sa gravité : « J'irai jusqu'au bout, je veux réformer la

France. Je dois le faire, mais il faut que vous sachiez que cela me coûte. »

Quelques jours plus tard, il était à Marseille, où il devait prononcer un discours sur la jeunesse, un de ses meilleurs, le plus émouvant. Tous les ministres avaient fait le voyage. Cécilia était assise au deuxième rang. Depuis le début de la crise conjugale, elle ne s'était plus jamais placée au premier rang – autre petit caillou blanc. En préambule du discours, Nicolas Sarkozy avait fait sienne cette prière de Michel-Ange : « Seigneur, accordez-moi la grâce de toujours désirer plus que ce que je peux accomplir. »

23

VILLEPIN EN SCÈNE

Au moment où Dominique de Villepin prononçait son discours à la tribune de l'ONU, un sang vif et neuf fouettait l'orgueil français. Le ministre était rentré à Paris en héros. Nicolas Sarkozy se découvrait un rival potentiel, mais sans y croire, pas inquiet du tout : « Galouzeau[1] ? Il n'a pas fait trois meetings dans sa vie ! Nous ne boxons pas dans la même catégorie », me disait-il.

Villepin, c'était d'abord un physique, une allure. Un pelage soyeux argenté, « *so gorgeous !* » s'exclamaient les journalistes américaines enamourées sur son passage. Et un caractère : une détermination qui confinait à l'obstination. Se référant sans cesse au général de Gaulle, il parlait de la France comme d'une personne, d'une amante qu'il fallait séduire : « La France, il faut la prendre par le bassin », aimait-il à dire dans son style... Cet énarque (même promotion que François Hollande et Ségolène Royal), descendait de militaires morts au champ d'honneur. Passionné de l'époque napoléonienne, c'était un gaulliste ascendant Bonaparte en quelque sorte. Né au Maroc, il avait vécu sa jeunesse entre le Venezuela et les États-Unis. « Moi, j'ai rêvé la France avant de la connaître », me déclarait-il. Écrivain et féru de littérature,

1. Dominique Galouzeau de Villepin.

il avait publié une vingtaine de livres, dont certains furent des best-sellers. Poète et fou de poésie, il avait fait éditer à compte d'auteur un recueil de poèmes qu'il m'avait fait porter à Europe 1. Il n'y était question que de combats, de sols arides jonchés de morts pour la patrie, leurs corps baignant dans des mares de sang. Tout n'était que désolation, furie, cadavres et malheurs. Pas un seul poème d'amour; les femmes en étaient absentes. La tendresse charnelle, il la réservait à la patrie et à elle seule. En privé, et en présence des femmes, il affectionnait les blagues salaces, libidineuses, une logomachie paillarde. Misogyne? Je m'interrogeais… «Plutôt une sorte d'inappétence pour les femmes», selon Christine Albanel. «Je ne suis pas quelqu'un qui éprouve un désir pour toutes les femmes», avait-il lâché un jour à un ami proche, ce qui n'empêchait pas les femmes de le trouver très attirant.

«Cet homme qui peut être très cordial est sans affect», me disait de lui Nicolas Sarkozy en 2005. Et pourtant, entre 1997 et 2002, il y avait eu entre eux une sorte d'idylle politique. Villepin avait conspiré pour le réconcilier avec Jacques Chirac. En 2001, il était fortement partisan de le nommer à Matignon, plaidant : «Vous n'avez pas le droit de vous passer de son talent. Donnez-lui du foin, monsieur le président, et vous l'attacherez à votre râtelier.» Dans son livre, *Libre*[1], Sarkozy dressait de lui un portrait flatteur et charmé : «Le quotidien l'assomme, la médiocrité le déprime, l'adversité le requinque. Attaché à toute force à ce que Chirac soit à la hauteur de son destin, il enrage dès qu'une décision n'est pas prise dans la minute. Il n'y a pas de petitesse chez ce guerrier.» En retour, Villepin énonçait : «Sarkozy est courageux, direct, il dit les choses, n'a pas de double langage. Il est capable d'être drôle et émouvant.»

Seulement voilà : le guerrier était entré en politique avec cette manie de voir partout des complots, nourrie par une

1. Robert Laffont, 2001.

vision pessimiste de l'homme, une éternelle défiance. Dominique de Villepin a toujours scruté la face noire des êtres ; le pire lui paraissait naturel, évident. Secrétaire général de l'Élysée, il exigeait des gardes de l'entrée de lui donner chaque jour la liste des personnes qui étaient venues au Palais pour un rendez-vous. Il voulait tout savoir, et s'emportait lorsqu'un membre de l'Élysée avait reçu un journaliste sans l'en avertir. Il faisait régner la terreur, menaçait certains d'écoutes téléphoniques. « Il ne lisait jamais nos notes, nous méprisait », me dira Christine Albanel, la plume du président, qui ajoutait : « Il voulait faire le vide autour de Jacques Chirac, lui conseillant de se débarrasser de nous, Maurice Ulrich et moi. »

Tel était l'homme séduisant et inquiétant qui était devenu Premier ministre après avoir fait le siège de Jacques Chirac pendant plusieurs jours. « C'était physique, j'ai violé Chirac », s'était-il vanté, jubilatoire devant un collaborateur.

Un Premier ministre qui n'avait que mépris pour la classe politique. « Moi, me faire élire député ? Mais ça racornit, ça rapetisse... » ou encore : « Comment voulez-vous que les députés soient intelligents ? Ils ont presque tous été conseillers généraux avant ... » ou encore : « Les députés ont un organe plus développé que les autres : le trouillomètre. » Et toujours « des cons ou des connards », un florilège connu de tous les journalistes. Ministre de l'Intérieur, Villepin ne répondait pas au courrier des parlementaires, tout le contraire de Sarkozy. Voilà pourquoi il ne se méfiait pas de lui : « Villepin, c'est un amateur, c'est du vent. »

Il n'imaginait pas que pendant qu'il jetait toutes ses forces pour récupérer Cécilia, y travaillant nuit et jour avec la tête ailleurs, la France aurait bientôt pour Villepin le regard de Chimène. On admirait cet homme alluré qui, sous prétexte de rendre des comptes à la France, célébrait son propre culte chaque mois par une spectaculaire conférence de presse à Matignon. Entouré de ses ministres, en cercle autour de lui, droits sur leur chaise comme s'ils étaient assis sur un nid d'oursins, immobiles, muets, pendant que lui pérorait, emphatique et exalté.

En juillet 2005, il entrait dans le classement des personnalités à qui les Français souhaiteraient « voir jouer un rôle important ».

En septembre, le Premier ministre volait la vedette à son numéro deux, lors des universités d'été à La Baule où tout était organisé pour qu'elles soient la fête de Nicolas Sarkozy.

Le samedi matin, les deux hommes avaient rendez-vous pour prendre un petit déjeuner sur la terrasse de l'hôtel Hermitage. La presse était prévenue. Plus personne n'ignorait que Cécilia avait pris le large. Nicolas était arrivé le premier, le regard caché par des lunettes noires, la mine sombre, attendant ce Premier ministre qui faisait un footing sur la plage Benoît, et l'avait terminé par un plongeon dans la mer, sous l'œil des caméras. Les psys de tout poil y verraient un acte symbolique : le don de son corps à la France. Surtout un geste d'un narcissisme fou : regardez comme je suis beau mec, plus beau que l'autre qui attend là-bas, à la terrasse de l'Hermitage et pour lequel il a ciselé cette formule charmante : « Un type qui ne peut garder sa femme ne peut garder la France. »

La guerre commençait. Le petit déjeuner à peine terminé, le Premier ministre, appelé par l'Élysée, s'était éloigné pour revenir apprendre au ministre de l'Intérieur ce qu'il aurait dû savoir avant lui : Jacques Chirac venait d'être hospitalisé au Val-de-Grâce, victime d'un accident vasculaire, mais rien de grave selon l'Élysée. Le Premier ministre, averti en premier, savourait le privilège d'être celui qui allait en informer son rival. Avantage Villepin.

Ainsi flatté, revigoré, il surprenait tout le monde en prononçant un hommage plus que vibrant au président, mais en parlant de lui au passé. Presque un *De profundis* ! Il allait vite en besogne. Mais chacun comprenait aussi que son entrée en scène pourrait redistribuer les cartes.

La partie suivante se tenait à Évian, quinze jours plus tard, cette fois pour les journées parlementaires, aussi rituelles que les universités d'été. Je m'en souviens : les débats avaient lieu dans un théâtre, sorte d'hémicycle, avec une scène et des travées en hauteur. Tous les élus étaient présents. Dominique de Villepin ouvrait la séance en bondissant sur scène – svelte, bronzé, mèche blanche sur le front, souriant, superbe et séducteur. « Vous m'avez manqué cet été », lançait-il à la salle qui l'avait applaudi, après quoi il lut beaucoup trop vite un texte très techno, très ennuyeux. Il citait à plusieurs reprises Jacques Chirac, mais sans marquer un temps de respiration pour permettre aux députés d'applaudir. Le b.a.-ba pour tout apprenti orateur. Alors bientôt, un bruit de fond montait des travées, les députés parlaient entre eux et ne l'écoutaient plus. Un beau ratage.

Nicolas Sarkozy lui avait succédé à la tribune. On voyait que Cécilia n'était plus là pour l'aider à choisir ses vêtements, sa cravate. Il portait un costume beige très clair, presque blanc, que je ne lui avais jamais vu : veste trop longue, pantalon trop large. Un costume comme on en voit dans les films italiens des années 1950, ce qui ne flattait guère sa silhouette. Il avait l'air d'être en pyjama. Mais voilà, il parlait sans note d'une voix intense, marquant de petits silences pour reprendre plus fort. La salle était en haleine, il la tenait comme on prend une femme dans ses bras et il ne la lâchait pas. Les députés et sénateurs buvaient ses paroles, calés sur leur fauteuil, on aurait entendu une mouche voler. Le silence était seulement rompu par des salves d'applaudissements. Avantage Sarkozy.

Ce soir-là, je m'étais dit : c'est lui qui va gagner la présidentielle.

Olivier Dassault m'avait proposé de me ramener à Paris avec trois ou quatre députés, dont son ex-beau-père, Georges Tranchant. On prenait l'hélicoptère jusqu'à Genève où un Falcon nous attendait, et c'est toujours lui qui pilotait. Nous nous sentions très en sécurité. Il s'était posé au Bourget, nous donnant l'impression d'atterrir sur du velours. Nous avions tous applaudi l'artiste ! Je dis cela pour saluer la mémoire de cet homme sympathique, doué, qui cherchait toujours à faire plaisir. Sa disparition tragique laisse beaucoup de regrets et de tristesse.

On se lasserait vite d'énumérer tous les sujets de querelles qui allaient opposer Nicolas Sarkozy et Dominique de Villepin durant l'automne 2005.

En novembre, un sondage Ifop publié par *Paris Match* plaçait Villepin devant Sarkozy. Mais le 14 novembre, une enquête Ipsos pour *Le Point* indiquait que 68 % approuvaient l'action du ministre de l'Intérieur qui prenait la tête du classement. À la fin de l'année, le bilan du Premier ministre était plus qu'honorable. Dans les dîners, on parlait de lui avec faveur, les femmes se pâmaient. Il était devenu l'homme à la mode.

2006 lui serait moins favorable. Pour marquer sa détermination dans le combat contre le fléau du chômage, obsession française depuis le premier choc pétrolier, il avait concocté une mesure phare avec un membre de son cabinet : le contrat première embauche, le tristement célèbre CPE. Et il l'annonçait le 16 janvier, lors de sa conférence de presse mensuelle, sans concertation préalable, ni avoir écouté les mises en garde de Jean-Louis Borloo, son ministre de la Cohésion, qui l'avait prévenu des risques auxquels il s'exposerait. Faisant fi aussi des recommandations de Jacques Chirac qui savait d'expérience combien il est périlleux en France de prendre des mesures spécifiques pour les jeunes.

Son intention était pourtant louable. Il s'agissait de rendre plus flexibles les contrats de travail pour ouvrir les portes des entreprises aux jeunes peu qualifiés. Un CDI qui ne pourrait être consolidé qu'après deux ans d'activité. Entre-temps, le patron pourrait se séparer du jeune sans avoir à lui en fournir de raison.

Nicolas Sarkozy avait perçu d'emblée que c'était là où le bât allait blesser. CPE ? Les jeunes comprenaient précarité. Pourtant, celui qui n'était pas retenu dans l'entreprise ne serait pas jeté comme un mouchoir usagé. Il aurait droit à une petite indemnité, à l'assurance chômage, à une formation et au 1 % logement. Et puis c'était un outil facultatif, la loi ne l'imposait pas aux entreprises pour faciliter l'embauche, mais un outil complexe.

L'annoncer sans concertation, avec une totale absence de pédagogie, revenait à prendre un énorme risque, en effet. La mobilisation s'organisait. François Chérèque, leader de la CFDT, ne décolérait pas. Il n'admettait pas de ne pas avoir été consulté. Jusqu'au MEDEF qui jugeait l'annonce très malhabile, contre-productive. Résultat : en mars, un million et demi de personnes défilaient sur tout le territoire. Unies derrière cette banderole « Retirez le CPE ». Mais la loi avait été votée. Elle ne pouvait être abrogée car pas encore promulguée par le chef de l'État en attente de l'avis du Conseil constitutionnel que les socialistes avaient saisi. Dans le genre embrouillamini juridique, on ne fait pas mieux. Dominique de Villepin n'entendait pas céder, afin de montrer au pays qu'il n'était pas comme les autres, que lui était un résistant. La majorité le soutenait… tout en lui recommandant d'ouvrir le dialogue avec les syndicats.

Nicolas Sarkozy blâmait sa trop grande rigidité, la jugeant dangereuse pour la sécurité publique. Dans les grandes villes, les lycéens battaient le pavé, bloquaient l'accès aux gares, l'entrée des lycées et des universités, et même le périphérique parisien. De violents incidents avaient éclaté sur l'esplanade des Invalides à Paris ; l'ordre n'était plus assuré. Après trois semaines de manifs, la population était excédée. François Hollande, qui feignait de s'interroger : « Y a-t-il encore un ministre de l'Intérieur ? »

Longtemps étrangement absent, Jacques Chirac devait se résoudre à arbitrer le conflit. Il ne pouvait plus soutenir l'intransigeance de son Premier ministre, mais il voulait aussi lui éviter de perdre la face.

Le Conseil constitutionnel ayant donné une réponse favorable, la loi était promulguée par le président, qui annonçait dans la foulée qu'elle ne serait pas appliquée. Une première ! Les manifestants réclamant toujours son retrait, les deux présidents de groupe UMP de l'Assemblée et du Sénat étaient missionnés pour ouvrir le dialogue avec les syndicats. Nicolas Sarkozy était lui aussi chargé de déminer le terrain Il avait ses réseaux, ses contacts, l'habitude de téléphoner directement aux syndicats : « Il faut avoir avec eux des désaccords raisonnables », recommandait-il toujours. Il avait la solution : la loi promulguée serait assortie d'un deuxième texte, d'origine parlementaire, qui en la modifiant la viderait de son contenu. Un beau tour de passe-passe. Villepin, amer, raillait cette « promulgation enrichie ».

Le CPE était mort. Avantage Sarkozy, de nouveau. Il n'allait pas se priver de faire savoir que Chirac l'en avait remercié. On verrait aussi le président raccompagner le ministre de l'Intérieur sur le perron de l'Élysée. Une image rare.

Entre Sarkozy et Villepin, l'irréparable avait été commis.

En janvier 2006, le ministre de l'Intérieur apprit par *Le Figaro* que les commissions rogatoires, lancées par le juge Van Ruymbeke dans le cadre de l'affaire Clearstream, étaient revenues bredouilles d'Italie. Preuve était faite qu'il ne possédait pas de compte dans cette banque. Le juge n'avait pas estimé nécessaire de le tenir informé des résultats négatifs de l'enquête. Dans son livre *Libre*, Nicolas Sarkozy raconte une visite à Bordeaux, à l'École nationale de la magistrature dont il était l'invité, pour dialoguer avec cent quatre-vingt-dix futurs magistrats, en compagnie de Renaud Van Ruymbeke – incarnation du juge travailleur, indépendant, obstiné. Ils avaient déjeuné ensemble, « un moment sympathique », écrit-il, jusqu'au moment où il l'avait entendu énoncer devant les élèves : « L'abus de biens sociaux est à l'homme politique ce que la petite culotte est au violeur.» Autrement dit, les politiques tous pourris, voilà ce que le juge enseignait aux élèves pour formater leur jugement futur (on en voit les résultats aujourd'hui). Nicolas Sarkozy lui avait fait remarquer que ses propos étaient bien insultants.

Quant à l'histoire Clearstream, la conviction de Sarkozy était faite : Dominique de Villepin avait cherché à exploiter l'affaire pour le discréditer. Lui jurait que non, il n'avait jamais demandé à la DST de faire une enquête, et ce devant témoins[1].

Pierre de Bousquet de Florian, patron de la DST nommé par Jacques Chirac, me l'a raconté. «Avant que le premier article ne sorte dans *Le Point*, le ministre m'avait demandé de regarder cette affaire sans me donner de détail. À la DST, nous n'en avions jamais entendu parler. J'avais alerté mon homologue luxembourgeois, qui m'avait très vite fait savoir : "C'est du pipeau ! Il n'y a rien...". Ensuite, Nicolas Sarkozy m'a reproché de ne pas l'avoir averti, mais moi je rendais compte à Michel Gaudin, le directeur de la police nationale dont j'étais très proche, ainsi qu'à Claude Guéant.»

Des journalistes rapportaient à Sarkozy les propos que Villepin tenait à son sujet : «Si les journalistes font leur travail, s'ils ont des couilles, il ne survivra pas à cette affaire. Sarkozy, c'est fini.»

Donc il allait porter plainte contre lui, et ils étaient quarante à faire de même. Ceux qui figuraient à tort sur ces listes folles : parmi eux, Alain Minc, Brice Hortefeux, Pierre Charon. Bientôt, c'est à propos de Dominique de Villepin qu'une mauvaise rumeur se propageait. Il avait révélé sa part d'ombre inquiétante.

Tout le monde comprenait surtout qu'il s'agissait d'une histoire de rivalité politique entre le numéro un et le numéro

1. In Bruno Le Maire, *Des hommes d'État*, op. cit.

deux du gouvernement. Jacques Chirac comptait sur le Premier ministre pour le protéger. En réalité, il l'avait exposé.

Dès l'été 2006, Jacques Chirac et Nicolas Sarkozy semblaient avoir fait la paix. Une drôle de paix, provisoire, insincère de part et d'autre.

Chaque mercredi, les ministres les voyaient deviser, côte à côte, à la table du Conseil, Nicolas Sarkozy assis à la droite du Président. Ils affichaient ostensiblement leur bonne humeur, continuant même de bavarder, de rire, tandis qu'un ministre prenait la parole. Pire : un mercredi, ils avaient continué à parler alors que le Premier ministre présentait un dossier. Voyant qu'il n'était pas écouté, il s'était arrêté tout net, l'œil mauvais. Ambiance…

Désabusé, Dominique de Villepin confiait aux journalistes que Chirac et Sarkozy avaient conclu un accord. Il se disait « délié de toute reconnaissance » à l'égard du président de la République.

Depuis quelques mois, surtout depuis le CPE, leurs liens s'étaient effilochés. Il n'était plus un atout pour Jacques Chirac qui « était las de ses colères stratosphériques quotidiennes », me disait Alain Juppé. Et surtout, Sarkozy avait pris trop d'avance pour être rattrapé. Il maîtrisait l'appareil du parti, les sondages lui étaient favorables… Chirac s'était donc résigné, mais pas de gaieté de cœur. Son candidat favori restait toujours le même : le maire de Bordeaux.

« Je ne suis pas inscrit sur la liste de ses amis, je l'ai admis une fois pour toutes », constatait devant moi Nicolas Sarkozy.

« Si Chirac avait été un peu plus chaleureux, si Nicolas s'était senti un peu plus considéré, Chirac aurait tout obtenu de lui », voulait croire Cécilia devant moi. Je lui avais répondu que l'erreur à ne pas commettre, c'était de croire à un possible lien affectif avec le président. Tous ceux qui avaient travaillé avec lui me l'avaient certifié : Chirac copain, ça n'existe pas. Comme c'était une erreur de penser qu'on avait de l'ascendant sur lui. C'était un grand solitaire chez qui le sentiment s'était émoussé parce qu'il en avait trop vu, trop subi. Il était souvent plus affectueux avec des gens qu'il connaissait à peine qu'avec ceux qui le côtoyaient chaque jour.

Le 14 juillet 2006, aux journalistes qui lui demandaient si Nicolas Sarkozy était un homme d'État, il avait répondu : « Je ne vois pas ce qui me permettrait d'en douter. »

Il n'empêche, le président laissait planer l'hypothèse d'une candidature pour un troisième mandat. Mais personne n'y croyait plus.

Depuis son AVC, il n'était plus tout à fait le même. Les témoignages étaient unanimes : il y a bien eu un avant et un après.

« Quand je lui rendais visite, il bâillait tout le temps, me répétait plusieurs fois les mêmes choses. Je percevais sa fragilité », me confierait plus tard Nicolas Sarkozy.

« Même pour nous parler, à nous ses proches, il lisait des fiches où des choses étaient écrites en gros, soulignées avec des couleurs », m'avait rapporté Christian Jacob. Sa vision très affectée lui faisait souvent prononcer un mot pour un autre lorsqu'il lisait un discours.

« Mais ses réflexes politiques, ses capacités d'analyse étaient toujours là », atteste Maurice Gourdault-Montagne, son sherpa.

Pour tout le monde, le président n'avait plus assez d'énergie pour se lancer dans une campagne.

Le 11 mars 2007, il annonçait aux Français qu'il ne solliciterait pas de nouveau leurs suffrages. Une allocution solennelle, empreinte d'émotion. Il exprimait sa fierté pour le travail accompli au cours de ses deux mandats, en concédant qu'il eût aimé « bousculer davantage les égoïsmes et les conservatismes ».

Deux mois plus tôt, le 9 janvier, Alain Juppé avait été le premier à annoncer sur son blog : « Pourquoi je soutiens

Sarkozy» – un signe que Jacques Chirac ne se représenterait pas.

Le 14 janvier, le président de l'UMP avait reçu le soutien officiel des militants pour la prochaine présidentielle avec 98 % des suffrages exprimés. Il faisait ce jour-là son premier discours de candidat porte de Versailles. Cent mille militants étaient présents, aucun ne doutait de sa réussite. «Ensemble, tout devient possible», avait-il lancé sous les ovations. Il était le candidat. La messe était dite.

24

UN VAINCU DE L'AMOUR

Avec le recul, je me demande encore comment Nicolas Sarkozy a pu tenir le choc en menant pendant deux ans, deux combats de front ? Le premier, pour se hisser à la tête de l'UMP, se lancer dans une campagne présidentielle harassante ; le second, plus intime, plus violent et destructeur, qui lui rongeait l'âme et le cœur, pour tenter de retenir Cécilia. Tentative vaine, qui le poussera à la faute. Il allait gagner le premier de ces combats et perdre le second.

Une histoire unique dans les annales politiques, qui tenait la presse en haleine. On ne parlait plus que de cela dans les rédactions. Certains faits que je relate ici, je ne les ai appris que quelques mois après son élection. Un film au scénario improbable : une femme quitte son mari au moment où il accède aux plus hautes marches du pouvoir, du jamais vu ! Cette fiction, pour lui, devenait réalité. Une exclusivité humiliante dont il se serait bien passé.

En mars 2007, au moment où il quittait le ministère de l'Intérieur[1] pour se lancer dans la campagne présidentielle, elle l'avait averti : « Dès que tu seras élu, je me tire. » Afin de rendre plus évidente sa détermination, elle avait confié l'affaire à Me Michèle Cahen, spécialiste du divorce des stars.

1. Remplacé par François Baroin.

Joignant le geste à la parole, elle l'avait chassé du domicile conjugal. Et pourtant, contre toute raison, il avait voulu s'en persuader : s'il était élu – et il le serait, il le savait –, Cécilia ne pourrait plus partir.

À la fin de l'année 2006, ils avaient vendu leur appartement de l'île de la Jatte et loué un meublé à Neuilly, rue Deleau. Depuis le début de l'année 2007, Cécilia y vivait avec sa fille Jeanne-Marie et leur fils Louis.

Durant toute la campagne, le candidat fut logé villa Montmorency (16e arrondissement) chez son ami Dominique Desseigne, le patron du groupe Barrière (palaces, casinos et… le célèbre Fouquet's). Comme il me le confirmera plus tard, Cécilia était venue lui demander de l'héberger : « Rends-nous service. Nicolas doit se concentrer, la famille le perturbe. Chez toi il sera au calme, protégé. » Parfois, au retour de ses éreintantes journées, elle venait dîner avec Louis, mais pas une fois elle ne l'avait accompagné dans son périple provincial. Ils se parlaient plusieurs fois par jour.

Le matin, au petit déjeuner, devant son hôte, Sarkozy évoquait, comme si de rien n'était le rôle qu'il aimerait voir jouer à sa femme, et parlait de sa famille comme de sa priorité.

Il n'avait dit mot à personne de cette séparation, pas même à sa mère ni à ses fils. « Mon frère et moi ignorions où il habitait pendant la campagne », me raconterait Jean Sarkozy, qui avait pris ses distances avec son père depuis le retour de Cécilia. Il m'avait confié que la première fois qu'ils étaient allés dormir chez leur père, après le divorce de leurs parents, Cécilia leur avait montré leur chambre. Les draps étaient posés sur le matelas, les lits n'étaient pas faits. Quel accueil ! « On n'osait rien dire à notre père… »

Nicolas n'en avait soufflé mot, non plus, à ses amis ni à ses proches collaborateurs. Claude Guéant, son directeur de cabinet, n'avait rien remarqué. En janvier, il avait quitté Beauvau pour être son directeur de campagne. Il avait rejoint le QG de la rue d'Enghien. Un grand loft Art déco, jadis propriété de

Paco Rabane. C'était Cécilia qui l'avait choisi. Elle disposait d'un grand bureau à côté de celui de son mari. On l'y avait vue deux ou trois fois, pas plus. Et toujours pour de brefs passages.

Claude Guéant et Franck Louvrier, chargé de sa communication, n'étaient pas dupes. Comment l'être, lorsqu'il arrivait le matin, l'œil éteint, les traits tirés ? Ils s'inquiétaient : allait-il tenir le coup ? Et l'admiraient à le voir chaque jour reprendre souffle et couleur devant les micros et les caméras comme dans les réunions de travail quand son taux d'adrénaline remontait.

« Il a fait une campagne en dessous de ses capacités. Il n'était pas toujours aussi présent qu'il eût été normal qu'il fût », m'avouera plus tard Claude Guéant. Même écho de Pierre Charon : « Un temps, avec Brice et Laurent Solly, on a même craint qu'il renonce car il ne dormait plus. »

Des députés UMP, des élus locaux, étonnés et vexés, rapportaient qu'à la fin des meetings, sitôt descendu de la tribune, leur candidat s'isolait au téléphone et quittait les lieux, l'air morose, parfois hagard, sans même leur dire au revoir.

Lors du meeting de fin de campagne, le 29 avril à Bercy, Cécilia s'était fait remarquer par son absence. À ceux qui s'en étonnaient, on répondait : « Elle prépare l'anniversaire de Louis ! »

Restait à sauver les apparences.

Le dimanche du premier tour, par souci de masquer leur séparation, Nicolas Sarkozy s'était caché dans une voiture banalisée pour entrer dans le garage de la rue Deleau, afin de pouvoir sortir avec Cécilia par la grande porte devant laquelle attendaient son chauffeur et un essaim de paparazzis. Le couple était arrivé tout sourire au bureau de vote.

Le 6 mai, quinze jours plus tard, Cécilia refusait cette fois de se prêter à ce triste jeu : elle ne voulait plus l'accompagner, elle ne voulait plus d'image. Richard Attias, qui avait mal accepté d'être plaqué lorsqu'elle avait quitté New York

« comme une voleuse », avait rompu tout lien avec elle. Il confiait à des amis que c'en était fini de leur relation. Il ne la prenait plus au téléphone et se montrait beaucoup avec l'actrice Mathilda May. L'ambassadrice de Jordanie, une amie de Richard, faisait le lien entre eux. Cécilia l'avait chargée de lui faire savoir qu'elle n'aimait que lui et allait lui en donner des preuves.

Le 6 mai en fut une belle ! Son premier acte de reconquête de Richard Attias. Nicolas Sarkozy s'était rendu au bureau de vote, en compagnie de Judith et Jeanne-Marie, qu'il appelait toujours « nos filles » devant des tiers. Maintes fois, lors de ses allées et venue, entre New York et Paris, de juillet 2005 à avril 2006, Cécilia lui avait reproché de ne pas les avoir traitées comme des Sarkozy. Il lui avait proposé de les adopter (alors que leur père, Jacques Martin, vivait encore), ce que ses fils n'avaient guère apprécié.

Quand elle repartait rejoindre Attias, son mari enjoignait le consul de France de lui envoyer une voiture à l'aéroport. Quand elle revenait, il l'emmenait faire du shopping Faubourg-Saint-Honoré.

« Il en fait trop, beaucoup trop ! » déplorait, navrée, Dadu, sa mère que j'avais au bout du fil.

En le voyant arriver au bureau de vote, Jean Sarkozy avait cru que, cette fois, il allait les légitimer car il ne cessait de multiplier les gestes envers elles. Il avait acheté un appartement à Judith, l'aînée, avec les droits d'auteur de son livre *Témoignage*[1].

Ce dimanche 6 mai, Nicolas Sarkozy connaissait trop le monde médiatique pour savoir que cette abstention serait vite connue. Elle le fut. Un acte délibéré d'incivilité sans précédent.

Le soir, Nicolas Sarkozy était élu président de la République. François Mitterrand et Jacques Chirac avaient dû s'y reprendre à trois fois. Lui l'était du premier coup.

1. Éd. XO, 2006.

Les militants, la famille, les amis, arrivés par grappes, venus applaudir un vainqueur jubilatoire, découvraient un héros cafardeux, l'œil creux, comme perdu au milieu de leur liesse dévote. Cécilia ne se trouvait pas à ses côtés. Le vainqueur du 6 mai était un vaincu de l'amour. « C'était le jour le plus triste de ma vie », dira-t-il plus tard à une amie.

Cécilia n'avait pas été voter le matin. Elle avait décidé de ne pas participer non plus à la soirée du Fouquet's dont elle avait pourtant réglé tous les détails : une réception privée (payée par l'UMP comme me le précisera Éric Woerth, son trésorier), restée dans les annales comme le péché originel du sarkozysme. Voulait-elle honorer le propriétaire du célèbre palace, qui avait hébergé son mari ? Absorbé par sa campagne, le candidat lui avait laissé carte blanche. C'était un lieu où son mari n'avait jamais eu ses habitudes. Elle seule avait dressé la liste des invités : une centaine de personnes. La famille au grand complet : Rachida – sa sœur de cœur – Jean-Pierre Raffarin, François Fillon, Johnny Hallyday et Laetitia, Christian Clavier, Jean Reno, Arthur… Et une brochette de patrons : Bernard Arnault, Antoine Bernheim, Vincent Bolloré, Martin Bouygues, Stéphane Courbit, Serge Dassault, Jean-Claude Decaux et ses fils, Henri Proglio, le milliardaire belge Albert Frère, le milliardaire canadien Paul Desmarais.

Les collaborateurs les plus proches du nouveau président n'avaient pas reçu d'invitation : ni Pierre Charon, ni Brice Hortefeux, ni Frédéric Lefebvre, ni Franck Louvrier, ni Laurent Solly. Lors de la fugue new-yorkaise de Cécilia, ils avaient été disponibles jour et nuit pour lui, l'avaient entouré, diverti, dorloté (Pierre Charon encore plus que les autres). Certains d'entre eux s'étaient présentés au Fouquet's, ils avaient été refoulés.

Cécilia les détestait. Ils le lui rendaient bien. Toujours jalouse, elle les soupçonnait d'avoir organisé, pour lui qui ne savait rester seul, ce que l'on appelle des incartades.

Elle n'avait qu'un but : les évincer, ce qu'elle n'aurait pu faire si la soirée avait été organisée au QG. Elle voulait les punir, jugeant qu'ils avaient tiré profit de son absence – pire, qu'ils s'en étaient réjouis, comme le lui aurait rapporté Rachida Dati, devenue leur ennemie. Un mobile intime aux effets politiques dévastateurs : la vengeance froide d'une femme.

Jalouse, elle n'aurait pas supporté non plus qu'une autre femme prenne sa place, qu'il menace de l'épouser. Il avait même osé lui fixer une date : « Si tu reviens, j'annule tout. » L'amour-propre dure souvent plus longtemps que l'amour. Cécilia était rentrée et avait fait le vide autour de son mari. Bannis, les fils, les frères, la sœur et même la mère : « Elle a cassé la famille », déplorait Dadu devant moi. Même traitement pour les amis de toujours.

« Pour qu'elle reste, je suis prêt à sacrifier tout le monde », avait dit Nicolas Sarkozy à Pierre Charon. Ses caprices devenaient des ordres, le mâle dominant validait toutes les fatwas de son épouse. Le matin même de son élection, elle l'avait averti : « Je ne viendrai pas au Fouquet's, je n'ai plus rien à y faire... » Il s'était emporté : « Tu ne peux pas me faire ça ! »

Elle faillit bien tenir parole. Nicolas harcelait les filles de Cécilia, ses amies aussi : « Dites-lui de venir ! » Elle finit par arriver, beauté sans maquillage, reine sans couronne, au moment où Nicolas Sarkozy, ne l'espérant plus, partait à la Concorde où une foule impatiente (trente-cinq mille personnes) l'attendait depuis plus de trois heures. « Ne t'inquiète pas ! je suis à tes côtés maintenant ! » lui aurait-elle promis alors[1]. La fête était organisée par Pierre Charon et Frédéric Lefebvre. Les téléspectateurs finirent par l'apercevoir en retrait, amaigrie, les yeux embués de larmes qui ne semblaient pas être de joie, vêtue d'un pantalon et d'un pull vague qui n'étaient pas tout à fait de circonstance.

1. N. Sarkozy, *Passions*, Éd. de l'Observatoire, 2019.

De retour au Fouquet's, Cécilia pleurait encore. Les invités encore présents comprirent que le couple dormirait là. Ils s'éclipsèrent, emplis de doutes et de questions. Ils ignoraient que ces deux-là ne vivaient plus ensemble depuis des mois et que le nouveau président voulait, une fois encore, sauver les apparences. Il avait fait apporter à l'hôtel bagages et vêtements, collectés dans deux lieux distincts, avant le départ prévu pour le lendemain matin.

Tard dans la nuit, Cécilia avait consenti à l'accompagner dans une croisière au large de Malte, que leur offrait au débotté Vincent Bolloré. Une croisière de luxe qui apparaîtrait vite comme la deuxième erreur de ce début de quinquennat.

Dans les derniers jours de sa campagne, Nicolas Sarkozy avait laissé entendre devant les journalistes qu'il aimerait se recueillir au monastère de Lérins, il avait même employé le mot «retraite». On s'était moqué de lui : pas son genre, pas crédible. Il m'en avait parlé lorsque j'écrivais sa biographie : s'il était élu, il aimerait faire le point avec lui-même, en silence, dans un monastère, pour mieux intérioriser le poids de la charge présidentielle. Il irait ensuite se reposer quelques jours en famille. Il songeait à la Corse, une île qu'il a toujours aimée. Il avait d'ailleurs fait retenir des chambres à la Cala Rossa (Relais et Châteaux quatre étoiles), près de Porto-Vecchio. Mais Cécilia ne voulait pas aller en Corse. Ce soir-là, elle n'avait envie de rien.

L'idée de Malte lui plut. Un bateau navigant en pleine mer ne serait pas une cible facile pour les paparazzis, et elle voulait moins que jamais d'images. En plus, ce projet de croisière enchantait le jeune Louis. Les filles de Cécilia, les fils de Nicolas Sarkozy, qui n'avaient pas vu leur père depuis des mois, étaient conviés. Pour assurer l'ambiance, un couple d'amis, Roberto Agostinelli et Mathilde (patronne de la communication chez Prada), était mobilisé à 2 heures du matin. Rendez-vous au Bourget en fin de matinée. Tous ceux qui en furent parleraient au retour de parenthèse magique, de retrouvailles familiales. Cécilia avait même adressé des SMS à une amie qui laissaient croire à une réconciliation : « Je vais essayer », lui disait-elle. Le président se montrait euphorique.

Jusqu'à la cérémonie d'investiture, elle continua à peser sur la composition du cabinet présidentiel. Écartant Laurent Solly, Frédéric Lefebvre, Pierre Charon, elle aurait voulu aussi évincer Franck Louvrier. Il était placé sous les ordres de David Martinon. Son critère était toujours le même : leur attitude envers elle lorsqu'elle était à New York.

François Fillon, le Premier ministre, évoquerait devant moi, encore stupéfait, cette réunion à la Lanterne où Nicolas Sarkozy avait lancé le nom de Brice Hortefeux pour le ministère de la Défense. « Il n'en est pas question ! » avait-elle tranché.

Elle voulut aussi mettre en scène la cérémonie d'intronisation officielle du 16 mai. Une fois encore, les collaborateurs honnis en étaient exclus. Brice Hortefeux, l'ami de trente ans, fut le seul à être repêché *in extremis* par un coup de fil du président.

Le jour venu, on admira sa chorégraphie : son arrivée dans la cour de l'Élysée, belle et altière dans sa robe Prada sans manches en satin ivoire, tenant la main de Louis, entourée de ses deux filles à elle et de ses deux fils à lui qu'elle avait appelés la veille (ils pensaient arriver avec leur grand-mère Dadu). Quatre blonds aux cheveux longs, qui se ressemblaient comme frères et sœurs. Une belle image de famille recomposée qui s'aime. Elle l'anima avec talent en prenant la pose sur le tapis rouge. Le quinquennat commençait comme une série télévisée américaine. On crut alors qu'elle allait rester. Mais non, elle avait essayé de reprendre la vie commune, ça n'avait pas marché. « La porcelaine était trop fêlée », expliquerait-elle, et surtout elle devait encore faire fléchir Attias l'homme qu'elle aimait. Ce dernier m'avait affirmé au téléphone : « Cécilia appartient au passé ». Il ne voulait plus se brûler avec « des êtres de feu ».

Pour le déjeuner à l'Élysée, elle avait placé celle qui était leur trait d'union, l'ambassadrice de Jordanie, à la droite du président. Un signal en direction de l'amant…

Voulait-il des preuves de son amour, toujours ardent ? Elle allait lui offrir « des preuves planétaires ».

Le 6 juin, un mois après son élection, Nicolas Sarkozy participait à un sommet du G8 en Allemagne, à Heiligendamm. Il rencontrait Vladimir Poutine pour la première fois. Cécilia avait consenti à l'accompagner et fait sensation en descendant de l'avion en tailleur-pantalon blanc signé Saint Laurent. Quelle allure ! Petit indice chargé de sens : elle retirait prestement sa main de la passerelle quand son mari tentait de la saisir. Le soir, pour le dîner officiel, elle était arrivée, très remarquée dans une robe en dentelle à bretelles noires de chez Alaïa, bras nus, chaussée de ballerines, portant un seul bijou autour du cou : une petite chaîne en or avec deux cœurs enlacés, du joaillier Dinh Van, cadeau de Richard Attias. Le lendemain matin, elle abrégeait les mondanités, tirant sa révérence sur un prétexte qui ne trompait personne : la préparation du vingtième anniversaire de sa fille Jeanne-Marie, comme si elle devait confectionner elle-même les pâtisseries. Pour ce retour impromptu à Paris, elle utilisa un avion de la République, l'appareil de réserve qui accompagne tout déplacement présidentiel, rien que pour elle et son garde du corps. Nouvelle humiliation pour son mari. Le soir, au 20 heures, les télés montraient Nicolas Sarkozy cheminant à côté de Vladimir Poutine, portable à l'oreille, en grande conversation, tendre soudain son téléphone au numéro un russe. « Je lui ai passé Cécilia », expliquera-t-il plus tard aux journalistes interloqués. Tout faire pour sauvegarder les apparences. Quel calvaire ! Les ministres assuraient que le président était dans l'action, mais se montrait de plus en plus irascible, toujours prêt à mordre, l'esprit chamboulé par ses tourments intimes.

Ce qui éclaire d'un autre jour son curieux propos ressassé tel une antienne devant ses visiteurs à l'Élysée. « Je ne ferai qu'un quinquennat et ensuite je gagnerai beaucoup d'argent. » Des propos répétés en ville, qui faisaient très mauvais effet. Ça n'était pas des paroles d'homme d'État. Ses amis en témoignent : Nicolas a toujours eu peur de manquer, c'est vrai, mais l'argent n'a jamais été sa motivation. Il avait choisi la politique en sachant très bien qu'on n'y fait pas fortune. « Nicolas ne m'a jamais rien demandé », m'avait confié mon ami Jean-Claude Decaux. La ville de Neuilly était cliente de son mobilier urbain. Après l'acquisition de l'appartement sur l'île de la Jatte, il avait dit à des confrères : « Je n'ai plus un sou pour le meubler. »

En se livrant ainsi devant ses visiteurs, il s'adressait en réalité à sa femme. Il voulait s'en convaincre : s'il avait eu les moyens d'offrir à Cécilia la maison de campagne dont elle rêvait depuis si longtemps « pour ranger nos bottes », elle n'aurait pas eu envie de partir. Président de la République, il offrait à celle qui était encore son épouse la jouissance de trois lieux de rêve pour cinq ans : le palais de l'Élysée et son service cinq étoiles, la résidence de la Lanterne dont, à peine élu, il avait pris possession[1], alors que le Premier ministre était jusque-là toujours bénéficiaire du lieu, et pour l'été, le fort de Brégançon. Et ensuite ? Il ferait tout pour la satisfaire : « Promis, juré, Cécilia, je serai riche. Sois patiente. Je ne ferai qu'un quinquennat. »

Il croyait qu'Attias était milliardaire.

La belle allait s'éloigner chaque jour un peu plus. Le 14 juillet, elle avait encore fait son devoir. À la tribune officielle, en robe Dior sans manches, en imprimé grisouille, peu flatteur, à l'unisson de son humeur. Elle regardait son Blackberry plus que le défilé militaire, en attente de messages sans doute.

---

1. Sollicité, Dominique de Villepin avait bien sûr acquiescé.

Et puis le soir, nouvel accroc : avec Jean-Claude Camus, l'imprésario des stars, elle avait organisé le concert de Michel Polnareff au Champ-de-Mars, mais refusa d'y apparaître au côté du président. Il s'y rendrait donc, accompagné de Judith. Le matin, elle lui avait redit sa volonté de divorcer. Il persistait à faire le sourd. Pour la retenir, il voulait l'impliquer, l'associer. Et voilà qu'une occasion se présentait. Enfin, un rôle à sa mesure, croyait-il.

Lors de son discours de candidat officiel, le 14 janvier, il l'avait annoncé : « Si les Français me choisissent, la France sera aux côtés des infirmières bulgares, condamnées à mort en Libye. » Et il l'avait répété le soir de son élection en ajoutant : « La France n'abandonnera pas Ingrid Betancourt[1] ».

Rappelons les faits. Ces infirmières étaient cinq, accusées ainsi qu'un médecin palestinien d'avoir sciemment inoculé le virus du sida à plus de quatre cents enfants libyens, dont la plupart étaient décédés. Depuis huit ans, ils croupissaient dans les geôles de Kadhafi. On leur avait extorqué sous la torture des aveux écrits en arabe, sans qu'ils puissent être assistés d'un traducteur indépendant ou d'un avocat. Ils avaient été battus, violés. Par deux fois, ils avaient été condamnés à mort, mais les exécutions n'avaient pas suivi, le dictateur libyen préférait garder ces otages comme monnaie d'échange. La chute de Saddam Hussein l'avait impressionné. Il ne voudrait pas subir le même sort que lui, il se sentait isolé. Durant l'été 2003, Kadhafi avait multiplié les gestes en renonçant aux armes de destruction massive, puis au terrorisme. Après vingt-quatre ans de rupture, les États-Unis avaient rétabli une relation diplomatique avec son régime. L'Union européenne décidait de lever l'embargo commercial qui frappait la Libye depuis quinze ans au nom du « droit à la rédemption ». Et bientôt sur les ventes d'armes. Tous les

1. L'opinion publique française était plus interpellée sur le sort de cette dernière, prisonnière des Farc en Colombie.

chefs d'État et de gouvernement européens se bousculaient à Tripoli, dont Jacques Chirac qui sera le dernier, fin novembre 2004, en expliquant : « La Libye est un marché prometteur : il faut investir. » Kadhafi avait été reçu à Bruxelles. Il rêvait d'être invité à Paris.

Patrick Ollier, le président de l'amicale franco-libyenne, avait rencontré quatre fois Kadhafi en tête à tête : « Il ne comprenait rien au sida, m'avait-il raconté. Il voulait donner les infirmières à la France. Il me l'a dit plusieurs fois. Chirac m'avait répondu : "Je laisse ça à mon successeur". J'en avais parlé à Nicolas Sarkozy le jour de son investiture. »

Les diplomates européens étaient déjà très actifs sur le dossier des infirmières pour constater en réalité que Kadhafi n'était pas encore disposé à les libérer. La Cour suprême libyenne réclamait la *diyya*, le prix du sang qui, selon le droit coranique, peut être compensé par un versement d'argent, seule condition pour ne plus exiger la peine de mort des infirmières et du médecin. Les Libyens fixaient un prix : dix millions de dollars par victime (le montant de l'indemnité versée par Kadhafi à celles de l'avion de la Pan Am qu'il avait fait jadis exploser en vol). Aucun État européen n'était prêt à accepter de payer, les infirmières et le médecin n'ayant commis aucune faute.

Quatre jours après l'élection présidentielle, Moussa Koussa, le chef des Renseignements libyens, rendait visite à Claude Guéant, un homme qu'il connaissait bien. Lorsqu'il était ministre de l'Intérieur, Nicolas Sarkozy avait noué un dialogue avec Tripoli sur les questions de lutte contre le terrorisme. En octobre 2005, il avait rencontré Kadhafi en personne. Ensuite, il avait chargé Claude Guéant de cultiver ses contacts. « Le Guide » souhaitait créer des relations nouvelles avec le président Sarkozy et la France pourrait jouer un rôle dans la libération des infirmières. Une offre qui ne tombait pas dans l'oreille d'un sourd. Le 28 mai, Nicolas Sarkozy téléphonait à Kadhafi pour évoquer les perspectives de l'Union méditerranéenne et, bien sûr, le sort des infirmières.

Le 10 juillet, Claude Guéant recevait une invitation du colonel Kadhafi : « Ce serait une bonne idée que Cécilia vous accompagne », lui suggérait alors le président. Un rôle valorisant pour une première dame, n'est-ce pas ? En dépêchant sa femme, il apportait aux discussions franco-libyennes le lustre espéré par Kadhafi. Le 12 juillet, l'équipe française s'envolait pour Tripoli. À bord : Claude Guéant, Cécilia, Boris Boillon[1], chargé à l'Élysée des questions sur l'Afrique du Nord et le Moyen-Orient, et leurs gardes du corps. Dès leur arrivée, ils étaient reçus par Kadhafi sous sa tente, plantée devant les ruines de ce qui fut son palais avant les bombardements américains de 1986. Le sort des infirmières fut évoqué d'emblée, les Français insistant pour que la peine de mort soit commuée en prison à vie. Le Guide répondait que son opinion publique était trop à vif pour l'accepter. Ensuite, la délégation s'était rendue à la prison pour rencontrer les infirmières, avant de s'envoler pour Benghazi, visiter des enfants malades et leurs familles.

De retour à Tripoli : Cécilia fut reçue en tête à tête par le dirigeant lybien. Claude Guéant aurait voulu l'accompagner, il fut repoussé par les autorités. Cécilia racontera plus tard à Yves Derai (un ami d'Attias) et Michaël Darmon[2] : « Kadhafi, je l'ai pris au collet. Très vite, j'ai eu la mainmise sur lui, j'ai senti que j'avais un pouvoir sur lui. »

Les émissaires français regagnèrent Paris pour la fête nationale. Bredouilles ? Non, les Libyens bougeaient. Le 16 juillet, les familles étaient indemnisées, un million de dollars par victime. Du coup, elles n'exigeaient plus l'application de la peine de mort. En même temps, on faisait signer aux

1. Il sera nommé ambassadeur en Irak, puis en Tunisie, après la chute de Ben Ali.

2. *Ruptures*, Éd. du Moment, 2008.

prisonniers l'engagement de renoncer à leur droit légitime de réclamer une vraie justice sur leur sort, bref, de porter plainte devant un tribunal international. Tous avaient compris qu'on s'acheminait vers une libération. La religion de Nicolas Sarkozy était faite : il fallait repartir tout de suite. Le fruit était mûr.

Sans avoir été invités, «mais en les prévenant» selon l'expression de Claude Guéant devant la commission d'enquête, les Français faisaient route vers la Libye accompagnés cette fois de la commissaire européenne Benita Ferrero-Waldner, munis de cet atout capital : une visite de Nicolas Sarkozy. Un voyage en Afrique était programmé. Le colonel Kadhafi lui avait fait savoir qu'il aimerait que Tripoli soit sa première escale, façon d'illustrer son grand retour sur la scène internationale. Réponse de l'Élysée : oui, mais à une condition : que les infirmières soient libérées.

Arrivés le 2 juillet, on avait organisé pour eux une visite sur le site archéologique de Sabratha, à soixante kilomètres de Tripoli. Benita Ferrero-Waldner me raconterait que «Cécilia était très nerveuse. Elle croyait que la libération des infirmières se ferait dans l'après-midi. Je lui ai dit que nous étions entre leurs mains, que c'était leur tactique habituelle.»

Le lundi matin, la délégation attendait toujours à l'hôtel. L'après-midi, Cécilia était invitée à rencontrer Kadhafi pour un nouveau tête à tête sans interprète. Claude Guéant m'assurait que Kadhafi parlait anglais. Cécilia se vantera auprès de Derai et Darmon : «J'ai fait le casse du siècle. Kadhafi n'avait aucune intention de libérer les filles... J'ai arraché son accord. C'est moi qui ai mené les négociations.» La réalité était évidemment plus complexe, car essentiellement politique.

À 2 heures du matin, rien n'avait bougé; furieux, les Français repartaient pour l'aéroport en menaçant de rentrer en France. Marc Pierini, représentant de l'Union européenne auprès de la Lybie, se rendait à la prison dont il connaissait bien le directeur. Celui-ci lui affirmait n'avoir reçu aucune instruction, mais il lui conseillait tout de même d'attendre «jusqu'à 4 ou 6 heures du matin». Et comme par extraordinaire, le personnel médical serait réveillé à 4 heures et arriverait à l'aéroport à 6. Pour accélérer les choses, Claude Guéant avait envoyé à la prison l'ambassadeur de France, Jean-Luc Sibiude, et deux policiers qui accompagnaient la délégation : C'est alors, selon Derai et Darman, que «Cécilia dévoile son plan : “le moment est venu de prouver que vous en avez...” Les *bodyguards* font sauter les verrous des cellules de Djoudeida avec leurs armes de poing.» Voilà ce qu'elle avait raconté aux auteurs. Un roman! La réalité est beaucoup moins rocambolesque : il n'y a pas eu de coups de feu, les verrous n'ont pas sauté, les choses traînaient. À 5 h 30, les infirmières étaient enfin libérées. «Sarkozy offrait à Kadhafi le meilleur deal : son retour dans le jeu international», applaudira la commissaire autrichienne. Et comme promis, dès le lendemain, il faisait une escale de quelques heures à Tripoli. En contrepartie, le guide libyen obtenait du président français ce que Jacques Chirac lui avait refusé en 2005 : une visite d'État en France (source de grosses polémiques futures). Devant les journalistes, Nicolas Sarkozy se disait heureux; il leur vantait, pour les besoins de la cause, le rôle primordial de sa femme.

De retour en France, la libération des infirmières bulgares ne sera pas du tout mise au crédit du président par l'opinion. Demeurait au moins pour lui cet espoir capital : que Cécilia prenne goût à son rôle de première dame. «J'ai sauvé seule six vies humaines. Il n'y a pas beaucoup de gens qui peuvent en dire autant...», dira-t-elle à Anna Bitton[1].

Benita Ferrero-Waldner était dans l'avion ramenant les infirmières à Sofia. «Cécilia a refusé de s'exprimer devant les caméras et les micros qui se tendaient vers elle. Elle était

1. *Cécilia*, Flammarion, 2008.

fatiguée, trouvait que cette histoire avait trop duré. Elle n'avait aucune intention de jouer les bienfaitrices. Je n'ai pas senti chez elle une vocation de grande dame de l'humanitaire à la manière d'une Danielle Mitterrand», me confiera-t-elle. On l'aperçut en effet à l'arrivée, se cachant au troisième rang, en polo blanc, visage chiffonné par l'absence de sommeil et les larmes. «L'émotion l'avait complètement lessivée», l'excusera Claude Guéant.

Le *Financial Times* lui consacrait sa une : «C'est formidable, non?» répétait en boucle Nicolas Sarkozy devant les journalistes. Tandis que *Time Magazine* soulignait avec ironie que «vouloir reconquérir un amour perdu en envoyant sa femme chez Kadhafi est une tentative unique dans les annales de l'amour courtois».

La presse française, elle, parlait de confusion des genres, mettait en cause la légitimité de l'intervention de l'épouse du président. La gauche demandait aussitôt une commission d'enquête parlementaire et s'indignait, rappelant que la diplomatie devait rester l'affaire des diplomates. Les mêmes qui saluaient les actions de Danielle Mitterrand, alors qu'elle gênait souvent le Quai d'Orsay.

Un mois plus tôt, une autre polémique l'avait beaucoup heurtée. Fin juin, *Le Canard enchaîné* révélait que Cécilia Sarkozy possédait une carte bleue dont les dépenses seraient prélevées sur le compte du Trésor public ouvert à la présidence.

René Dosière, député apparenté PS, avait écrit au Premier ministre François Fillon pour s'étonner de cette pratique. Les épouses des anciens présidents faisaient régler leurs frais de représentation et dépenses personnelles par l'aide de camp du président, seul à disposer d'une carte bleue. Leurs dépenses n'étaient jamais quantifiées ni justifiées publiquement. En donnant l'usage de cette carte à Cécilia, son mari cherchait-il à l'enrôler auprès de lui? «C'était juste pour avoir une traçabilité des dépenses», m'expliqua Franck Louvrier. On apprenait que depuis le 16 mai, Cécilia avait utilisé cette carte deux fois, pour deux déjeuners, pour des montants de 129 et 272 euros. Le 4 juillet, elle avait rendu sa carte. Afin de clore la polémique, Nicolas Sarkozy demandait à Philippe Séguin, président de la Cour des comptes, que les fonds alloués à la présidence soient désormais soumis à des règles de transparence. Jusque-là, ce budget ne faisait l'objet d'aucun contrôle. Après quoi, le président Sarkozy acquitterait toutes ses dépenses personnelles : invitations de la famille et des amis, achats divers, jusqu'au dentifrice ! Les collaborateurs paieraient leurs repas à la cantine. Le nombre de voitures mises à la disposition du personnel était réduit de moitié, et la garden-party du 14 juillet était supprimée.

Après cette polémique, celle sur son rôle en Libye lui permit de tirer un trait définitif. Elle n'allait plus remettre les pieds à l'Élysée, elle n'avait plus rien à y faire, exigeait que son nom soit rayé de l'organigramme.

Les rumeurs de divorce commençaient à circuler. Or, voilà que le couple présidentiel, comme pour les démentir, avait accepté une invitation de leurs amis Cromback (Agnès Cromback était directrice générale de Tiffany) et Agostinelli de passer avec eux une dizaine de jours de vacances aux États-Unis. Une innovation qui allait beaucoup choquer l'opinion. Nicolas Sarkozy aurait préféré la Méditerranée, mais une fois de plus, il exauçait les vœux insistants de sa femme. Cécilia avait fait inviter Rachida Dati.

«Une femme n'est puissante que par le degré de malheur dont elle peut punir son mari», a écrit Stendhal. Cécilia se trouvait au sommet de sa puissance. En août, l'acmé du malheur serait atteinte.

Que dire de ce séjour? Que la météo du couple Sarkozy variait selon les heures. Mathilde Agostinelli me confiera que «certains jours, Cécilia se montrait très tendre avec Nicolas, amoureuse même, et le lendemain, on la voyait lointaine, mutique, presque hostile, quittant la table sitôt le dîner fini, prétextant la fatigue. Le chaud et le froid en permanence. Nicolas donnait le change en parlant beaucoup, s'enivrait de mots. Le matin au petit déjeuner, nous mesurions à leurs mines les tensions de la nuit». Ces étranges vacances se passaient à Wolfeboro, dans le New Hampshire, à quatre-vingt-deux kilomètres de la résidence d'été des Bush. Lesquels, ayant été informés de leur venue avant leur arrivée, avaient invité le couple présidentiel à déjeuner.

Depuis quarante-huit heures, Louis souffrait d'une angine et gardait la chambre. Le matin de l'invitation, Cécilia était arrivée la première au petit déjeuner, avec un foulard autour du cou. «Je n'irai pas chez les Bush. J'ai très mal à la gorge. Une angine blanche», avait-elle lancé à la cantonade. Nicolas était arrivé, la mine défaite. Tous comprenaient qu'il n'avait pas pu la faire changer d'avis, qu'elle n'avait rien voulu entendre. Il s'était donc rendu seul au déjeuner, avec quarante-cinq minutes de retard. Une méchante entorse au protocole américain. Accueilli par les Bush au grand complet, il avait dû leur expliquer les raisons de l'absence de son épouse. Les télévisions, qui guettaient sa venue, étaient aussi surprises et déçues que la famille Bush. L'affront fait à celle-ci était connu (*all around the world*). Mais Richard Attias recevait une éclatante preuve planétaire de l'amour de Cécilia. Elle avait atteint son but.

Le lendemain, les paparazzis qui flânaient dans les rues de Wolfeboro la croisaient faisant son shopping sans foulard autour du cou et son présumé mal de gorge déjà guéri.

France, les jugements sévères se multipliaient sur le comportement de la première dame : «manque d'éducation, grossièreté, irresponsabilité», critiques qui atteignaient également le président.

Il était rentré à Paris, déconfit, morose, plus irritable que jamais et résigné au divorce. Il avait accepté à contrecœur ces vacances américaines, espérant qu'elle jouerait le jeu.

Elle l'avait, une fois de plus, humilié. Trop c'était trop. Il n'en pouvait plus.

Fin août, il laissait deviner sa souffrance : « J'aime pas cette vie, j'ai peu d'amis. Je reçois trop de compliments ou trop d'injures. Je vais faire le boulot, mais je ne finirai pas ma vie dans la politique. » Et Cécilia ? Elle n'était plus à l'Élysée… Que faisait-elle ? Du shopping dans les boutiques chics de la capitale. Les magazines la montraient les bras encombrés de paquets ou au volant de sa Mini noire, un cadeau d'Attias en 2005, avec laquelle elle se garait jadis dans la cour à Beauvau, ou prenait le thé au Bristol avec des amies, à quelques dizaines de mètres de l'Élysée. Un emploi du temps de femme désœuvrée.

Harcelés par la presse, les collaborateurs du président s'épuisaient à prendre l'air dégagé pour assurer qu'il ne se passait rien d'étrange au Palais, que le président était parfaitement zen, calme, accaparé par son travail. Ils ne notaient aucune altération de son physique ni de son caractère. Et s'il s'emportait le matin, comme la rumeur le propageait dans le microcosme, c'était seulement parce qu'il s'impatientait de la lenteur des réformes. Qui pouvait les croire ? Il compensait, livide, l'absence de sa femme par un agenda surbooké. Chaque jour, il se passait quelque chose : un tourbillon, une logique de désespoir, mais, fait nouveau, il ne prononçait plus le nom de Cécilia.

Début octobre, elle refusa de l'accompagner en Bulgarie où elle était attendue comme une héroïne. C'était le voyage où elle aurait dû être à ses côtés. Elle n'avait pas voulu lui faire ce cadeau, les infirmières étaient très déçues. C'est elle et personne d'autre qu'elles voulaient revoir. Les journalistes qui étaient du voyage furent tous frappés par la mauvaise mine du président. Il allait très mal. Après avoir expédié au pas de charge son discours à l'ambassade de France, il était aussitôt reparti.

Le 16 octobre, *Le Nouvel Obs* révélait le divorce. L'après-midi, Nicolas Sarkozy était reçu par le Conseil économique et social où il prononçait un discours sur la pauvreté et la solitude. Deux phrases avaient retenu mon attention. La première : «Il y a sans doute la bonne solitude, celle de la réflexion, celle qui offre le silence, la sérénité, la liberté»; la seconde résonnait comme le témoignage d'un homme en grande détresse : «Il y a la solitude poisseuse, celle qui oppresse, qui naît de la privation de l'écoute, du soutien du regard de l'autre, celle qui fait oublier le sentiment d'aimer et d'être aimé.»

Dans la soirée, il continuait à jouer les bravaches devant les dirigeants de l'UMP. Les gros bataillons du service public manifestaient contre la réforme des régimes spéciaux de retraite. Par trois fois, il avait quitté la réunion pour téléphoner. Au retour, son visage était marbré de plaques rouges, comme toujours lorsqu'il était stressé.

Le 18 octobre, à 13 h 20, un communiqué de l'Élysée tombait sur l'AFP : «Cécilia et Nicolas Sarkozy se sont séparés par consentement mutuel.» Le mot «divorce» n'étant pas écrit noir sur blanc, très mécontente, Cécilia, qui déjeunait avec Isabelle Balkany, avait téléphoné aussitôt à l'Élysée pour que le texte soit rectifié d'urgence. Ce qui fut fait.

Claude Guéant me jurerait avoir appris la chose à cet instant. Tout comme la mère de Nicolas, ses fils, ses frères, sa sœur, son père. Il n'avait parlé de son divorce à aucun de ses proches. Dadu avait élevé seule ses trois fils avec des règles de vie dont elle ne dérogeait pas : être toujours dans la bonne moyenne en classe, ne pas mentir, pratiquer des sports, être propre, et surtout, ne jamais se plaindre. Un ennui survient? Inutile de dramatiser, on va le surmonter. Les états d'âme? Une perte de temps stérile, et si l'on n'évoque que ce qui va bien, tout finit par aller bien.

Sans doute imprégné de cette philosophie maternelle, quand Nicolas Sarkozy parlait d'abondance, c'était souvent, je l'avais remarqué, pour détourner l'attention afin de ne pas répondre aux questions qui le touchaient au plus profond. Franck Louvrier, qui l'accompagnait depuis des années, me le décrit ainsi : « Nicolas n'est jamais négatif à son propos. Il ne se lamente pas, ne dit jamais "Je suis fatigué", "je suis malheureux" ou "j'ai mal", et il a horreur des gens qui se plaignent. »

Au moment où paraissait le communiqué, le président était à Lisbonne où se tenait un sommet européen. Les vingt-sept venaient de conclure l'accord sur un nouveau traité simplifié. C'était son idée à lui pour relancer l'Europe qui était en panne depuis le non français au référendum sur la constitution. Il l'avait vendue en 2006 à Angela Merkel, longtemps avant son élection. Ses homologues le félicitaient, l'applaudissaient, mais il demeurait muet, transi, le teint blême. Les caméras saisirent une scène qui en disait long : la chancelière l'avait attiré à l'écart du groupe pour lui manifester sa sollicitude. Aux journalistes qui l'interrogeaient sur le divorce, il répondait sur un ton rageur que ses homologues avaient davantage de pudeur et « l'élégance en plus ». On le sentait à cran.

Le lendemain, Cécilia déclarait à son interlocuteur habituel, Yves Derai pour *L'Est républicain* : « Je suis tombée amoureuse. Un jour, vous n'avez plus votre place dans le couple. Ça ne fonctionne plus. Les raisons sont inexplicables, la page se tourne. Je ne regrette jamais mes décisions. » Exit Nicolas…

Pour la première fois, un président en exercice divorçait. Napoléon avait répudié Joséphine. Cette fois, c'est Joséphine qui répudiait Napoléon.

Deux jours plus tard, l'hebdomadaire *Elle* lui consacrait sa couverture avec quatorze pages de textes relatant ses vingt et une années de vie avec Nicolas. Interviews et photos préparés, évidemment, très longtemps à l'avance, dont une série de photos sublimées. L'une d'elles la montrait en pied, appuyée contre un mur, vêtue d'une robe grise chic et sobre, chaussée de talons de douze centimètres, façon de bien souligner que désormais, elle ne s'interdisait plus rien. Elle était enfin libre !

« Je suis une femme qui n'était pas faite pour vivre dans la lumière, les ors et les palais. Tout cela me faisait peur. Je ne pars pour rien ni personne [*sic*]… » et d'affirmer comme une vérité – la sienne : « Aujourd'hui, Nicolas n'a plus besoin de moi. Je lui souhaite de trouver la sérénité, il a droit au bonheur. »

« Elle a du cran », s'exclamait devant moi Philippe Séguin. Car elle allait gagner, Cécilia, obtenir ce qu'elle voulait. Il faut dire qu'elle avait mis le paquet. Après avoir reçu de telles preuves de son amour, Richard Attias était revenu, il l'épouserait bientôt. « Une femme capable », aurait dit ma grand-mère. Un qualificatif qu'elle employait entre autres pour celles qui avaient eu plusieurs maris. « Mais comment font-elles ? » Une interrogation où se mêlaient réprobation et admiration.

Cécilia et Richard étaient faits l'un pour l'autre. Rien à dire, c'est la vie.

Quand on veut quitter un homme parce qu'on en aime un autre (ou l'inverse, le plus souvent un homme qui veut quitter une femme), il est courant que l'on ne se comporte pas bien, et même quelquefois très mal, pour se donner le courage de couper le lien, d'effacer le passé, de rejeter l'autre. Mais quand le temps a fait son œuvre, que chacun a refait sa vie, comment comprendre la scène qui suit, inouïe, insensée ?

Le 23 mars 2014, Edwy Plenel dédicaçait son dernier ouvrage au Salon du livre. Deux jours plus tôt, lors de l'émission *Mots croisés* sur France 2, il évoquait l'affaire des écoutes téléphoniques, que *Mediapart* avait révélée. Le site tenait sur Nicolas Sarkozy des propos d'une violence exceptionnelle, espérant le voir « bientôt en prison ». Tout le monde connaît Edwy Plenel, son business juteux de chasse à l'homme, sa vision policière et justicière du journalisme, héritée de sa formation trotskiste. Il avait frappé fort ce soir-là.

Et qu'avait-on vu ? Cécilia Attias venir vers Plenel tout sourire, pour le complimenter : « Mon mari vous a trouvé excellent ! » Et Plenel de la regarder avec un air interdit, se demandant si c'était de l'humour au deuxième ou au troisième degré : être félicité pour avoir souhaité que le père de son fils aille en prison ! Même lui, ça avait l'air de le déranger, c'est dire. Richard Attias arriva à son tour et lui tendit sa carte de visite. Et Plenel de la saisir l'air encore plus interdit, avec ce commentaire : « Ça peut toujours servir, on ne sait jamais... » J'avoue avoir été plus que choquée par cette scène.

À peine rentré de Lisbonne, Nicolas Sarkozy qui n'est jamais malade passait quelques heures au Val-de-Grâce pour faire soigner un mauvais phlegmon à la gorge. Sa vie partait en vrille. Sous le choc, ses défenses immunitaires l'avaient lâché.

Le lendemain, il trouvait quand même la force de s'adresser dans la soirée à l'état-major UMP. Jean-Pierre Raffarin avait eu l'idée de cette réunion pour célébrer l'adoption du minitraité européen de Lisbonne. Devant eux, il s'était lancé dans un plaidoyer qui avait bluffé tout le monde, puis il s'était vite éclipsé sans attendre la fin des applaudissements. Qui aurait pu imaginer qu'il avait un cathéter au poignet ? On devait lui administrer des antibiotiques à haute dose. Il le portait encore le lundi matin en s'envolant pour le Maroc en voyage officiel. « C'était un homme brisé », témoignaient les ministres qui l'accompagnaient.

« Je n'ai jamais vu quelqu'un souffrir autant. Pendant plusieurs mois, il était en dehors de son corps », me dit encore aujourd'hui Rachida Dati.

Accompagné de son épouse, le roi du Maroc était venu lui témoigner son affection. Cécilia absente, Rachida Dati était invitée à la table royale lors du dîner d'État, jouant de fait les premières dames remplaçantes, ce qui faisait jaser ses collègues.

Cent cinquante-six jours après son entrée en fonctions, après onze ans de mariage, vingt ans de vie commune, Nicolas Sarkozy, 52 ans, se retrouvait seul. Cécilia amenait avec elle Louis et les filles. Comment n'aurait-il pas eu un grand sentiment d'échec ?

Lors de la première réunion du matin, au lendemain du divorce, il déclarait aux membres de son cabinet : « Mes états d'âme sont sans importance. La vie continue, je me dois aux Français. » Il leur demandait de suspendre tout contact avec Cécilia.

Pour le staff élyséen, ce divorce était une délivrance. Et pour le président Sarkozy une nouvelle vie commençait.

« Ce que Cécilia lui a fait subir, je ne le souhaiterais pas à mon pire ennemi », me disait le très chiraquien François Baroin.

Avec le Fouquet's, le yacht Bolloré, les vacances américaines, tout ce qu'il avait dû concéder à sa femme, Nicolas Sarkozy avait complètement raté son entrée en scène et détérioré son image. Ses actes ne correspondaient pas à son discours de campagne, à sa promesse d'un style de présidence irréprochable. Il était devenu le président bling-bling.

Douze ans plus tard, il le confesserait[1] : « J'aurais dû couper dans le vif, bien avant. Je ne l'ai pas fait. Ce fut une faiblesse, une erreur. » En effet…

1. *Passions*, *op. cit.*

25

CARLA, UN MIROIR GRATIFIANT

Divorcer six mois après son accession à l'Élysée est déjà un événement hors norme, parce qu'inédit. Mais se remarier quatre mois plus tard, après avoir rencontré pour la première fois Carla Bruni trois mois et douze jours plus tôt, est une autre performance. Il n'est pas monnaie courante de rebondir aussi vite quand on a été si sincèrement malheureux. Il s'en expliquera devant moi : « J'ai voulu épouser Carla par respect pour elle. Pour lui éviter un statut injurieux, en tout cas à mes yeux, de maîtresse officielle. Et puis, nous avons eu un vrai coup de foudre. »

Au lendemain de son divorce, Nicolas Sarkozy se hissait au rang de célibataire le plus en vue de l'Hexagone. Le jour, il était tout à sa tâche, mais le soir, que faisait-il? Les médias, les paparazzis étaient en alerte; on lui prêtait déjà plusieurs liaisons – une journaliste, une navigatrice émérite, une vedette de cinéma.... Le feuilleton s'annonçait prometteur.

Le 13 novembre, Nicolas Sarkozy était invité à dîner chez le publicitaire Jacques Séguéla, à Marnes-la-Coquette.

Autour de la table : l'hôte et son épouse, le président, Carla Bruni, l'architecte Guillaume Cochin et sa femme Péri, Luc et Marie-Caroline Ferry. L'indiscret publicitaire a raconté la scène dans son livre[1].

« Nicolas était subjugué par la vivacité, la grâce, les reparties, l'intelligence de Carla et elle, c'était visible, cherchait à le séduire », me confirmera Péri Cochin.

Trois mois plus tard, Carla s'appellera Bruni-Sarkozy...

Ils ne se connaissaient pas, mais chacun savait à qui il avait affaire. Au moment de la rencontre, ils étaient deux cœurs disponibles. Lui, sentimentalement à la dérive, meurtri par son divorce, humilié (il portait toujours son alliance). Il lui fallait une revanche et vite... Elle, séparée de son compagnon Raphaël Enthoven, père de son fils Aurélien, prête pour une nouvelle histoire. Elle fait partie des vingt mannequins les plus glamours dans le classement mondial des magazines. C'était aussi une artiste internationale. Son premier album, sorti en 2002, *Quelqu'un m'a dit*, s'était vendu à deux millions d'exemplaires. Elle écrivait des chansons, des artistes lui passaient commande. C'était une parolière inspirée au vocabulaire subtil. Son timbre à la tessiture feutrée, rauque, sensuelle, avait beaucoup de charme. Beauté à la tête bien faite, elle imposait un style de top model intellectuel et se décrivait comme une pessimiste chronique qui connaît la vie. On lui prêtait moult liaisons ; elle ne s'en cachait pas, elle les chantait, même. Paroles et musique : « J'en connais des superbes, des bien mûrs, des acerbes, des velus, des imberbes, j'en connais des sublimes, des mendiants, des richissimes, des que la vie abîme... » Une femme libre qui se prêtait plus qu'elle ne se donnait.

À première vue, elle n'était pas le contraire de Cécilia : silhouette longiligne, même regard oblong, mêmes pommettes hautes. La ressemblance s'arrêtait là.

« Elles n'ont pas du tout la même personnalité, ni le même genre, ni les mêmes centres d'intérêt, rectifiait auprès de moi

1. Jacques Séguéla, *Autobiographie non autorisée*, Plon, 2009.

Péri Cochin. Carla a toujours travaillé pour gagner sa vie. Elle est une artiste qui a les moyens financiers de son indépendance.»

«Et pas du tout le même caractère : avec Cécilia, on était toujours dans la tension. Avec Carla, on est dans l'attention. Nuance de taille», renchérissait Isabelle Balkany.

Carla-Nicolas : l'alliance de deux narcissismes. Chacun renvoyait à l'autre un miroir gratifiant. Chacun avait pour l'autre valeur de trophée. Chacun était pour l'autre un partenaire à sa hauteur.

Au début du mois de décembre, la France profonde n'était pas encore au parfum de l'idylle présidentielle. Elle avait d'autres soucis en tête. Avec la crise des matières premières, tout augmentait : le fioul (+ 9,7%), le pain (+ 4,2%), la volaille (+ 7%).

Le 10, tous les projecteurs étaient braqués sur la visite de Kadhafi à Paris. Pervers, le guide de la Révolution avait choisi lui-même la date de sa venue : le jour de la célébration des droits de l'homme. Les premières images de son arrivée à l'Élysée le montraient au pied des marches, en djellaba marron, levant le poing, un signe de victoire adressé à son opinion et au monde arabe. Il avait aussi exigé de planter sa tente bédouine dans les jardins de l'hôtel Marigny. Et il avait fixé à cinq jours la durée de sa visite. Le temps maximal pour une visite d'État.

Le Mouamar Show allait vite se transformer en cauchemar pour Nicolas Sarkozy. Les médias unanimes tranchaient : il ne fallait pas l'inviter.

Kadhafi exigeait d'être reçu à l'Assemblée nationale, dans l'hémicycle. Refus de Bernard Accoyer, président de l'Assemblée nationale, qui lui offrait en échange une rencontre avec une centaine de parlementaires dans la grande salle des fêtes. Beaucoup rechignant à venir, des fonctionnaires de l'Assemblée nationale et… des figurants viendraient combler les vides.

Le lendemain de son arrivée, le Libyen signait des promesses d'achat de vingt et un Airbus, quatorze avions de chasse, soixante hélicoptères et des blindés – la France, de son côté, s'engageait à construire une centrale nucléaire civile, des routes et un aéroport. Dans la soirée, Nicolas Sarkozy affirmait avoir conseillé à son invité de progresser « sur les chemins des droits de l'homme », ce que démentait, le lendemain, Kadhafi sur France 2, interrogé par David Pujadas : « Nous n'avons pas évoqué ces sujets avec le président. »

« Qui dit la vérité ?, s'insurgeait aussi Jean-Marc Ayrault, le président du groupe socialiste. Nous avons le droit, à l'Assemblée nationale, d'exiger la vérité. »

Un hôte difficile qu'il fallait occuper : une chasse à Rambouillet fut organisée avec un lâcher de deux mille faisans. Kadhafi n'en tuerait que trois, preuve qu'il n'était pas un tireur d'élite, à moins qu'il n'ait une très mauvaise vue. Puis il y eut une visite au château de Versailles où le leader lybien fut accueilli par le conservateur Jean-Jacques Aillagon : « J'ai constaté, aux commentaires qu'il faisait sur plusieurs tableaux, qu'il connaissait très bien l'histoire de France et de l'Europe me racontera-t-il plus tard. Il m'avait aussi demandé si Louis XIV avait bien traité ceux qui avaient construit le château. Je lui avais répondu : "Hélas, le socialisme libyen n'était pas encore inventé…" Kadhafi avait souri. »

Avant de partir, il avait écrit un mot sur le livre d'or du château où il se disait « impressionné de visiter un lieu où l'odieux traité de Versailles avait humilié l'Allemagne vaincue ». Révélation de Jean-Jacques Aillagon : « Cette page a disparu, arrachée, volée, sans doute par un collectionneur indélicat. »

C'est donc avec un vif soulagement que les Français le virent repartir, et l'Élysée plus encore. Après les effusions de l'arrivée, Nicolas Sarkozy l'avait raccompagné sur le perron, mais sans aller jusqu'à sa gigantesque limousine blanche.

Les contrats commerciaux, promis par son fils Saïf al Islam, qui devaient s'élever à dix milliards de dollars, pas moins…, ne seront jamais honorés, sauf ceux déjà en cours.

La libération des infirmières bulgares n'aura donc rien rapporté à la France en matière de contrats. En revanche, elle aura coûté très cher politiquement au président.

Le 18 décembre, deux mois jour pour jour après l'annonce du divorce, le site *L'Express* et le magazine *Point de vue* rendaient officielle la liaison du président, en publiant une photo surprenante. Lui en compagnie de Carla, de son fils Aurélien, âgé de 6 ans, et de sa mère Marisa, à Disneyland.

Pour les sarkologues, ces images avaient un curieux parfum de déjà-vu. Nicolas Sarkozy avait souvent accompagné Cécilia et le petit Louis dans ce parc d'attractions. Tous les psys le disent : « On change de femme, on garde les mêmes repères. »

« J'ai téléphoné à Nicolas pour lui dire : "Tu te fais du tort, beaucoup de tort" », m'avait confié Dadu, désolée de tout ce battage médiatique. Pas pressée d'hériter d'une nouvelle belle-fille. Elle en avait marre aussi des divorces de ses fils.

Le président et Carla n'allaient plus se quitter, et l'amoureux d'étonner les Français, et de détonner, hélas, aussi.

À Noël, il s'envolait en Égypte : un voyage mi-privé, mi-officiel. Une rencontre étant prévue avec le président Moubarak le 30 décembre. Ses collaborateurs étaient déjà sur place pour la préparer. Nicolas Sarkozy débarquait à Louxor, accompagné de Carla, de Dadu qu'il voulait convaincre de son bon choix, de son fils Jean et de sa fiancée. Ils avaient voyagé à bord d'un jet Falcon 900 prêté par… Vincent Bolloré.

Le yacht Bolloré pour Cécilia, le Falcon Bolloré pour Carla. La vie est une suite de répétitions !

Les images du couple, gravissant les marches du somptueux Old Winter Palace, firent la une de tous les quotidiens européens : lui en costume, chemise blanche, col ouvert ; elle en pull, décolleté en V, pantalon moulant, cheveux au vent. Le site du magazine *Gala* révélait que sa main était ornée d'une grosse bague en forme de cœur, la même qu'arborait Cécilia quelques mois plus tôt. Un cupidon de Dior Joaillerie, création de Victoire de Castellane, la demi-sœur de Mathilde Agostinelli.

C'est bien connu, les hommes sont dépourvus d'imagination. Ils offrent à leurs femmes successives (les généreux) souvent les mêmes bijoux et les emmènent en voyage dans les mêmes lieux et les mêmes hôtels... Carla fêtait ses 39 ans, c'était son cadeau d'anniversaire. Les magazines y décelaient la promesse d'un mariage prochain.

31 décembre, retour à Paris : 20 heures. Vœux présidentiels. Le président se montrait grave : « J'ai la conviction que dans l'époque où nous sommes, nous avons besoin de ce que j'appelle une politique de civilisation... Notre vieux monde a besoin d'une nouvelle renaissance. Que la France soit l'âme de cette renaissance... »

Oh là là ! La politique de civilisation, à l'heure où les Français étaient devant leur dinde, était-ce le meilleur moment de lancer un débat de si haute altitude ? Personnellement, je l'avais trouvé bien rasoir, en me disant que Guaino s'était vraiment gratté la tête pour pondre un texte aussi fumeux...

On m'expliquait à l'Élysée que le président avait voulu redonner profondeur et sens à son action, à l'issue de vacances ultramédiatisées. Mais le lendemain, les Français parlaient surtout de l'abolition du droit de fumer dans les cafés, les restaurants, les boîtes de nuit, les lieux de travail et les lieux publics – les fumeurs pour s'en désoler, les non-fumeurs pour s'en réjouir. Une mesure qui a changé leur vie. Merci !

Ce message des vœux allait passer d'autant plus mal que cinq jours plus tard, Nicolas Sarkozy accompagné de Carla s'envolait pour la Jordanie, à l'invitation du roi Abdallah, qui leur avait envoyé son avion.

Les télévisions filmaient le couple visitant les ruines nabatéennes de Pétra. Aurélien, le fils de Carla, juché sur les épaules du président, capuche sur la tête, se cachant le visage pour échapper aux flashs des paparazzis. L'image qui tue, pas du tout présidentielle. Elle allait faire le tour du monde.

En mai 2005, Cécilia y avait rejoint Richard Attias, une escapade qui avait anéanti de douleur Nicolas Sarkozy. Pétra, symbole de son infortune conjugale, pourquoi avait-il choisi d'y revenir ? En y amenant Carla, il effaçait le passé, réinventait une continuité : le couple est mort, vive le couple ! Message subliminal à l'infidèle : « Tu es allée à Pétra avec ton amant, j'y suis avec une star plus jeune que toi… et je vais l'épouser ! » Façon d'avoir le dernier mot.

Fallait-il être obsédé par Cécilia pour vouloir à ce point remettre ses pas dans les siens ? Plus tard, Carla me confirma : « Nicolas avait un rapport immature avec elle. »

En ce début d'année 2008, le président donnait l'impression de mener une vie frivole et clinquante. 63 % des Français jugeaient qu'il exposait trop sa vie privée.

À l'Élysée, on s'inquiétait : la séquence Disney-Égypte-Pétra venant après celle du Fouquet's-yatch Bolloré-vacances américaines avec Cécilia, était autant d'images désastreuses. En arrivant au pouvoir, Nicolas Sarkozy avait toutes les cartes en mains : une droite aux ordres, une gauche sonnée, une extrême droite qu'il avait marginalisée. Il était en train de tout gâcher. Il devenait urgent qu'il mette de l'ordre dans sa vie privée, qu'il se stabilise enfin.

8 janvier 2008, première conférence de presse du règne. Les ministres y ont été conviés la veille vers 22 heures. La salle des fêtes est comble : cinq cents journalistes, tous les correspondants de la presse étrangère.

Le président commence par un long préambule d'une heure, sa feuille de route pour l'année, un vrai pêle-mêle. Un programme copieux s'il en fut. Ensuite, on passe aux questions. Je remarque qu'il ne porte plus son alliance.

Roselyne Febvre, de la chaîne France 24, pose la question à laquelle tout le monde s'attend : *quid* du mariage ? Il répond :

« Président de la République, ça ne donne pas droit au bonheur plus qu'un autre, mais pas moins qu'un autre. Avec Carla, c'est du sérieux ! » Pareil à un ado qui présente une fiancée à ses parents… Non, ça ne faisait pas présidentiel.

La phrase tournait aussitôt sur le Net. On ne parlait plus que du mariage prochain du président. Sa conférence de presse faisait un flop. Dans la majorité, on sentait comme un désespoir : « J'en ai marre de répondre aux questions Carla par-ci, Carla par-là », se plaignaient les députés. Mais pour les magazines people, quelle aubaine !

Le samedi 2 février 2008, à 11 heures précises, Nicolas Sarkozy épousait Carla Bruni dans le salon vert de l'Élysée, entouré de ses deux témoins : Nicolas Bazire, ex-directeur de cabinet d'Édouard Balladur, dirigeant influent du groupe LVMH, et Mathilde Agostinelli. Carla avait choisi Farida Khelfa, ex-égérie de Jean-Paul Gaultier, et sa très chère amie, la comédienne Marine Delterme. Le maire du 8e arrondissement s'était déplacé pour recevoir leur consentement. Les époux s'unissaient sous le régime de la communauté de biens, selon les vœux express de Carla – une belle preuve d'amour.

Dans la majorité, on se prenait à espérer que ce mariage allait enfin mettre un terme à la parenthèse people. Fin janvier, une dizaine de sondages révélaient que le président ne recueillait plus que 40 % d'opinions favorables. À la fin du mois de février, ce n'était plus qu'un Français sur trois – la dégringolade. En matière de popularité, les politologues le savent : on descend par l'ascenseur, on remonte par l'escalier.

François Fillon, que le président critiquait ouvertement devant des tiers – c'était plus fort que lui, mais il se faisait du mal à force de piquer –, frôlait les 60 % de bonnes intentions. Jusqu'à la fin du quinquennat, jamais Nicolas Sarkozy ne repassera devant lui. La cote de son Premier ministre était bien la preuve que c'était son comportement, et non sa politique, qui était la cause de ce désamour.

Sur le terrain, les élus étaient atterrés par ce qu'ils entendaient. Ils me rapportaient que les gens n'en pouvaient plus de l'exposition permanente de la vie privée du président. Tout allait trop vite : le divorce, le mariage, ce fracas les indisposait.

Les plus indulgents convenaient qu'il avait été victime d'une rupture dont il ne voulait pas. Pour eux, c'était Cécilia la responsable.

Le 14 février, la nouvelle première dame donnait sa première interview à *L'Express*, à Christophe Barbier, s'exprimant comme une jeune épousée rangée qui dit « mon mari » comme on se délecte d'une gourmandise. Elle terminait l'entretien par une protestation de beaux et nobles sentiments : « Je ne sais pas encore ce que je peux faire, mais je sais comment je veux le faire : sérieusement. Je suis fière et heureuse d'être première dame de France. Je ferai de mon mieux. »

Un sans faute !

Aux municipales de mars, les Français infligeaient au président un bon coup de semonce. La faute à qui ? Au président, répondaient les battus. Tous le disaient : se référer à lui nous a fait perdre. « S'il n'y avait pas eu le divorce suivi du remariage, j'aurais été réélu déclarait Yves Nicolin, éliminé à Roanne. Il y avait 16 % de chômeurs en 2002, 7 % en 2008, et je me suis fait virer… »

Les Français croyaient avoir porté au pouvoir un magicien. Ils avaient eu droit à un épisode de la série télévisée *Les Feux de l'amour*.

Après le « Casse-toi pauvre con » du Salon de l'Agriculture, le 23 février, on sentait que quelque chose n'allait plus. Les digues habituelles semblaient avoir cédé et les inhibitions aussi.

Huit jours plus tôt, Frédéric Taddeï recevait une demi-douzaine d'intellectuels dans son émission *Ce soir (ou jamais)*, sur France 3. Au menu, la mauvaise humeur des Français à l'approche des municipales. Sur le plateau, une succession de jugement plus négatifs les uns que les autres sur « Sarkozy », comme ils l'appelaient tous.

Et voilà que Jean-Didier Vincent, neurobiologiste réputé dont les travaux sur le cerveau étaient mondialement reconnus, prononçait, avec l'air le plus sérieux du monde et sur un ton posé, des propos qui me semblaient stupéfiants : « Il n'y a qu'un seul problème actuellement. C'est comment se débarrasser de lui. Il est devenu encombrant pour tout le monde. Vous l'avez élu, nous l'avons soutenu, nous l'avons aimé. Nous avons trahi nos idées dans l'attente d'une récompense, et tout d'un coup il nous lâche. Alors je ne vois qu'une solution : l'assassinat. »

Taddeï, l'air interloqué, feignit de s'en étonner et d'avoir assisté à un numéro d'humour noir.

« Nous n'avons pas de moyen autre de s'en débarrasser que l'assassinat », répétait le savant.

Mais déjà, on passait à autre chose et personne n'avait réagi sur le plateau à ces propos monstrueux, inacceptables en démocratie. Un esprit faible ou dérangé aurait pu y entendre une incitation au crime.

Le lendemain dans la presse, personne non plus n'avait protesté.

Le jour où Nicolas Sarkozy visitait le Salon de l'agriculture, Édouard Balladur publiait une tribune dans *Le Monde* intitulée « 2008. Année décisive ». Il écrivait : « La sincérité n'est pas exclusive d'une certaine sobriété, la rapidité de la décision n'empêche pas la concentration préalable. Il n'est pas non plus indispensable de créer tous les jours un événement. Nicolas Sarkozy est trop avisé pour l'ignorer, il est perspicace et lucide. Il saura infléchir son style tout en conservant son originalité. »

Qu'en termes choisis ces choses-là étaient dites. Traduction : Nicolas, tenez-vous bien, enfin !

Après les municipales, tout le monde notait qu'il s'était fait plus discret. Il n'intervenait plus chaque jour. On soufflait un peu. L'Élysée comptait sur la visite du couple présidentiel à Londres pour imprimer un ton nouveau au quinquennat. La tâche s'annonçait rude.

La veille du voyage, *Le Parisien* publiait dix conseils pour bien se tenir devant Élisabeth II. Sur LCI, le talentueux et caustique Vincent Hervouët osait dire qu'il espérait que le président se tiendrait bien et ne se moucherait pas dans les rideaux chez la reine !

Le jour de son arrivée à Londres, dans un éditorial intitulé « Président Bling Bling », le *New York Times* raillait « ses bouffonneries médiatisées ». « Pour un homme qui a travaillé si dur pour arriver à l'Élysée, il démontre de curieuses notions sur la manière de se conduire une fois installé sur place. »

La première dame allait franchir l'obstacle, en administrant dans l'un des lieux les plus stricts et exigeant de la planète en matière de protocole, une leçon de maintien avec sa révérence devant la reine et son sourire charmant. Carla portait une tenue classique d'une rare sobriété. Un manteau gris ajusté à la silhouette, descendant légèrement sous le genou, ceinturée de noir comme ses gants et coiffée d'un adorable petit bibi en tissu assorti, le tout signé Dior. Elle était chaussée de ballerines. La grâce personnifiée.

La presse britannique s'emballait et la comparait à Jackie Kennedy ou Audrey Hepburn. Du coup, les propos de son mari devant les deux Chambres réunies dans la fastueuse galerie royale de Westminster impressionnaient moins qu'elle, même s'il multipliait les protestations d'amitié, les appels à la collaboration franco-britannique, annonçait que les troupes françaises resteraient en Afghanistan avec ses alliés aussi longtemps que nécessaire pour assurer la stabilité dans le pays.

Pendant son discours, c'est sur Carla que les caméras étaient le plus souvent braquées. On ne voyait qu'elle, on ne voulait voir qu'elle. Assise dans un fauteuil, les genoux joints, rien ne bougeait, pas un cil, pas une mimique. Parfaite. La reine Élisabeth était tombée sous le charme. Le couple présidentiel ayant été invité à passer la nuit à Windsor, la reine était elle-même venue vérifier que tout était en ordre dans leur appartement, y compris, m'avait raconté Nicolas Sarkozy, le fonctionnement des robinets dans la salle de bains, qu'elle avait actionnés elle-même : eau froide, eau chaude, devant ses invités ébahis. Un grand souvenir.

Le voyage aurait pu mal se terminer. Le staff élyséen allait connaître une grande frayeur, car outre le grand dîner du premier soir autour d'une table longue de trente mètres, le programme prévoyait le lendemain un déjeuner avec le Premier ministre Gordon Brown. C'est alors que Sarkozy, pourtant prévenu, se rappelait qu'il devait assister à un autre dîner, et celui-là avec le lord-maire de Londres, ce qui exigeait qu'il remette son habit. Il avait toujours exécré ces grands dîners qui n'en finissent pas. Il ne voulait pas y participer. Il voulait rentrer. « Pour alléger la pression sur Carla », disait-il. Son conseiller diplomatique Jean-David Levitte le suppliait : « Vous ne pouvez pas partir. Vous devez porter un toast à la reine ce soir. » Le président avait fini par s'y résoudre, mais il était arrivé – *shocking !* – une heure en retard. Il refusait de passer une deuxième nuit à Windsor comme il était prévu, au grand étonnement de la reine. Et il exigeait de lever le camp alors que le dessert était à peine entamé, sous le regard médusé de ses hôtes. Du pur Sarkozy !

Voyage réussi tout de même. L'Angleterre était sous le charme de la Première dame. *The winner is Carla.*

Le 5 avril, *Le Parisien* titrait : « Les Français aiment déjà Carla » avec ce commentaire élogieux : « Deux mois après son mariage, Carla Bruni-Sarkozy impose son style : élégante, moderne, intelligente et sympathique. Son allure séduit à droite, son côté aristo-bobo attire les sympathies à gauche. 75 % des Français se disaient satisfaits de la première dame.

Elle devenait un atout maître pour son mari dont la fougue brouillonne déroutait les Français. »

« Ma vie privée est en ordre », assurait le président.

Carla avait réussi son entrée officielle. Mieux, elle avait réconcilié Nicolas avec toute sa famille : la mère, les frères, et aussi le père étaient régulièrement invités à l'Élysée. Et, chose impensable du temps de Cécilia, Marie-Dominique, la première épouse du président, la mère de Pierre et Jean, était, elle aussi, conviée à déjeuner le dimanche. Les amis écartés par Cécilia allaient revenir aussi. « Carla met du liant, elle est douce, ça nous change des années passées », me disait Jean Sarkozy. « Elle lui a apporté la sérénité, elle l'a réparé », disaient en chœur les amis.

Il était temps.

26

LE BARREUR DE HAUTE MER

2008. Un condensé de tout Sarkozy avec le pire et le meilleur. Un premier semestre catastrophique sur le plan de l'image, précédé par la rupture avec Cécilia. Au second semestre, changement de décor, changement de personnage. On découvrait un leader sur la scène européenne et internationale, capable d'entraîner, à l'écoute, à l'aise, inspiré, reconnu, admiré et fêté.

Il en avait besoin. La France aussi. Sa perte d'influence avait été vertigineuse. Depuis que les Français avaient en 2005 voté non au référendum sur la Constitution européenne[1], elle était reléguée au deuxième plan. Deux mois avant la présidentielle, dix-huit de nos partenaires s'étaient réunis à Madrid pour se concerter sur le thème : « Comment poursuivre en se passant de la France ? »

La présidence de l'Union européenne fut la chance de Nicolas Sarkozy, révélatrice de ses talents hors normes où il allait donner sa mesure. Déjà, il pouvait se targuer d'avoir remis l'Europe en marche avec le traité simplifié, son idée.

1. Constitution demandée avec insistance par les Français (entre autres), écrite sous la houlette d'un Français, VGE. Que les Français la rejettent était une chose incompréhensible pour nos partenaires.

Sa personnalité tout en énergie en exaspérait plus d'un. Mais il fascinait aussi.

« Dans l'Europe en doute, la présidence française suscite de fortes attentes », constatait à la une *Le Monde*, le 1er juillet 2008.

Sa présidence aurait très bien pu échouer sur des erreurs psychologiques, sur des petits détails. Il le savait. Principe numéro 1 : ne pas vexer la chancelière, toujours très susceptible. Deuxième impératif : séduire les eurodéputés.

Nicolas Sarkozy se présentait devant eux le 10 juillet. Il rentrait d'une réunion du G8 au Japon (dix heures de décalage horaire). Il avait peu dormi. Je suivais l'événement à la télévision. On lui avait apporté un discours qu'il avait écarté. Pendant cinquante-cinq minutes, il allait parler sans note, sans prompteur. Une performance incroyable, restée dans les mémoires.

C'était un discours destiné à convaincre les Européens de leur chance d'appartenir à cette grande famille, de pouvoir faire ensemble des choses formidables. Il donnait à tous envie d'aller de l'avant. Ce n'était pas une improvisation, mais le fruit d'une longue réflexion personnelle entamée depuis des mois.

Avec Nicolas Sarkozy, ce n'est jamais sa capacité de travail qui peut être mise en cause. Déjà tout le programme de sa présidence était prêt, les cinq dossiers qu'il voulait faire aboutir, dont le pacte immigration, avec harmonisation des politiques et interdiction des régulations massives (adopté par les 27 en septembre 2008).

En amont, Brice Hortefeux ; le ministre de l'Immigration, avait, à sa demande, préparé le terrain en rendant visite aux vingt-six partenaires pour leur expliquer le projet français et les convaincre de l'adopter.

Ce que j'avais trouvé aussi remarquable ce jour-là, c'est de le voir répondre, deux heures durant, à chacun des intervenants, sans se départir de son calme, plein d'humour et d'urbanité. Et pas seulement aux présidents de groupe, comme c'était l'usage. Aussi à d'autres. Ainsi, à Daniel Cohn-Bendit, vociférant, énervé, qui traitait de « honteuse et minable » sa décision de se rendre à Pékin pour l'ouverture des Jeux olympiques, en raison de la politique chinoise au Tibet. Nicolas Sarkozy, sans lever le ton, lui disait comprendre son émotion. Il avait consulté sur le sujet ses homologues, aucun ne l'avait dissuadé de s'y rendre…

Je me demandais : « Mais pourquoi n'est-il pas toujours comme cela ? Pédagogue, détendu, courtois. » Il s'éviterait tellement d'ennuis s'il se comportait toujours ainsi.

Cette première visite fut donc pour lui très positive. Nicolas Sarkozy reviendra deux fois devant les députés. Le président du Parlement européen, les présidents de groupe parlementaire seront invités trois fois à déjeuner à l'Élysée. Jamais personne ne les avait traités avec autant d'égards.

Durant ce second semestre 2008, les Français allaient, grâce à lui, enrichir leur vocabulaire : Ossétie, Abkhazie, *subprime*, titrisation.

Dans la nuit du 7 au 8 août, le président géorgien Mikheil Saakachvili, élu démocratiquement en 2004, décidait de bombarder l'Ossétie du Sud. Il entendait faire revenir cette enclave séparatiste dans le giron géorgien et avait pris ses distances avec Moscou. Il avait étudié en France et aux États-Unis. Conseillé par des militaires américains, il voulait reprendre le contrôle de ces deux provinces : l'Ossétie et l'Abkhazie. Il faut dire que vingt-cinq mille militaires russes occupaient une partie de ces territoires depuis 1992. Ils venaient de sortir de leur périmètre en franchissant un tunnel. Une provocation. D'où la réaction géorgienne.

Nicolas Sarkozy se trouvait à Pékin à côté de Poutine lorsqu'il avait appris la nouvelle. Il avait réagi aussitôt :

— Une guerre dans la région est inacceptable. Vous ne pouvez pas annexer la Géorgie. Donnez-moi quelques jours, pour régler la crise.

— Pas question d'arrêter ! lui avait répondu Poutine, il faut se débarrasser de Saakachvili. »

Le 9 août, les Russes bombardaient le port de Poti, sur la mer Noire, qui venait d'être modernisé grâce à l'argent des Émirats arabes unis. Les colonnes géorgiennes étaient repoussées en quelques heures. Le pot de terre contre le pot de fer. Les Russes avançaient dans le pays avec une mission claire : renverser Saakachvili.

De retour de Pékin, Nicolas Sarkozy était décidé à agir. De quels moyens disposait-il ? Son verbe.

Bruxelles était aux abonnés absents : tous en vacances.

Pierre Charon se trouvait alors au cap Nègre. « Je voyais Nicolas en maillot de bain, marcher de long en large sur le bord de la piscine, téléphone à l'oreille, m'avait-il raconté, et je l'entendais parler à Medvedev (un système de traduction simultanée) :

— Écoute, Dimitri, vous ne pouvez pas faire ça. Vous ne pouvez pas reprendre le pouvoir en Géorgie. Vous allez repartir pour des années de guerre froide avec l'Europe. »

« Ensuite, il appelait Saakachvili. « Je ne sais pas si tu te rends compte, Mikheil, mais je suis en train de te sauver la peau ! »

« Et moi je lui disais, poursuit Charon : « Nicolas, tu es le maître du monde ! »

Sans attendre d'être mandaté par les vingt-sept, mais après s'être concerté avec Angela Merkel et Gordon Brown, Nicolas Sarkozy s'envolait le 12 août à destination de Moscou, pour tenter de monter une opération de sauvetage diplomatique. Il était accompagné de Jean-David Levitte, lequel m'avait dit : « Personne n'était volontaire pour y aller à notre place ! » Un déjeuner était organisé par Medvedev, auquel était venu s'ajouter Poutine, la joue rouge et enflée – il sortait de chez le dentiste – et l'humeur en furie. Saakachvili pour lui était le diable, il voulait sa peau ! Il menaçait d'envahir la Géorgie : « Bush a bien pendu Saddam Hussein ! », grondait-il. Du grand théâtre russe. Et Nicolas Sarkozy de répliquer : « Tu veux terminer comme Bush (en fin de mandat et empêtré en Irak et en Afghanistan) ? »

Après plusieurs heures de négociations, les dirigeants russes, moyennant un engagement à ne plus envahir la Géorgie, exigeaient la création d'une zone tampon et le retrait des forces géorgiennes d'Ossétie. Après quoi Nicolas Sarkozy partait pour Tbilissi faire avaliser ce plan par Saakachvili, avec cette promesse de Medvedev : que l'armée russe, qui se trouvait alors à quarante kilomètres de la capitale, n'y soit pas installée lorsqu'il y arriverait. « Tu vas te faire avoir. N'y va pas, me conseillait George Bush. En arrivant, j'avais dit à Medvedev : "Tu vois, je n'écoute pas ceux qui me déconseillent de venir te voir…" », m'avait narré Sarkozy. Medvedev a tenu parole.

D'abord réfractaire, Saakachvili consentait à signer le pacte, alors que son conseiller américain l'incitait à tout refuser, me révélera Jean-David Levitte. Ce qui avait permis à Nicolas Sarkozy de dire au président géorgien : « Demande à ton conseiller combien de troupes américaines viendront te sauver si les Russes débarquent dans ta capitale. » Ainsi la Russie n'a pas envahi ce pays, même si au final elle y occupe aujourd'hui 20 % de son territoire. La Géorgie, de son côté, a définitivement perdu l'Ossétie et l'Abkhazie. « Mais personne n'était prêt à mourir pour l'Ossétie », reconnaissait Jean-Pierre Jouyet, secrétaire d'État aux Affaires européennes.

À Bruxelles, tous nos partenaires remerciaient le président français. Tous étaient bien conscients qu'il n'y avait pas de meilleure solution et tous le savaient : si la crise était intervenue trois mois plus tôt sous président slovène, la Géorgie aurait été annexée et Saakachvili destitué.

Une autre crise bien plus grave, quoique prévisible, allait bientôt éclater à propos de l'Amérique et ses *subprimes*. Après les attentats du 11 septembre, Alan Greenspan, président de la Réserve fédérale, gourou réputé infaillible, faisait le choix de soutenir l'activité économique américaine « à tout prix ! ». Une politique d'extension des liquidités, d'endettement à outrance était mise en place. Pas besoin d'apport pour acheter une maison. Les établissements financiers prêtaient à des foyers démunis de ressources. La hausse des prix de l'immobilier, croyaient-ils, permettrait aux emprunteurs de revendre leur bien en cas de nécessité, avec bénéfice même. Un bel optimisme. Les arbres allaient monter au ciel.

Les établissements prêteurs, tout de même prudents, externalisaient leurs risques, en vendant leur masse de créances à d'autres banques *via* des instruments financiers obscures et complexes, principalement en Europe. Une opération baptisée « titrisation ». Un mot barbare pour l'homme de la rue. Ainsi des banquiers européens, incroyablement naïfs, croyaient acquérir des actifs juteux. Seulement, la hausse des prix de l'immobilier escomptée n'étant pas au rendez-vous, les établissements financiers prêteurs se trouvaient en panne de liquidités. Le 9 septembre, l'action Lehman Brothers, quatrième banque d'investissement au monde, perdait 45 % de sa valeur en une seule séance à Wall Street. Du jamais vu ! Et la dégringolade s'accélérait. Le trésor américain refusait d'intervenir, au motif de « *too big to fail* » (trop gros pour tomber).

Le 15 septembre, Lehman Brothers se déclarait en faillite. Un vent de folie soufflait sur Wall Street. En laissant tomber cette banque, l'administration Bush allait mondialiser la crise financière.

Le 22 septembre, Nicolas Sarkozy arrivait à New York, pour participer à l'Assemblée générale de l'ONU, très conscient de la crise.

Au début du mois, René Ricol, un homme qui connaît les chiffres[1], lui avait remis le rapport sur la crise qu'il lui avait

1. Il était président d'honneur du Conseil supérieur de l'Ordre des experts-comptables, et de la Compagnie nationale des commissaires aux comptes.

demandé un an plus tôt, alors qu'elle se profilait déjà. Une centaine d'experts bancaires européens et américains concluaient, unanimes : cette crise est sans équivalent dans l'histoire financière récente.

Une rencontre lui faisait mesurer plus encore l'étendue des désastres : le successeur de Greenspan, Ben Bernanke, lui avait lâché lors d'un petit déjeuner : « Si des mesures urgentissimes ne sont pas prises dans la semaine, il sera presque impossible de sauver l'économie des États-Unis. »

Ce même jour, à la tribune de l'ONU, Nicolas Sarkozy lançait l'idée d'un gouvernement économique mondial : « Apprenons à gérer collectivement les crises les plus aiguës que nul, pas même les plus puissants d'entre nous, ne peut résoudre seul. »

« C'était l'annonce de la création du G20. Avant tout le monde, il a compris qu'à une crise systémique, il fallait une réponse globale », admirait devant moi René Ricol.

Le 25 septembre, retour en France. Le président s'exprimait au Zénith de Toulon devant quatre mille personnes. Sur un ton grave, il posait un diagnostic sombre : « Une crise sans précédent ébranle l'économie mondiale. Des milliers de petits épargnants dans le monde qui ont placé leurs économies à la Bourse voient fondre leur patrimoine. Des milliers de retraités qui ont cotisé à des fonds de pensions craignent pour leur retraite. Les Français ont peur pour leurs économies. Il faut vaincre cette peur… Il faut que l'État intervienne, poses ses règles, prenne des participations, pourvu qu'il sache se retirer quand son intervention ne sera plus nécessaire. L'État est là et fera son devoir. Je n'accepterai pas qu'un seul déposant perde un seul euro, parce qu'un établissement financier est incapable de faire face à ses engagements. »

La banque franco-belge Dexia était menacée *via* sa filiale américaine. Le 29 septembre, sa valeur avait chuté de 30 %. Si la banque plongeait, sa faillite serait catastrophique, puisqu'elle était spécialisée en France dans le financement des collectivités locales. Or, stupeur, ces besoins étaient équivalents au montant de la dette grecque : deux cent cinquante milliards d'euros. Nicolas Sarkozy en était convaincu : pour faire face à la crise, il fallait une coordination européenne et aller vite.

Le 4 octobre, réunion à l'Élysée de ce qu'on appelait le G4, l'Allemagne, la Grande-Bretagne, l'Italie et la France, avec ce mot d'ordre : ne laisser aucune banque aller à la faillite. Sarkozy accueillait Angela Merkel sur le perron de l'Élysée. Bousculant le protocole, la chancelière déclarait aux journalistes : « Chacun doit prendre ses responsabilités nationales. » Traduction : « Pas de décision collective ». Réplique de Nicolas Sarkozy, avec un certain aplomb : « Vous prenez ce qu'a dit la chancelière, vous le traduisez en français, c'est exactement ce que je pense. »

Une solution commune ? Ce jour-là, Angela Merkel, fermée comme une huître, n'avait qu'un mot à la bouche. « *Nein !* » et encore « *Nein !* ».

Elle croyait à la solidité des banques allemandes. Et pourtant, quatre jours plus tôt, lors d'un dîner à Berlin à la chancellerie, elle avait réuni dix patrons français et dix patrons allemands. Tous se disaient confrontés à un même problème : leurs banques ne prêtaient plus. Louis Gallois, le patron d'EADS, racontait qu'il ne pouvait plus vendre d'avion parce qu'elles ne prêtaient plus à Air France. Les patrons de BMW et Mercedes avouaient rencontrer les mêmes difficultés. Le ministre allemand des Finances Steinbrück s'emportait en révélant : « Il y a quinze jours, les banquiers me disaient "la crise des *subprimes* c'est pour Wall Street", et les mêmes viennent me dire aujourd'hui "si vous ne trouvez pas deux cents milliards, on va tous sauter !" »

Merkel était donc prévenue. Il n'empêche, à Paris, croyant que Nicolas Sarkozy voulait lui forcer la main, elle ne voulait pas céder. Revenue à Berlin, elle constatait que les banques allemandes étaient contaminées. La quatrième d'entre elles,

Hypo Real Estate, vacillait. Les Allemands, paniqués, commençaient à retirer leur argent, ils avaient peur.

Le lendemain, elle annonçait que l'État garantirait les dépôts bancaires «de façon illimitée». Elle abdiquait donc, et publiait dans la foulée un communiqué pour affirmer que «les actions de la France et de l'Allemagne seraient concertées».

Le monde s'enfonçait dans la crise. Le 9 octobre, Gordon Brown appelait Nicolas Sarkoy à 6 heures du matin. Il allait nationaliser trois banques en faillite. Les Anglais affolés, à leur tour, faisaient la queue pour sortir leur argent. Le 10 octobre, les bourses européennes s'effondraient, même chose en Asie. Le marché américain enregistrait sa septième baisse consécutive. Ce jour-là, Sarkozy et Merkel inauguraient le mémorial Charles-de-Gaulle à Colombey-les-Deux-Églises. Une manifestation censée célébrer la réconciliation des deux pays. Les deux dirigeants devaient trouver une direction commune en vue de la réunion de l'Eurogroupe que Nicolas Sarkozy avait convoquée pour le surlendemain à Paris.

«Vous avez trente-six heures pour convoquer tout le monde et monter les cabines de traduction», avait-il lancé à Jean-David Levitte dans l'avion du retour.

Après le déjeuner, conférence de presse commune. Le couple franco-allemand parlait – presque – au diapason. Mme Merkel avait pris conscience que la politique du cavalier seul n'était plus praticable.

Le dimanche 12 octobre, Nicolas Sarkozy réunissait à l'Élysée pour la première fois les seize chefs d'État et de gouvernement de la zone euro, avec un invité surprise, Gordon Brown, venu leur expliquer son plan de sauvetage des banques. Le magicien du libéralisme anglo-saxon donnait des leçons d'interventionnisme aux continentaux. Dès le 8 octobre, il avait été le premier à proposer la garantie de l'État britannique aux prêts interbancaires. Ainsi les banques seraient assurées, quoi qu'il arrive, de préserver l'argent qu'elles auraient prêté à d'autres établissements financiers. Une intervention décisive.

L'Eurogroupe adoptait, après quatre heures de discussions, un plan en trois volets : injection de liquidités dans le système financier, garantie de l'État, recapitalisation des banques défaillantes.

Depuis la veille, les services de Bercy et de Matignon préparaient le projet de loi. Le plan de sauvetage ne lésinait pas sur les milliards : trois cent soixante. C'était beaucoup d'argent pour consolider les banques, mais ce n'était pas l'argent public. Les trois cent soixante milliards seraient empruntés au taux du marché par la France. L'État prêterait ensuite cet argent aux banques, à des taux supérieurs. Il serait donc gagnant et il n'en coûterait rien au contribuable.

Vite rédigé, le projet de loi était soumis au Conseil d'État le soir même. Un dimanche ! Le lendemain matin, il était adopté lors d'un Conseil des ministres extraordinaire pour être soumis l'après-midi au vote de l'Assemblée nationale. Au moment où les députés entraient dans l'hémicycle, tous les chefs d'État et gouvernement de l'Eurogroupe tenaient chez eux à 15 heures une conférence de presse pour décliner chacun sa version du soutien aux banques. Une chorégraphie imaginée par Nicolas Sarkozy.

L'UMP, le Nouveau Centre, quatre non-inscrits parmi lesquels François Bayrou, approuvaient le projet. Le parti communiste et les Verts votaient contre, les socialistes s'abstenaient, avec Laurent Fabius à la manœuvre, alors que Jérôme Cahuzac, vice-président du groupe, reconnaissait à la tribune : « Vous avez probablement réussi à juguler l'une des plus grandes crises financières depuis les années 1930 ». Manuel Valls allait dans le même sens en exprimant ce regret : « Un grand parti d'opposition n'aurait pas dû prôner l'abstention pour un projet qui voit enfin l'Europe jouer son rôle, et se doter d'un véritable outil opérationnel. »

Et de trancher : « Il manque des hommes d'État aujourd'hui au Parti socialiste. »

Les élus UMP étaient fiers : à l'Élysée, il y avait quelqu'un à la barre. Pour une fois, la presse quasi unanime applaudissait le président.

Le 15 octobre, les vingt-sept, réunis à Bruxelles, endossaient le plan. Une fois de plus, Sarkozy plaidait pour la tenue d'un Sommet international sur la réforme du système financier mondial. Deux jours plus tard, il assistait au Québec au sommet de la francophonie, accompagné de José Manuel Barroso, président de la Commission européenne, et de Christine Lagarde, ministre des Finances. Une courte visite. Nicolas Sarkozy téléphonait à George Bush : « Je suis à deux heures d'avion de chez toi, je viens te voir. » Un ultimatum.

Le lundi matin, entouré des mêmes, il débarquait à Camp David, la résidence des présidents américains, avec en tête son idée fixe : le convaincre de réunir le premier G20. Son mandat se terminant deux mois plus tard, Bush n'était pas très chaud, et même très réticent. Il était déjà sur le départ.

« Avec ce G20, tu termineras ton mandat sur un coup d'éclat, tu entreras dans l'Histoire », insistait son homologue français. Après lui, Christine Lagarde plaidait dans le même sens, en anglais, avec un brio qui avait ébloui Sarkozy. Bush aimait bien Christine Lagarde. Elle m'avait confié qu'elle lui apportait toujours des macarons de chez Ladurée, son péché mignon. Le président américain avait fini par lâcher du lest.

Sarkozy avait choisi la date : le 15 novembre[1].

« D'accord pour débattre, mais pas question de décider : mon successeur aura déjà été élu », lui faisait remarquer Bush.

Et pas question non plus que la réunion ait lieu à New York, comme le voulait Sarkozy, la ville d'où était partie la crise financière. Elle aurait lieu à Washington.

---

1. Le jour où les socialistes tenaient congrès à Reims.

Le 22 octobre, le Parlement européen, à une écrasante majorité, votait pour la création d'un gouvernement économique de la zone euro. Sarkozy s'était bien fait comprendre.

Lui-même se serait bien vu président d'un Eurogroupe réunissant les chefs d'État pour faire avancer le dossier jusqu'à ce que la présidence de l'Union revienne à un pays appartenant à la zone euro, c'est-à-dire l'Espagne en 2010. Logique : la République tchèque, qui succédait à la présidence française, n'appartenait pas à la zone euro et son président, Vaclav Klaus, était un anti-sarkozyste épidermique.

Alain Lamassoure, député européen français qui présidait la commission des budgets à Strasbourg, m'avait confié que c'était « une bonne idée, mais dans l'idéal, il aurait fallu que Jean-Claude Junker, qui présidait l'Eurogroupe au niveau des ministres des Finances, une instance qui se réunissait chaque mois, le lui demande personnellement. » Or celui-ci fulminait : « Sarkozy me prend pour un con, je ne suis pas un con. Pas question de lui céder la place. »

Et puis, pour institutionnaliser ces eurosommets, l'unanimité était nécessaire : il ne l'aurait pas obtenue. Les vingt-sept jugeront Sarkozy « exceptionnel » à la fin de sa présidence, saluant son obstination, sa réactivité, sa façon de bousculer la routine, admirant sa capacité de travail inépuisable, sa résistance physique. Il était un leader pour temps de crise, mais était jugé trop vorace.

Je me souviens d'avoir rencontré José Manuel Barrroso quelque temps après, avec Jean-Pierre Elkabbach. Il nous avait confié que cette présidence Sarkozy l'avait épuisé : « Il nous convoquait tous les dimanches. » Il l'avait accompagné à Pékin, au sommet Europe-Asie, où il l'avait vu, tenace et infatigable, arracher à la Chine sa participation au sommet du G20 à Washington.

Le vendredi 13 décembre, c'était presque la fin de la présidence française, et pour Nicolas Sarkozy la dernière conférence de presse. « Ce que j'ai fait m'a passionné. Ce fut pour moi une ouverture d'esprit et pas une charge. Est-ce que cela va me manquer ? s'interrogeait-il... Peut-être. »

Pierre Sellal, le représentant permanent de la France à Bruxelles, me racontera, encore ébloui, le vote final de son dernier Conseil européen. Le moment où les vingt-sept doivent s'accorder autour des conclusions des experts sur le programme français. Trente pages écrites dans un jargon mi-anglais, mi-français, une mauvaise synthèse de tous les compromis.

« Ce jour-là, nous nous réunissons tous à 9 heures. Sarkozy m'annonça : “À midi, tout doit être terminé.” Je lui ai répondu : “Monsieur le président, il faudrait d'abord donner dix minutes aux délégations pour qu'elles aient eu le temps de lire ce texte...” Il m'avait répondu : “Pas question. On commence tout de suite. Mettez-vous à côté de moi.” On était à peine à la page 3, tout le monde levait la main, chacun voulant rajouter un amendement. Les chefs d'État et de gouvernement n'y comprenaient rien. Je leur passais des bouts de papier pour qu'on leur réponde. Il me disait : “Non, on continue...” Quelqu'un levait le doigt, il le rabrouait. Au bout d'une heure et demie, on avait passé en revue les trente pages et c'est là que, tout sourire, Sarkozy avait conclu : “Bon, puisque je vois que tout le monde est d'accord, on signe.” Eh bien figurez-vous que tout le monde s'est levé pour l'applaudir. Une véritable ovation. Tous étaient contents de terminer sur une note positive, et ils ont tous signé ! »

Le doyen Silvio Berlusconi saluait « l'extraordinaire présidence française ». La fascination l'emportait sur l'agacement.

Alain Lamassoure, ex-giscardien et ami d'Alain Juppé, avait bien résumé pour moi les choses : « Lorsque Nicolas a pris la présidence de l'Union, tout le monde ressentait le besoin d'un leader. Et il l'a été. Comme personne, il sait motiver les gens pour les faire avancer. Comme personne, il sait convaincre. Tous l'ont admiré, mais ils ne sont pas tombés amoureux. Ses manières, ses aspérités les ont parfois chiffonnés car il pouvait leur balancer des vacheries. Le bateau européen affrontait les quarantièmes rugissants. On n'allait tout de même pas reprocher au skipper d'avoir mauvais caractère... Il a des qualités sur la scène internationale que je n'ai connues à aucun autre. Ce qu'il a fait comme président de l'Union, aucun – pas même Giscard – n'aurait été capable de le faire. »

J'ai écrit deux livres sur Nicolas Sarkozy : une biographie et l'histoire de son quinquennat[1]. Il est et demeure à mes yeux un personnage hors normes doté de qualités exceptionnelles qui m'ont toujours impressionnée, et de défauts qui m'ont souvent navrée. Ainsi de son inaptitude à maîtriser son verbe et son comportement.

Chaque semaine, je me demandais : pourquoi dit-il cela ? Quel besoin a-t-il de vexer celui-ci ou celle-là, de blesser telle profession ou telle autre ? Comme s'il expurgeait un trop-plein de vitalité et de colère mêlées, révélant un conflit entre son intelligence et son tempérament.

Je pourrais dresser la liste de ses dérapages qui lui ont fait tant de torts, mais il n'est pas banal qu'il les ait lui-même répertoriés pour s'en battre la coulpe dans un livre, *La France pour la vie*, publié en janvier 2016. Il présidait l'UMP et se préparait alors à concourir à la primaire pour la présidentielle en novembre. Entre autres :

« Je mesure ce que j'ai pu avoir d'exaspérant pour les autres... Choisir ses mots... j'ai souvent méconnu cette exigence. »

« "Casse-toi, pauvre con !", ce fut une bêtise de répondre à l'individu qui m'avait agressé. Je le regrette. J'ai abaissé la fonction présidentielle. Pour être humaine, elle était inappropriée. »

1. *Un pouvoir nommé désir*, Grasset, 2007 et *L'Impétueux*, Grasset, 2012.

« Habiter la fonction présidentielle m'a pris du temps. Il m'a fallu plus de temps que de raison pour dompter mon tempérament. »

« Traiter les magistrats de petits pois : je n'aurais pas dû le dire. »

Quelle erreur, en effet ! Quand on connaît la suite, on songe au mot de Napoléon : « La balle qui me tuera portera mon nom. »

Le 7 octobre 2007, Michel Drucker recevait Rachida Dati, la ministre de la Justice, dans son émission *Vivement dimanche*. Nicolas Sarkozy avait accepté d'être interviewé et il revenait sur la cérémonie d'installation du nouveau Premier Président de la Cour de cassation, le 30 mai précédent. Ces magistrats n'en finissaient pas de le remercier d'être là. À quoi songeait-il à ce moment-là ? Il allait nous le révéler : « Je regardais la salle. Je voyais 98 % d'hommes qui se ressemblaient tous : même costume, même origine, même formation, même moule… la tradition des élites françaises, respectable bien sûr. Aussi, voir Rachida, assise dans son grand fauteuil rouge au milieu de tous ces hommes, franchement, j'étais ému. » Il aurait pu s'arrêter là. Mais non, il ajoutait : « Je n'ai pas envie d'avoir autour de moi des gens sortis du même moule, les mêmes personnes, alignées comme des petits pois, de la même couleur, du même calibre, de la même saveur, ce n'est pas comme cela que je vais rassembler la France… Si la diversité ne vient pas par le bas, il faut que je l'impose par le haut. Si je veux être sévère avec les voyous, il faut aussi qu'il y ait des symboles comme Rachida. »

Très content de sa formule, il reparlera des « petits pois » devant les députés.

Quand éclateront, en janvier 2011, les manifestations des magistrats sur tout le territoire, le terme « petit pois » sera inscrit sur leur pancarte. Le monde judiciaire n'a jamais digéré son hymne à la macédoine.

Dans l'immédiat, les réactions ulcérées des plus importants « petits pois » n'allaient pas simplifier la tâche de la ministre, affairée à un vaste programme de mutation des procureurs généraux afin de féminiser la hiérarchie. « Pourrait-on vous suggérer d'adopter des méthodes moins brutales ? » lui demandait Philippe Bilger, avocat général à la cour d'appel de Paris. Quatre ans plus tard, le même, dans un entretien au *Monde*, y reviendra pour dire que « les petits pois furent un tournant, la première seconde de l'humiliation… Sur le plan de l'État de droit, Sarkozy est devenu une sorte de Caligula au petit pied. »

Une comparaison audacieuse : Caligula, empereur romain, tyran sanguinaire, souhaitait que le peuple romain n'eût qu'une tête pour la trancher d'un seul coup. Il mourut assassiné.

Autre tort : en janvier 2009, lors de ses vœux au monde judiciaire et sans attendre les conclusions de la commission Léger, il en annonçait les résultats : la suppression du juge d'instruction à la française qui instruit à charge et à décharge – une anomalie, contraire aux principes européens selon lesquels la même personne ne peut à la fois instruire et juger. On le remplacerait par le juge de l'instruction, nuance. Depuis longtemps, des juristes de droite et de gauche, s'inquiétant des pouvoirs discrétionnaires du juge – l'affaire d'Outreau en avait été le révélateur –, réclamaient une réforme qui méritait une vaste concertation.

Mais, en parlant trop tôt, le président allait tuer la réforme dans l'œuf. Les syndicats des magistrats appelaient à la mobilisation contre un projet dont ils détournaient la portée, y compris ceux qui étaient disposés à l'accepter. Une hystérisation gagnait la planète judiciaire. Leur haine de Sarkozy n'a plus jamais cessé. On frôlait l'irrationnel. Les syndicats de la magistrature appelleront à voter Hollande en 2012.

L'acharnement de la justice et de *Mediapart* contre lui m'interpelle toujours.

À commencer par cette scène, filmée en août 2010, aux universités d'été à La Rochelle. On y voit Hollande apostropher Edwy Plenel :

— Alors, tu n'as pas encore arrêté le délinquant ?

— Euh, non, je fais mon travail.

— Vous avez fait plus que votre travail. »

Un militant passe, s'arrête et lance à Plenel :

« On va l'avoir, Sarkozy, ce con ? »

Hollande, rigolard :

Il a tout dit… »

Comme c'est étrange et quelle coïncidence : entre les deux tours de la présidentielle, *Mediapart* publiait la photocopie d'un document insinuant que Nicolas Sarkozy aurait reçu 50 millions de Kadhafi pour financer sa campagne en 2007.

Le Parquet national financier créé en 2013 par François Hollande offrait au juge Tournaire et à ses équipes une débauche de moyens en billets d'avion et nuits d'hôtel pour aller chercher des preuves en Libye, en Afrique du Sud, en Tunisie. On sait aujourd'hui que le document était un faux. De l'argent libyen, il en avait bien été versé, mais sur le compte de l'intermédiaire libanais Takieddine, qui l'avait gardé pour lui.

Toujours à la recherche de l'argent libyen, les juges allaient mettre sur écoutes l'ancien président et son avocat Thierry Herzog durant quatre mille cinq cents heures ! Du jamais vu !

« Ne vous inquiétez pas, je le surveille, Sarkozy, je sais exactement ce qu'il fait », s'était vanté Hollande devant des députés socialistes le 17 février 2014.

Que voulait-il dire ? Qu'insinuait-il ? Comment ne pas se poser de questions ?

Trois semaines avant les primaires de la droite, en octobre 2016, *Mediapart* publiait un témoignage de Takieddine. Il racontait avoir porté des valises d'argent libyen à Nicolas Sarkozy lorsqu'il était ministre de l'Intérieur. De gros mensonges, comme l'enquête ultérieure le démontrera, mais qui n'ont sûrement pas été sans effet sur les résultats de la primaire.

Dans l'affaire Bettencourt, suspecté par les juges d'abus de faiblesse et mis en examen, il fut entendu douze heures durant à Bordeaux par le juge Gentil. Six mois plus tard, il obtenait un non-lieu.

Les procès se succèdent et beaucoup de ceux qui les ont suivis le constatent : aveuglés par l'image qu'ils ont de lui, – celle du *bad boy* usurpateur qui les a humiliés –, entre ce qu'ils imaginent, leur intime conviction et le réel, les juges peinent à faire la différence. Alors ils n'écoutent pas la défense. Qu'importe que celle-ci soit structurée, argumentée, solide, leur *a priori* est si défavorable qu'ils demeurent sourds.

Le monde judiciaire est un corps singulier, à part qui comporte en son sein de grandes rivalités, des haines, des jalousies dans la course aux honneurs, aux décorations, mais il chasse en meute contre celui qui est devenu son ennemi juré, Nicolas Sarkozy. C'est un monde de l'entre-soi, endogamique, qui étudie, se marie, se reçoit, vit ensemble. De bon niveau culturel, il mène une vie laborieuse, compliquée, assez mal rémunérée. Il souffre à raison de ce manque de reconnaissance de la nation. Pour certains (pas tous) de ce monde-là, ceux qui sont mus par leur idéologie, le monde extérieur (dont les avocats font partie) est celui de la faute, donc de l'ennemi infréquentable, surtout lorsque comme eux, on s'arroge de droit, et parfois en le bafouant, le monopole de la vertu, de la pureté et de la croisade morale.

En termes de fracas médiatique, une autre petite phrase qu'il regrettera (« Je n'aurais pas dû, etc. ») allait mettre le feu à l'Université et la Recherche. À la mi-janvier 2009, Sarkozy recevait à l'Élysée les présidents d'universités, les directeurs des grandes écoles et des organismes de recherche : la France des sachants, comme on dit. Très en verve, il n'y était pas allé par quatre chemins : « À budget comparable, un chercheur français publie de 30 à 50 % de moins qu'un Britannique. Depuis des décennies, le conservatisme l'a emporté. Il faut permettre aux meilleurs talents d'être enfin reconnus et récompensés. La condition, c'est d'évaluer ses activités. La recherche sans évaluation pose un problème. Il faudra m'expliquer pourquoi la France est largement dernière dans la production scientifique dans le monde… Je ne veux pas être désagréable, mais si l'on ne veut pas voir cela, je vous remercie d'être venus, il y a de la lumière, c'est chauffé, on peut continuer. La réalité n'est pas désagréable parce que je le dis. C'est désagréable parce qu'elle est la réalité. » L'auditoire était estourbi par ce coup de boule présidentiel. Et ses amis, consternés. Valérie Pécresse, la ministre chargée de la réforme, regrettait ses propos devant moi : « Si l'on veut entraîner un corps dans la réforme, il vaut mieux lui dire qu'on l'aime. Il manquait l'hommage sincère à des types géniaux. »

Cette franchise abrupte, qui le délivrait de ses tensions, lui procurait une visible satisfaction. Un plaisir masochiste, c'était tendre les fouets pour se faire battre. Le monde de l'éducation étant très susceptible, cent vingt-huit chercheurs dénonçaient, dans une lettre ouverte au chef de l'État, « le manque de considération dont vous avez fait preuve ». Dix jours plus tard, cinquante-cinq universités sur quatre-vingt-trois étaient en grève : les étudiants défilaient par centaines à Rennes, Nantes, Poitiers. La gauche défilait avec eux. La grève allait durer cinq mois. Pour la première fois, elle était déclenchée par des professeurs qui ne supportaient pas qu'on veuille toucher à leur statut. Les effigies de Xavier Darcos, l'initiateur de la réforme de la formation des maîtres, et de Valérie Pécresse étaient brûlées dans la cour de la Sorbonne.

Autre embrouille, dont allaient se régaler les médias : le conflit très français qu'il allait déclencher à propos de *La Princesse de Clèves*, roman de Mme de Lafayette, publié en 1678. Il l'avait cité dans un meeting durant sa campagne, non pour réclamer sa lecture, mais au contraire estimer qu'il n'était pas indispensable de l'exiger au programme du concours des attachés d'administration. Et il l'avait redit deux fois depuis qu'il était à l'Élysée. Les enseignants-chercheurs avaient le bon motif pour l'accuser de vouloir bâillonner l'intelligence et la liberté de penser. Au Salon du livre de Paris, en mars 2009, les badges métalliques bleu ciel «Je lis *La Princesse de Clèves*» étaient plus recherchés que les livres. Partout en France, des lectures publiques de l'œuvre étaient organisées : sur les campus, dans les théâtres, à Paris au Panthéon. Il ressortait de cette polémique l'idée bien ancrée à gauche que la droite est contre la culture. Les éditeurs du roman avaient écoulé tous leurs stocks.

À l'Élysée, on tentait de calmer les esprits. Le président avait juste voulu souligner le fossé qui existe entre les programmes et la réalité des gens. Était-il utile, au concours des gardiens de la paix, de demander si «Platon était un philosophe grec ou un général américain?»

«Il n'est pas digne de jouer la carrière d'un homme ou d'une femme sur une question du *Jeu des mille francs*», tranchait André Santini, le ministre de la Fonction publique.

De toutes les polémiques, c'était peut-être celle qui a le plus atteint Nicolas Sarkozy. Lui inculte? Insatiable dans sa curiosité, hypermnésique, il allait combler tous ses retards. Dans les voyages devant ses ministres, il allait faire étalage de ses connaissances. Nous-mêmes les journalistes, à chaque rencontre, avions droit à plus d'un quart d'heure de cours de littérature, moderne ou classique. Et justement, il avait le chic pour pointer devant nous le roman d'un auteur qui nous était pourtant familier, toujours celui que nous n'avions pas lu. J'appelais ça la séquence Lagarde et Michard… Le président ne se déplaçait plus qu'avec un livre à la main, comme François Mitterrand. Au Conseil des ministres, il posait sur la table celui qu'il était en train de lire.

François Hollande, lui, n'a jamais eu ce complexe. Interrogé sur ses lectures par Michel Onfray lors de sa campagne de 2012 :

« Quel est le livre qui vous a le plus marqué ?

— *Le Petit Prince*, de Saint-Exupéry, avait-il répondu (Morale charmante et enfantine : on ne voit bien qu'avec le cœur. On me l'avait offert à Périgueux pour ma communion solennelle !)

— Quoi d'autre ?

— Marcuse.

— Quel livre en particulier ?

— Tout Marcuse. »

Cela m'avait amusée. Le futur président avouait gentiment son inculture. Il n'a jamais lu un roman de sa vie. Un été, les photographes l'avaient saisi dans un canot pneumatique avec un livre à la main, *L'Histoire pour les nuls* ! En ce sens, il n'était pas un héritier de François Mitterrand, ce qui n'avait pas eu l'air de froisser les intellectuels de gauche.

Nicolas Sarkozy ne reviendra pas au pouvoir. En garde-t-il l'idée dans un coin de sa tête ? Peut-être. Lui dit que non, qu'il a tourné la page. Quand on le rencontre, il nous parle des manifestations de soutien qui lui arrivent tous les jours. Son aura demeure grande auprès des militants et au-delà. Il est le dernier à ce jour à avoir fait gagner la droite, et reculer le Front national. Tous ceux qui concourent dans son camp à la présidentielle ont été ses ministres. On vient le voir pour recueillir ses conseils, se prévaloir de ses encouragements, voire de ses soutiens. Il continue de s'intéresser à tout.

Déjeuner avec lui, ce qui m'arrive de temps en temps, me conforte dans l'idée qu'il est au-dessus du lot. Quel que soit le sujet abordé, il a ce don particulier de rendre limpides les questions les plus compliquées. Il a un avis, tranche, et c'est souvent lumineux.

Édouard Philippe, avec lequel ses rapports furent longtemps distanciés et vinaigrés, l'écrit dans son dernier livre[1] : « C'est sur les sujets internationaux, sur la Russie et la Turquie, sur l'Union européenne ou l'avenir de ses liens avec les États-Unis, sur la démographie mondiale comme facteur d'instabilité, d'opportunité qu'il est le plus pénétrant. »

Pour finir, ce qui m'étonne le plus chez lui, c'est sa finesse psychologique sur les gens et les choses, alors qu'il peut être si brutal. Dans ses livres, les portraits qu'il fait de la classe politique sont surprenants de vérité. Ses improvisations, évidemment travaillées, lorsqu'il décore un ami ou une relation, sont toujours éblouissantes.

Quant à l'hommage qu'il rend à ceux qui sont partis, il sait pour la famille, pour ceux qui les aimaient, trouver les mots qui restent à jamais imprimés dans leur cœur.

---

1. In *Impressions et lignes claires*, avec Gilles Boyer, Jean-Claude Lattès, 2021.

27

UN PRÉSIDENT DIT « NORMAL »

En 2011, l'antisarkozysme était devenu le politiquement correct dans l'opposition et la plupart des médias. L'omniprésident attirait toutes les foudres sur lui. Tranquilles, les socialistes attendaient leur sauveur. DSK : Désiré Strauss-Kahn. La gauche avait le vent en poupe. Le Sénat, qualifié par Lionel Jospin d'« anomalie » parce que toujours à droite, venait de basculer pour la première fois. Qu'il démissionne vite du FMI, qu'il vienne faire campagne, il ne devait pas traîner, question d'image. Même s'il n'était pas un emblème de la sensibilité populaire. En février 2011, les Français jugeaient que DSK était un représentant de cette élite lointaine et sans cœur, loin de leurs préoccupations. « L'affameur du monde », le raillait Mélenchon.

Je me souviens de son interview, en juillet, avec Arlette Chabot sur France 2.

Nous l'avions regardé avec Albin. La première demi-heure, il était éblouissant, s'exprimant avec autorité et compétence. Et puis, peu à peu, il s'était relâché, comme s'il en avait marre, prenant un air indifférent à la fin, presque débranché. Un dilettante. Son péché.

« Dominique était toujours comme ça, il fallait le pousser. On ne savait jamais s'il avait envie d'y aller ou pas », m'expliquera Jean-Christophe Cambadélis.

Patatras ! Il allait rater son rendez-vous avec l'histoire. Arrêté par la police de New York, dans l'avion qui le ramenait à Paris. Une femme de chambre de l'hôtel Sofitel, Nafissatou Diallo – son nom sera connu dans le monde entier – l'accusait de viol. Les images le montraient menotté. Le soir, il dormirait en prison, la France entière était sous le choc… Puis il était assigné à résidence dans un hôtel particulier loué cinquante mille dollars par mois par sa femme. On souffrait pour elle.

En dépit d'un rapport très sévère, le procureur Vance lui rendait sa liberté. DSK n'a pas été jugé, il n'a pas été blanchi non plus. « Il a payé fort une absence passagère de jugement », commentait son avocat américain, Me Brafman. Sa chance est que cette sordide histoire lui soit arrivée avant l'affaire Weinstein et le mouvement #MeToo.

Un très mauvais feuilleton allait commencer, enrichi chaque semaine de nouvelles révélations sur ses addictions sexuelles. Tout le monde le savait au Parti socialiste, beaucoup de journalistes aussi. Des femmes dénonçaient le prédateur. Son « absence de jugement » était décidément permanente.

Seul à l'époque, Éric Zemmour lui apportait à sa façon son soutien, jugeant « ridicule cette affaire ancillaire ». Il faisait le parallèle avec Karl Marx qui avait engrossé la bonne. « DSK, menottes derrière le dos entre deux *cops* new-yorkais, marchant tête baissée, c'est un renversement de la culture royale et patriarcale française. C'est une castration de tous les hommes français. » Il ajoutait aussi que Tariq Ramadan avait été piégé dans l'affaire des viols[1].

Curieusement, les féministes n'avaient pas réagi. Une preuve qu'elles ne lisaient pas ses livres ?

Christine Lagarde remplaçait DSK au FMI. Il revenait à une femme française de relever l'affront.

---

1. *Le Premier Sexe*, Denoël, 2006.

La voie était libre pour François Hollande. Devant lui, ça n'était pas un boulevard, mais un trou de souris. 3 % des Français seulement lui voyaient un avenir. Et c'est lui qui remporterait la primaire, battant Martine Aubry qui l'avait traité de « gauche molle ».

Je n'avais jamais imaginé François Hollande en président de la République. Pour moi, il était un commentateur. Je me souviens de trois ou quatre déjeuners autour de lui chez Lipp avec Michel Drucker et Denis Tillinac. Il ne parlait jamais de lui, n'émettait aucune opinion personnelle. Au menu toujours, l'actualité du jour, qu'il assaisonnait de sel ou de poivre : toujours ses petites phrases entre humour et férocité, et toujours lancées avec un sourire de bon garçon. Merci pour ce moment…

Il était celui auquel des confrères téléphonaient le plus pour avoir le bon mot qui pimenterait leur papier et aussi son analyse sur les rapports de forces politiques. C'est ce qu'il adorait faire. Il s'en était même vanté : « Des articles, j'en ai inspirés et à des journalistes illustres. Un journaliste même sérieux, on peut toujours l'orienter. Il suffit de lui donner le bon angle, la bonne approche, parfois même une information bidon, et ça fonctionne[1]. »

Façon d'avouer son mépris pour notre profession, sans imaginer qu'il se ferait piéger un jour par deux confrères – une sacrée sortie de route.

Je ne l'imaginais pas à l'Élysée, Bernadette Chirac non plus : « Il n'a pas l'envergure », disait-elle. Question style, on voyait qu'il tâtonnait pour trouver le sien. Pendant la campagne des primaires, devant les militants socialistes, il imitait François Mitterrand, sa gestuelle, levant un bras, se couchant sur le pupitre, la bouche collée au micro, voix qu'il faisait monter dans les aigus, même débit, mêmes intonations

1. *Conservations privées avec le Président*, de Karim Rissouli et Antonin André, Albin Michel, 2016.

jusqu'à la lippe moqueuse pour accompagner ses philippiques. Le fantôme de l'ex-président planait sur la réunion. Certains en étaient troublés. Je me disais : quel manque de personnalité ! Il ne suffit pas de se prénommer François ni de l'imiter pour être un Mitterrand.

Il avait fait un régime, perdu ses rondeurs, comme un fiancé qui veut arriver svelte au mariage. Mais il avait pris un visage plus serré, qui gommait sa jovialité. Ça n'était plus lui. Faisait-il plus sérieux ? En tout cas, au Bourget, il réussit ce miracle, avec son grand discours de lancement de sa campagne, de bluffer l'assistance rien qu'avec cette phrase : « Je vais vous dire qui est mon adversaire, mon véritable adversaire. Il n'a pas de nom, pas de visage, pas de parti. Il ne présentera jamais sa candidature. Il ne sera donc pas élu, et pourtant il gouverne. Cet adversaire, c'est le monde de la finance. » Une phrase de son cru qui allait le faire président. Le peuple de gauche se pâmait. Il avait conclu le discours en promettant de « ré-enchanter le rêve français ». Son auditoire trépignait de joie.

Il y avait eu aussi son face-à-face avec Nicolas Sarkozy. Pendant la première demi-heure, le sortant l'avait dominé jusqu'à son anaphore, son « Moi, président » répété quinze fois, et sur quel ton de supériorité ! Sans que son adversaire ne lui coupe la parole. Je n'ai jamais compris pourquoi. « Nicolas le jugeait tellement ridicule qu'il pensait que les gens se moqueraient de lui. Pendant qu'il parlait, il levait les yeux au ciel pour marquer qu'il le prenait pour un charlot, mais les organisateurs du débat, selon les règles définies par les deux parties, ne montrent pas de gros plans sur un candidat quand c'est l'autre qui parle », m'expliquera Franck Louvrier sans tout à fait me convaincre.

Autre version (et celle-là plus récente) que l'intéressé m'a confiée : « Comme la gauche disait de moi que j'étais brutal, je ne voulais pas lui couper la parole. Se faire élire ou réélire, le contexte n'est pas le même. » Il ne m'a pas convaincue non plus. Pendant cette longue tirade, les téléspectateurs avaient regardé le combat d'un coq gaulois, monté sur ses ergots, donnant des coups de bec à un tigre exténué. Presque une fable. Je m'étais dit : Hollande va gagner.

Trois mois avant l'échéance, les sondages promettaient au candidat socialiste une victoire avec 65 % des voix contre son adversaire. Au final, il en obtenait un peu plus de 51 %. La victoire de l'anti-sarkozysme plus que la sienne. François Bayrou lui avait apporté son soutien, mais son propre score était trop juste pour faire de lui un faiseur de roi.

« Il m'a manqué quinze jours », reconnaîtra Nicolas Sarkozy, parti trop tard en campagne.

François Hollande était élu, mais les Français ne croyaient pas en lui. Le 1er juin 2012, un sondage Sofres pour i-Télé montrait qu'une nette majorité (entre 58 et 61 %) estimait que le nouveau président ne parviendrait pas à réduire le chômage, à limiter les plans sociaux, à empêcher les délocalisations, à revenir à l'équilibre budgétaire. Une seule chose leur avait plu : il avait baissé son salaire de 30 %[1], celui des ministres aussi.

« Moi, je n'ai pas eu d'état de grâce, j'ai eu un état de glace[2] » dira-t-il.

Ça commençait mal pour lui, avec des signes bizarres venus du ciel. Beaucoup de pluie, comme si le temps était contrarié. Le 15 mai, à peine la cérémonie d'investiture était-elle terminée, qu'il s'envolait pour Berlin avec pour viatique la renégociation du traité budgétaire européen, dit Merkozy, la réorientation de l'Europe vers la croissance. Ses engagements du Bourget.

Après dix minutes de vol, son avion était foudroyé. Il avait fallu rebrousser chemin. Un événement rarissime. François Hollande avait changé d'avion et était arrivé sans encombre à

1. Qui passait de 21 000 euros à 13 400 euros bruts.
2. *Conservations privées avec le Président*, *op. cit.*

Berlin. On apprendra plus tard que lors de cette première rencontre, il n'avait parlé de rien à la chancelière. Il était sur ses gardes. Il avait à se faire pardonner d'être venu à Berlin soutenir le candidat du SPD en lui disant : « Faites la trouée, après j'arrive », ce que la chancelière n'avait pas apprécié. Elle venait d'être réélue. Et puis surtout, il n'avait aucune expérience de l'Europe et malgré ses promesses, le traité dit « Merkozy » n'a pas été modifié. Les images montraient une Angela Merkel guidant l'impétrant sur le tapis rouge comme un débutant.

Après le premier Conseil européen, son président, le Belge Van Rompuy, déplorait devant Alain Lamassoure : « On voit que Sarkozy n'est plus là. C'est lui qui donnait la direction des débats. Une fois qu'il avait parlé, on se positionnait par rapport à lui. Il était capable de faire changer d'avis les autres. Le discours de François Hollande était une succession de slogans. »

Et pendant cinq ans, je le constaterai, il n'y eut jamais d'initiatives Merkel-Hollande.

Le nouveau président installait un style inédit : la normalitude. « Je ne suis pas un vorace, je n'aime pas les honneurs, les protocoles et les palais », avait-il prévenu dans son discours du Bourget pour se différencier de son prédécesseur honni – un choix qui en réalité venait de loin. Un an avant la présidentielle, il avait dialogué avec son grand ami Edwy Plenel[1], énonçant : « La présidentielle est une lutte, une compétition, mais il n'y a pas besoin d'être un artiste de la manœuvre, un lanceur de poignards, une gâchette remarquable (ce qu'il était pourtant pour ses adversaires), comme si gouverner les autres justifiait d'un tempérament d'exception, comme si la démocratie n'exigeait pas d'abord de ressembler au citoyen. »

1. In *Devoir de vérité*, Stock, 2006.

Résumons : pour entrer à l'Élysée, le président doit être M. Tout-le-Monde. Un énorme contresens ! Une fois élu, François Hollande allait prendre un soin jaloux à se montrer le moins possible dans le lieu du pouvoir. Il se rendait sur les plateaux télé tel un politique lambda, banalisant ainsi son propos. Pour son premier 14 juillet, il avait choisi de se faire interviewer au ministère de la Marine. Les photos de son premier été à Brégançon – il avait voyagé par le train – étaient moins que flatteuses. Elles le montraient, accompagné de Valérie Trierweiler, sur le sable au milieu des baigneurs, lui en tee-shirt ample et pantalons en tire-bouchon – les Bidochon à la plage.

Il n'habitait pas à l'Élysée, continuant de vivre avec sa compagne, dans leur appartement du 15e arrondissement, rue Cauchy, au grand dam des riverains gênés par les cars de police, les contrôles, les demandes de laissez-passer. Ils n'avaient qu'un souhait : qu'il aille donc habiter l'Élysée !

En juin, Poutine était en visite à Paris. Ce jour-là, il avait pris le temps d'aller passer une tête à la fête des Voisins dans son immeuble, lesquels n'en étaient pas revenus ! En novembre, il autorisait *Le Point* à photographier son couple, un samedi matin, menant la vie d'un ménage ordinaire dans son quartier : faisant la queue chez le boucher dont il sortait tenant à la main un sac en plastique, tirant de l'argent au distributeur du coin, allant chez l'épicier qui confiera aux journalistes : « Je n'ai qu'une peur : manquer de Flamby ! » Ça ne s'invente pas. Ajoutons sa cravate toujours de traviole, des costumes pas toujours ajustés. Voilà qui ne faisait pas rêver…

Le président dit normal se rendait au sommet européen de Bruxelles toujours par le train pour « faire simple » en expliquant : « Ce n'est pas médiocre de faire banal, c'est au contraire avoir le respect des Français, être exemplaire », quitte à rentrer à Paris en voiture au milieu de la nuit. Voilà comment on façonne une image présidentielle *low cost*.

Rions un peu : Laurent Fabius, ministre des Affaire étrangères, jamais en retard quand il faut être démago, arrivait à Berlin à bord d'un avion régulier Air France. Mais il avait dû écourter sa conférence de presse, question d'horaire, car il repartait pour Rome sur la compagnie Air Berlin à tarif réduit. Voilà qui rompait avec le passé. Ce qui ne durerait qu'un temps !

Le portait officiel du président de la République, signé Raymond Depardon, était révélateur de son rapport au pouvoir : distancié. Lui debout sur la pelouse, la silhouette coupée au-dessus du genou, dans une pose qui lui faisait un bras plus long que l'autre. Une photo prise dans l'ombre, comme pour souligner qu'il ne serait pas un Roi Soleil. Le palais de l'Élysée était en fond de décor, dans le lointain et dans la lumière. Des drapeaux français et européens, curieusement suspendus, ressemblaient à des draps de bain séchant après la baignade. L'image d'un président du conseil général de Corrèze en visite à l'Élysée, pas celle d'un chef d'État.

Sans doute intimidé par l'opulence des lieux, les premières semaines, il aimait plaisanter devant ses collaborateurs. « Avant d'entrer dans mon bureau, je frappe à la porte. » L'Élysée était pour lui un lieu de travail. Il ne s'y sentait pas à l'aise. Il nous avait invités un jour à quelques-uns d'Europe 1, autour du patron de la rédaction Fabien Namias, vers 11 h 30 à l'Élysée, entouré de deux ou trois collaborateurs. Un huissier était arrivé avec un plateau de rafraîchissements, l'avait posé sur une table basse et était reparti. Je regardais le président, assis au bord du fauteuil, un peu comme on attend chez le dentiste. Nicolas Sarkozy, lui, recevait, bien calé sur son siège, le pied droit reposant sur le genou gauche ou l'inverse. Je ne dis pas que c'est mieux, mais il démontrait au moins qu'il était à l'aise au pouvoir.

Au bout d'une demi-heure d'échanges, comme François Hollande parlait beaucoup et qu'aucun de ses collaborateurs ne nous avait invités à nous rafraîchir, j'avais lancé : «Je vais faire la jeune fille de la maison» et pris en main le service. Très petite anecdote, j'en conviens.

Il n'avait pas encore les codes et ne les avait pas expliqués à sa compagne, Valérie Trierweiler. C'était la première fois qu'un président non marié et vivant en concubinage, entrait à l'Élysée. Cela choquait surtout ceux qui voulaient l'être. Moi pas vraiment, un peu tout de même : je jugeais la situation très humiliante pour elle. La «*First girlfriend*», comme l'appelaient les journalistes américains, récusait le titre de Première dame. «Première journaliste», à la rigueur, lui conviendrait, disait-elle, ce qui avait suscité beaucoup de moquerie chez les confrères. Lors de la cérémonie d'investiture, elle n'avait pas à être derrière le président lorsqu'il saluait l'assistance, serrait des mains, embrassait, s'attardait. Le protocole ne lui avait-il donc rien dit? Comme journaliste, elle avait déjà assisté à des cérémonies d'investiture et vu que les premières dames restaient à leur place. C'était clair à mes yeux : elle cherchait sa part de lumière pour se légitimer.

Aux journalistes qui l'interrogeaient sur le déroulement de la journée, elle avait répondu : «Je le laisse aller seul à l'Arc de Triomphe», comme s'il devait lui demander la permission. Elle avait bien fait de ne pas l'accompagner. Debout dans la voiture, remontant les Champs-Élysées, le président avait été rincé par la pluie.

Je me souviens d'elle, le 14 juillet 2013, spectaculaire dans une tenue couleur framboise. À la fin du défilé, elle avait quitté la tribune officielle pour suivre encore une fois son compagnon qui allait complimenter les militaires organisateurs du défilé. Elle s'était ainsi trouvée entre le président de la République et le Premier ministre, Jean-Marc Ayrault, à serrer, comme eux, les mains des militaires. «Mais qu'est-ce qu'elle fout là?» s'était étonné Albin.

«Moi, président, je ferai en sorte que mon comportement soit exemplaire…» (anaphore n°9), avait-il promis, façon de dénoncer – moralisateur – le mélange de vie publique – vie privée de son prédécesseur. Mais il allait vite être rattrapé par ses histoires personnelles avec le tweet de Valérie Trierweiler qui soutenait Olivier Falorni (un premier fédéral du PS, et fidèle qui avait souvent abrité leurs amours) aux législatives de La Rochelle et adversaire de Ségolène Royal. Elle était venue s'y présenter, laissant sa circonscription dans les Deux-Sèvres à Delphine Batho qui, elle, avait été élue au premier tour. François Hollande s'était engagé pour la mère de ses enfants. Il lui devait bien ça. Sa compagne ne l'avait pas supporté, et ce d'autant moins que Ségolène faisait savoir son désir d'avenir : être présidente de l'Assemblée nationale avant même d'être élue, ce qui signifiait qu'elle ne serait jamais très loin de lui, ce qui rendait folle Trierweiler. Les quatre enfants prenaient fait et cause pour leur mère, forcément. Et le président apparaissait comme un homme pris en tenailles entre deux femmes au fort caractère. Pas vraiment un mâle dominant.

Olivier Falorni fut élu. François Hollande ne lui a plus jamais fait signe.

Après quoi, rien ne serait plus comme avant. «François me fait totalement confiance, sauf pour les tweets», expliquait celle qui était submergée par sa jalousie à l'égard de Ségolène Royal. Obsessionnelle, même, alors que c'est elle qui lui avait pris son homme. Une belle erreur de jugement. Ça n'était pas le passé qui la menaçait. Elle aurait mieux fait de se méfier de l'avenir. Elle allait vite apprendre la liaison du président avec Julie Gayet. Le magazine *Closer*, photos à l'appui, dévoilait qu'il se rendait chez elle, à deux pas de l'Élysée, en scooter derrière le policier de service, casqué comme un Daft Punk. Des images de bande dessinée pour ados. La situation devenait pour lui ingérable. Valérie Trierweiler multipliait les scènes de ménage. Il se racontait qu'elle aurait cassé des vases à l'Élysée. «Elle me battait», confiera-t-il à un ami (qui me l'a raconté), un soir tard à l'Élysée, un whisky à la main.

La rupture était inévitable.

Le 25 janvier 2014, on apprenait que François Hollande s'était séparé de sa compagne par un communiqué de l'AFP : «Je fais savoir que j'ai mis fin à la vie commune que je partageais avec Valérie Trierweiler», une formule lourde, pléonastique. Une répudiation glaciale, machiste, qui appelait la vengeance après neuf ans de vie quasi conjugale. Valérie Trierweiler publiait six mois plus tard un brûlot intitulé *Merci pour ce moment.* À l'en croire, le président était un gros menteur. Issue d'une famille qui ne vivait pas dans l'aisance, avec un père handicapé de guerre et une mère caissière à la patinoire d'Angers, il lui aurait dit, après une visite : «Elle est pas jojo la famille Massonneau.» Il l'appelait Cosette. Bref, elle soulignait le mépris de classe de son compagnon envers elle, et aussi un complexe social. «Avec Julie Gayet, il est dans son monde», écrivait-elle. Elle racontait aussi qu'il se moquait des pauvres en les qualifiant de «sans dents», la phrase qui avait le plus touché François Hollande. On s'en indignait dans la France profonde. Les ventes du livre explosaient.

«Celle qui souffre le plus n'est pas celle qui se plaint le plus», m'avait lâché Ségolène Royal un jour devant un café, façon de me faire comprendre qu'elle aussi en avait pas mal bavé avec son ex.

Après quoi, jusqu'à la fin de son quinquennat, François Hollande allait mettre un soin jaloux à cacher sa vie privée, comme si Julie Gayet n'existait pas, alors qu'elle vivait avec lui à l'Élysée par intermittence. Une frustration pour une femme aimante qui a besoin d'une reconnaissance affective. Elle était demandeuse, quoi de plus normal. Mais il l'avait avertie : «Pas d'officialisation, y compris pour le second quinquennat.»

Pour la Journée de la femme en 2016, il avait donné une interview à *Elle*. Il s'était fait photographier à l'Élysée devant de lourds rideaux fermés, comme pour illustrer que son horizon était bouché. Il n'avait pu échapper à une question sur Julie Gayet. « C'est un sujet sur lequel je n'ai rien à dire », avait-il répondu comme si le sujet, c'est-à-dire elle, n'était rien. Une formule humiliante. « Je ne répondrai pas à votre question » eût été moins offensant.

Tout cela laissait deviner un personnage à la chaleur factice, un indifférent sur qui tout glisse. Comme il l'avait reconnu sans ambages : « Je ne suis touché par rien. Qu'il y ait des humeurs, des modes, des excès, cela fait partie de la démocratie. Je laisse faire, je laisse dire… Mes nerfs ne sont pas à vif. J'ai les nerfs froids[1]. »

Je sors un peu du sujet. Lorsqu'avait éclaté l'affaire Cahuzac – un ministre du Budget chargé de traquer les fraudeurs, qui possède un compte en Suisse, le nie devant la représentation nationale, sur les plateaux télé pour finir par l'avouer lorsque les preuves devinrent trop accablantes –, on était bien loin de la République exemplaire (anaphore n° 9). François Hollande s'était exprimé à l'Élysée, mais pas du tout en majesté dans son bureau, curieusement devant des portes closes. Il avait l'air d'être enfermé dans un placard. Pour parler moralisation de la politique, c'était raté pour la solennité.

Meurtri, blessé par les mensonges de celui qu'il considérait comme un des meilleurs ministres du gouvernement, celui qui aux questions d'actualité était le plus cruel et donneur de leçons à l'opposition au point que je m'étais dit : il doit avoir des choses à cacher. François Hollande voulait frapper fort : « Je serai implacable », lançait-il l'après-midi devant les journalistes. Il annonçait que les ministres devraient rendre publiques leurs déclarations de revenus et de patrimoine dès

1. Interview sur France 2, en avril 2013.

le lundi suivant. Pour les députés, ce serait après le vote de la loi. Certains ministres devançaient l'appel en exhibant dès le lendemain leurs revenus très modestes : Christiane Taubira annonçait n'avoir que deux vélos pour tout patrimoine, Arnaud Montebourg, Cécile Duflot, et même Pierre Moscovici dévoilaient ne pas posséder grand-chose, comme s'ils n'en étaient que plus dignes de faire de la politique.

Marisol Touraine, la ministre de la Santé, avait déclaré payer l'ISF. Je me souviens d'un électeur de sa circonscription qui déclarait, choqué, au micro d'Europe 1 : « Ah, ça, j'aurais jamais cru ça d'elle. Je ne voterai plus pour elle. »

La France a toujours été un pays qui a une relation névrotique avec l'argent. La réussite dérange. Cette transparence exigée induisait que les petits salaires et les économiquement modestes étaient plus aptes à être ministres que ceux qui n'avaient aucun problème de fin de mois.

La Haute Autorité pour la transparence de la vie publique était créée. Elle serait présidée par Jean-Louis Nadal, ex-procureur général honoraire près de la Cour de cassation, qui se décrivait comme un homme de gauche et détestait Nicolas Sarkozy. Il espérait être nommé au Conseil constitutionnel en quittant son poste, en 2011, mais pour avoir critiqué plusieurs fois la politique pénale du président, celui-ci l'avait reçu à l'Élysée pour l'assommer : « Ses propos étaient si violents que j'en étais gêné pour Nadal qui était reparti presque titubant », m'avait confié Claude Guéant. Conséquence : il s'était rendu chez Jean-Marc Ayrault. Il demandait à la Cour de justice de la République d'ouvrir une enquête pour abus d'autorité de la ministre de l'Économie, Christine Lagarde. En cause, l'arbitrage pour clore le conflit entre Bernard Tapie et le Crédit lyonnais.

François Hollande créait aussi, sur sa suggestion, le Parquet national financier. C'était offrir aux juges deux armes de destruction massive contre les politiques.

«Le changement, c'est maintenant», promettaient les slogans de la campagne de François Hollande.

Après le départ de Nicolas Sarkozy, pour moi le changement, c'était qu'il ne se passait plus rien à l'Élysée, comme si l'électricité avait été coupée. On n'entendait pas le président, on ne le voyait plus. Fini les cartes postales quotidiennes. «Son attentisme est pire que la gesticulation de Sarkozy parce qu'il n'est pas en phase avec l'anxiété du pays», philosophait Marcel Gauchet dans *Le Monde*.

Entre sa première interview, en septembre 2012, sur TF1 «J'ai un cap», et la seconde sur France 2 «J'ai une boîte à outils», il s'était écoulé sept mois. Or la situation était assez grave pour devoir être exposée plus souvent. Entre-temps, le pouvoir avait opté pour la rigueur, mais sans prononcer le mot, ni l'assumer par la suite. Hollande comptait-il sur Jean-Marc Ayrault pour prendre le relais? Mais il n'était pas un homme de communication, il le savait. Maire de Nantes pendant vingt-cinq ans, président du groupe parlementaire socialiste pendant dix-huit ans, jamais aucun hebdomadaire de gauche ne lui avait consacré sa couverture. Pour moi, tout était beige chez lui – le teint, le poil, la parole. Il n'était pas un orateur.

L'un comme l'autre n'avaient jamais eu d'expérience ministérielle. François Hollande l'avait choisi parce qu'il était sûr qu'il ne lui ferait pas d'ombre. À président normal, un Premier ministre encore plus normal – qui partait en vacances en famille dans son combi Volkswagen. Pas d'ombre donc, mais il allait le surprendre.

Premier test : son discours de politique générale, écrit par sa plume, Olivier Faure (actuel premier secrétaire du PS). Bien sûr, le texte avait été envoyé à l'Élysée avant d'être prononcé. On lui avait fait subir pas mal de retouches, de raccourcis. Et, stupeur : devant les députés, Jean-Marc Ayrault prononçait la première mouture de son discours, montrant qu'il se moquait pas mal des corrections élyséennes.

Il multipliait les « je veux », « je vais », dans un discours-fleuve d'une heure cinquante sur un ton monocorde et anesthésiant. C'était long.

À l'Élysée, ce fut la stupéfaction. Le Premier ministre appliquait l'article 20 de la Constitution sans avoir le feu vert présidentiel.

Agacé sur le moment, François Hollande ne lui avait fait aucune réflexion, aucun reproche, lors de leur tête-à-tête hebdomadaire. Une habitude chez lui.

Lorsqu'on demandait à Jean-Marc Ayrault, au début du quinquennat, comment il travaillait avec le président, il répondait : « Lui écrit la partition et moi, en chef d'orchestre, je l'interprète. » Aussi quelle ne fut pas la stupeur de la majorité lorsqu'en janvier 2013, le Premier ministre signait dans *Le Monde* une tribune intitulée « Pour un nouveau modèle français », comme s'il était, lui, l'inspirateur de la politique. Article 20 de la Constitution.

Lors des vœux au gouvernement, François Hollande leur avait lancé : « J'ai la conviction que la politique de votre gouvernement portera ses fruits. » Oui, ils avaient bien entendu, il n'avait pas dit « notre politique ». Comme s'il voulait se préserver.

« Moi, président, je ne traiterai pas mon Premier ministre de collaborateur » (anaphore n° 5). François Hollande le laissait faire, peut-être parce qu'au fond, cela l'arrangeait. La version des institutions gaullistes à la sauce hollandaise.

On arrivait là à l'essence même du hollandisme : se dégager quand les choses risquent de mal tourner. « François refuse d'assumer le caractère régalien du pouvoir », se lamentait un ministre devant moi. Tous, y compris ses amis, l'auraient voulu différent, plus présent, plus monarque, plus offensif. En clair, ils désiraient qu'il soit autre. Quelle gageure ! Mais sa gestion des hommes était le reflet de son caractère. Sa culture était celle de la synthèse : gouverner sur une ligne perpétuellement transactionnelle. Un socialiste m'expliquait : « Si François parlait plus pour dire ce qu'il veut faire, il ne serait pas suivi par sa majorité. »

Sa majorité ? Il ne la connaissait pas… La moitié des députés élus aux législatives de 2012 étaient des nouveaux venus. Il y avait eu un renouvellement massif du groupe. Fidèle à sa promesse : « Moi, président, je ne serai pas le chef de la majorité » (anaphore n° 4), il ne voyait pas les élus.

François Mitterrand, Jacques Chirac, Nicolas Sarkozy entretenaient des relations très suivies avec les leurs.

Lors de la célébration du cinquantième anniversaire du traité de l'Élysée à Berlin, on avait vu Claude Bartolone, président de l'Assemblée nationale, faire la présentation des nouveaux venus au chef de l'État, après quoi le secrétaire général de l'Élysée organisait une ou deux fois par mois dans son bureau un apéritif avec dix élus, et Hollande venait y passer une tête. Résultat : faute de consignes venues d'en haut, les élus ne se gênaient pas pour faire entendre leur différence puisque l'autorité avait disparu.

Le président était-il social-étatiste ou social-libéral ?

« Il est bilingue », m'expliquait son ami François Rebsamen, le maire de Dijon (très déçu de ne pas être ministre de l'Intérieur).

En arrivant au pouvoir, son obsession était surtout de démolir tous les symboles du sarkozysme : la hausse de la TVA (ce qu'il regrettera ensuite), les heures supplémentaires défiscalisées qui avaient profité à douze millions de salariés du privé comme du public, la suppression du jour de carence dans la fonction publique.

Lui, il voulait taxer les plus riches à 75 % (c'est « Cuba sans le soleil », avait ironisé Emmanuel Macron), mesure que le Conseil constitutionnel avait refusée. Un matraquage fiscal assorti d'un discours punitif.

« Nous sommes le gouvernement le plus à gauche de toute l'Europe », se flattait dans *Les Échos* Pierre Moscovici, le ministre des Finances.

Les bons résultats tardant à venir, l'inversion du chômage promise pour la fin 2013 n'arrivant toujours pas, François Hollande changeait de pied, annulait la taxe sur les bénéfices des cessions d'entreprise qui faisait fuir de nombreux créateurs de startup. Il allait leur rendre vingt milliards d'euros avec le pacte de compétitivité. Des mesures largement inspirées par le secrétaire général adjoint, Emmanuel Macron, venu de la banque Rothschild, un jeune homme de 35 ans dont on parlait beaucoup. Il se montrait peu, on louait sa vivacité, son intelligence, sa drôlerie. Il appelait les ministres «ma poule». Il apportait beaucoup de gaieté dans l'équipe, faisait rire le président avec ses formules, dont l'une d'entre elles était devenu fétiche : «Si on continue comme ça, on va tous finir en string panthère sur la pelouse de l'Élysée!». François Hollande confiera curieusement : «Emmanuel Macron, c'est moi[1].», comme Flaubert l'avait dit de Mme Bovary. Il s'était entiché de lui, était subjugué.

À plusieurs d'Europe 1, nous avions pu déjeuner une fois avec Emmanuel Macron à l'Élysée. Il m'avait rappelé que nous nous étions déjà vus lorsqu'il assistait Jacques Attali, quand Sarkozy l'avait chargé de lui fournir des propositions pour relancer la croissance. Je n'en avais aucun souvenir. À table, nous avions apprécié son caractère joyeux. Ses réflexions intéressantes, inspirées, assez vagues pour être vite oubliées, assez talentueuses pour laisser une trace. Il n'était pas un fournisseur de scoops, mais j'avais néanmoins envie de le revoir. «Téléphonez-moi», m'avait-il dit avec un sourire engageant, ce que j'avais tenté plusieurs fois sans jamais avoir de retour.

L'emprise Macron? On la mesurait le 15 septembre 2013. François Hollande décrétait ce jour-là sur TF1 une pause fiscale. «Les impôts c'est beaucoup, donc c'est beaucoup trop.

1. Gérard Davet, Fabrice Lhomme, *Un président ne devrait pas dire ça*, Stock, 2016.

L'imagination fiscale est sans limite. C'est un concours Lépine», déplorait-il devant Claire Chazal comme s'il n'était pour rien dans leur hausse. La révolte des Bonnets rouges en Bretagne (ancêtres des Gilets jaunes) menaçait de gagner le pays.

Trois jours plus tard, le Premier ministre déclarait au journal *Metronews* que la fameuse pause annoncée par le président ne verrait le jour… qu'en 2015. Je me demandais : mais de quoi se parlent-ils lors de leur déjeuner hebdomadaire en tête à tête ? La coordination n'était pas leur fort. À la fin du mois de juillet, le Premier ministre était parti en Corée du Sud au moment où le chef de l'État était en voyage officiel en Slovénie. Les équipes de Matignon n'avaient pas eu l'idée d'en avertir l'Élysée. Des signes d'amateurisme.

Au début de l'automne 2013, François Hollande, poussé par ses conseillers et plusieurs ministres – Jean-Yves Le Drian, ministre de la Défense, Stéphane Le Foll, de l'Agriculture – songeait déjà à se séparer de Jean-Marc Ayrault. Mais il hésitait.

Et puis est arrivé le gros couac de l'affaire Leonarda, prénom d'une jeune fille kosovare, d'origine rom, âgée de 15 ans. Elle avait été interpellée le 9 octobre 2013, près de Pontarlier, lors d'une sortie scolaire, par les gendarmes, mais pas devant ses camarades et était expulsée dans la foulée, avec sa mère et ses frères et sœurs. Leur père avait déjà été reconduit à la frontière. La famille était présente sur le sol français de manière illégale depuis 2009. Ils avaient épuisé toutes les voies de recours. La gauche humanitaire, les défenseurs des droits de l'homme clamaient leur honte. Le 17 octobre, quelques milliers de lycéens défilaient dans Paris pour dénoncer la politique inhumaine de Manuel Valls, le ministre de l'Intérieur.

Anne Hidalgo, la maire de Paris, demandait «solennellement» le retour de la famille Dibrani. Valérie Trierweiler était intervenue, elle aussi : «On ne franchit pas certaines frontières; l'école en est une...» Mais de quoi se mêlait-elle? Elle exaspérait Manuel Valls.

Lors des questions d'actualité du 16 octobre, Jean-Marc Ayrault déclarait que si le rapport qu'il avait demandé à l'IGAS (inspection générale des affaires sociales) établissait une faute, Leonarda et sa famille rentreraient en France.

Le vendredi 18, le rapport démontrait qu'aucune faute n'avait été commise. Dès lors, il ne restait plus qu'à confirmer l'expulsion de la famille.

Les rapports personnels entre Manuel Valls et Jean-Marc Ayrault étaient exécrables. l'opinion penchait du côté du ministre de l'Intérieur, mais François Hollande ne voulait pas qu'il s'exprime pour ne pas vexer le Premier ministre dont il songeait de plus en plus à se séparer. Lui non plus ne devait pas parler. Convaincu de son habileté politique, le président décidait donc d'intervenir.

Le samedi 19 octobre, en fin de matinée, nous étions à Europe 1, en pleine émission des Grandes Voix quand le président confirmait l'expulsion de la famille Dibrani, mais autoriserait, «par humanité», le retour de Leonarda en France pour qu'elle y fasse ses études. Nous étions sidérés. Depuis quand sépare-t-on une enfant de 15 ans de sa famille? Dans la soirée, la jeune Leonarda, interviewée par les chaînes en continu qui s'étaient toutes rendues au Kosovo, répondait au président, en posant ses conditions : elle viendrait en France, mais avec toute sa famille – façon de le remettre à sa place. Une pluie de critiques s'abattait sur l'Élysée. La communication présidentielle était ratée. Plutôt que de battre sa coulpe, Hollande en concluait qu'il avait besoin d'un chef de gouvernement qui le protège.

Il lui fallait donc se séparer de Jean-Marc Ayrault. En avaient-ils parlé ensemble? Sûrement de manière vague, mais assez pour que Ayrault lui fasse savoir de manière claire qu'il entendait rester. Comment le faire partir alors? La déroute des municipales était enfin un bon motif. La droite regagnait le terrain perdu six ans plus tôt, le Front national remportait huit villes, Limoges passait à droite pour la première fois de son histoire. C'est sans doute le résultat qui avait le plus frappé le président.

Le lundi matin, il avait reçu le Premier ministre sans avoir le courage de lui dire en face que l'heure des adieux était venue. Il l'en informa par un coup de fil l'après-midi, en lui demandant d'envoyer sa lettre de démission. Sur un ton presque geignard, il avouait à la télévision : «Ça a été dur de se séparer de Jean-Marc Ayrault.» Il le fera revenir deux ans plus tard comme ministre des Affaires étrangères.

Manuel Valls lui succédait à Matignon, le 31 mars 2014. Changement de style. On admirait son arrivée dans l'hémicycle pour son discours de politique générale : bien droit, tête haute, silhouette corsetée de toréador préservée par son allergie au gluten et un appétit d'oiseau. Un concentré d'énergie, toujours sur le qui-vive et l'air crispé, on percevait un tempérament bilieux. Avec cette singularité : cet homme aux yeux bleus avait un regard noir.

Son discours? Une ode à la France : «Elle a cette grandeur qu'elle avait dans mon regard d'enfant, la grandeur de Valmy, de Jaurès, de Clemenceau, de de Gaulle, du maquis, voilà pourquoi j'ai voulu devenir français. Voilà ce que nous sommes et que nous devons rester. Ne rétrécissons pas la France, ne rétrécissons pas ses rêves.» Il avait fini son discours sous les ovations. Euphorique, le visage trempé de sueur, un large sourire – chose si rare chez lui. Il venait de changer de dimension. On le regardait autrement.

La tâche ne lui était pas si facile. La croissance, l'inversion de la courbe du chômage se faisaient attendre. Bruxelles envoyait un carton jaune à la France qui ne réduisait pas assez ses déficits. Les frondeurs continuaient de fronder. Trente-neuf députés s'étaient abstenus de voter la partie recette du budget. Martine Aubry réclamait une réorientation de sa politique, jugeant «ringardes» les pistes de réforme de Manuel Valls.

Avec la fougue du Catalan qui n'aime pas qu'on lui marche sur les pieds, le Premier ministre répondait à Martine Aubry dans *L'Obs* : «Il faut en finir avec la gauche passéiste. Celle qui s'attache au passé révolu, hantée par le surmoi marxiste.» Lui voulait une gauche moderne, pragmatique, estimant qu'il aurait fallu tendre la main à François Bayrou en 2012. Il se faisait même le procureur virulent des deux premières années du quinquennat : «Faute d'avoir fait un constat plus clair sur la situation de la France et sous-estimé l'ampleur de la crise, le gouvernement a fait les mauvais choix.»

Et dire que François Hollande voulait un Premier ministre qui le protège… Ça commençait mal. Manuel Valls creusait son sillon : 47% des Français disaient qu'ils le verraient bien candidat en 2017. En revanche, 84% disaient ne pas souhaiter que François Hollande se représente. Quand allait-il réagir? Son autorité était en cause.

Le 22 octobre, Manuel Valls était à Matignon depuis six mois. Le président lui remettait les insignes de Grand-Croix de l'ordre national du Mérite. Une tradition instaurée en 1974 par Valéry Giscard d'Estaing. L'occasion pour lui de lui passer la main dans le dos et le caresser à rebrousse-poil : «Vous aimez citer de grands républicains, vous vous inscrivez dans cette tradition… Une des figures vous sert de référence, celle de Clemenceau, un personnage controversé y compris au sein de la gauche française. C'est sans doute pour cela que vous l'utilisez. Car vous aimez la controverse à la condition qu'elle soit un facteur de débat, de contradiction et en même temps de synthèse. Car il faut aussi qu'il y ait des hommes de synthèse dans la République, c'est important» (le président parlait de lui).

On voyait Manuel Valls, le visage de plus en plus crispé. Il espérait plus de compliments et moins de lourds sous-entendus. Et François Hollande de clore son propos par une belle estocade : « Clemenceau n'est pas devenu président de la République, mais on peut aussi réussir son existence sans être président de la République. »

Salut l'artiste ! Bien envoyé…

Le président venait de signifier à son Premier ministre qu'il devait se consacrer à sa tâche plutôt que de lorgner vers une succession qui n'était pas ouverte.

Mais voilà qu'un petit nouveau allait accaparer la presse et capter toutes les lumières. En juin 2014, Emmanuel Macron décidait de quitter l'Élysée. Il voulait prendre une année sabbatique, voyager, enseigner aux États-Unis. Le sort allait en décider autrement.

Fin août, les deux têtes de l'Exécutif lui proposaient de remplacer Arnaud Montebourg, démissionné du gouvernement pour cause d'irrespect envers le président qu'il ne supportait plus et le clamait. Je me souviens d'un déjeuner où il racontait en riant qu'il interdisait à son directeur de cabinet de mettre les pieds à l'Élysée. Il ne voulait plus parler à ces gens-là. Il ne pardonnait pas à François Hollande de ne pas avoir été franc avec lui sur le dossier des hauts-fourneaux de Florange, de l'avoir laissé s'engager sur une nationalisation dont il ne voulait pas pour le lâcher en rase campagne.

Ça ne pouvait plus durer. Emmanuel Macron était promu, à 37 ans, ministre des Finances. Il allait vite faire tous les gros titres de la presse avec la loi qui portait son nom : un grand fourre-tout et où il y avait, pêle-mêle, l'extension du travail le dimanche et les cars à bon marché. Pour Martine Aubry, c'était une loi de droite. Les relations entre Hollande et son jeune ministre étaient idylliques. Il éblouissait les députés, y compris ceux de droite. Gilles Carrez, président de la commission des finances UMP à l'Assemblée nationale, me racontait qu'il avait passé plus d'une heure en tête à tête avec lui, loin des caméras, pour parler du fond du projet dans lequel il s'investissait complètement. Il m'avait même dit :

« Je n'ai jamais eu une conversation aussi longue avec un ministre de droite. » Emmanuel Macron espérait un triomphe politique dans l'hémicycle, mais Manuel Valls lui retirait ce plaisir en imposant la loi par le 49.3, c'est-à-dire sans vote de l'Assemblée au motif que les frondeurs l'auraient empêché de passer. Ce qui avait privé Macron d'un succès politique. Ensuite, il y avait eu la réforme du Code du travail, qu'il avait largement inspirée. Emmanuel Macron aurait bien aimé s'emparer du projet, devenir ministre du Travail, et même cumuler l'Économie et le Travail, ce que Manuel Valls refusait. François Hollande nommait à sa place Myriam El Khomri, une novice en politique. Et c'est elle qui allait donner son nom à une loi dont elle n'avait écrit aucun article et dont elle allait porter la responsabilité, alors que les manifestations se succédaient sur tout le territoire.

En refusant le ministère du Travail à Emmanuel Macron, Manuel Valls lui a rendu un grand service. Il l'a préservé de la violence des critiques. Ainsi est-il devenu la coqueluche des médias. Il parlait bien, on l'invitait partout, il était libre de sa parole. Devant le MEDEF, il fustigeait les trente-cinq heures : « La gauche a cru que la France pourrait aller mieux en travaillant moins, c'étaient de fausses idées. ». Il en rajoutait une couche sur Europe 1 en disant : « Le libéralisme est une valeur de gauche. » Une autre fois, il estimait que le statut de fonctionnaire n'était plus adéquat. En quelques mois, il était devenu un électron libre, immaîtrisable.

Ses manquements à la solidarité, qui restaient impunis, faisaient enrager Manuel Valls. Il exigeait de contrôler ses prises de position avant qu'il ne les publie dans la presse. Cet effronté lui volait son fonds de commerce de pourfendeur des vieux dogmes de la gauche. Macron était plus moderne que lui. Et François Hollande qui le soutenait ! Il n'était pas un danger pour lui : « Moi, je ne veux pas être élu », lui répétait le jeune ministre. Il n'était donc pas dans une stratégie de prise de pouvoir. C'était juste de l'inexpérience, un péché de jeunesse. Il était aussi pour lui un atout. S'il révulsait Martine Aubry et les frondeurs, il séduisait le patronat qui le considérait comme un homme avec qui on peut « travailler et discuter ». Il bluffait tout le monde avec son anglais parfait (chose si rare chez nos politiques). Il avait un bon physique, un regard bleu lagon. Il devenait très populaire. Tout pour le gonfler de cette griserie d'où naît la vocation présidentielle. L'hubris !

Brimé par Valls, et déjà certain que François Hollande ne serait pas réélu (80 % des Français ne le souhaitaient pas), il décidait de se lancer. Le 6 avril 2016, à Amiens, sa ville natale, il créait, comme on le sait, le mouvement « En marche » à son chiffre – E.M. « Je lance un mouvement citoyen, sans politique, ni gauche ni droite », avait-il dit à François Hollande, toujours prêt à le croire sur parole.

Manuel Valls s'interrogeait : « Où va-t-il ? Que veut-il ? » Il notait que le ministre ne lui envoyait plus, pour relecture préalable, les entretiens qu'il accordait à la presse. Il s'émancipait. Ne venait-il pas de déclarer à propos du chef de l'État : « Je ne suis pas son obligé » ? Des proches alertaient Hollande : « Ta créature est en train de t'échapper. Il franchit trop de lignes rouges. » Mais le président continuait à croire à sa fidélité et même que Macron lui ramènerait des électeurs qui pourraient hésiter entre la droite et la gauche.

En juin 2016, il dépassait les bornes en osant dire : « Les gens qui me suivent ne se reconnaissent pas dans l'action du président. » Au comble de l'exaspération, Valls demandait à Hollande de le démissionner. Avait-il peur de l'être ? Emmanuel Macron prenait les devants. Le 30 août 2016, il quittait Bercy, mettant le président et le Premier ministre devant le fait accompli : il tirait sa révérence. Incapable d'anticiper cette félonie, François Hollande se sentait trahi. Une blessure. S'il partait, c'est bien qu'il était dans une démarche présidentielle. Pour les observateurs, cette « forfaiture » du ministre mettait surtout en évidence la faiblesse présidentielle, son manque d'autorité. Plus tard, comme pour se consoler, Hollande ironisera : « Macron est venu à l'Élysée pour faire des repérages. »

Il venait de perdre le ministre auquel il tenait le plus. Et voilà qu'un autre drame dont il était la cause allait le perdre définitivement.

Gérard Davet et Fabrice Lhomme, deux journalistes du *Monde*, publiaient, début octobre, un livre de plus de six cents pages au titre accrocheur : *Un président ne doit pas dire ça.*

François Hollande a toujours aimé les journalistes, leur parler, les guider, les manipuler, plaisanter avec eux. Mais comment avait-il pu être si confiant avec ces deux-là ? Le pire, c'est qu'eux-mêmes se posaient la question : « Pourquoi a-t-il accepté de s'engager avec nous pendant presque cinq ans dans cette odyssée périlleuse pour lui ? Il ne pouvait ignorer les risques inhérents à ce projet, alors pourquoi avoir dit oui ? » On est confondu par leur cynisme. Ils avouent que leur projet allait forcément lui nuire en exigeant de lui d'être aussi transparent. Tout ça était de sa faute, il l'avait bien cherché…

En octobre 2011, ils avaient rencontré Hollande dans son bureau à l'Assemblée nationale. Ils venaient lui proposer un projet : en cas de victoire à la présidentielle, de faire le récit de l'intérieur de son quinquennat. Lui s'engageait à se livrer sans retenue, en toute sincérité et eux en échange lui garantissaient que ses propos resteraient sous embargo total jusqu'à la sortie du livre, mais sans lui dire à quelle date ils le feraient paraître.

Ces deux journalistes avaient tout pour plaire à Hollande. Leur malveillance systématique à l'égard de Nicolas Sarkozy qui était égale à sa détestation pour lui, ce qui l'avait mis d'emblée en confiance. Pendant cinq ans, Hollande s'était livré à eux tous les premiers vendredis du mois, de 19 heures à 20 heures, mais aussi lors de quelques déjeuners, de dîners à l'Élysée et à leurs domiciles respectifs. François Hollande, souvent seul le soir, avait du temps libre : il dînait avec un plateau repas devant la télévision, comme jadis Jacques Chirac.

Soixante et une rencontres, des centaines d'heures d'entretiens pour «une immersion inédite dans le cerveau d'un homme qui se livre sans fard», écrivent les auteurs qui avouent : «Il nous a parfois fallu y entrer par effraction car si l'homme est d'un abord aisé, il se découvre en réalité avec difficulté, mais un peu contraint et forcé par nous, il a fini par s'épancher au point de leur dire un jour dans une conversation qu'il jugeait lui-même trop libre : "Un président ne doit pas dire ça, je suis enregistré."» Eh bien justement, parce qu'il l'avait dit et que c'était enregistré, ils allaient en faire le titre de leur livre, que ça lui plaise ou pas.

En juin 2016, ils venaient annoncer à Hollande que leur projet allait toucher à son terme. «Je crois qu'il faut se mettre d'accord sur les citations dans le livre», leur lançait leur victime.

Objection, votre honneur : «Nous, on ne fonctionne pas comme ça. On ne fait jamais relire. Nous vous avions prévenu. Vos propos n'ont pas été déformés.» Et les journalistes de conclure : «Il n'a pas insisté, c'était tout à son honneur.»

Françoise Giroud citait souvent ce proverbe arabe : «Ce que tu n'as pas dit t'appartient. Ce que tu as dit appartient à tes ennemis.»

Le livre contenait de la dynamite. Pour lui, les juges étaient des «lâches». Il prônait un acte de liquidation du PS, il fallait faire un harakiri. Il révélait avoir donné des ordres pour éliminer des terroristes, tenait des propos peu amènes sur les uns et les autres, parlait beaucoup de lui, une sorte de psychanalyse. Le portrait qui en résultait n'était guère flatteur pour lui.

Le livre était en librairie début octobre. Le 1er décembre, Hollande annonçait au pays qu'il ne se représenterait pas.

Le premier à l'avoir lu était Claude Bartolone, le président de l'Assemblée nationale. Hollande parlait de lui en des termes peu flatteurs. Il aurait aimé succéder à Jean-Marc Ayrault. François Hollande écartait cette hypothèse : « Il n'a pas l'envergure. Il est intelligent, malin, tacticien, réaliste, mais il a commis une grosse erreur. Il a eu des paroles blessantes vis-à-vis de l'Allemagne en appelant à une confrontation avec Berlin afin d'infléchir la politique rigoriste de Merkel, et puis il n'est pas très connu, et le jour où il le deviendrait, il n'a pas un charisme considérable. »

Bartolone était comme un fou, vexé. Il se sentait méprisé. Né de père sicilien et de mère maltaise, son tempérament l'y poussait : il voulait sa vengeance et craquait l'allumette : « François Hollande ne peut pas être candidat à la présidence de la République », déclarait-il. Il n'allait plus arrêter. Il en rajoutait une couche chaque jour, réunissait les députés socialistes pour leur dire tout le mal qu'il pensait de François Hollande qui n'était pas à ses yeux un rassembleur de la gauche.

Le 16 octobre, il tranchait : « Un président doit entretenir le feu sacré de la République. Il ne doit pas se confesser. Le devoir de silence fait partie de ses fonctions. »

« Moi, président, j'essaierai d'avoir une hauteur de vue » (anaphore n° 1). Publicité mensongère !

Et pourtant, le 13 octobre, dans un long entretien à *L'Obs* (seize pages), François Hollande, avec sa photo à la une, déclarait : « Je suis prêt. » Il dressait un bilan flatteur de son action, plutôt content de lui.

Prêt à être candidat ?

« S'il a cette volonté, avec ce livre, il ne se facilite pas la tâche », commentait lucide Jean-Christophe Cambadélis, le premier secrétaire du PS.

Et la colère allait monter crescendo.

Le 15 octobre, *L'Obs* parlait de suicide politique, jugeait que Hollande n'était pas fait pour le job. Avant même la sortie du livre, Manuel Valls avait évoqué, devant une quarantaine de proches, l'hypothèse d'un renoncement de Hollande tant les sondages étaient mauvais pour lui. Le 28 octobre, en déplacement à Bordeaux, il lâchait à *L'Express* : « Les confidences du président ont provoqué un choc, un abattement chez les parlementaires et la honte des militants. »

Il employait le mot « honte » ! Il venait de créer l'irréparable. En réunion publique, devant les militants, il énonçait qu'un pays a besoin d'incarnation, comme pour souligner que Hollande n'était pas à la hauteur. Alors il se mettait en piste. Les militants pouvaient compter sur lui pour la fierté et l'espoir. « J'ai envie de vous entraîner. »

J'étais allée voir Valls à Matignon. Il était hors de lui. Ce livre de Davet et Lhomme, ça, il ne l'avait pas digéré : « Peut-être qu'ils enregistraient le président quand j'étais avec lui au téléphone », s'insurgeait-il. Il parlait du président comme d'un irresponsable.

En novembre, rien n'allait plus : Hollande faisait l'unanimité contre lui. Ses fidèles avaient du mal à cacher leur gêne. Le 1er décembre, il déclarait à la télévision : « J'ai décidé de ne pas être candidat à l'élection présidentielle. »

Il faisait peine à voir, butait sur les mots. Il n'avait pas le choix s'il voulait échapper à l'humiliation suprême de la défaite.

François Hollande, c'est l'histoire d'un antihéros à qui il est arrivé des choses extraordinaires. Hormis ses interventions sur le Mali, son comportement après les tueries de janvier 2015 à *Charlie Hebdo* où il avait convié le monde entier à partager « notre peine », où on l'avait trouvé digne, dans son rôle, c'est un président qui n'a jamais su donner un sens à son action, l'expliquer, en faire un grand récit national.

On attendait quelque chose qui n'est jamais venu, et lui a toujours cru que les choses finiraient par s'arranger, que la croissance allait repartir, la courbe du chômage s'inverser. Un optimisme trompeur ou une insondable naïveté ? Sa bonne étoile fut une étoile filante.

LE SECRET D'ALBIN

Le 6 juillet, nous partions chez nous à la campagne pour les vacances. Je lançais à Albin :

« Et si nous allions un de ces jours au maquis de Lorris ? Nous n'y sommes jamais allés. »

Sa réponse : un grand sourire que j'avais pris pour un acquiescement. Et vite choisi une date : le 29 juillet. Par hasard ? Non. J'avais calculé, Gilles, qui s'occupait d'Albin depuis deux ans, serait revenu de ses congés, et Nicolas, qui nous y conduirait, ne serait pas encore parti.

Le maquis de Lorris, dans la forêt d'Orléans, est le lieu de Résistance d'Albin. Il commandait un maquis de plus de cinq cent hommes, durant l'été 1945. Il venait juste d'avoir vingt-cinq ans.

Lors de notre première rencontre, il m'avait raconté l'importance de cet endroit dans l'histoire de sa vie. La forêt d'Orléans était pour les Allemands un axe routier majeur où roulaient leurs camions chargés de vivres à destination de leurs troupes. Ils remontaient vers l'Allemagne remplis de tout ce qu'ils avaient pillé dans les églises, les châteaux et les fermes. Plusieurs fois, à la tête de ses hommes, il avait dû affronter les soldats ennemis. Et miraculeusement, à deux reprises, se trouvant à quelques mètres d'eux, il avait échappé à leurs tirs et ralenti leur assaut en lançant des grenades. « J'ai couru comme un dératé sur des kilomètres », m'avait-il dit. Son numéro deux, un Saint-Cyrien de 22 ans, n'avait pas eu cette chance. Il avait été tué d'une balle entre les deux yeux. Albin n'a jamais oublié son beau regard bleu d'enfant.

Pour nourrir tous ces hommes, venus de partout, qui s'étaient rassemblés, il fallait se ravitailler chez les paysans en échange de bons de réquisition, tous ne consentant pas à livrer leurs bêtes et leurs produits de gaieté de cœur. Parmi eux, un père et ses deux fils les avaient dénoncés. Les Allemands en représailles avaient tué plus de soixante-dix jeunes à la Ferté-Saint-Aubin. Le père et l'un de ses fils avaient été arrêtés par les maquisards. L'ordre de les éliminer avait été envoyé au « commandant Albin » par son supérieur le colonel O'Neill, délégué militaire régional de la France libre. Au début de notre relation, Albin m'avait expliqué qu'il avait choisi d'accomplir ce geste odieux avec son second parce qu'il était leur chef et qu'il répugnait à désigner un peloton d'exécution. Il m'avouait en avoir fait des cauchemars pendant des années.

En 1948, à Paule de Beaumont, qu'il rencontrait pour la première fois et qui lui demandait : « Et vous, que faites-vous, jeune homme ? », il lui avait répondu cette phrase dont elle s'amusait devant moi trente ans plus tard : « Madame, je suis neurasthénique et je fais l'amour. »

Parce qu'il était souvent en proie à des accès d'insondable tristesse, sa femme lui conseillait, au début de leur mariage, d'aller se faire psychanalyser. Il ne lui avait rien dit de cet épisode tragique avant de l'épouser, tout simplement parce qu'il ne pouvait pas en parler.

Chaque année, au début du mois d'août, une cérémonie du souvenir avait lieu dans la forêt d'Orléans avec les anciens du maquis de Lorris. Albin n'y est jamais allé, en prétextant qu'il n'avait pas le goût des commémorations… sans épiloguer. Chaque fois, il envoyait une lettre à

Mme O'Neill, la femme de son colonel, une missive toujours chaleureuse. Et puis, à cette date anniversaire, nous étions toujours loin de Paris.

Mais en ce mois de juillet 2020, j'ai envie de faire avec lui, pour la première fois, ce pèlerinage, pour moi un moment de communion avec lui.

Le lundi 27 juillet, dans l'après-midi, je me rendais à Paris, pour un rendez-vous à 19 heures avec le merveilleux docteur Rumani, cardiologue, « mon ange gardien », comme je l'appelle. Il connaît très bien le maquis de Lorris et les faits d'armes d'Albin. Il possède une maison pas loin. Ce soir-là, il me donnait le meilleur itinéraire pour nous y rendre le mercredi. Je dînais ensuite avec des amis au restaurant.

Vers 1 heure du matin, le téléphone me tirait d'un sommeil profond. C'était Gilles : « Albin a 6 de tension, son taux d'oxygène est en chute libre. Venez vite, il est en train de partir !

— Dites-lui que j'arrive ! Qu'il m'attende ! » le suppliai-je.

Comme une automate, je me rhabillais, envahie par l'angoisse, je courais au parking. La rue était déserte, j'avais peur. Notre amie Rachida Dati, qui était venue déjeuner avec Pierre de Bousquet[1] et sa femme trois jours plus tôt, nous avait raconté qu'il y avait beaucoup d'attaques à l'arme blanche dans la capitale. Après le tunnel de Saint-Cloud, autre frayeur : l'autoroute était plongée dans un noir complet. Pas une voiture à cette heure et dans aucun sens. J'ai beau connaître le chemin, j'apercevais dans la lumière des phares des panneaux de signalisation que je n'avais jamais remarqués. Je craignais de me tromper, de ne pas arriver à temps.

Gilles et Marguerite m'attendaient, et ils me rassuraient : « Le taux d'oxygène remonte bien, la tension aussi. » Albin tient le choc. Je l'embrassais, il m'avait souri. Je suis serrée

1. Un ami qu'Albin aimait beaucoup, un fidèle. Il était son chef de cabinet au ministère de la Justice.

contre lui, son corps se réchauffe. Il dort paisiblement. Au petit matin, il avait recouvré ses moyens et prenait, vers 9 heures, son petit déjeuner comme si de rien n'était.

Je tenais absolument qu'un médecin vienne poser un diagnostic sur ce qui lui était est arrivé. Tous ceux dont j'avais le téléphone dans les environs étaient déjà partis en vacances. Par un coup de chance inouï, grâce à un ami qui est son patient, je joins le Dr Rimbeau, qui exerce à huit kilomètres. Il est encore là jusqu'au 31 juillet. Promis, il passera vers 19 heures. Entre temps, nous aurons pu faire une prise de sang qui révèlera une légère anémie, rien de grave. Sa visite me réconforte. La tension est parfaite, idéale pour un homme de son âge. L'auscultation permet de déceler un petit râle sur le poumon droit : huit jours d'antibiotiques, et tout rentrera dans l'ordre. Un mois plus tôt, le médecin qui contrôlait la bonne marche de son pacemaker nous avait donné rendez-vous pour le mois de janvier 2021. Pas d'inquiétude donc.

Évidemment, je renonçais à notre projet : pas de maquis de Lorris. Je l'avais imaginé comme une fête : un petit voyage comme nous en étions privés depuis longtemps. On se promènerait tous les quatre dans la forêt, Albin dans sa petite voiture. On trouverait un bistro dans le coin pour déjeuner. J'étais déçue, mais voulais croire que ce n'était que partie remise, peut-être fin août.

Ce 29 juillet, pas un nuage dans le ciel et il ne faisait pas trop chaud. Albin était euphorique. J'ai pris des photos qui témoignent de sa belle humeur : lui assis sous les arbres, Marguerite à ses côtés. Je l'avais appelé depuis la fenêtre du premier étage. Il m'avait fait un grand signe de la main : salut ? au revoir ? adieu ? Le soir, il dîne de bon appétit. Nous regardions sur la chaîne Public Sénat un film sur Édith Cresson. Comme toujours, ses réflexions étaient pertinentes : « Elle n'était sûrement pas faite pour être Premier ministre, mais c'était une femme de caractère, avec des compétences, les socialistes se sont mal comportés avec elle. » Ce qui est la vérité, je peux en témoigner. Parmi les intervenants : Élisabeth Guigou. « Tiens ! C'est Guigou ? Elle a changé ! » Gilles éclate de rire. Lorsqu'il présidait l'entreprise Elf Aquitaine, souvent il rendait visite à François Mitterrand à l'Élysée, où il l'y avait plusieurs fois croisée. Il en était encore tout émoustillé en rentrant à la maison.

Vers 22 h 30, l'heure du coucher et des ablutions dans la salle de bains avec Gilles, tout allait bien. De mon côté, je montais me préparer pour la nuit.

« Ne pars pas ! me lance alors Albin.

— Je reviens tout de suite...

— Non, ne pars pas ! insiste-t-il.

— Mais Albin, tu fais un caprice ! »

Je ne suis pas arrivée au premier étage que Gilles m'appelait : « Venez vite, Albin fait un malaise. » Il l'avait ramené sur le lit. Albin avait du mal à respirer. Affolée, j'appelais le Dr Rimbeau, par chance au bout du fil : « Je suis là dans cinq minutes ».

« Mon amour, ça va aller, le docteur arrive, il va te faire une piqûre. »

Je lui prends la main, qu'il serre très fort. Le râle est de plus en plus fort. Le médecin est là. Son premier geste : diriger une lumière dans ses yeux : « Il s'en va, me dit-il, il est en train de partir. » Je crie « Minou ! » Albin tourne la tête vers moi et me lâche la main. Et voilà, c'est fini, la foudre.

Albin est mort vers 23 heures, le 29 juillet. Je suis assommée, envahie par un chagrin que je sais irréparable.

Le lendemain matin, parmi les nombreux appels, le docteur Louis Albran. Un ami médecin qui s'occupait des questions de drogues auprès d'Albin lorsqu'il était garde des Sceaux. Chaque année, en août, nous le rejoignions dans les Hautes-Alpes, « où l'air est un médicament », selon le mot d'Albin. L'après-midi, nous nous retrouvions pour faire de grandes balades au bord de la Durance. Tous les deux marchaient devant : « Il me parlait souvent de sa résistance et de son geste qui le taraudait toujours. », me confiait Louis. Deux jours plus tard, le docteur Tracol, son dentiste, m'exprimait sa peine par un SMS : « C'était la fête lorsqu'Albin venait au cabinet. Avec le temps, nous avions tissé un lien. Un soir, il m'avait conté certains épisodes de sa vie de résistant. Jamais je n'oublierai la douleur qui l'avait envahi, lorsqu'il avait évoqué la mort des hommes, les siens, et d'autres aussi, qui pourtant étaient du côté de l'ennemi. Il avait les larmes aux yeux ».

Le dimanche soir 2 août, c'était Jean-Pierre Sueur, sénateur socialiste du Loiret et ex-maire d'Orléans, qui m'appelait : l'après-midi, il était au maquis de Lorris avec des maires des communes voisines. « Nous avons beaucoup parlé d'Albin Chalandon. Je tenais à vous le dire. » Il me proposait de m'y accompagner un jour si je voulais m'y rendre et m'informait qu'il ne restait plus que deux survivants parmi les maquisards.

Depuis longtemps, les dossiers s'accumulaient sur le bureau d'Albin à Paris. C'était son domaine. Je n'y touchais jamais. Un jour, il m'avait lancé : « Il y a là beaucoup de choses que j'ai écrites. Tu regarderas, tu en feras ce que tu voudras. » Et plusieurs fois il était revenu à la charge. J'y voyais comme une injonction. Je regrettais qu'il n'ait jamais voulu s'atteler à la rédaction de ses mémoires, ça n'est pas faute de l'avoir houspillé. Je lui suggérais de les raconter sous forme de questions-réponses avec un journaliste – des confrères s'étaient proposés. « Je suis trop paresseux », me répondait-il sans me convaincre complètement. Je sentais comme un refus d'obstacle. Non, il ne le voulait pas.

Rentrée à Paris, après les obsèques, j'avais ouvert ses dossiers : beaucoup de réflexions politiques sur tous les sujets – économique, politique… Des souvenirs d'enfance auprès de ses parents, un portrait merveilleux de sa grand-mère Lily. Et dernier dans la pile, un texte écrit en septembre 1982, intitulé « La Résistance » : vingt-cinq pages où Albin évoquait les raisons et les circonstances de son engagement : pas du tout pour faire de la politique et prendre le pouvoir mais tout simplement pour que les Allemands s'en aillent, que la patrie soit libérée. «*J'avais une idée fixe, chasser l'ennemi hors de nos frontières. Ce qui n'était pas, hélas, la préoccupation dominante des mouvements de résistance.*» Il y raconte sa vie dans le maquis où ils seront bientôt presque sept cents.

La fin de son témoignage me bouleverse. Je vous le livre :

«*Nous avons tous vécu la solidarité humaine, ce lien qui nous unit à ceux que nous ne connaissons pas... La vie vaut la peine d'être vécue parce que nous sommes capables de ne pas être seuls. Pour cela nous n'avons pas même besoin de la présence de l'autre, sa pensée nous suffit. Ainsi pouvons-nous être les enfants de Dieu. Mais ne sommes-nous pas aussi, malgré nous, les enfants du diable ?*

«*Au nom de la Patrie, de l'ordre, du droit, de la justice, j'ai dû commettre l'acte à mes yeux le plus odieux et le plus injuste de ma vie : l'exécution avec un de mes lieutenants de deux miliciens tenus pour responsables de la mort de soixante-dix jeunes gens fusillés par les Allemands à la Ferté-Saint-Aubin. Il s'agissait d'un père avec son fils, que nous avions capturés alors qu'ils fuyaient en voiture vers l'Allemagne. Le plus coupable, pourtant, n'était pas là : l'autre fils nous avait échappé. Ils étaient gardés au camp. Mon intention était d'attendre la Libération pour les remettre à la justice afin qu'ils soient jugés. Après la dernière attaque allemande, qu'ils avaient vécue avec nous, je reçus l'ordre du colonel de les faire passer par les armes. L'exécution devait se faire après deux jours de combat pendant lesquels les hommes n'avaient guère pu dormir. Repliés dans un lieu de fortune, en pleine forêt, ils n'avaient entraîné avec eux, en guise d'intendance, que des barriques de bière ravies aux Allemands, qu'ils avaient rapidement consommées. La plupart d'entre eux étaient ivres. En croyant assouvir leur soif, que le soleil d'août avait exacerbée, ils en avaient fait naître une autre, autrement tyrannique, celle de la haine, de la vengeance, du meurtre. L'alcool avait étouffé en eux la flamme falote de la conscience. Ils confondaient le goût de tuer et le devoir de justicier. Avant que je n'arrive au camp (le maquis avait été coupé en deux lors de la retraite), ils avaient déjà forcé les prisonniers à creuser ce qui leur tiendrait lieu de tombe. Je trouvais dans leur regard l'envie si malsaine de tuer jusqu'au plaisir déjà savouré d'avoir bientôt à le faire, je ne voulus pas leur donner cette jouissance. Le sadisme n'avait jamais inspiré nos actes qui devaient rester purs. Aussi décidai-je de me faire avec l'un de mes adjoints l'instrument de la sentence.*

« Les deux hommes, apprenant de moi leur condamnation, se sont embrassés, ont fait le signe de croix et sûrement leur prière. Ils ont à peine protesté, me demandant seulement au moment où nous braquions les revolvers : « Faites vite ». Leur calme, leur courage, leur absence de haine à notre égard sont restés pour moi un exemple, et surtout une leçon : l'incapacité pour l'homme de juger son prochain.

« Ce jour m'a fait devenir un autre. Outre la tranquillité du sommeil, qui m'a fui pour de nombreuses années, j'ai perdu celle de ma conscience. Tout ce que l'on m'avait appris être important a cessé de l'être. Après cette table rase, n'est resté dans mon esprit que le poids de la mort, de la dignité et du sentiment. L'homme qui allait sortir, à 25 ans, de cette aventure brève mais monstrueuse de la guerre n'avait plus rien de commun avec celui qui s'y préparait joyeusement en 1939.

« Si j'avais su que c'était vous qui deviez exécuter la sentence, je n'aurais pas donné l'ordre » allait me dire quelques heures après notre colonel à qui je rendais compte, comme s'il y avait des hommes qui ont vocation à tuer et faire les basses œuvres pour que d'autres puissent être épargnés. Et pourquoi aurais-je été de ces privilégiés que le diable tente mais n'utilise pas ? Qui, d'ailleurs, doit être loué au moment d'une exécution ? Le bourreau, ou le coupable, que la société – mais laquelle ? – a condamné ? Je ne me suis jamais senti

aussi coupable ni condamné qu'un exécutant ce Français, probablement peu estimable, mais peut-être en même temps bon père, bon mari et même bon serviteur de Dieu ! Je n'avais ni haine ni même indifférence à son égard, seulement une compassion qui est une certaine forme d'amour !

« Les hommes en secret aiment la guerre, comme ils aiment la haine. Lorsque j'étais un enfant tranquille quelquefois, j'aimais en secret la guerre, comme j'avais le goût de haïr et d'être violent. Le maquis a tari en moi cette veine. »

Je n'arrêtais pas de pleurer en lisant ce texte. Bien sûr, les faits, je les connaissais, mais nous n'en parlions plus depuis longtemps. De temps à autre, il évoquait la Résistance pour me dire seulement : « Tu vois, il y a ceux qui ont perdu la vie et ceux qui ont survécu. Et ceux-là portent en eux forcément des secrets, des blessures qui les ont marqués à jamais… Mais c'était la guerre. » Je savais qu'il me parlait de lui. Parfois, il avait des accès de mélancolie, je le surprenais pensif, les yeux dans le vague. Je crois que la guerre l'avait détaché de beaucoup de choses, sauf de l'action, de la volonté de faire, des projets qui l'exaltaient toujours. Mais il ne disait jamais du mal des autres, même si, à l'occasion, ses jugements pouvaient être sévères. Mais toujours justes cependant. Sa singularité était d'être un pessimiste bienveillant. Il aimait les autres.

Albin est mort le 29 juillet, le jour où nous aurions dû aller à Lorris, comme s'il me signifiait un ultime refus d'obstacle. Je ne cesse depuis de m'interroger. Ai-je eu tort de le lui proposer ?

Fin septembre, je déjeunais avec mon ami Olivier Nora. Albin était très lié avec Simon, son père. Ils avaient préparé ensemble l'inspection des Finances. Lui, pendant la guerre, commandait un maquis dans le Vercors. Encore tourneboulée par les écrits d'Albin, je les lui racontais. Et lui de me narrer en retour les remords de son père. Ses maquisards avaient remarqué un homme qui souvent venait rôder près d'eux. Certains, craignant que ce soit un mouchard auprès des Allemands, préconisaient : « Il faut le tuer. » Simon s'y était opposé (parce qu'on ne tue pas un homme comme ça). Il y avait eu un vote à 50/50. Sa voix de chef avait été prépondérante. Las, les soupçons des maquisards étaient justifiés. L'homme était bien un traître. Une taupe. Les Allemands étaient venus faire une hécatombe. « Durant toute sa vie, mon père, qui avait réchappé à la tuerie, a porté la culpabilité d'avoir laissé la vie sauve à cet homme-là. », me confiait Olivier.

Ainsi deux hommes de la même génération, confrontés au même moment de leur vie aux mêmes événements tragiques, la guerre, y avaient répondu de façon opposée mais mus par le même sentiment de respect de la dignité humaine. Des décisions qui toute leur vie allaient peser sur leur conscience. C'est pour cela que j'ai choisi de publier le texte d'Albin, de révéler son secret pour le tranquilliser dans l'au-delà. Et aussi parce que Monseigneur Antoine de Romanet, évêque aux armées, à qui j'avais fait lire ce texte alors qu'il préparait son homélie, m'avait conseillé de le faire tant il était impressionné par la force de son témoignage.

Albin n'est plus là. Pour moi c'est un vide immense. Quelques mois avant sa mort, un jour que nous étions tous les deux en voiture, soudain j'avais vu qu'il pleurait. « Mais qu'est-ce qu'il y a, mon chéri ? » Il m'avait répondu : « C'est parce que je ne veux pas te quitter. »

Et l'irrémédiable est arrivé. Pour m'imprégner de cette fatalité à laquelle personne n'échappe, je me répète ce qu'il me disait comme pour m'y préparer : « Tu le sais bien, le temps passe. »

REMERCIEMENTS

Mes remerciements vont à Jean-Luc Barré, qui a toujours su allier avec subtilité la patience, la pression, les encouragements, l'amitié, bref, tout ce qu'il fallait pour que je termine ce livre.

Merci à ma chère Agnès Hirtz pour sa disponibilité, sa chaleur, son aide si précieuse.

Merci à Marie Grée, qui a pris le relais cet été, pour son enthousiasme si réconfortant.

Merci à Louis-Thierry Grall pour son accueil toujours si chaleureux.

TABLE DES MATIÈRES

PREMIÈRE PARTIE

DEUXIÈME PARTIE

TROISIÈME PARTIE

La photocomposition de cet ouvrage
a été réalisée par
Graphic Hainaut
30, rue Pierre Mathieu
59410 Anzin

MIXTE
Papier
FSC FSC® C003309

L'éditeur de cet ouvrage s'engage dans une démarche
de certification FSC® qui contribue à la préservation
des forêts pour les générations futures.

Pour en savoir plus :
www.editis.com/engagement-rse/

Imprimé en France par CPI
en décembre 2021

N° d'édition : 63726/04
N° d'impression : 3046914